D1727801

HANDBUCH DES
NIEDERSÄCHSISCHEN LANDTAGES
DER 17. WAHLPERIODE

2013 bis 2018
1. Auflage

IMPRESSUM:

Herausgeber: Der Präsident des
                              Niedersächsischen Landtages
                              Referat für Öffentlichkeitsarbeit, Protokoll

Verlegerische Betreuung: NDV Neue Darmstädter Verlagsanstalt, Rheinbreitbach
Druck: Hergestellt in Deutschland

Redaktionsschluss: 18. 04. 2013

Copyright: Niedersächsischer Landtag 2013

ISBN 978-3-87576-733-9

INHALT

VORWORT

Die Bürgerinnen und Bürger des Landes Niedersachsen haben am 20. Januar 2013 über die Zusammensetzung des 17. Niedersächsischen Landtages entschieden, der mit der konstituierenden Sitzung am 19. Februar 2013 seine Arbeit aufgenommen hat.

In den kommenden fünf Jahren werden sich 137 Abgeordnete – versehen mit den gleichen Rechten und Pflichten – für die politischen Geschicke des Landes Niedersachsen einsetzen. Allen Abgeordneten wünsche ich für ihre Arbeit zum Wohle unseres Landes und der hier lebenden Menschen Weitsicht, politisches Augenmaß und Erfolg.

Das vorliegende Handbuch bündelt sehr viele Informationen und soll allen Interessierten als verlässliches Nachschlagewerk im Rahmen der Öffentlichkeitsarbeit des Landtages zur Verfügung stehen.

Das Handbuch enthält die Biografien der Abgeordneten, ausführliche Statistiken, Informationen über die Zusammensetzung des Präsidiums, des Ältestenrats, der Ausschüsse und Unterausschüsse sowie der vier im Landtag vertretenen Fraktionen.

Weitere Bestandteile des Buches sind – als zentrale Rechtsvorschriften – die Niedersächsische Verfassung, das Grundgesetz der Bundesrepublik Deutschland, die Geschäftsordnung des Niedersächsischen Landtages und das Niedersächsische Abgeordnetengesetz. Sie sind die Rechtsgrundlagen der Demokratie in Niedersachsen und bilden damit das Fundament der parlamentarischen Arbeit des Niedersächsischen Landtages.

Da jedoch kein gedrucktes Werk so anschaulich sein kann wie die persönliche Erfahrung und die eigenen Eindrücke, lade ich Sie ein, mit unserem Besucherdienst den Landtag und seine Abgeordneten unmittelbar vor Ort zu erleben. In Führungen und Gesprächen können Sie die Demokratie in unserem Bundesland ganz konkret erfahren.

Ich hoffe auf eine weite Verbreitung und rege Nutzung dieses Handbuches der 17. Wahlperiode.

Hannover, März 2013

Bernd Busemann

Präsident des Niedersächsischen Landtages

BIOGRAFIEN UND BILDER
DER ABGEORDNETEN

(nach Alphabet)

Adasch, Thomas

CDU
Wahlkreis: 46 Celle

Polizeibeamter a. D.

Kirchstraße 6
29313 Hambühren

E-Mail: buero-celle@thomas-adasch.de
Internet: http://www.thomas-adasch.de
Telefon: 05141 927917 (Wahlkreisbüro)
Telefax: 05141 927920 (Wahlkreisbüro)

Geboren am 30. März 1965, verheiratet. Erweiterter Sekundarabschluss I. 1982 Eintritt in die Landespolizei Niedersachsen. Zuletzt bis zur Wahl in den Landtag 2008 Mitarbeiter im Stab des Präsidenten der Zentralen Polizeidirektion Niedersachsen.

Mitglied der CDU seit 1982.

Mitglied des Niedersächsischen Landtages der 16. und 17. Wahlperiode (seit 26. Februar 2008).

Kommunale Mandate und Funktionen

Seit 1986 Ratsherr der Gemeinde Hambühren. Seit 1991 Kreistagsabgeordneter Lkr. Celle, seit 2006 stellv. Landrat.

Tätigkeiten und Funktionen nach Abschnitt I der Verhaltensregeln

Mitglied im Aufsichtsrat des Allgemeinen Krankenhauses Celle. Es besteht eine gesetzliche Berechtigung, die frühere Tätigkeit beim Land Niedersachsen nach dem Ende der Mandatszeit fortsetzen zu dürfen.

Ahlers, Johann-Heinrich

CDU

Wahlkreis: 40 Nienburg-Nord

Polizeibeamter a. D.

Staffhorster Straße 28
31613 Wietzen

E-Mail: jan-ahlers@t-online.de
Internet: http://www.jan-ahlers.de
Telefon: 05022 94059 (privat)
Telefax: 05022 9448897 (privat)

Geboren am 12. März 1955 in Holte, Landkreis Nienburg, verheiratet, 2 Kinder. Besuch der Volksschule, anschließend landwirtschaftliche Lehre. Besuch der Hochschule für öffentliche Verwaltung in Bremen mit Staatsexamen. Anschließend Polizeibeamter in Bremen und Niedersachsen, zuletzt bis zur Wahl in den Landtag 2003 als Polizeihauptkommissar bei der Polizeiinspektion Nienburg tätig.

Mitglied des Niedersächsischen Landtages der 15. bis 17. Wahlperiode (seit 4. März 2003).

Kommunale Mandate und Funktionen

Keine.

Tätigkeiten und Funktionen nach Abschnitt I der Verhaltensregeln

Es besteht eine gesetzliche Berechtigung, die frühere Tätigkeit beim Land Niedersachsen nach dem Ende der Mandatszeit fortsetzen zu dürfen.

Andretta, Dr. Gabriele

SPD
Wahlkreis: 17 Göttingen-Stadt

Soziologin
Vizepräsidentin des Niedersächsischen
Landtages

Nicolaistraße 30
37083 Göttingen

E-Mail: gabriele.andretta@
lt.niedersachsen.de
Internet: http://www.gabriele-andretta.de
Telefon: 0511 3030-3081 (Büro)
Telefon: 0551 5031118 (Wahlkreisbüro)

Geboren am 7. März 1961 in Morbach, Rheinland-Pfalz, 2 Kinder. 1980 Abitur am Nikolaus-von-Kues Gymnasium in Bernkastel-Kues. Von 1980 bis 1985 Studium der Sozialwissenschaften, Volkswirtschaftslehre und Psychologie an der Universität Göttingen, anschließend Promotion (Dr. disc.pol). Mehrjährige Forschungstätigkeit am Soziologischen Forschungsinstitut (SOFI) und bis zur Wahl in den Landtag 1998 wissenschaftliche Assistentin am Soziologischen Seminar der Universität Göttingen.

Mitgliedschaften: Ver.di, AWO, Kinderschutzbund, Bürgerstiftung Göttingen.

Mitglied der SPD seit 1983. Mitglied des Wissenschaftsforums der Sozialdemokratie im Bezirk Hannover, Mitglied in der Hochschulinitiative Demokratischer Sozialismus (HDS) und im Bildungsforum beim SPD-Parteivorstand.

Mitglied des Niedersächsischen Landtages der 14. bis 17. Wahlperiode (seit 30. März 1998). Von Juni 2005 bis Februar 2013 stellv. Vorsitzende der SPD-Landtagsfraktion. Seit Februar 2013 Vizepräsidentin des Niedersächsischen Landtages.

Kommunale Mandate und Funktionen

Keine

Tätigkeiten und Funktionen nach Abschnitt I der Verhaltensregeln

Es besteht eine gesetzliche Berechtigung, die frühere Tätigkeit beim Land Niedersachsen nach dem Ende der Mandatszeit fortsetzen zu dürfen.

Angermann, Ernst-Ingolf

CDU

Wahlkreis: 45 Bergen

Landwirt

Lohweg 30
29364 Langlingen

E-Mail: ernst-ingolf.Angermann@
t-online.de
Internet: http://www.ernst-ingolf-anger-
mann.de
Telefon: 05082 9157858 (privat)
Mobil: 0160 8470409

Geboren am 10. November 1960 in Celle, verheiratet, 2 Söhne. 1978 erweiterter Sekundarabschluss I, Ausbildung zum Landwirt, 1983 staatl. geprüfter Landwirtschaftsleiter und Übernahme des landwirtschaftlichen Familienbetriebes. 2012 Übergabe des Betriebes an den Sohn.

Mitglied der CDU seit 1986. Stellv. Vorsitzenden des CDU-Kreisverbandes Celle seit 2012.

Mitglied des Niedersächsischen Landtages der 17. Wahlperiode (seit 19. Februar 2013).

Kommunale Mandate und Funktionen

Seit 1986 Ratsherr der Gemeinde Langlingen, seit 2006 Bürgermeister. Seit 1991 Ratsherr der Samtgemeinde Flotwedel. Seit 2006 Kreistagsabgeordneter Lkr. Celle.

Tätigkeiten und Funktionen nach Abschnitt I der Verhaltensregeln

Geschäftsführer der Angermann Energie GmbH & Co KG, Langlingen. Mitglied im Aufsichtorat der SVO Holding GmbH, Celle. Gesellschafter der Agrarberatung Celler Land. Vorsitzender des Beratungsrings Celle e. V.

Ansmann, Holger

SPD
Wahlkreis: 69 Wilhelmshaven

Bürokaufmann
Geschäftsführer

Neuender Reihe 19 A
26389 Wilhelmshaven

E-Mail: info@holger-ansmann.de
Internet: http://www.holger-ansmann.de
Telefon: 04421 74358 (privat)
Telefon: 04421 97840 (Büro)
Telefax: 04421 978430 (Büro)
Mobil: 0172 5419784

Geboren am 20. August 1957 in Wilhelmshaven, verheiratet. Nach der Schulzeit Ausbildung zum Bürokaufmann bei den Olympia Werken AG. Ab 1979 freigestelltes Betriebsratsmitglied und ab 1986 Vorsitzender des Betriebsrates. Von 1994 bis 2009 Mitarbeiter der Nord LB im Bereich Unternehmensansiedlung. Seit 1994 Geschäftsführer der Technologie Centrum Nordwest Marketing GmbH in Schortens. Ab 2009 selbstständig in der Projekt- und Strategieberatung.

Ehrenamtlicher Richter am Arbeitsgericht Wilhelmshaven.

Mitglied der SPD seit 1986.

Mitglied des Niedersächsischen Landtages der 17. Wahlperiode (seit 19. Februar 2013).

Kommunale Mandate und Funktionen

Keine.

Tätigkeiten und Funktionen nach Abschnitt I der Verhaltensregeln

Geschäftsführer TNC-Marketing GmbH. Selbstständig in der Projekt- und Strategieberatung. Vorsitzender im Beirat Job Center Friesland.

Bachmann, Klaus-Peter

SPD
Wahlkreis: 2 Braunschweig-Süd

Bezirksgeschäftsführer a. D.
Vizepräsident des Niedersächsischen
Landtages
Lüdersstraße 4
38124 Braunschweig

E-Mail: klaus-peter-bachmann_mdl@
t-online.de
Internet: http://www.klaus-peter-
bachmann.de
Telefon: 05341 268713 (privat)
Telefon: 0531 4809821 (Büro)
Telefax: 05341 268713 (privat)
Telefax: 0531 4809826 (Büro)
Mobil: 0174 3315779

Geboren am 24. Februar 1951 in Wolfenbüttel, verheiratet, 1 Tochter. Schulbesuch und kaufmännische Lehre als Speditionskaufmann in Wolfenbüttel und Braunschweig. Von 1970 bis 1980 Verwaltungsleiter der Kreisvolkshochschule Wolfenbüttel und nebendienstlicher Besuch der Gemeindeverwaltungsschule. Seit 1980 Kreisgeschäftsführer, 1982 stellv. Bezirksgeschäftsführer und von 1983 bis 1998 Bezirksgeschäftsführer und stellv. Landesgeschäftsführer der Arbeiterwohlfahrt.

Seit dem 15. Lebensjahr aktiv in der gewerkschaftlichen und politischen Jugendarbeit.

Mitgliedschaften: AWO, ASB, Sozialverband Deutschland, Naturfreunde, DMSG, ACE, Ver.di, GdP, Radio Okerwelle, Freiwillige Feuerwehr, Deutsch-Tunesische Gesellschaft, Verein Braunschweiger Verkehrsfreunde, Friedenszentrum Braunschweig, Mascheroder Karnevalgesellschaft.

Mitglied der SPD seit 1968.

Mitglied des Niedersächsischen Landtages der 13. bis 17. Wahlperiode (seit 21. Juni 1994) Seit Februar 2013 Vizepräsident des Niedersächsischen Landtages.

Kommunale Mandate und Funktionen

Seit 2006 Mitglied der Verbandsversammlung des Zweckverbandes Großraum Braunschweig.

Tätigkeiten und Funktionen nach Abschnitt I der Verhaltensregeln

Vorsitzender des AWO-Kreisverbandes Braunschweig e. V. Vorsitzender der regionalen Freiwilligenagentur Jugend-Soziales-Sport e. V. Mitglied des Präsidiums und des Bezirksausschusses des AWO-Bezirksverbandes Braunschweig e. V. Vorsitzender des Fördervereins Feuerwehr Braunschweig e. V. Schirmherr der DMSG-Selbsthilfe in Braunschweig. Mitglied im Beirat des Deutschen Feuerwehrverbandes e. V.

Bajus, Volker

Bündnis 90/Die Grünen
Landeswahlvorschlag

Diplomsozialwirt

Drosselweg 25
49088 Osnabrück

E-Mail: info@volker-bajus.de
Internet: http://www.volker-bajus.de
Telefon: 0541 2001730 (privat)
Telefax: 0541 2001731 (privat)

Geboren am 05. Januar 1964 in Bremerhaven, verheiratet, 2 Kinder. Abitur in Bad Bederkesa. Studium der Sozialwissenschaften, Abschluss als Diplom-Sozialwirt. Tätig als Planer und Gutachter im Tourismus- und Umweltbereich. Von 1996 bis zur Wahl in den Landtag 2013 Bildungsreferent beim entwicklungspolitischen Kinderhilfswerk terre des hommes Deutschland e. V.

Seit Ende der 70er Jahre engagiert in der Eine-Welt- und Menschenrechtsarbeit. Bewegungsengagement in den achtziger Jahren (Frieden, Anti-AKW und Volkszählung).

Mitglied von Bündnis 90/Die Grünen seit 1993, dort in verschiedenen Funktionen aktiv.

Mitglied des Niedersächsischen Landtages der 17. Wahlperiode (seit 19. Februar 2013).

Kommunale Mandate und Funktionen

Seit 2006 Ratsherr der Stadt Osnabrück.

Tätigkeiten und Funktionen nach Abschnitt I der Verhaltensregeln

Mitglied im Aufsichtsrat der Stadtwerke AG. Mitglied im Aufsichtsrat der Osnabrücker Beteiligungs- und Grundstücksentwicklungsgesellschaft mbH. Mitglied des Verbandsausschusses des Unterhaltungsverbandes Hase-Bever. Vertreter der Stadt Osnabrück bei der Euregio Mitgliederversammlung. Es besteht eine gesetzliche Berechtigung, die frühere Tätigkeit beim Kinderhilfswerk terre des hommes Deutschland e. V. nach dem Ende der Mandatszeit fortsetzen zu dürfen.

Bäumer, Martin

CDU

Wahlkreis: 76 Georgsmarienhütte

Sparkassenbetriebswirt
Finanzökonom (ebs)

Auf der Urlage 1
49219 Glandorf

E-Mail: info@martinbaeumer.de
Internet: http://www.martinbaeumer.de
Telefon: 05426 5858 (privat)
Telefon: 05426 933165 (Büro)
Telefax: 05426 5860 (privat)
Telefax: 05426 933166 (Büro)

Geboren am 3. Oktober 1967 in Mineola, New York, USA, röm.-kath., verheiratet, 4 Kinder.

Nach dem Abitur 1987 Grundwehrdienst bei Panzergrenadierbataillonen in Schwanewede und Münster-Handorf. Anschließend ab 1988 Ausbildung zum Sparkassenkaufmann bei der Sparkasse Osnabrück, 1992 Fachlehrgang an der Sparkassenakademie Hannover mit dem Abschluss Sparkassenbetriebswirt. Im Jahr 2000 berufsbegleitendes Kontaktstudium Finanzökonomie an der ebs Finanzakademie in Oestrich-Winkel. Bis zur Wahl in den Landtag 2003 stellv. Abteilungsleiter der Vertriebssteuerung Individualkunden bei der Sparkasse Osnabrück.

Mitglied der Jungen Union und der CDU seit 1986. Vorsitzender des Kreisverbandes der Jungen Union Osnabrück-Land von 1993 bis 1996. Vorsitzender des CDU-Gemeindeverbandes Glandorf von 1994 bis 2007. Mitglied im Vorstand des CDU-Kreisverbandes Osnabrück-Land seit 1998.

Mitglied des Niedersächsischen Landtages der 15. bis 17. Wahlperiode (seit 4. März 2003).

Kommunale Mandate und Funktionen

Seit 1996 Ratsherr der Gemeinde Glandorf, von 2001 bis 2011 Vorsitzender der CDU-Ratsfraktion. Seit 1996 Kreistagsabgeordneter Lkr. Osnabrück, von 2001 bis 2011 stellv. Vorsitzender, seit 2011 Vorsitzender der CDU-Kreistagsfraktion und Vorsitzender der CDU/FDP/UWG-Gruppe.

Tätigkeiten und Funktionen nach Abschnitt I der Verhaltensregeln

Selbstständige Tätigkeit in der ökologischen Legehennenhaltung mit einem mobilen Hühnerstall und Betrieb eines Hofladens. Mitglied im Aufsichtsrat der Hafen Wittlager Land GmbH. Mitglied im Aufsichtsrat der ICO InnovationsCentrum Osnabrück GmbH. Mitglied im Aufsichtsrat der Bildungswerkstatt Georgsmarienhütte gGmbH. Mitglied im Aufsichtsrat Varusschlacht im Osnabrücker Land GmbH – Museum und Park Kalkriese. Mitglied im Aufsichtsrat der AWIGO Abfallwirtschaft Landkreis Osnabrück GmbH. Mitglied im Verwaltungsrat Maßarbeit kAöR des Landkreises Osnabrück. Mitglied im Stiftungsrat der Sparkassen im Landkreis Osnabrück. Mitglied der Landkreisversammlung des Niedersächsischen Landkreistages. Es besteht eine gesetzliche Berechtigung, die frühere Tätigkeit bei der Sparkasse Osnabrück nach dem Ende der Mandatszeit fortsetzen zu dürfen.

Becker, Karsten

SPD

Wahlkreis: 37 Schaumburg

Polizeibeamter a. D.

Echternstraße 33
31655 Stadthagen

E-Mail: wk@karstenbecker.info
Internet: http://www.karstenbecker.info
Telefon: 05721 9953670 (Büro)
Telefax: 05721 9953672 (Büro)
Mobil: 0171 922099

Geboren am 31. August 1958 in Stadthagen, verheiratet, 2 Kinder. Ausbildung zum Polizeibeamten des Landes Niedersachsen. Studium an der Fachhochschule für Verwaltung und Rechtspflege Hildesheim, Abschluss als Diplomverwaltungswirt (FH). Zuletzt bis zur Wahl in den Landtag 2013 als Erster Polizeihauptkommissar im Niedersächsischen Ministerium für Inneres und Sport tätig.

Mitgliedschaften: GdP, AWO, Schaumburger Initiative gegen Arbeitslosigkeit (S.I.G.A.), Sozialverband Deutschland (SoVD) und weiterer Vereine.

Mitglied der SPD seit 1980. Vorsitzender des SPD-Unterbezirks Schaumburg.

Mitglied des Niedersächsischen Landtages der 17. Wahlperiode (seit 19. Februar 2013).

Kommunale Mandate und Funktionen

Seit 2000 Ratsherr der Stadt Stadthagen, seit 2001 Vorsitzender der SPD-Stadtratsfraktion. Seit 2006 Kreistagsabgeordneter Lkr. Schaumburg.

Tätigkeiten und Funktionen nach Abschnitt I der Verhaltensregeln

Mitglied im Aufsichtsrat der Stadtwerke Schaumburg-Lippe GmbH. Mitglied im Aufsichtsrat der Wirtschaftsbetriebe der Stadt Stadthagen GmbH. Es besteht eine gesetzliche Berechtigung, die frühere Tätigkeit beim Land Niedersachsen nach Beendigung der Mandatszeit fortsetzen zu dürfen.

Below-Neufeldt, Almuth von

FDP
Landeswahlvorschlag

Diplomingenieurin (FH)
Gewerbedirektorin a. D.

Seesener Straße 5
38124 Braunschweig

E-Mail: almuth.vonbelow-neufeldt@
lt.niedersachsen.de
Internet: http://www.vonbelow-neufeldt.de
Telefon: 0531 690448 (privat)
Telefon: 0511 3030-3403 (Büro)
Telefax: 0531 2623176 (Büro)
Mobil: 0171 9554357

Geboren am 15. Juni 1954, verheiratet. 1973 Abitur, 1978 Studium als Diplomingenieurin (FH). Von 1978 bis 1981 Betriebsassistentin, ab 1981 Gewerbeaufsichtsbeamtin. Tätigkeiten in Braunschweig, Hamburg, Hannover (dort u. a. in 3 Ministerien), Lüneburg und Göttingen auf allen Verwaltungsebenen, zuletzt bis zum Eintritt in den Landtag 2009 Behördenleiterin am Staatlichen Gewerbeaufsichtsamt Göttingen. Nebenberufliche Lehrtätigkeiten u. a. an Fachhochschulen.

Mitglied der FDP seit 2005. Beisitzerin im Vorstand des FDP-Kreisverbandes Braunschweig. Stellv. Bundesvorsitzende der Liberalen Frauen.

Mitglied des Niedersächsischen Landtages der 16. und 17. Wahlperiode (seit 18. Juni 2009).

Kommunale Mandate und Funktionen

Seit 2006 Mitglied im Stadtbezirksrat der Stadt Braunschweig.

Tätigkeiten und Funktionen nach Abschnitt I der Verhaltenoregeln

Stellv. Vorsitzende der Stiftung der Niedersächsischen Ingenieurkammer. Es besteht eine gesetzliche Berechtigung, die frühere Tätigkeit beim Land Niedersachsen nach dem Ende der Mandatszeit fortsetzen zu dürfen.

Bertholdes-Sandrock, Karin

CDU
Wahlkreis: 48 Elbe

Studienrätin a. D.

Berliner Straße 4
29439 Lüchow

E-Mail: karin@bertholdes-sandrock.de
Internet: http://www.bertholdes.de
Telefon: 05841 5242 (Büro)
Telefax: 05841 974491 (privat)
Telefax: 05841 971690 (Büro)

Geboren am 06.03.1952 in Dortmund, ev.-luth., verheiratet, 2 Kinder. 1971 Abitur am Stadtgymnasium in Dortmund. Studium der Germanistik und Politik in Göttingen, 1977 1. Staatsexamen für das Höhere Lehramt. 1977/78 Studium und Unterrichtstätigkeit an der Universität von Kalifornien, Los Angeles (USA). Danach 1978/79 Unterrichtstätigkeit an der BBS Lüchow. Von 1979 bis1981 Referendariat am Studienseminar Lüneburg. 1981 2. Staatsexamen. Seit 1981 bis zur Wahl in den Landtag 2003 am Gymnasium Lüchow tätig.

Mitglied der CDU seit 1990.

Mitglied des Niedersächsischen Landtages der 15. bis 17. Wahlperiode (seit 4. März 2003).

Kommunale Mandate und Funktionen

Seit 1991 Ratsfrau der Stadt Lüchow. Seit 1996 Kreistagsabgeordnete Lkr. Lüchow-Dannenberg.

Tätigkeiten und Funktionen nach Abschnitt I der Verhaltensregeln

Es besteht eine gesetzliche Berechtigung, die frühere Tätigkeit beim Land Niedersachsen nach dem Ende der Mandatszeit fortsetzen zu dürfen.

Birkner, Dr. Stefan

FDP
Landeswahlvorschlag

Jurist
Landesminister a. D.
stellv. Vorsitzender der FDP-Fraktion

Hinrich-Wilhelm-Kopf-Platz 1
30159 Hannover

E-Mail: stefan.birkner@
lt.niedersachsen.de
Internet: http://www.fdp-fraktion-nds.de
Telefon: 0511 3030-3412 (Büro)
Telefax: 0511 3030-4863 (Büro)
Mobil: 0172 5133630

Geboren am 12. April 1973 in Münsterlingen (Schweiz), verheiratet, 2 Kinder. Nach dem Abitur 1992 Ableistung des Zivildienstes bei der Sozial- und Diakoniestation Garbsen. Anschließend Studium der Rechtswissenschaften an der Universität Hannover. Nach dem 1. Juristischen Staatsexamen 1998 Promotion 2002 an der Europa-Universität Viadrina in Frankfurt (Oder) über das Thema „Die Durchfahrtsrechte von Handels- und Kriegsschiffen durch die türkischen Meerengen". Referendariat beim OLG in Celle von 2001 bis 2003. Nach dem 2. Juristischen Staatsexamen bis 2003 persönlicher Referent des Niedersächsischen Umweltministers Hans-Heinrich Sander, von Dezember 2005 bis März 2007 Büroleiter des Ministers. Von 2003 bis 2005 sowie von 2007 bis Februar 2008 als Staatsanwalt und Richter tätig, zuletzt am Amtsgericht in Neustadt am Rübenberge.

Mitglied der FDP seit 1991. Landesvorsitzender der FDP Niedersachsen seit 2011.

Vom Februar 2008 bis Januar 2012 Staatssekretär im Niedersächsischen Ministerium für Umwelt und Klimaschutz. Von Januar 2012 bis Februar 2013 Niedersächsischer Minister für Umwelt und Klimaschutz.

Mitglied des Niedersächsischen Landtages der 17. Wahlperiode (seit 19. Februar 2013). Seit Februar 2013 stellv. Vorsitzender der FDP-Fraktion.

Kommunale Mandate und Funktionen

keine

Tätigkeiten und Funktionen nach Abschnitt I der Verhaltensregeln

Stellv. Vorsitzender der Vereinigung Liberaler Juristen Niedersachsen e.V.

Bley, Karl-Heinz

CDU
Wahlkreis: 66 Cloppenburg-Nord

Selbstständiger Kraftfahrzeugmeister

Zum Auetal 18
49681 Garrel

E-Mail: email@karl-heinz-bley.de
Internet: http://www.karl-heinz-bley.de
Telefon: 04474 8553 (privat)
Telefon: 04474 941791 (Büro)
Telefax: 04474 932686 (privat)
Telefax: 04474 941792 (Büro)
Mobil: 0172 9375519

Geboren am 6. Oktober 1952 in Garrel, Landkreis Cloppenburg, verheiratet, 3 Kinder. 1977 Meisterprüfung im KFZ-Handwerk. Seit 1982 selbstständig im Kfz Handwerk.

Mitglied der CDU seit 1988.

Mitglied des Niedersächsischen Landtages der 15. bis 17. Wahlperiode (seit 4. März 2003).

Kommunale Mandate und Funktionen

Keine.

Tätigkeiten und Funktionen nach Abschnitt I der Verhaltensregeln

Geschäftsführer der Firma K.-H. Bley & F. Otten Kraftfahrzeuge GmbH, Garrel. Präsident der Unternehmerverbände Handwerk Niedersachsen. Präsident des Niedersächsischen Handwerkstages. Präsident und stellv. Landesinnungsmeister des Deutschen Kraftfahrzeuggewerbes, Landesverband Niedersachsen/Bremen. Mitgliedervertreter der Signal Iduna. Mitglied im Beirat der N.Bank.

Bock, André

CDU
Wahlkreis: 50 Winsen

Diplomverwaltungsbetriebswirt (FH)
Kreisamtsrat a. D.

Schirwindter Straße 52
21423 Winsen/Luhe

E-Mail: a.bock@andrebock.de
Internet: http://www.andrebock.de
Telefon: 04171 77541 (privat)
Telefon: 04171 6925967 (Büro)
Telefax: 04171 6925969 (Büro)
Mobil: 0171 9926647

Geboren am 12. Juni 1973 in Hamburg-Harburg, ledig. Von 1990 bis 1991 Höhere Handelsschule, Sekundarabschluss II. Von 1991 bis 1994 Ausbildung zum Verwaltungsfachangestellten, von 1994 bis 1996 Angestellter beim Landkreis Harburg. Von 1996 bis 1997 Besuch der Fachoberschule Verwaltung und Rechtspflege in Lüneburg, Abschluss Fachhochschulreife. Danach von 1997 bis 1998 Angestellter bei der Stadt Winsen. Von 1998 bis 2001 Duales Studium, Abschluss Dipl.-Verwaltungsbetriebswirt (FH). Von 2001 bis zur Wahl in den Landtag 2013 in der Verwaltung des Landkreises Harburg tätig.

Mitgliedschaften und Aktivitäten in verschiedenen Vereinen und Verbänden.

Mitglied der CDU seit 1998. Mitglied im Vorstand des CDU Kreisverbandes Harburg-Land seit 2011.

Mitglied des Niedersächsischen Landtages der 17. Wahlperiode (seit 19. Februar 2013).

Kommunale Mandate und Funktionen

Seit 2001 Ratsherr der Stadt Winsen (Luhe), seit 2007 Vorsitzender der CDU-Stadtratsfraktion, seit 2011 1. stellv. Bürgermeister.

Tätigkeiten und Funktionen nach Abschnitt I der Verhaltensregeln

Mitglied im Aufsichtsrat der Stadtwerke Winsen GmbH. Es besteht eine gesetzliche Berechtigung, die frühere Tätigkeit beim Landkreis Harburg nach dem Ende der Mandatszeit fortsetzen zu dürfen.

Bode, Jörg

FDP
Landeswahlvorschlag

Bankkaufmann
Landesminister a. D.
stellv. Vorsitzender der FDP-Fraktion

Buchholzberg 76
29229 Celle

Telefax: 0321 21168343 (privat)
Mobil: 0172 5 131792

Geboren am 12. November 1970 in Celle, verheiratet. 1 Kind. Abitur am Hölty-Gymnasium in Celle, anschließend 12 Monate Wehrdienst bei der Bundeswehr. Ausbildung zum Bankkaufmann bei der Commerzbank in Celle. Danach Förderprogramm zur Ausbildung als Firmenkundenbetreuer. Seit 2000 Firmenkundenbetreuer bei der Deutschen Bank AG, Filiale Hannover.

Mitglied der FDP seit 1989.

Mitglied des Niedersächsischen Landtages der 15. bis 17. Wahlperiode (seit 4. März 2003). Von August 2005 bis Februar 2009 Parlamentarischer Geschäftsführer der FDP-Landtagsfraktion. Von Februar bis Oktober 2009 Vorsitzender der FDP-Landtagsfraktion. Von Oktober 2009 bis Februar 2013 Niedersächsischer Minister für Wirtschaft, Arbeit und Verkehr und stellv. Ministerpräsident. Seit Februar 2013 stellv. Vorsitzender der FDP-Landtagsfraktion.

Kommunale Mandate und Funktionen

Keine.

Tätigkeiten und Funktionen nach Abschnitt I der Verhaltensregeln

Freigestellter Angestellter der Deutschen Bank AG, Hannover. Geschäftsführer der Haacke Treuhand GmbH, Celle. Es besteht eine gesetzliche und vertragliche Berechtigung, die frühere Tätigkeit bei der Deutschen Bank nach Beendigung der Mandatszeit fortsetzen zu dürfen.

Böhlke, Norbert

CDU
Wahlkreis: 51 Seevetal

Speditionskaufmann

Mattenmoorstraße 60 a
21217 Seevetal

E-Mail: buero@norbert-boehlke.de
Internet: http://www.norbert-boehlke.de
Telefon: 040 7681923 (privat)
Telefon: 04105 570164 (Büro)
Telefax: 040 76117755 (privat)
Telefax: 04105 51109 (Büro)

Geboren am 28. April 1955 in Hamburg-Harburg, ev.-luth., verheiratet, 2 Kinder. Nach Abschluss der Höheren Handelsschule zweijährige Ausbildung zum Speditionskaufmann. Seit 1977 freigestellter Betriebsratsvorsitzender bzw. stellv. Betriebsratsvorsitzender einer internationalen Spedition in Hamburg.

Mitgliedschaften: ver.di, SoVD.

Mitglied des Niedersächsischen Landtages der 12. Wahlperiode (von Juni 1990 bis Juni 1994) und der 15. bis 17. Wahlperiode (seit 4. März 2003).

Kommunale Mandate und Funktionen

Seit 1976 Mitglied im Ortsrat Meckelfeld/Kleinmoor. Seit 1976 Ratsherr der Gemeinde Seevetal, Vorsitzender der CDU-Ratsfraktion. Seit 1986 Kreistagsabgeordneter Lkr. Harburg, Vorsitzender des Kreistages, stellv. Landrat.

Tätigkeiten und Funktionen nach Abschnitt I der Verhaltensregeln

Angestellter der Spedition Kühne & Nagel, Hamburg. Mitglied im Verwaltungsrat und Kreditausschuss der Sparkasse Harburg-Buxtehude. Mitglied der Gesellschafterversammlung der Krankenhäuser Buchholz und Winsen gGmbH. Vorsitzender des Kuratoriums der Arthur-Vick Rheuma-Stiftung. Mitglied im Präsidium des Diakonischen Werks der Ev.-luth. Landeskirche Hannover. Mitglied im Verkehrsausschuss der Industrie- und Handelskammer Lüneburg. Mitglied im Vorstand des Niedersächsischen Landkreistages. Es besteht eine gesetzliche und vertragliche Berechtigung, die frühere Tätigkeit bei der Spedition nach dem Ende der Mandatszeit fortsetzen zu dürfen.

Bosse, Marcus

SPD

Wahlkreis: 10 Wolfenbüttel-Süd/Salzgitter

Zahntechniker
stellv. Vorsitzender der SPD-Fraktion

Helmstedter Straße 32
38170 Schöppenstedt

E-Mail: info@marcus-bosse.de
Internet: http://www.marcus-bosse.de
Telefon: 05331 881416 (Büro)

Geboren am 22. Juli 1965, verheiratet, 2 Kinder. Nach Realschulabschluss 1982 Lehre zum Zahntechniker. Seitdem bis zum Einzug in den Landtag 2008 in diesem Beruf bei der Firma Enzenbach Zahntechnik Wolfenbüttel tätig. Von 1987 bis 1989 Grundwehrdienst.

Mitgliedschaften: IG Metall, AWO, DRK und mehrerer örtlicher Vereine.

Mitglied der SPD seit 1987. Vorsitzender des SPD-Unterbezirks Wolfenbüttel seit 2009. Mitglied im Vorstand des SPD-Bezirksverbandes Braunschweig. Beisitzer im Vorstand des SPD-Landesverbandes Niedersachsen seit 2010.

Mitglied des Niedersächsischen Landtages der 16. und 17. Wahlperiode (seit 26. Februar 2008). Seit Februar 2013 stellv. Vorsitzender der SPD-Landtagsfraktion.

Kommunale Mandate und Funktionen

Seit 1991 Ratsherr der Stadt Schöppenstedt. Seit 1996 Kreistagsabgeordneter Lkr. Wolfenbüttel, seit 2009 stellv. Vorsitzender der SPD-Kreistagsfraktion. Seit 2001 Mitglied der Verbandsversammlung Zweckverband Großraum Braunschweig, dort seit 2011 Vorsitzender der SPD-Fraktion.

Tätigkeiten und Funktionen nach Abschnitt I der Verhaltensregeln

Mitglied im Aufsichtsrat der Wolfenbütteler Wohnungsbaugesellschaft (WOBAU). Mitglied im Aufsichtsrat der BWS. Mitglied im Regionalen Beirat der Landessparkasse Braunschweig. Es besteht eine gesetzliche Berechtigung, die frühere Tätigkeit bei der Firma Enzenbach nach dem Ende der Mandatszeit fortsetzen zu dürfen.

Brammer, Axel

SPD
Landeswahlvorschlag

Drucker

Schulstraße 25
26209 Hatten

E-Mail: axel.brammer@
lt.niedersachsen.de
Internet: http://www.axel-brammer.de
Telefon: 04482 1748 (privat)
Telefon: 04221 1521211 (Büro)
Telefax: 04221 1521221 (privat)

Geboren am 13. Juni 1955 in Delmenhorst, verheiratet, 2 Kinder. Von 1971 bis 1974 Ausbildung zum Buchdrucker. Bis zur Wahl in den Landtag 2008 als Drucker bei der Firma Fink-Druck GmbH in Delmenhorst beschäftigt.

Mitgliedschaften: Ver.di, AWO Kreisverband Oldenburg/Vechta.

Mitglied der SPD seit 1987. Vorsitzender des SPD-Unterbezirks Oldenburg-Land seit 2001. Mitglied im Vorstand des SPD-Bezirks Weser-Ems seit 2003.

Mitglied des Niedersächsischen Landtages der 16. Wahlperiode (seit 26. Februar 2008) und 17. Wahlperiode (seit 20. Februar 2013)

Kommunale Mandate und Funktionen

Seit 1991 Ratsherr der Gemeinde Hatten. Seit 1996 Kreistagsabgeordneter Lkr. Oldenburg.

Tätigkeiten und Funktionen nach Abschnitt I der Verhaltensregeln

Inhaber eines Druckereikleingewerbebetriebes. Mitglied im Vorstand des AWO-Kreisverbandes Oldenburg/Vechta. Es besteht eine gesetzliche Berechtigung, die frühere Tätigkeit bei der Firma Fink-Druck-GmbH nach dem Ende der Mandatszeit fortsetzen zu dürfen.

Bratmann, Christoph

SPD
Wahlkreis: 3 Braunschweig-West

Diplompädagoge
Diplomsozialpädagoge
Studienrat a. D.

Schloßstraße 8
38100 Braunschweig

E-Mail: buero@christoph-bratmann.de
Internet: http://www.christoph-bratmann.de
Telefon: 0531 4809821 (Büro)
Telefax: 0531 4809826 (Büro)

Geboren am 23. September 1969 in Braunschweig, ledig, 1 Tochter. 1987 Abschluss der Realschule in Vechelde, danach bis 1990 Ausbildung zum Drucker bei der Westermann Druck GmbH in Braunschweig. Bis 1992 Tätigkeit als Drucker, Ableistung des Zivildienstes. Von 1992 bis 1993 Fachhochschulreife, von 1994 bis 1997 Studium der Sozialpädagogik in Braunschweig, anschließend bis 1999 Studium der Erziehungswissenschaften an der Universität Hildesheim, Studienabschlüsse: Diplomsozialpädagoge und Diplompädagoge. Von 2000 bis 2004 Tätigkeit als Diplompädagoge beim Berufsförderungswerk Goslar. Seit 2004 bis zur Wahl in den Landtag 2013 Studienrat an den Berufsbildenden Schulen Goslar-Baßgeige, Fächer: Sozialpädagogik und Politik.

Mitgliedschaften: AWO, GEW, Eintracht Braunschweig.

Mitglied der SPD seit 2003. Vorsitzender des SPD-Unterbezirks Braunschweig seit 2011.

Mitglied des Niedersächsischen Landtages der 17. Wahlperiode (seit 19. Februar 2013).

Kommunale Mandate und Funktionen

Seit 2011 Ratsherr der Stadt Braunschweig.

Tätigkeiten und Funktionen nach Abschnitt I der Verhaltensregeln

Mitglied im Zweckverband Großraum Braunschweig. Mitglied im Aufsichtsrat der Nibelungen Wohnbau GmbH, Braunschweig. Vertreter der Stadt in der Stadt Braunschweig-Beteiligungs-Gesellschaft (SBBG). Es besteht eine gesetzliche Berechtigung, die frühere Tätigkeit beim Land Niedersachsen nach dem Ende der Mandatszeit fortsetzen zu dürfen.

Brinkmann, Markus

SPD

Wahlkreis: 22 Sarstedt/Bad Salzdetfurth

Gewerkschaftssekretär
Schriftführer des Niedersächsischen
Landtages

Am Wellbrunnen 13a
31157 Sarstedt

E-Mail: markus-brinkmann@t-online.de
Internet: http://www.ma-brinkmann.de
Telefon: 05066 6035735 (privat)
Telefon: 05066 6005560 (Büro)
Telefax: 05066 6035736 (privat)
Telefax: 05066 6005561 (Büro)
Mobil: 0171 2650048

Geboren am 30. Juni 1961 in Hildesheim, röm.-kath., ledig. Nach dem Real-schulabschluss von 1978 bis 1981 Ausbildung bei der Deutschen Bundespost. Von 1988 bis 1989 Besuch der Sozialakademie Dortmund. Von 1989 bis 2001 Bezirkssekretär bei der Deutschen Postgewerkschaft, danach bis 2006 Bezirks-geschäftsführer Ver.di Bezirk Leine-Weser. Seit 2006 bis zum Einzug in den Landtag 2008 stellv. Bezirksgeschäftsführer Ver.di Bezirk Hannover/Leine-Weser.

Mitglied der SPD seit 1983. Mitglied im Vorstand des SPD-Bezirks Hannover. Mitglied im Vorstand des SPD-Unterbezirks Hildesheim.

Mitglied des Niedersächsischen Landtages der 16. und 17. Wahlperiode (seit 26. Februar 2008). Seit Februar 2013 Schriftführer des Niedersächsischen Landtages.

Kommunale Mandate und Funktionen

Seit 2011 Ratsherr der Stadt Sarstedt.

Tätigkeiten und Funktionen nach Abschnitt I der Verhaltensregeln

Es besteht eine vertragliche Berechtigung, die frühere Tätigkeit bei der Gewerk-schaft ver.di nach dem Ende der Mandatszeit fortsetzen zu dürfen.

Brunotte, Marco

SPD
Landeswahlvorschlag

Bankkaufmann
Organisations- und Politikberater

Odeonstraße 15/16
30159 Hannover

E-Mail: landtag@marco-brunotte.de
Internet: http://www.marco-brunotte.de
Telefon: 0511 7602807 (privat)
Telefon: 0511 1674-340 (Büro)
Telefax: 0511 1674-343 (Büro)

Geboren am 14. März 1977 in Hannover, verheiratet. Nach dem Abitur 1996 an der IGS Langenhagen Zivildienst bei der Johanniter-Unfall-Hilfe. Im Anschluss Ausbildung zum Bankkaufmann bei der NORD/LB in Hannover.

Selbstständiger Organisations- und Politikberater sowie Dozent für Kommunalpolitik.

Mitgliedschaften: AWO, SGK, ver.di, Gefangenenfürsorgeverein Hannover, Deutscher Mieterbund, SoVD, Kulturstiftung Langenhagen, Bündnis für IGS Isernhagen/Burgwedel e. V., Kunstverein Langenhagen, Freiwillige Feuerwehr Langenhagen.

Mitglied der SPD seit 1994. Vorsitzender des SPD-Ortsvereins Langenhagen seit 2000. Finanzverantwortlicher des SPD-Unterbezirks Region Hannover seit März 2009. Mitglied im Parteirat der SPD Niedersachsen.

Mitglied des Niedersächsischen Landtages der 16. und 17. Wahlperiode (seit 26. Februar 2008).

Kommunale Mandate und Funktionen

Seit 1997 Ratsherr der Stadt Langenhagen

Tätigkeiten und Funktionen nach Abschnitt I der Verhaltensregeln

Organisations- und Politikberater sowie Dozent für Kommunalpolitik in Langenhagen. Mitglied im Aufsichtsrat der AWO vita gGmbH. Vorsitzender des Aufsichtsrates der AWO Wohnen und Pflegen gGmbH. Stellv. Vorsitzender der Kulturstiftung Langenhagen e. V. Mitglied im Vorstand und im geschäftsführenden Vorstand des AWO Bezirksverbandes Hannover.

Bruns, Sylvia

FDP

Landeswahlvorschlag

Geschäftsführerin

Hinrich-Wilhelm-Kopf-Platz 1
30159 Hannover

E-Mail: silvia.bruns@lt.niedersachsen.de
Internet: http://www.sylviabruns.de
Telefon: 0511 3030-3417 (Büro)
Telefax: 0511 3030-4863 (Büro)

Geboren am 8. April 1969 in Hannover, verheiratet, 2 Kinder. Abitur 1988 in der Wedemark. Magisterstudium der Politikwissenschaften, Volkswirtschaftslehre und öffentliches Recht in Braunschweig. Seit 2005 bis zur Wahl in den Landtag 2013 Geschäftsführerin der Rudolf von Bennigsen-Stiftung und Regionalbüroleiterin der Friedrich-Naumann-Stiftung für die Freiheit Niedersachsen-Bremen.

Mitglied der FDP seit 1997. Vorsitzende des FDP-Stadtbereiches Süd-Ost. Mitglied im Vorstand der FDP Region Hannover. Mitglied im FDP-Stadtvorstand der Stadt Hannover.

Mitglied des Niedersächsischen Landtages der 17. Wahlperiode (seit 19. Februar 2013).

Kommunale Mandate und Funktionen

Seit 2011 Ratsfrau der Landeshauptstadt Hannover, stellv. Vorsitzende der FDP-Stadtratsfraktion.

Tätigkeiten und Funktionen nach Abschnitt I der Verhaltensregeln

Es besteht eine gesetzliche Berechtigung, die frühere Tätigkeit bei der Friedrich Naumann Stiftung, Potsdam, nach dem Ende der Mandatszeit fortsetzen zu dürfen.

Busemann, Bernd

CDU
Wahlkreis: 82 Papenburg

Rechtsanwalt und Notar
Landesminister a. D.
Präsident des
Niedersächsischen Landtages

Hinrich-Wilhelm-Kopf-Platz 1
30159 Hannover

E-Mail: bernd.busemann@
lt.niedersachsen.de
Internet: http://www.landtag-
niedersachsen.de
Telefon: 0511 3030-3030
Telefax: 0511 3030-2887

Geboren am 5. Juni 1952 in Dörpen, Landkreis Emsland, verheiratet, 2 Kinder, Besuch der Volksschule in Dörpen, anschließend des Gymnasiums in Papenburg. Abitur 1972. Zeitsoldat von 1972 bis 1974 in Buxtehude (Leutn. d. Res.). Anschließend Studium der Rechtswissenschaften an der Universität Köln, 1. jur. Staatsexamen 1979, Referendariat beim OLG Oldenburg, 2. jur. Staatsexamen 1982. Seit 1982 selbstständiger Rechtsanwalt und seit 1985 Notar.

Mitglied der CDU seit 1971. Ehrenvorsitzender des CDU-Kreisverbandes Aschendorf-Hümmling.

Mitglied des Niedersächsischen Landtages der 13. bis 17. Wahlperiode (seit 21. Juni 1994). Von März 2003 bis Februar 2008 Niedersächsischer Kultusminister. Von Februar 2008 bis Februar 2013 Niedersächsischer Justizminister und Mitglied des Bundesrates.

Seit 19. Februar 2013 Präsident des Niedersächsischen Landtages.

Kommunale Mandate und Funktionen

Keine.

Tätigkeiten und Funktionen nach Abschnitt I der Verhaltensregeln

Mitglied im Kuratorium der Stiftung Kinder von Tschernobyl des Landes Niedersachsen.

Calderone, Christian

CDU

Wahlkreis: 73 Bersenbrück

Jurist

Schiphorst 23
49610 Quakenbrück

E-Mail: post@calderone.de
Internet: http://www.calderone.de
Telefon: 05431 2260 (privat)
Telefax: 05431 969633 (privat)
Mobil: 0175 8533379

Geboren am 2. Juli 1977 in Bremen, röm.-kath. 1997 Abitur in Quakenbrück. Ableistung des Zivildienstes 1997/1998, anschließend rechtswissenschaftliches Studium. Freiberuflich tätig. Von 2008 bis 2011 Mitarbeiter im Abgeordnetenbüro des Landtagsabgeordneten Reinhold Coenen.

Mitglied der CDU seit 1996. Vorsitzender des CDU-Kreisverbandes Osnabrück-Land seit 2010. Stellv. Vorsitzender des CDU-Bezirksverbandes Osnabrück-Emsland seit 2010.

Mitglied des Niedersächsischen Landtages der 17. Wahlperiode (seit 19. Februar 2013).

Kommunale Mandate und Funktionen

Seit 2001 Ratsherr der Stadt Quakenbrück, seit 2007 Vorsitzender der CDU-Stadtratsfraktion. Seit 2001 Ratsherr der Samtgemeinde Artland, seit 2011 Beigeordneter. Seit 2011 Kreistagsabgeordneter Lkr. Osnabrück.

Tätigkeiten und Funktionen nach Abschnitt I der Verhaltensregeln

Vorsitzender des Aufsichtsrates der AWIGO Abfallwirtschaft Landkreis Osnabrück GmbH, Georgsmarienhütte. Mitglied im Aufsichtsrat des Deutschen Instituts für Lebensmitteltechnik e.V., Quakenbrück. Mitglied im Kuratorium der StadtStiftung Quakenbrück.

Dammann-Tamke, Helmut

CDU
Wahlkreis: 55 Buxtehude

Diplomingenieur agr.
Landwirt

Pommernstraße 6
21698 Harsefeld

E-Mail: wahlkreisbuero@
dammann-tamke.de
Internet: http://www.dammann-tamke.de
Telefon: 04164 888532 (Büro)
Telefax: 04164 888536 (Büro)

Geboren am 11. Oktober 1961 in Stade, verheiratet, 3 Kinder. Besuch des Gymnasiums Athenaeum in Stade, anschließend Lehre als Landwirt. Von 1982 bis 1985 Studium an der Fachhochschule Kiel – Fachbereich Landbau. Seit 1985 selbstständiger landwirtschaftlicher Unternehmer nach Übernahme des Familienbetriebes.

Mitgliedschaften: diverse berufsständische Organisationen, Kreisjägerschaft Stade.

Mitglied der CDU seit 1986.

Mitglied des Niedersächsischen Landtages der 15. bis 17. Wahlperiode (seit 4. März 2003).

Kommunale Mandate und Funktionen

Seit 1986 Ratsherr der Gemeinde Bargstedt. Seit 1992 Kreistagsabgeordneter Lkr. Stade, seit 2011 Vorsitzender der CDU-Kreistagsfraktion.

Tätigkeiten und Funktionen nach Abschnitt I der Verhaltensregeln

Selbstständiger landwirtschaftlicher Unternehmer in Bargstedt-Ohrensen. Mitglied im Verwaltungsrat der Kreissparkasse Stade. Präsident der Landesjägerschaft Niedersachsen e. V. Mitglied im Präsidium des Deutschen Jagdschutzverbandes.

Deneke-Jöhrens,
Dr. Hans-Joachim

CDU
Wahlkreis: 30 Lehrte

Landwirt

Osterstraße 10
31275 Lehrte

E-Mail: hans-joachim@
         deneke-joehrens.de
Internet: http://www.deneke-joehrens.de
Telefon: 05132 2203 (privat)
Telefon: 05132 584982 (Büro)
Telefax: 05132 502957 (privat)
Telefax: 05132 584081 (Büro)
Mobil: 0175 5993923

Geboren am 30. Mai 1961 in Hannover, verheiratet, 1 Kind. 1980 Abitur am Gymnasium Lehrte. Reserveoffizierslaufbahn bei der Bundeswehr. Von 1982 bis 1987 Studium der Agrarwissenschaften in Göttingen, von1987 bis 1991 Promotion am Institut für Agrikulturchemie in Göttingen. Seit 1991 selbstständiger Unternehmer als Landwirt auf dem eigenen Betrieb in Lehrte. Schöffe in Landwirtschaftssachen beim Amtsgericht Lehrte.

Mitglied der CDU seit 1996. Vorsitzender des CDU-Stadtverbandes Lehrte.

Mitglied des Niedersächsischen Landtages der 16. und 17. Wahlperiode (seit 26. Februar 2008).

Kommunale Mandate und Funktionen

Seit 1996 Ratsherr der Stadt Lehrte, Vorsitzender der CDU-Ratsfraktion seit 2002.

Tätigkeiten und Funktionen nach Abschnitt I der Verhaltensregeln

Unternehmer als Landwirt in Lehrte. Mitglied im Aufsichtsrat der Stadtwerke Lehrte GmbH. Mitglied der Gesellschafterversammlung der Stadtwerke Lehrte GmbH. Mitglied der Gesellschafterversammlung der Lehrter Beteiligungs-GmbH. Mitglied im Vorstand Schutzbund der abbauberechtigten Grundeigentümer e. V. Mitglied im Aufsichtsrat der Parkhausgesellschaft Lehrte mbH.

Deppmeyer, Otto

CDU

Wahlkreis: 38 Hameln/Rinteln

Landwirtschaftsmeister

Hemeringen 6
31840 Hessisch Oldendorf

E-Mail: cdu@weserbergland.de
Internet: http://www.otto-deppmeyer.de
Telefon: 05151 924480 (Büro)
Telefax: 05151 924481 (Büro)
Mobil: 0160 5533553

Geboren am 22. Mai 1947 in Hemeringen, Landkreis Hameln-Pyrmont, verheiratet, 2 Kinder. Mittlere Reife, Landwirtschaftslehre, Fachschule, Landwirtschaftsmeister.

Seit 1969 in vielfältigen ehrenamtlichen Funktionen im Bereich der Landwirtschaft tätig. Während dieser Zeit Mitglied eines beratenden Ausschusses bei der EU Kommission in Brüssel.

Mitglied der CDU seit 1970.

Mitglied des Niedersächsischen Landtages der 16. und 17. Wahlperiode (seit 26. Februar 2008).

Kommunale Mandate und Funktionen

Seit 1976 Mitglied im Ortsrat Hemeringen-Lachen, seit 1983 Ortsbürgermeister. Seit 1986 Ratsherr der Stadt Hessisch Oldendorf. Seit 1986 Kreistagsabgeordneter Lkr. Hameln-Pyrmont, seit 2001 Vorsitzender der CDU-Kreistagsfraktion.

Tätigkeiten und Funktionen nach Abschnitt I der Verhaltensregeln

Mitglied im Aufsichtsrat der Verkehrsgesellschaft Hameln-Pyrmont. Mitglied im Aufsichtsrat der Niedersächsischen Landgesellschaft (NLG). Mitglied der Verbandsversammlung der Sparkasse Weserbergland, Hameln. Mitglied im Beirat E.on Westfalen-Weser, Paderborn. Mitglied im Verwaltungsrat des Medizinischen Dienstes in Niedersachsen.

Dürr, Christian

FDP
Landeswahlvorschlag

Diplomökonom
Wirtschaftswissenschaftler
Vorsitzender der FDP-Fraktion

Brookdamm 40
27777 Ganderkesee

E-Mail: christian.duerr@
lt.niedersachsen.de
Internet: http://www.christian-duerr.de
Telefon: 04222 4000850 (privat)
Telefon: 0511 3030-3405 (Büro)
Telefax: 04222 4000860 (privat)
Telefax: 0511 3030-99-4863 (Büro)

Geboren am 18. April 1977 in Delmenhorst, verheiratet. Besuch der Grundschule, der Orientierungsstufe und des Gymnasiums in Ganderkesee. Von 1993 bis 1994 Rotary Austauschschüler in Kingman, Arizona/USA, mit Besuch der Kingman High School, 1997 Abitur. Anschließend 13 Monate Zivildienst beim DRK-Blutspendedienst im Zentralkrankenhaus Bremen-Mitte. Studium der Wirtschaftswissenschaften an der Leibniz Universität Hannover mit den Schwerpunkten Unternehmensführung, Marketing und Öffentliche Finanzen. Während des Studiums Praktikum bei der adidas-Salomon AG, Herzogenaurach/Bayern, im Global Marketing. Diplomarbeit im Fach Öffentliche Finanzen April 2007.

Mitglied der Jungen Liberalen seit 1995, der FDP seit 1996. Mitglied im Landesvorstand der FDP Niedersachsen. Mitglied im Bundesvorstand der FDP.

Mitglied des Niedersächsischen Landtages der 15. bis 17. Wahlperiode (seit 4. März 2003). Von März 2003 bis Oktober 2009 Sprecher für Umwelt- und Energiepolitik, von Februar bis Oktober 2009 zusätzlich Parlamentarischer Geschäftsführer der FDP-Landtagsfraktion. Seit Oktober 2009 Vorsitzender der FDP-Landtagsfraktion.

Kommunale Mandate und Funktionen

Keine.

Tätigkeiten und Funktionen nach Abschnitt I der Verhaltensregeln

Mitglied im Programmbeirat von Hitradio Antenne. Mitglied im Beirat der Deutschen Messe AG. Gesellschafter der Georg Strudthoff Lederwaren und Sporthof E. Flocke GmbH.

Ehlen, Hans-Heinrich

CDU
Wahlkreis: 54 Bremervörde

Landwirtschaftsmeister
Landesminister a. D.

Dorfstraße 1
27419 Kalbe

E-Mail: ehlen-kalbe@t-online.de
Internet: http://www.heiner-ehlen.de
Telefon: 04282 1625 (privat)
Telefax: 04282 3654 (privat)
Mobil: 0171 3057553

Geboren am 20. August 1949 in Zeven, Landkreis Rotenburg/Wümme, verheiratet, 4 Kinder. 1956 Besuch der Volksschule in Kalbe, ab 1964 in Sittensen. Danach Ausbildung zum Landwirt mit Abschluss der Meisterprüfung. Seit 1976 bis zur Berufung als Landesminister selbstständige Bewirtschaftung des eigenen landwirtschaftlichen Veredelungsbetriebes mit Anerkennung als Ausbildungsbetrieb; Schwerpunkte der Produktion sind Getreide und Schweinehaltung.

Mitglied der CDU seit 1993. Vorsitzender des CDU-Kreisverbandes Rotenburg/Wümme seit 2011.

Mitglied des Niedersächsischen Landtages der 13. bis 17. Wahlperiode (seit 21. Juni 1994). Von März 2003 bis April 2010 Niedersächsischer Minister für Ernährung, Landwirtschaft, Verbraucherschutz und Landesentwicklung.

Kommunale Mandate und Funktionen

Seit 1996 Kreistagsabgeordneter Lkr. Rotenburg/Wümme.

Tätigkeiten und Funktionen nach Abschnitt I der Verhaltensregeln

Präsident des Zentralverbandes der Jagdgenossenschaften und Eigenjagdbesitzer in Niedersachsen e.V. (ZJEN).

Eilers, Hillgriet

FDP

Landeswahlvorschlag

Sinologin M.A.
Schriftführerin des Niedersächsischen
Landtages

Heinrich-Reimers-Straße 6
26725 Emden

E-Mail: hillgriet.eilers@lt.niedersachsen.de
Internet: http://www.hillgriet.eilers.fdp-nds.de
Telefon: 04921 942160 (privat)
Telefon: 0511 3030-3419 (Büro)
Telefax: 04921 5509504 (Büro)

Geboren am 7. März 1959 in Hinte (Ostfriesland), verheiratet, 1 Tochter. 1976 Abitur in Emden. Studium der klassischen und modernen Sinologie und Wirtschaftswissenschaften an der Universität Göttingen sowie in Taipeh in der Republik China mit dem Abschluss Magister Artium. Weiterbildung am Goethe-Institut für Deutsch als Fremdsprache. Lehrtätigkeiten an Hochschulen und Instituten.

Mitglied des Helene Weber-Kollegs des Bundes. Helene Weber-Preisträgerin 2011.

Mitglied der FDP seit 2000. Vorsitzende des FDP-Kreisverbandes Emden. Vorsitzende der Liberalen Frauen Niedersachsen. Mitglied im Landesvorstand der FDP Niedersachsen.

Mitglied des Niedersächsischen Landtages der 17. Wahlperiode (seit 19. Februar 2013). Seit Februar 2013 Schriftführerin des Niedersächsischen Landtages.

Kommunale Mandate und Funktionen

Seit 2001 Ratsfrau der Stadt Emden, stellv. Vorsitzende der FDP-Ratsfraktion.

Tätigkeiten und Funktionen nach Abschnitt I der Verhaltensregeln

Selbstständige Lehrtätigkeit. Mitglied im Aufsichtsrat der Klinikum Emden GmbH. Mitglied im Aufsichtsrat der Zukunft Emden GmbH. Mitglied im Vorstand der Musikschule Emden e.V. Beisitzerin im Vorstand des Landesfrauenrates Niedersachsen e.V.

Emmerich-Kopatsch, Petra

SPD
Landeswahlvorschlag

Ingenieurin für Verfahrenstechnik

Pulverweg 28 a
38678 Clausthal-Zellerfeld

E-Mail: petra.emmerich-kopatsch@
lt.niedersachsen.de
Internet: http://www.emmerich-kopatsch.de
Telefon: 05321 709516 (Büro)
Telefax: 05321 709517 (Büro)

Geboren am 19. September 1960 in Osterode, verheiratet, 1 Kind. Nach Schulbesuch Ausbildung zur Stoffprüferin/Chemie, anschließend bis 1985 Ausbildung zur Verfahrenstechnikerin. Von 1985 bis 1988 Angestellte im Forschungslabor der P + S AG in Salzgitter. Seit 1989 Angestellte und seit 1993 nach Abschluss der Ausbildung zur Ingenieurin für Verfahrenstechnik Leiterin der Fachkoordinierungsstelle Umwelttechnik des Landes Niedersachsen, seit 1998 bis zur Wahl in den Landtag 2003 zugleich Leiterin des Forums Mobilität Niedersachsen.

Mitgliedschaften: ver.di, AWO.

Mitglied der SPD. Stellv. Vorsitzende der SPD Niedersachsen. Vorsitzende des SPD-Unterbezirks Goslar. Mitglied des SPD-Parteirates.

Mitglied des Niedersächsischen Landtages der 15. bis17. Wahlperiode (seit 4. März 2003).

Kommunale Mandate und Funktionen

Seit 2011 Kreistagsabgeordnete Lkr. Goslar. Seit 2011 Mitglied des Zweckverbandes Großraum Braunschweig.

Tätigkeiten und Funktionen nach Abschnitt I der Verhaltensregeln

Mitglied im Verwaltungsrat und Kreditausschuss der Sparkasse Goslar. Mitglied im Stiftungskuratorium Weltkulturerbe Goslar. Es besteht eine gesetzliche Berechtigung, die frühere Tätigkeit beim Land Niedersachsen nach dem Ende der Mandatszeit fortsetzen zu dürfen.

Erkan, Mustafa

SPD

Landeswahlvorschlag

Gewerkschaftssekretär

Schloßstraße 3
31535 Neustadt

E-Mail: info@mustafa-erkan.de
Internet: http://www.mustafa-erkan.de
Telefon: 05032 9676110 (Büro)
Telefax: 05032 9676112 (Büro)

Geboren am 20. Dezember 1984 in Neustadt a.Rbge. 2002 Sekundarabschluss I an der Leine-Schule Neustadt. Von 2002 bis 2004 Besuch der Fachoberschule Wirtschaft am BBZ in Neustadt. Danach bis 2008 Ausbildung zum Industriemechaniker bei Volkswagen Nutzfahrzeuge, dort anschließend bis 2010 Anlagen und Maschinenführer. Von 2010 bis zur Wahl in den Landtag 2013 als Gewerkschaftssekretär bei der Industriegewerkschaft Bergbau, Chemie, Energie (IG BCE) beschäftigt.

Mitgliedschaften: AWO, IG BCE, IG Metall, STK Eilvese.

Mitglied der SPD seit 2004. Stellv. Vorsitzender des SPD-Ortsvereins Neustadt seit 2006. Vorsitzender der SPD-Abteilung Neustadt/Kernstadt. Stellv. Vorsitzender der Arbeitsgemeinschaft für Arbeitnehmerfragen (AfA) Region Hannover seit 2008. Mitglied im SPD-Unterbezirksvorstand Region Hannover seit 2009.

Mitglied des Niedersächsischen Landtages der 17. Wahlperiode (seit 19. Februar 2013).

Kommunale Mandate und Funktionen

Seit 2011 Ratsherr der Stadt Neustadt, stellv. Bürgermeister.

Tätigkeiten und Funktionen nach Abschnitt I der Verhaltensregeln

Es besteht eine gesetzliche Berechtigung, die frühere Tätigkeit bei der IG BCE nach dem Ende der Mandatszeit fortsetzen zu dürfen.

Focke, Ansgar-Bernhard

CDU
Wahlkreis: 64 Oldenburg-Land

Versicherungskaufmann
Geschäftsführer

Zwischenbrücken 5 b
27793 Wildeshausen

E-Mail: buero@ansgar-focke.de
Internet: http://www.ansgar-focke.de
Telefon: 04431 948685 (Büro)
Telefax: 04431 3180 (Büro)

Geboren am 22. April 1982 in Wiesbaden. 2000 Fachhochschulreife am Wirtschaftsgymnasium in Lohne. Anschließend von 2000 bis 2003 Ausbildung zum Versicherungskaufmann, danach als Angestellter tätig. 2006 Gründung einer Agentur für Versicherungen und Finanzen.

Mitglied der Jungen Union seit 1998, der CDU seit 1999. Vorsitzender des CDU-Kreisverbandes Oldenburg-Land seit 1998.

Geschäftsführer des CDU Landesverbandes Oldenburg seit 2008. Bundesschatzmeister der Jungen Union Deutschland seit 2010.

Mitglied des Niedersächsischen Landtages der 16. und 17. Wahlperiode (seit 26. Februar 2008).

Kommunale Mandate und Funktionen

Seit 2011 Kreistagsabgeordneter Lkr. Oldenburg.

Tätigkeiten und Funktionen nach Abschnitt I der Verhaltensregeln

Geschäftsführer des CDU Landesverbandes Oldenburg. Mitglied der Verbandsversammlung des Ems-Weser-Elbe-Versorgungsverbandes (EWE-Verband). Mitglied im Aufsichtsrat der Business Technology Consulting AG (BTC), Oldenburg.

Försterling, Björn

FDP
Landeswahlvorschlag

Diplomfinanzwirt (FH)
Steuerinspektor a. D.

Albert-Schweitzer-Allee 3
38300 Wolfenbüttel

E-Mail: bjoern.foersterling@fdp-wf.de
Internet: http://www.bjoern-foersterling.de
Telefon: 05331 354149 (privat)
Telefax: 05331 856319 (privat)
Mobil: 0179 1400144

Geboren am 23. Juli 1982 in Wolfenbüttel. 2001 Abitur am Gymnasium im Schloss in Wolfenbüttel. Anschießend Ausbildung für den gehobenen Dienst in der niedersächsischen Steuerverwaltung beim Finanzamt Wolfenbüttel. Von 2004 bis zur Wahl in den Landtag 2008 tätig als Steuerinspektor beim Finanzamt Wolfenbüttel.

Mitglied der FDP seit 1998. Vorsitzender des FDP-Kreisverbandes Wolfenbüttel seit 2004. Mitglied im Landesvorstand der FDP Niedersachsen seit 2004. Mitglied im geschäftsführenden Landesvorstand der FDP-Niedersachsen seit 2012.

Mitglied des Niedersächsischen Landtages der 16. und 17. Wahlperiode (seit 26. Februar 2008).

Kommunale Mandate und Funktionen

Seit 2006 Kreistagsabgeordneter Lkr. Wolfenbüttel.

Tätigkeiten und Funktionen nach Abschnitt I der Verhaltensregeln

Mitglied im Stiftungsrat der Stiftung Braunschweigischer Kulturbesitz. Stellv. Mitglied im Verwaltungsausschuss des Staatstheaters Braunschweig. Kooptiertes Mitglied im Landesvorstand der Deutschen Steuergewerkschaft (DStG) Niedersachsen. Es besteht eine gesetzliche Berechtigung, die frühere Tätigkeit beim Land Niedersachsen nach dem Ende der Mandatszeit fortsetzen zu dürfen.

Fredermann, Rainer

CDU
Wahlkreis: 31 Langenhagen

Sparkassenbetriebswirt

Virchowstraße 2
30938 Burgwedel

E-Mail: post@rainer-fredermann.de
Internet: http://www.rainer-fredermann.de
Telefon: 05139 87445 (privat)
Mobil: 0171 7576705

Geboren am 9. Juli 1959 in Hannover, verheiratet, 2 Töchter. 1977 Realschulabschluss, 1980 Abschluss als Sparkassen-Kaufmann, 1991 Abschluss als Sparkassenbetriebswirt. Seit Ausbildungsbeginn bis zur Wahl in den Landtag 2013 Mitarbeiter der Sparkasse Hannover, zuletzt Vertriebsleiter.

Mitglied der CDU seit 1986. Kooptiertes Mitglied im Vorstand des CDU-Ortsvereins Wettmar. Kooptiertes Mitglied im Vorstand des CDU-Stadtverbandes Burgwedel.

Mitglied des Niedersächsischen Landtages der 17. Wahlperiode (seit 19. Februar 2013).

Kommunale Mandate und Funktionen

Seit 1996 Ratsherr der Stadt Burgwedel. Seit 2011 Regionsabgeordneter der Region Hannover.

Tätigkeiten und Funktionen nach Abschnitt I der Verhaltensregeln

Mitglied im Aufsichtsrat der Abfallentsorgungsgesellschaft der Region Hannover (arh). Mitglied der Verbandsversammlung und des Verbandsausschusses des Wasserverbandes Nordhannover. Es besteht eine gesetzliche Berechtigung, die frühere Tätigkeit bei der Sparkasse Hannover nach Beendigung des Mandats fortsetzen zu dürfen.

Genthe, Dr. Marco

FDP

Landeswahlvorschlag

Rechtsanwalt

Alte Poststraße 12
28844 Weyhe

E-Mail: marco.genthe@
lt.niedersachsen.de
Telefon: 0421 89002929 (Büro)
Telefax: 0421 89002939 (Büro)

Geboren am 18. März 1967 in Bremen, verheiratet, 2 Kinder. 1987 Abitur, 1988/89 Grundwehrdienst, 1994 1. jur. Staatsexamen, 1998 Promotion, 1999 2. jur. Staatsexamen. Anschließend Gründung der Rechtsanwaltskanzlei Dr. Genthe & Dr. Hornauer in Weyhe, 2010 Gründung einer Zweigstelle in Nienburg.

Mitglied der FDP seit 2001. Vorsitzender des FDP-Kreisverbandes Diepholz. Schatzmeister des FDP-Bezirksverbandes Osnabrück. Mitglied im Landesvorstand der FDP Niedersachsen.

Mitglied des Niedersächsischen Landtages der 17. Wahlperiode (seit 19. Februar 2013).

Kommunale Mandate und Funktionen

Seit 2001 Ratsherr der Gemeinde Weyhe. Seit 2006 Kreistagsabgeordneter Lkr. Diepholz.

Tätigkeiten und Funktionen nach Abschnitt I der Verhaltensregeln

Selbstständiger Rechtsanwalt in Weyhe. Mitinhaber der Wohlers-Brunne, Genthe GbR in Weyhe.

Geuter, Renate

SPD
Landeswahlvorschlag

Verwaltungsangestellte
stellv. Vorsitzende der SPD-Fraktion

Nelkenstraße 28
26169 Friesoythe

E-Mail: renategeuter@googlemail.com
Internet: http://www.renate-geuter.de
Telefon: 04496 921103 (privat)
Telefax: 04496 921105 (privat)
Mobil: 0171 7396792

Geboren am 27. Dezember 1952 in Goldenstedt, Landkreis Vechta, verheiratet, 2 Kinder. Besuch der Volksschule, der Abendrealschule und der Abendoberschule. Lehre als Rechtsanwaltsgehilfin, weiterführende Ausbildung in der öffentlichen Verwaltung, 1979 I. Verwaltungsprüfung, 1987 II. Verwaltungsprüfung. Seit 1974 Verwaltungsangestellte beim Land Niedersachsen, seit 1991 bis zur Wahl in den Landtag 2003 Verwaltungsangestellte beim Oldenburgischen Staatstheater.

Mitgliedschaften: Kinderschutzbund, AWO, Deutsches Rotes Kreuz, ver.di, Kuratorium der Stiftung Moor- und Fehnmuseum Elisabethfehn.

Mitglied der SPD seit 1984. Vorsitzende des SPD Kreisverbandes Cloppenburg seit 1991.

Mitglied des Niedersächsischen Landtages der 15. bis 17. Wahlperiode (seit 4. März 2003). Seit Februar 2013 stellv. Vorsitzende der SPD-Landtagsfraktion.

Kommunale Mandate und Funktionen

Seit 2001 Ratsfrau der Stadt Friesoythe, Vorsitzende der SPD-Ratsfraktion seit 2006.

Tätigkeiten und Funktionen nach Abschnitt I der Verhaltensregeln

Mitglied im Beirat der NordLB. Es besteht eine gesetzliche Berechtigung, die frühere Tätigkeit beim Oldenburgischen Staatstheater nach dem Ende der Mandatszeit fortsetzen zu dürfen.

Glosemeyer, Immacolata

SPD

Landeswahlvorschlag

Einzelhandelskauffrau

Windmühlenbreite 52
38448 Wolfsburg

E-Mail: immacolata.glosemeyer@gmx.de
Internet: http://www.immacolata-
glosemeyer.de
Telefon: 05361 896616 (privat)
Mobil: 0176 61904065

Geboren am 1. September 1965 in Acri/Italien, verheiratet, 1 Sohn. Realschulabschluss und Berufsausbildung zur Einzelhandelskauffrau. 1994 Gründungsmitglied und Vorsitzende des ersten Wolfsburger Tagesmüttervereins e. V. Seit 1995 bis zur Wahl in den Landtag 2013 Leiterin des Wolfsburger Tagesmuttervereins e. V. – Familienservice – im Jugendamt der Stadt Wolfsburg.

Mitgliedschaften: Ver.di, Behindertenbeirat Wolfsburg, Paritätischer Wohlfahrtsverband.

Mitglied der SPD seit 1990. Stellv. Vorsitzende des SPD-Unterbezirks Wolfsburg seit 2009. Beisitzerin der Arbeitsgemeinschaft Migration im SPD-Bezirk Braunschweig.

Mitglied des Niedersächsischen Landtages der 17. Wahlperiode (seit 19. Februar 2013).

Kommunale Mandate und Funktionen

Seit 2011 Mitglied im Ortsrat der Nordstadt-Wolfsburg und seit 2010 Ortsbürgermeisterin. Seit 2011 Ratsfrau der Stadt Wolfsburg.

Tätigkeiten und Funktionen nach Abschnitt I der Verhaltensregeln

Vorsitzende des Aufsichtsrates der NEULAND Wohnungsgesellschaft Wolfsburg. Es besteht eine gesetzliche und vertragliche Berechtigung, die frühere Tätigkeit beim Wolfsburger Tagesmütterverein e. V. nach dem Ende der Mandatszeit fortsetzen zu dürfen.

Götz, Rudolf

CDU
Wahlkreis: 13 Seesen

Polizeibeamter a. D.

Am Kirchensiek 22
38723 Seesen

E-Mail: office@rudolfgoetz.de
Internet: http://www.rudolfgoetz.de
Telefon: 05381 1717 (privat)
Telefon: 05321 383550 (Büro)
Telefax: 05381 492979 (privat)
Telefax: 05321 383551 (Büro)

Geboren am 22. Februar 1949 in Osterode/Harz, verheiratet, 2 Kinder. Besuch der Realschule bis 1966. Ausbildung zum Polizeibeamten, mittlerer Dienst, 1979 Abschluss zum gehobenen Dienst der Polizei des Landes Niedersachsen. Bis zur Wahl in den Landtag 2003 Polizeihauptkommissar beim Kriminal- und Ermittlungsdienst in Bad Gandersheim.

Mitglied der CDU seit 1972. Vorsitzender des CDU-Kreisverbandes Goslar. Stellv. Vorsitzender des CDU-Landesverbandes Braunschweig.

Mitglied des Niedersächsischen Landtages der 15. bis 17. Wahlperiode (seit 4. März 2003).

Kommunale Mandate und Funktionen

Seit 1972 Ratsherr der Stadt Seesen, Vorsitzender der CDU-Ratsfraktion. Kreistagsabgeordneter Lkr. Goslar. Mitglied der Verbandsversammlung Zweckverband Großraum Braunschweig.

Tätigkeiten und Funktionen nach Abschnitt I der Verhaltensregeln

Mitglied der Gesellschafterversammlung der Wirtschaftsbetriebe Stadt Seesen/Harz GmbH. Mitglied im Regionalen Beirat Seesen der Braunschweigischen Landessparkasse. Vorsitzender des Vereins zur Erhaltung der Holzkirche in Clausthal.

Grascha, Christian

FDP
Landeswahlvorschlag

Finanzwirt (bbw) u. Masterconsultant in
Finance
Finanzberater
Parl. Geschäftsführer der FDP-Fraktion

Am Fuchsloch 13
37574 Einbeck-Salzderhelden

E-Mail: mail@christian-grascha.de
Internet: http://www.christian-grascha.de
Telefon: 05561 925381 (privat)
Telefon: 05561 7939966 (Büro)
Telefax: 05561 925382 (privat)
Telefax: 05561 7939965 (Büro)

Geboren am 16. Oktober 1978 in Einbeck, Landkreis Northeim, verheiratet, 1 Tochter. Realschulabschluss an der Löns-Realschule in Einbeck. Ausbildung zum Industriekaufmann von 1996 bis 1999. Ausbildung zum Finanzwirt (bbw) und Masterconsultant in Finance. Seit 1999 selbstständiger Finanzberater.

Mitglied der Jungen Liberalen und der FDP seit 1997. Vorsitzender des FDP-Kreisverbandes Northeim seit 2005. Vorsitzender des FDP-Bezirksverbandes Südniedersachsen seit 2010. Schatzmeister des FDP-Landesverbandes Niedersachsen seit 2010.

Mitglied des Niedersächsischen Landtages der 16. und 17. Wahlperiode (seit 26. Februar 2008). Seit Oktober 2009 Parlamentarischer Geschäftsführer der FDP-Landtagsfraktion.

Kommunale Mandate und Funktionen

Seit 2011 Kreistagsabgeordneter Lkr. Northeim.

Tätigkeiten und Funktionen nach Abschnitt I der Verhaltensregeln

Selbstständiger Finanzberater in Hardegsen. Mitglied im Kirchenvorstand der Neustädter Kirchengemeinde St. Marien, Mitglied im Allgemeinen Beirat – Teilbeirat Öffentlichkeit und Verwaltung der Nord LB.

Große Macke, Clemens

CDU
Wahlkreis: 67 Cloppenburg

Landwirt
Unternehmensberater

Elstener Straße 16
49632 Addrup

E-Mail: info@clemens-grosse-macke.de
Internet: http://www.clemens-grosse-macke.de
Telefon: 05438 8023 (privat)
Telefon: 04471 946720 (Büro)
Telefax: 05438 8025 (privat)
Telefax: 04471 946729 (Büro)

Geboren am 19. Juli 1959 in Addrup, Landkreis Cloppenburg, röm.-kath., verheiratet, 3 Kinder. 1975 Mittlere Reife, anschließend Höhere Handelsschule, Lehre als Landwirt und Kaufmann. Seit 1983 Landwirtschaftsmeister, 1986 Pacht des elterlichen Betriebes. Ab 1990 in der Unternehmensberatung tätig.

Mitglied der CDU seit 1995. Vorsitzender des CDU-Gemeindeverbandes Essen i. O. seit 2002.

Mitglied des Niedersächsischen Landtages der 15. bis 17. Wahlperiode (seit 4. März 2003).

Kommunale Mandate und Funktionen

Seit 2001 Ratsherr der Gemeinde Essen i. O.

Tätigkeiten und Funktionen nach Abschnitt I der Verhaltensregeln

Selbstständiger landwirtschaftlicher Unternehmer und freiberuflicher Unternehmensberater in Addrup. Mitglied im Kuratorium der Katholischen Akademie Stapelfeld. Mitglied im Kuratorium der Stiftung des BDKJ, Landesverband Oldenburg. Mitglied im Kuratorium der Stiftung Museumsdorf Cloppenburg. Mitglied im Aufsichtsrat der Niedersächsischen Landgesellschaft mbH (NLG). Mitglied im Vorstand der Ländlichen Erwachsenenbildung Niedersachsen (LEB.) Mitglied im Kuratorium der Hospizstiftung für den Landkreis Cloppenburg e. V. Geschäftsführender Gesellschafter der Geflügelhof gr. Macke GmbH, Sitz Bassum. Betrieb einer Photovoltaikanlage in Essen/Oldb.

Grupe, Hermann

FDP
Landeswahlvorschlag

Diplomingenieur Agr.
Landwirt

Am Kuhmarkt 3
37632 Eschershausen

E-Mail: hermann-grupe@t-online.de
Mobil: 0173 8579510

Geboren am 26. Juni1956 in Scharfoldendorf, verheiratet, 1 Tochter und 2 Söhne. Landwirtschaftliche Lehre von 1972 bis 1974, Abitur in Hildesheim 1977. Studium der Agrarwissenschaften in Göttingen von 1977 bis 1982 mit Abschluss als Diplomingenieur Agr.

Mitglied der FDP seit 1983. Vorsitzender des FDP-Samtgemeindeverbandes Eschershausen-Stadtoldendorf. Stellv. Vorsitzender des FDP-Bezirksverbandes Südniedersachsen.

Mitglied des Niedersächsischen Landtages der 17. Wahlperiode (seit 19. Februar 2013).

Kommunale Mandate und Funktionen

Seit 2011 Ratsherr der Samtgemeinde Eschershausen-Stadtoldendorf, Vorsitzender der FDP-Samtgemeinderatsfraktion und stellv. Bürgermeister.

Tätigkeiten und Funktionen nach Abschnitt I der Verhaltensregeln

Selbstständiger Landwirt. Kreislandwirt in der Landwirtschaftskammer Niedersachsen, Bezirksstelle Hannover. Vorsitzender des Bauernverbandes Weserbergland im Landvolk Niedersachsen. Mitglied der Gesellschafterversammlung Agrardienste Weserbergland (ADW).

Haase, Hans-Dieter

SPD
Wahlkreis: 85 Emden/Norden

Jurist
Oberregierungsrat a. D.

Wolthuser Straße 67
26725 Emden

E-Mail: hans-dieter-haase@t-online.de
Internet: http://www.hans-dieter-haase.info
Telefon: 04921 24397 (privat)
Telefon: 04921 4509113 (Büro)
Telefax: 04921 4509115 (Büro)

Geboren am 06. Mai 1955 in Norden, Landkreis Norden. Besuch der Grundschule in Norden und Lüneburg, anschließend des Johanneums Lüneburg und Johannes-Althusius-Gymnasiums in Emden, Abitur 1974. Nach Bundeswehrgrundwehrdienst Studium der Rechtswissenschaften an der J.-W. Goethe Universität Frankfurt/Main, dort I. Staatsexamen, II. Staatsexamen OLG Oldenburg. Bis zur Wahl in den Landtag 1998 als Oberregierungsrat in der niedersächsischen Finanzverwaltung tätig.

Mitgliedschaften: Ver.di, AWO sowie weiterer Vereine und Verbände.

Mitglied der SPD seit 1971.

Mitglied des Niedersächsischen Landtages der 14. bis 17. Wahlperiode (seit 30. März 1998).

Kommunale Mandate und Funktionen

Seit 1996 Ratsherr der Stadt Emden, seit 2001 Vorsitzender der SPD-Ratsfraktion.

Tätigkeiten und Funktionen nach Abschnitt I der Verhaltensregeln

Mitglied im Verwaltungsrat der Sparkasse Emden. Stellv. Vorsitzender der Volkshochschule Emden e.V. Vorsitzender des Stiftungsrates der Stiftung Ökowerk Emden e.V. Mitglied im Vorstand der Musikschule Emden. Mitglied im Direktorium des Landesmuseums Emden. Es besteht eine gesetzliche Berechtigung, die frühere Tätigkeit beim Land Niedersachsen nach dem Ende der Mandatszeit fortsetzen zu dürfen.

Hamburg, Julia Willie

Bündnis 90/Die Grünen
Landeswahlvorschlag

Studentin

Ricklinger Straße 31
30449 Hannover

E-Mail: juliaham@aol.com
Internet: http://www.julia-hamburg.de
Mobil: 0173 9917015

Geboren am 26. Juni 1986 in Hannover, 1 Kind. 2004 Abitur in Hannover. Studium Politikwissenschaft, Deutsche Philologie und Philosophie in Göttingen.

Mitglied von Bündnis 90/Die Grünen seit 2007. Landesvorsitzende von Bündnis 90/Die Grünen Niedersachsen seit Februar 2013.

Mitglied des Niedersächsischen Landtages der 17. Wahlperiode (seit 19. Februar 2013).

Kommunale Mandate und Funktionen

Keine.

Tätigkeiten und Funktionen nach Abschnitt I der Verhaltensregeln

Keine.

Hausmann, Karl Heinz

SPD
Wahlkreis: 12 Osterode

Selbstständiger Kaufmann

Hüttenfeldstraße 29
37520 Osterode am Harz

E-Mail: info@karl-heinz-hausmann.de
Internet: http://www.karl-heinz-hausmann.de
Telefon: 05522 82531 (privat)
Telefax: 05522 951084 (privat)
Mobil: 0160 99132692

Geboren am 3. Januar 1952 in Rotenburg/Han., verheiratet, 3 Kinder. 1967 Volksschulabschluss in Lasfelde (Osterode am Harz), von 1967 bis 1971 Ausbildung zum Modellbauer. Von 1971 bis 1980 Polizeivollzugsbeamter im Bundesgrenzschutz. Von 1978 bis 1980 Erwerb der Fachhochschulreife. Von 1980 bis 1981 Ausbildung zum Turn- und Sportlehrer an der Deutschen Turnschule in Frankfurt a. M. Von 1981 bis 1992 technischer Angestellter bei der Firma Pleissner in Herzberg. Seit 1992 selbstständiger Kaufmann im Sporteinzelhandel.

Mitglied der SPD seit 1985.

Mitglied des Niedersächsischen Landtages der 16. und 17. Wahlperiode (seit 26. Februar 2008).

Kommunale Mandate und Funktionen

Seit 1986 Mitglied im Ortsrat Lasfelde-Petershütte-Katzenstein. Seit 1988 Ratsherr der Stadt Osterode am Harz. Seit 2006 Kreistagsabgeordneter Lkr. Osterode am Harz, seit 2011 stellv. Landrat.

Tätigkeiten und Funktionen nach Abschnitt I der Verhaltensregeln

Einzelhandelsgeschäft Sporteck Hausmann in Osterode am Harz.

Heere, Gerald

Bündnis 90/Die Grünen
Landeswahlvorschlag

Politikwissenschaftler, M.A.

Hinrich-Wilhelm-Kopf-Platz 1
30159 Hannover

E-Mail: g.heere@t-online.de
Internet: http://www.geraldheere.de
Telefon: 0511 3030-3318 (Büro)

Geboren am 18. April 1979 in Siegburg, verheiratet. 1998 Abitur in Cuxhaven. Von 1999 bis 2005 Magister-Studium der Politikwissenschaft (HF) sowie der Neueren Geschichte und Informatik (NF) an der TU Braunschweig. Von 2006 bis 2012 Wissenschaftlicher Mitarbeiter am Institut für Sozialwissenschaften (TU Braunschweig). Seit 2012 als freiberuflicher Politikwissenschaftler in Braunschweig tätig.

Mitglied von Bündnis 90/Die Grünen seit 2005.

Mitglied des Niedersächsischen Landtages der 17. Wahlperiode (seit 19. Februar 2013).

Kommunale Mandate und Funktionen

Seit 2011 Ratsherr der Stadt Braunschweig.

Tätigkeiten und Funktionen nach Abschnitt I der Verhaltensregeln

Freiberuflicher Politikwissenschaftler in Braunschweig. Mitglied im Aufsichtsrat der Braunschweiger Verkehrs AG. Mitglied im Aufsichtsrat der Mundstock GmbH. Mitglied im Beirat der Bellis GmbH.

Heiligenstadt, Frauke

SPD
Wahlkreis: 18 Northeim

Diplomverwaltungswirtin
Stadtamtsrätin a. D.
Landesministerin

Schiffgraben 12
30159 Hannover

E-Mail: poststelle@mk.niedersachsen.de
Internet: http://www.mk.niedersachsen.de
Telefon: 0511 120-0
Telefax: 0511 120-7450

Geboren am 24. März 1966 in Northeim, verheiratet, 1 Tochter. Besuch des Gymnasiums Corvinianum in Northeim, Abitur 1985, anschließend Fachhochschulstudium in Hannover zur Diplomverwaltungswirtin bis 1988. Seitdem bis zur Wahl in den Landtag 2003 als Diplomverwaltungswirtin bei der Stadtverwaltung Northeim tätig, ab 1993 Leiterin des Amtes für Wirtschaftsförderung und Liegenschaften.

Mitgliedschaften: ver.di, AWO, Stadtmarketing Northeim e. V., örtlicher Sportverein, örtliche Feuerwehr, örtlicher Heimat- und Verkehrsverein, örtlicher Schützenverein.

Mitglied der SPD seit 1982. Stellv. Vorsitzende des SPD-Unterbezirks Northeim-Einbeck. Mitglied im Bezirksvorstand des SPD-Bezirks Hannover. Mitglied im Landesvorstand der SPD Niedersachsen.

Mitglied des Niedersächsischen Landtages der 15. bis 17. Wahlperiode (seit 4. März 2003). Von Juni 2010 bis Februar 2013 stellv. Vorsitzende der SPD-Landtagsfraktion.

Seit 19. Februar 2013 Niedersächsische Kultusministerin und Mitglied des Bundesrates.

Kommunale Mandate und Funktionen

Seit 1991 Ratsfrau der Gemeinde Katlenburg-Lindau. Seit 2006 Kreistagsabgeordnete Lkr. Northeim.

Tätigkeiten und Funktionen nach Abschnitt I der Verhaltensregeln

Mitglied im Verwaltungsrat und im Kreditausschuss der Kreissparkasse Northeim. Mitglied im Vorstand der Carl-Duisberg Gesellschaft Niedersachsen. Treuhänderische Gesellschafterin für den SPD-Bezirk Hannover in der Verwaltungsgesellschaft für Treuhandgrundstück Odeonstraße 15/16 mbH. Es besteht eine gesetzliche Berechtigung, die frühere Tätigkeit bei der Stadt Northeim nach dem Ende der Mandatszeit fortsetzen zu dürfen.

Heineking, Karsten

CDU

Wahlkreis: 39 Nienburg/Sch

Diplomingenieur
Schornsteinfegermeister

Wegerden 119

31606 Warmsen

E-Mail: heineking@t-online.de
Internet: http://www.karsten-heineking.de
Telefon: 05767 1919
Telefax: 05767 93129

Geboren am 18. September 1961 in Großenvörde, Landkreis Nienburg, verheiratet, 3 Kinder. Abitur 1981. 15 Monate Grundwehrdienst, anschließend Lehre als Schornsteinfeger mit Abschluss als Schornsteinfegergeselle. Von 1986 bis 1990 Studium der Versorgungstechnik an der Fachhochschule Braunschweig/ Wolfenbüttel mit Abschluss Diplomingenieur. 1992 Meisterprüfung im Schornsteinfegerhandwerk, seit 1993 selbstständig als Schornsteinfegermeister im Landkreis Nienburg.

Mitglied der CDU seit 1995.

Mitglied des Niedersächsischen Landtages der 15. bis 17. Wahlperiode (seit 4. März 2003).

Kommunale Mandate und Funktionen

Seit 1996 Ratsherr der Gemeinde Warmsen, seit 2003 Bürgermeister. Seit 2006 Ratsherr der Samtgemeinde Uchte, seit 2011 Ratsvorsitzender. Seit 2001 Kreistagsabgeordneter Lkr. Nienburg, seit 2009 Vorsitzende der CDU-Kreistagsfraktion.

Tätigkeiten und Funktionen nach Abschnitt I der Verhaltensregeln

Selbstständige Tätigkeit als Schornsteinfeger in Warmsen. Stellv. Obermeister der Schornsteinfegerinnung Hannover. 1. Vorsitzender der Mittelstandsvereinigung Nienburg. Mitglied im Aufsichtsrat des Landesverbandes für das Schornsteinfegerhandwerk Niedersachsen (LIV). Mitglied der Verbandsversammlung der Sparkasse Nienburg. Mitglied im Aufsichtsrat der Wirtschaftsförderung im Landkreis Nienburg GmbH (WIN).

Heinen-Kljajic, Dr. Gabriele

Bündnis 90/Die Grünen
Landeswahlvorschlag

Politologin

Landesministerin

Leibnizufer 9
30169 Hannover

E-Mail: poststelle@mwk.niedersachsen.de
Internet: http://www.mwk.niedersachsen.de
Telefon: 0511 120-0
Telefax: 0511 120-2801

Geboren am 28. Mai 1962 in Schleiden-Gemünd (NRW). 1981 Abitur, anschlie-ßend Studium der Politologie, Soziologie und Germanistik an der Universität Bonn, 1989 Magister Artium. Ab 1990 wissenschaftliche Mitarbeiterin als Sti-pendiatin in einem Forschungsprojekt der Volkswagenstiftung. Von 1991 bis 1992 Gastwissenschaftlerin am Institut D'Etudes Europèennes der Universität Brüssel. 1997 Promotion an der Universität Gießen. Von 1999 bis zur Wahl in den Landtag 2003 Geschäftsführerin des Kreisverbandes von Bündnis 90/Die Grünen in Braunschweig.

Mitglied von Bündnis 90/Die Grünen seit 1994.

Mitglied des Niedersächsischen Landtages der 15.bis 17. Wahlperiode (seit 4. März 2003). Von Februar 2008 bis Februar 2013 stellv. Vorsitzende und von August 2010 bis Februar 2013 Parlamentarische Geschäftsführerin der Land-tagsfraktion Bündnis 90/Die Grünen.

Seit 19. Februar 2013 Niedersächsische Ministerin für Wissenschaft und Kultur.

Kommunale Mandate und Funktionen

Keine.

Tätigkeiten und Funktionen nach Abschnitt I der Verhaltensregeln

Vorsitzende des Aufsichtsrates der Servicestelle Offene Hochschule Nieder-sachsen gemeinnützige GmbH. Vorsitzende des Aufsichtsrates der Niedersäch-sischen Staatstheater Hannover GmbH. Mitglied im Stiftungsrat des Hanse-Wissenschaftskollegs. Mitglied im Verwaltungsrat der Braunschweigischen Lan-dessparkasse. Vorsitzende des Präsidiums des DRK-Kreisverbandes Braun-schweig-Salzgitter e.V. Mitglied im Vorstand Kulturpolitische Gesellschaft e.V. Es besteht eine gesetzliche und vertragliche Berechtigung, die frühere Tätigkeit als Geschäftsführerin des Kreisverbandes von Bündnis 90/Die Grünen in Braunschweig fortsetzen zu dürfen.

Henning, Frank

SPD
Wahlkreis: 77 Osnabrück-Ost

Finanzbeamter a. D.

Zittauer Straße 3a
49084 Osnabrück

E-Mail: kontakt@frankhenning.info
Internet: http://www.frankhenning.info
Telefon: 05402 6079117 (privat)
Telefon: 0541 21440 (Büro)
Telefax: 0541 2026831 (Büro)
Mobil: 0177 7171828

Geboren am 27. Dezember 1966 in Osnabrück, verheiratet, zwei Töchter. 1986 Abitur an der Gesamtschule Osnabrück-Schinkel. Von 1986 bis 1989 Finanzanwärter beim Finanzamt Osnabrück-Stadt und Studium an der Fachhochschule für Verwaltung und Rechtspflege – Fachbereich Steuerverwaltung – in Rinteln. Abschluss Diplom-Finanzwirt (FH) 1989. Zuletzt bis zur Wahl in den Landtag 2013 als Betriebsprüfer beim Finanzamt für Großbetriebsprüfung Osnabrück tätig.

Mitgliedschaften: Ver.di und AWO.

Mitglied der SPD seit 1986.

Mitglied des Niedersächsischen Landtages der 17. Wahlperiode (seit 19. Februar 2013).

Kommunale Mandate und Funktionen

Seit 1996 Ratsherr der Stadt Osnabrück, seit 2010 Vorsitzender der SPD Stadtratsfraktion.

Tätigkeiten und Funktionen nach Abschnitt I der Verhaltensregeln

Mitglied im Verwaltungsrat der Sparkasse Osnabrück. Mitglied im Aufsichtsrat der Stadtwerke Osnabrück AG. Mitglied im Aufsichtsrat der Flughafen Münster Osnabrück (FMO) GmbH. Mitglied im Aufsichtsrat der Wirtschaftsförderung Osnabrück (WFO) GmbH. Vorsitzender des Aufsichtsrates der Osnabrücker Beteiligungs- und Grundstücksentwicklungsgesellschaft mbH (OBG). Es besteht eine gesetzliche Berechtigung, die frühere Tätigkeit beim Land Niedersachsen nach Beendigung des Mandats fortsetzen zu dürfen.

Heymann, Holger

SPD

Wahlkreis: 87 Wittmund/Inseln

Bankkaufmann

Dullertweg 6
26487 Neuschoo

E-Mail: info@holger-heymann.de
Internet: http://www.holger-heymann.de
Telefon: 04975 779515 (privat)
Telefon: 04462 1750 (Büro)
Telefax: 04462 921763 (Büro)
Mobil: 0172 9876392

Geboren am 7. Dezember 1977 in Wittmund, verheiratet. 1997 Abitur in Esens, Zivildienst in der Evangelischen Jugendbildungsstätte in Asel. 2½-jähriges Studium für das Lehramt an Haupt- und Realschulen an der Hochschule Vechta. 2001 Beginn der Ausbildung zum Bankkaufmann bei der Oldenburgischen Landesbank AG. 2004 Abschlussprüfung zum Bankkaufmann. Laufende Fortbildungen zum Kundenberater, Privatkundenbetreuer und Vermögensberater. 2011 erfolgreiche Beendigung des Studiums zum Financial Consultant an der Frankfurt School of Finance and Management. Bis zur Wahl in den Landtag 2013 als Vermögensberater bei der Oldenburgischen Landesbank tätig.

Mitglied der SPD seit 1997. Vorsitzender des SPD-Kreisverbandes Wittmund seit 2007. Beisitzer im Vorstand des SPD-Bezirksverbandes Weser-Ems.

Mitglied des Niedersächsischen Landtages der 17. Wahlperiode (seit 19. Februar 2013).

Kommunale Mandate und Funktionen

Seit 2001 Ratsherr der Gemeinde Neuschoo, seit 2009 Bürgermeister. Seit 2009 Ratsherr der Samtgemeinde Holtriem, seit 2011 1. stellv. Bürgermeister. Seit 2011 Kreistagsabgeordneter Lkr. Wittmund.

Tätigkeiten und Funktionen nach Abschnitt I der Verhaltensregeln

Es besteht eine vertragliche Berechtigung, die frühere Tätigkeit bei der Oldenburgischen Landesbank AG nach dem Ende der Mandatszeit fortsetzen zu dürfen.

Hiebing, Bernd-Carsten

CDU

Wahlkreis: 81 Meppen

Landwirt

Landegge 1
49733 Haren (Ems)

E-Mail: bc@hiebing.de
Internet: http://www.hiebing.de
Telefon: 05932 1221 (privat)
Telefon: 05932 734583 (Büro)
Telefax: 05932 1247 (privat)
Telefax: 05932 734584 (Büro)

Geboren am 1. Mai 1951 in Landegge (jetzt Haren/Ems), Landkreis Emsland, verheiratet, 1 Kind. Besuch des Gymnasiums in Meppen, Abschluss Mittlere Reife. Ausbildertätigkeit nach Übernahme des elterlichen landwirtschaftlichen Betriebes. 1980 Umstrukturierung zu einem Tourismusunternehmen.

Ehrenamtlicher Richter am Sozial- und Verwaltungsgericht Osnabrück von 1991 bis 2003.

Mitglied der CDU seit 1972. Vorsitzender der Emsland CDU seit 1996.

Mitglied des Niedersächsischen Landtages der 15. bis 17. Wahlperiode (seit 4. März 2003).

Kommunale Mandate und Funktionen

Seit 1991 Kreistagsabgeordneter Lkr. Emsland, seit 2011 Vorsitzender der CDU-Kreistagsfraktion.

Tätigkeiten und Funktionen nach Abschnitt I der Verhaltensregeln

Selbständige Tätigkeit als Landwirt in Haren (Ems). Mitglied des Vorstandes des Trink- und Abwasserverbandes Bourtanger Moor. Vorsteher des Wasser- und Bodenverbandes Ems-West. Vorsteher des Unterhaltungs- und Landschaftspflegeverbandes 101. Mitglied der Verbandsversammlung der Sparkasse Emsland. Mitglied der Verbandsversammlung EWE. Mitglied im Kuratorium des Ludmillenstiftes Meppen. Stellv. Vorsitzender des Aufsichtsrates der EWE NETZ GmbH.

Hilbers, Reinhold

CDU

Wahlkreis: 79 Grafschaft Bentheim

Diplomkaufmann
Verwaltungsleiter
stellv. Vorsitzender der CDU-Fraktion

Friesenweg 13
49835 Wietmarschen

E-Mail: hilbers@grafschafter-cdu.de
Internet: http://www.reinhold-hilbers.de
Telefon: 05908 8388 (privat)
Telefon: 0511 3030-4130 (Büro)
Telefon: 05921 991440 (Wahlkreisbüro)
Telefax: 05908 8721 (privat)
Telefax: 0511 3030-3811 (Büro)
Telefax: 05921 89246 (Wahlkreisbüro)

Geboren am 25. Juli 1964 in Lingen (Ems), röm.-kath., verheiratet, 4 Kinder. Besuch der Realschule in Lingen, anschließend Ausbildung zum Groß- und Außenhandelskaufmann, 15 Monate Wehrdienst beim 1. Panzerbataillon 523. Fachhochschulreife bei der Fachoberschule Wirtschaft, Studium der Betriebswirtschaft an der Fachhochschule Osnabrück, Abschluss Diplomkaufmann. Von 1991 bis 1992 bei der Firma Georg Utz GmbH, Schüttorf, im Vertriebs- und Produktmanagement tätig. Von 1993 bis 1999 Tätigkeiten bei der Volksbank Lingen eG im Kreditgeschäft, im Firmenkundengeschäft und als Privatkundenberater. Seit 1999 bis zur Wahl in den Landtag 2003 Verwaltungsleiter der Lebenshilfe Nordhorn gGmbH.

Mitglied im Kolping.

Mitglied der CDU seit 1988. Vorsitzender des CDU-Kreisverbandes Grafschaft Bentheim. Mitglied im Landesvorstand der CDU Niedersachsen. Stellv. Vorsitzender des CDU-Bezirksverbandes Osnabrück-Emsland.

Mitglied des Niedersächsischen Landtages der 15. bis 17. Wahlperiode (seit 4. März 2003). Seit Februar 2013 stellv. Vorsitzender der CDU-Landtagsfraktion.

Kommunale Mandate und Funktionen

Seit 1991 Kreistagsabgeordneter Lkr. Grafschaft Bentheim, Vorsitzender der CDU-Kreistagsfraktion.

Tätigkeiten und Funktionen nach Abschnitt I der Verhaltensregeln

Vorsitzender des Aufsichtsrates der Bentheimer Eisenbahn AG. Mitglied der Gesellschafterversammlung der Grundstücks- und Entwicklungsgesellschaft des Landkreises Grafschaft Bentheim (GGB gmbH). Mitglied im Verwaltungsrat der Kreissparkasse Nordhorn. Mitglied im Aufsichtsrat der Euregio-Klinik gGmbH, Nordhorn. Es besteht eine gesetzliche Berechtigung, die frühere Tätigkeit bei der Lebenshilfe Nordhorn gGmbH nach dem Ende der Mandatszeit fortsetzen zu dürfen.

Hillmer, Jörg

CDU

Wahlkreis: 47 Uelzen

Diplomkaufmann
Landwirt
stellv. Vorsitzender der CDU-Fraktion

Burgstraße 1
29556 Suderburg

E-Mail: info@joerg-hillmer.de
Internet: http://www.joerg-hillmer.de
Telefon: 05826 9509400 (privat)
Telefon: 05826 76066 (Büro)
Telefax: 05826 9509406 (privat)
Telefax: 0581 15736 (Büro)
Mobil: 0172 5449567

Geboren am 21. Mai 1966 in Bad Bevensen, verheiratet, 4 Kinder. 1985 Abitur am Herzog-Ernst-Gymnasium in Uelzen, anschließend landwirtschaftliche Lehre und Wehrdienst. Von 1988 bis 1991 Studium der Betriebswirtschaftslehre an der Universität Lüneburg mit Abschluss Dipl.-Kaufmann. 1992 Mitarbeit in einer Steuerberatungskanzlei. Seit 1993 Gesellschafter und Geschäftsführer der Hillmer Pumpen GmbH Import und Großhandel. Seit 1985 selbstständiger Landwirt.

Mitglied der CDU seit 1992. Vorsitzender des CDU-Kreisverbandes Uelzen seit 2000. Mitglied im Vorstand der CDU Niedersachsen.

Mitglied des Niedersächsischen Landtages der 15. bis 17. Wahlperiode (seit 26. Februar 2003). Seit Februar 2013 stellv. Vorsitzender der CDU-Landtagsfraktion.

Kommunale Mandate und Funktionen

Seit 1996 Ratsherr der Samtgemeinde Suderburg. Seit 2006 Kreistagsabgeordneter Lkr. Uelzen.

Tätigkeiten und Funktionen nach Abschnitt I der Verhaltensregeln

Gesellschafter der Hillmer Pumpen GmbH Import und Großhandel, Suderburg, und zugleich selbstständiger Landwirt in Suderburg. Vorsitzender des Landwirtschaftsmuseums Lüneburger Heide e.V. Mitgliedervertreter bei der Mecklenburgische Versicherung aG. Mitgliedervertreter bei der Uelzener Versicherung aG. Mitglied im Aufsichtsrat der Stromversorgung Osthannover. Mitglied der Landkreisversammlung des Niedersächsischen Landkreistages.

Hocker, Dr. Gero

FDP

Landeswahlvorschlag

Wirtschaftswissenschaftler
Vertriebsleiter

Amselweg 5
28832 Achim

E-Mail: gero.hocker@lt.niedersachsen.de
Internet: http://www.gero-hocker.de
Telefon: 04202 7785375 (privat)

Geboren am 30. Juni 1975 in Bremen, geschieden. Nach dem Abitur 1994 Ableistung des Grundwehrdienstes im 6. Panzergrenadierbataillon in Schwanewede bis 1995. Von 1995 bis 1998 Ausbildung zum Bankkaufmann bei der Sparkasse Bremen, danach im Marketing tätig. Von 1998 bis 2003 Studium der Wirtschaftswissenschaften an der Universität Bremen, im Rahmen des Studiums internationale Praktika in New York, Kanton (China) und Adelaide (Australien). Anschließend bis 2006 Vermögensberater bei der Nordwestfinanz Bremen. Von 2006 bis 2007 Wissenschaftlicher Mitarbeiter am Institut für Institutionelle Ökonomik und Innovationsökonomik an der Universität Bremen, Forschungsaufenthalte in Alabama und Oregon. Promotion im Fachbereich Wirtschaftswissenschaft. Von 2007 bis 2008 Assistent des Vorstandsvorsitzenden der AWD Holding AG, Hannover. Zuletzt bis zum Einzug in den Landtag am 28. Oktober 2009 bei der Allianz Beratungs- und Vertriebs-AG in Oldenburg als Vertriebsleiter tätig.

Vorsitzender des FDP-Kreisverbandes Verden seit 1998. Mitglied im Vorstand der FDP Niedersachsen seit 2010. Generalsekretär der FDP Niedersachsen seit 2012.

Mitglied des Niedersächsischen Landtages der 16. Wahlperiode (seit 28. Oktober 2009) und 17. Wahlperiode (seit 19. Februar 2013).

Kommunale Mandate und Funktionen

Keine.

Tätigkeiten und Funktionen nach Abschnitt I der Verhaltensregeln

Es besteht eine gesetzliche Berechtigung, die frühere Tätigkeit bei der Allianz Beratungs- und Vertriebs-AG in Oldenburg nach dem Ende der Mandatszeit fortsetzen zu dürfen.

Holtz, Ottmar von

Bündnis 90/Die Grünen
Landeswahlvorschlag

Diplomökonom
Regierungsdirektor a. D.

Gartenstraße 25
31141 Hildesheim

E-Mail: postbox@vonholtz.de
Internet: http://www.vonholtz.de
Telefon: 05121 6972070 (privat)
Mobil: 0173 2358308

Geboren am 27. September 1961 in Gobabis, Namibia, geschieden, 2 Kinder. 1980 Schulabschluss in Windhoek, Namibia, mit südafrikanischem Matriculation Certificate, 1981 mit deutschem Abitur. Von 1982 bis 1983 Studium für Bachelor of Commerce an der Universität Stellenbosch, Südafrika, danach Fortsetzung des Studiums an der Universität Hannover. 1988 Abschluss als Diplomökonom, Schwerpunkte Statistik, Ökonometrie und Internationale Wirtschaftsbeziehungen. 1989 Dozent in Statistik an der University of Namibia in Windhoek. Von 1990 bis 2005 Referent und Referatsleiter im Niedersächsischen Landesamt für Statistik, seit 2005 bis zur Wahl in den Landtag 2013 Referent im Niedersächsischen Ministerium für Wirtschaft, Arbeit und Verkehr.

1988 Gründungsmitglied der ersten Namibischen Gewerkschaft für Lehrende (NANTU). Nach 1989 in der Anti-Apartheidsbewegung aktiv.

Gründungsmitglied der Grün-Alternativen Jugend in Hannover. Mitglied von Bündnis 90/Die Grünen seit 2004. Mitglied im Vorstand des Kreisverbands Hildesheim von Bündnis 90/Die Grünen seit 2010.

Mitglied des Niedersächsischen Landtages der 17. Wahlperiode (seit 19. Februar 2013).

Kommunale Mandate und Funktionen

Seit 2011 Kreistagsabgeordneter Lkr. Hildesheim, stellv. Vorsitzender der Kreistagsfraktion von Bündnis 90/Die Grünen.

Tätigkeiten und Funktionen nach Abschnitt I der Verhaltensregeln

Mitglied im Verwaltungsrat der Sparkasse Hildesheim. Mitglied im Beirat der Wirtschaftsförderungsgesellschaft Hildesheim. Es besteht eine gesetzliche Berechtigung, die frühere Tätigkeit beim Land Niedersachsen nach dem Ende der Mandatszeit fortsetzen zu dürfen.

Höntsch, Michael

SPD

Wahlkreis: 28 Hannover-Mitte

Gymnasiallehrer

Stromeyerstraße 2
30163 Hannover

E-Mail: landtag@michael-hoentsch.de
Internet: http://www.michael-hoentsch.de
Telefon: 0511 1674305 (Büro)

Geboren am 3. Mai 1954 in Springe, verheiratet, 2 Kinder. Nach der Schulausbildung Besuch des Wirtschaftsgymnasiums in Hannover, 1974 Abschluss der Hochschulreife. Anschließend Studium der Germanistik und Wissenschaft von der Politik/Höheres Lehramt an der Universität Hannover, I. Staatsexamen 1980, nach Referendariat II. Staatsexamen 1982. Von 1983 bis 1995 Weiterbildungslehrer in Einrichtungen des Bildungswerkes Niedersächsischer Volkshochschulen e.V. Danach Fortbildung zum Organisations- und Teamberater (OTB) beim Institut INITA Hannover. Bis 2002 in den unterschiedlichsten Bereichen der Wirtschaft und Gastronomie tätig. Von 2002 bis zur Wahl in den Landtag 2013 als Gymnasiallehrer im Angestelltenverhältnis tätig.

Mitglied des Niedersächsischen Landtages der 17. Wahlperiode (seit 19. Februar 2013).

Kommunale Mandate und Funktionen

Keine.

Tätigkeiten und Funktionen nach Abschnitt I der Verhaltensregeln

2. Vorsitzender der Freien Humanisten Hannover. Es besteht eine gesetzliche Berechtigung, die frühere Tätigkeit beim Land Niedersachsen nach Beendigung der Mandatszeit fortsetzen zu dürfen.

Hövel, Gerda

CDU
Wahlkreis: 74 Melle

Pharmazeutisch-Technische Assistentin

Zur Ölmühle 4
49324 Melle

E-Mail: gerda.hoevel@web.de
Internet: http://www.gerda-hoevel.de
Telefon: 05422 43849 (privat)
Telefax: 05422 924511 (privat)
Mobil: 0176 84128348

Geboren am 9. März 1954 in Rheine, verheiratet, 1 Tochter. Besuch des Gymnasiums Emslandschule in Rheine, Abschluss Mittlere Reife. Ausbildung zur pharmazeutisch-technischen Assistentin in Münster. Anschließende Berufstätigkeit in Apotheken, zuletzt bis zur Wahl in den Landtag 2013 in der Westfalen-Apotheke.

Mitgliedschaften: Landfrauenverein Melle, Katholische Frauengemeinschaft Deutschland.

Mitglied der CDU seit 1991. Vorsitzende des CDU-Stadtverbandes Melle.

Mitglied des Niedersächsischen Landtages der 17. Wahlperiode (seit 19. Februar 2013).

Kommunale Mandate und Funktionen

Seit 1996 Ratsfrau der Stadt Melle, Vorsitzende der CDU-Stadtratsfraktion, Mitglied im Verwaltungs- und Finanzausschuss. Seit 2001 Ortsbürgermeisterin in Melle-Mitte.

Tätigkeiten und Funktionen nach Abschnitt I der Verhaltensregeln

Es besteht eine gesetzliche Berechtigung, die frühere Tätigkeit bei der Westfalen-Apotheke nach dem Ende der Mandatszeit fortsetzen zu dürfen.

Jahns, Angelika

CDU
Wahlkreis: 7 Wolfsburg

Diplomverwaltungswirtin
Beamtin a. D.

Hannoversche Straße 32
38448 Wolfsburg

E-Mail: mail@angelika-jahns.de
Internet: http://www.angelika-jahns.de
Telefon: 05361 67459 (privat)
Telefax: 05361 651226 (privat)

Geboren am 3. August 1955 in Warmenau, jetzt Wolfsburg, verheiratet, 3 Kinder. Besuch der Grundschule in Warmenau, anschließend des Gymnasiums in Wolfsburg. Ausbildung für den gehobenen allgemeinen Verwaltungsdienst. Bis zur Wahl in den Landtag 1998 als Ordnungs- und Sozialamtsleiterin bei der Samtgemeinde Boldecker Land beschäftigt.

Seit 2011 Vizepräsidentin des Kyffhäuserbundes, seit 1993 stellv. Vorsitzende des Kyffhäuser Landesverbandes Südhannover-Braunschweig, seit 2005 Vorsitzende der Kyffhäuser Kameradschaft Warmenau. Mitglied im Behindertenbeirat, Kinderschutzbund (Schirmherrin der Notinsel Wolfsburg), Christliches Jugenddorf.

Mitglied der CDU seit 1987. Vorsitzende des CDU-Kreisverbandes Wolfsburg seit 1999.

Mitglied des Niedersächsischen Landtages der 14. bis 17. Wahlperiode (seit 30. März 1998).

Kommunale Mandate und Funktionen

Seit 1986 Mitglied im Ortsrat Brackstedt/Velstove/Warmenau, seit 2006 Ortsbürgermeisterin. Seit 2011 Ratsfrau der Stadt Wolfsburg, Mitglied im Verwaltungsausschuss.

Tätigkeiten und Funktionen nach Abschnitt I der Verhaltensregeln

Vorsitzende Unser Dorf soll schöner werden. Mitglied im Aufsichtsrat der Wolfsburger Beschäftigungsgesellschaft (WBG). Mitglied im Aufsichtsrat der Stadtwerke Wolfsburg. Es besteht eine gesetzliche Berechtigung, die frühere Tätigkeit bei der Samtgemeinde Boldecker Land nach dem Ende der Mandatszeit fortsetzen zu dürfen.

Janßen, Hans-Joachim

Bündnis 90/Die Grünen
Landeswahlvorschlag

Diplomingenieur Landespflege

Hinrich-Wilhelm-Kopf-Platz 1
30159 Hannover

E-Mail: hans-joachim.janssen@
lt.niedersachsen.de
Telefon: 0511 3030-3325 (Büro)
Telefax: 0511 3030-99-3325 (Büro)

Geboren am 17. Dezember 1960 in Varel, geschieden, 2 Kinder. 1980 Abitur in Varel, Zivildienst. Anschließend Studium der Landespflege in Hannover, Abschluss 1990 mit dem Diplom. Mitarbeit in einem Planungsbüro von 1991 bis 1992 und bei der Nationalparkverwaltung Niedersächsisches Wattenmeer von 1993 bis 1995. Anschließend Referendariat für den höheren technischen Verwaltungsdienst des Landes Niedersachsen, Fachrichtung Landespflege, Abschluss 1997. Von 1998 bis 2003 und von 2008 bis zur Wahl in den Landtag 2013 Angestellter beim Landkreis Wesermarsch.

Mitgliedschaften: u. a. BUND, Biologische Schutzgemeinschaft Hunte-Weser, Attac.

Mitglied von Bündnis 90/Die Grünen seit 1993.

Mitglied des Niedersächsischen Landtages der 15. Wahlperiode (von 2003 bis 2008) und 17. Wahlperiode (seit 19. Februar 2013).

Kommunale Mandate und Funktionen

Seit 2011 Ratsherr der Gemeinde Jade.

Tätigkeiten und Funktionen nach Abschnitt I der Verhaltensregeln

Betrieb einer Fotovoltaikanlage. Es besteht eine gesetzliche Berechtigung, die frühere Tätigkeit beim Landkreis Wesermarsch nach Beendigung des Landtagsmandats fortsetzen zu dürfen.

Janssen-Kucz, Meta

Bündnis 90/Die Grünen
Landeswahlvorschlag

Diplomsozialpädagogin/Diplomsozial-
arbeiterin
Schulleiterin und Geschäftsführerin a. D.
stellv. Vorsitzende der Fraktion
Bündnis 90/Die Grünen

Hinrich-Wilhelm-Kopf-Platz 1
30159 Hannover

E-Mail: meta.janssen-kucz@
lt.niedersachsen.de
Internet: http://www.janssen-kucz.de
Telefon: 0511 3030-3311 (Büro)
Telefax: 0511 3030-99-3311 (Büro)

Geboren am 11. August 1961 in Uplengen/Klein Remels, geschieden, 2 Kinder. Fachhochschulreife 1982 in Emden, Studium Sozialwesen in Braunschweig von 1982 bis 1986, Abschluss: Diplomsozialpädagogin/Diplomsozialarbeiterin. Berufliche Tätigkeiten: Volkshochschule Stadt und Landkreis Leer, Landkreis Leer – Amt für Wirtschaftsförderung, Bildungswerk der Nds. Wirtschaft, Stadt Leer – Jugendamt (von 1991 bis 1996), Landesvorsitzende von Bündnis 90/Die Grünen von 1996 bis 1998. Von 1998 bis 2008 Landtagsabgeordnete. Von 2009 bis zum Eintritt in den Landtag 2011 Schulleiterin und Geschäftsführerin der Deutsch-Niederländischen Heimvolkhochschule e. V. – Europahaus Aurich.

Mitglied der Grünen seit 1993.

Mitglied des Niedersächsischen Landtages der 14. und 15. Wahlperiode (seit 30. März 1998), der 16. Wahlperiode (seit 24. Oktober 2011) und 17. Wahlperiode (seit 19. Februar 2013). Seit Februar 2013 stellv. Vorsitzende der Landtagsfraktion Bündnis 90/Die Grünen.

Kommunale Mandate und Funktionen

Seit 2001 Kreistagsabgeordnete Lkr. Leer.

Tätigkeiten und Funktionen nach Abschnitt I der Verhaltensregeln:

Mitglied im Aufsichtsrat des Klinikums Leer gGmbH. Stellv. Mitglied in der Zweckverbandsversammlung der Sparkasse Leer-Wittmund. Gesellschafterin der Suchtkrankenhilfe Ostfriesland gGmbH. Beisitzerin im Vorstand der Gesellschaft zur Hilfe suchtgefährdeter und abhängiger Menschen e. V. Mitglied im Kuratorium der Hanns-Lilje-Stiftung. Stellv. Mitglied des Geschäftsführenden Ausschusses der Hanns-Lilje-Stiftung der evangelisch-lutherischen Landeskirche Hannover. Es besteht eine gesetzliche Berechtigung, die frühere Tätigkeit bei der Deutsch-Niederländischen Heimvolkhochschule e. V. nach dem Ende der Mandatszeit fortsetzen zu dürfen.

Jasper, Burkhard

CDU
Wahlkreis: 78 Osnabrück-West

Diplomvolkswirt
Unternehmensberater

Rolandsmauer 11
49074 Osnabrück

E-Mail: info@burkhard-jasper.de
Internet: http://www.burkhard-jasper.de
Telefon: 0541 57067 (Büro)
Telefax: 0541 957999 (Büro)

Geboren am 25. Dezember 1954 in Osnabrück, verheiratet, 1974 Abitur am Graf-Stauffenberg-Gymnasium in Osnabrück, 15-monatiger Wehrdienst bei den Pionieren in Dörverden, 1980 Abschluss des Studiums an der Westfälischen Wilhelms-Universität Münster als Diplomvolkswirt. Eintritt in die Handelsvertretung des Vaters als Geschäftsführer. Seit 2010 selbstständiger Unternehmensberater.

Mitglied der CDU. Vorsitzender des CDU-Kreisverbandes Osnabrück-Stadt seit 1990.

Mitglied des Niedersächsischen Landtages der 17. Wahlperiode (seit 19. Februar 2013).

Kommunale Mandate und Funktionen

Seit 1990 Ratsherr der Stadt Osnabrück, seit 1991 Beigeordneter, seit 1996 1. Bürgermeister.

Tätigkeiten und Funktionen nach Abschnitt I der Verhaltensregeln

Vorsitzender des Verwaltungsrates der Sparkasse Osnabrück. Mitglied der Zweckverbandsversammlung der Sparkasse Osnabrück. Mitglied im Aufsichtsrat der Wirtschaftsförderung Osnabrück GmbH (WFO). Mitglied im Aufsichtsrat der Niels-Stensen-Kliniken GmbH.

Joumaah, Petra

CDU

Wahlkreis: 36 Bad Pyrmont

Kinderkrankenschwester

Angerstraße 23 a
31848 Bad Münder

E-Mail: pjoumaah@web.de
Internet: http://www.petra-joumaah.de
Telefon: 05042 929309 (privat)
Telefax: 05042 509695 (privat)
Mobil: 0151 54842445

Geboren am 15. September 1955 in Langeloh, verheiratet, vier Kinder. Ausbildung als Krankenschwester. Bis zur Wahl in den Landtag 2013 als Kinderkrankenschwester in einer Kinderarztpraxis in Bad Münder tätig.

Mitglied der CDU. Stellv. Vorsitzende des CDU-Stadtverbandes Bad Pyrmont. Mitglied im Vorstand des CDU-Kreisverbandes Hameln-Pyrmont.

Mitglied des Niedersächsischen Landtages der 17. Wahlperiode (seit 19. Februar 2013).

Kommunale Mandate und Funktionen

Seit 2006 Ratsfrau und Ortsbürgermeisterin der Stadt Bad Münder

Tätigkeiten und Funktionen nach Abschnitt I der Verhaltensregeln

Keine.

Klare, Karl-Heinz

CDU
Wahlkreis: 42 Diepholz

Schulamtsdirektor a. D.
Vizepräsident des Niedersächsischen
Landtages

Gagelstraße 14
49356 Diepholz

E-Mail: khklare@online.de
Internet: http://www.cdu-klare.de
Telefon: 05441 2957 (privat)
Telefon: 05441 995297 (Büro)
Telefax: 05441 6405 (privat)

Geboren am 7. Juli 1948 in Mellinghausen, Landkreis Diepholz, verheiratet, 4 Kinder. Nach dem Besuch der Realschule in Sulingen Lehre als Bankkaufmann bei der Spar- und Darlehnskasse Borstel. Anschließend Ableistung des Wehrdienstes. Vorbereitung auf die Hochschulreife im Ludwig-Windthorst-Haus, Lingen-Holthausen (2. Bildungsweg). Anschließend Studium an der Pädagogischen Hochschule in Münster. Lehrer an der Jahnschule Diepholz (Grund- und Hauptschule mit Orientierungsstufe), Rektor der Hauptschule Süd, Delmenhorst. Bis zur Wahl in den Landtag 1986 Schulamtsdirektor in den Landkreisen Schaumburg und Osnabrück.

Mitglied der CDU seit 1974. Vorsitzender des CDU-Kreisverbandes Diepholz. Vorsitzender des CDU-Stadtverbandes Diepholz.

Mitglied des Niedersächsischen Landtages der 11. bis 17. Wahlperiode (seit 21. Juni 1986). Von Februar 2003 bis Februar 2013 stellv. Vorsitzender der CDU-Landtagsfraktion. Seit Februar 2013 Vizepräsident des Niedersächsischen Landtages.

Kommunale Mandate und Funktionen

Seit 1981 Ratsherr der Stadt Diepholz, stellv. Bürgermeister. Seit 1986 Kreistagsabgeordneter Lkr. Diepholz.

Tätigkeiten und Funktionen nach Abschnitt I der Verhaltensregeln

Vorsitzender im Aufsichtsrat der Volksbank Diepholz-Barnstorf. Es besteht eine gesetzliche Berechtigung, die frühere Tätigkeit beim Land Niedersachsen nach dem Ende der Mandatszeit fortsetzen zu dürfen.

Klein, Stefan

SPD
Wahlkreis: 11 Salzgitter

Politikwissenschaftler (M.A.)
Gewerkschaftssekretär
Schriftführer des Niedersächsischen
Landtages

Fredener Straße 18
38228 Salzgitter

E-Mail: info@stefanklein-mdl.de
Internet: http://www.stefanklein-mdl.de
Telefon: 05341 852668 (privat)
Telefon: 05341 2239665 (Büro)
Telefax: 05341 2239956 (Büro)

Geboren am 28. November 1970 in Salzgitter, verheiratet, 2 Kinder. Nach Abschluss an der Emil-Langen-Realschule Ausbildung zum Verwaltungsfachangestellten bei der Stadt Salzgitter. Im Anschluss vierjährige Berufstätigkeit. 1997 Abitur am Fachgymnasium Wirtschaft. 2005 Abschluss des Studiums der Politikwissenschaften, Soziologie und Rechtswissenschaften an der Technischen Universität Braunschweig. Von 2003 bis zur Wahl in den Landtag 2008 tätig als Gewerkschaftssekretär bei ver.di in Braunschweig.

Mitgliedschaften: u. a. Sozialverband Deutschland, AWO, Kinderschutzbund, Freiwillige Feuerwehr, Passagio, Fanfarenzug Salzgitter.

Mitglied der SPD seit 1998. Vorsitzender der SPD Salzgitter-Lebenstedt seit 2004.

Mitglied des Niedersächsischen Landtages der 16. und 17. Wahlperiode (seit 26. Februar 2008). Seit Februar 2013 Schriftführer des Niedersächsischen Landtages.

Kommunale Mandate und Funktionen

Seit 2001 Ratsherr der Stadt Salzgitter, seit 2006 Bürgermeister. Seit 2006 Mitglied im Ortsrat Nordwest der Stadt Salzgitter.

Tätigkeiten und Funktionen nach Abschnitt I der Verhaltensregeln

Stellv. Vorsitzender des Aufsichtsrates der Sport- und Freizeit Salzgitter GmbH. Mitglied im Kuratorium des CJD Salzgitter & Endlager Konrad Stiftungsgesellschaft. Mitglied im Aufsichtsrat der KVG Salzgitter GmbH. Vorsitzender des Spendenparlamentes Salzgitter für Kinder und Jugendliche e. V. Mitglied im Beirat der e.on Avacon AG Salzgitter. Es besteht eine gesetzliche Berechtigung, die frühere Tätigkeit bei der Gewerkschaft ver.di nach Beendigung der Mandatszeit fortsetzen zu dürfen.

Klopp, Ingrid

CDU

Wahlkreis: 5 Gifhorn-Nord/Wolfsburg

Staatl. geprüfte Hauswirtschaftsleiterin
Schriftführerin des Niedersächsischen
Landtages

Unter den Eichen 1
38465 Brome

E-Mail: ingrid-klopp@t-online.de
Internet: http://www.ingrid-klopp.de
Telefon: 05833 979869 (Büro)
Telefax: 05833 6242 (Büro)
Mobil: 0171 6351957

Geboren am 19. Mai 1943 in Bad Bevensen, verheiratet, 3 Kinder. Besuch der Realschule Bodenteich, Realschulabschluss. Anschließend Lehre zur geprüften ländlichen Hauswirtschaftsgehilfin, Abschluss 1962. Von 1963 bis 1964 Besuch der Landfrauenschule in Hildesheim, von 1964 bis 1965 Höhere Frauenfachschule mit Abschluss als staatl. geprüfte Hauswirtschaftsleiterin. 1966 Übernahme eines landwirtschaftlichen Wirtschaftsbetriebes.

Mitgliedschaften: Sozialverband Deutschland, DRK, Lebenshilfe, Feuerwehr, Landfrauenverein, Sport- und Schützenverein, Museums- und Heimatverein Brome.

Mitglied der CDU seit 1995.

Mitglied des Niedersächsischen Landtages der 15. bis 17. Wahlperiode (seit 4. März 2003). Seit Februar 2013 Schriftführerin des Niedersächsischen Landtages.

Kommunale Mandate und Funktionen

Seit 1996 Ratsfrau der Gemeinde und der Samtgemeinde Brome. Seit 2011 1. stellv. Bürgermeisterin des Flecken Brome. Seit 1996 Kreistagsabgeordnete Lkr. Gifhorn,

Tätigkeiten und Funktionen nach Abschnitt I der Verhaltensregeln

Mitglied im Verwaltungsrat der Sparkasse Gifhorn/Wolfsburg. Mitglied im Verwaltungsrat der Lebenshilfe Gifhorn.

Koch, Lothar

CDU
Wahlkreis: 15 Duderstadt

Schulamtsdirektor a. D.

Auf dem Stieg 20
37115 Duderstadt

E-Mail: info@lothar-koch-cdu.de
Internet: http://www.lothar-koch-cdu.de
Telefon: 05527 4835 (privat)
Telefax: 05527 74341 (privat)
Mobil: 0171 6432139

Geboren am 27. September 1939 in Hilkerode, Kreis Göttingen, verheiratet, 3 Kinder. Besuch der Grundschule in Hilkerode, Abitur in Duderstadt. Anschließend Studium der Germanistik und Politikwissenschaften in Göttingen. Von 1979 bis zur Wahl in den Landtag 1994 Schulamtsdirektor des Schulaufsichtsamtes in Göttingen, seit 1985 Leiter des Amtes.

Mitglied der CDU seit 1976. Vorsitzender der CDU-Ortsverbände Brochthausen und Langenhagen.

Mitglied des Niedersächsischen Landtages der 13. bis 17. Wahlperiode (seit 21. Juni 1994). Von März 2003 bis Februar 2013 Schriftführer des Niedersächsischen Landtages.

Kommunale Mandate und Funktionen

Seit 1973 Ortsbürgermeister der Ortschaft Langenhagen und Brochthausen. Seit 1973 Ratsherr der Stadt Duderstadt, seit 2001 1. stellv. Bürgermeister. Seit 1981 Kreistagsabgeordneter Lkr. Göttingen, Mitglied des Kreisausschusses, stellv. Landrat.

Tätigkeiten und Funktionen nach Abschnitt I der Verhaltensregeln

Mitglied im Aufsichtsrat der Eichsfelder Energie- und Wasserversorgung. Mitglied im Verwaltungsrat und Kreditausschuss der Sparkasse Duderstadt. Mitglied im Brandkassenausschuss der VGH Hannover. Vorsitzender des Aufsichtsrates der LNS.

Kohlenberg, Gabriela

CDU
Wahlkreis: 35 Springe

Krankenschwester
Hausfrau
Schriftführerin des Niedersächsischen
Landtages

Marienstraße 7
31832 Springe

E-Mail: gabriela.kohlenberg@lt.nieder-
sachsen.de
Internet: http://www.gabriela-kohlenberg.de
Telefon: 05041 8707 (privat)
Telefon: 0511 4506506 (Büro)
Telefax: 05041 801263 (privat)
Telefax: 0511 4506507 (Büro)

Geboren am 19. Januar 1958 in Berlin, verheiratet, 2 Kinder. Schulbesuch in Nürnberg, Ausbildung zur Krankenschwester in Gehrden. Weiterbildung zur Stationsleitung. Bis 1990 insgesamt 12 Jahre im Robert-Koch-Krankenhaus in Gehrden tätig.

Mitgliedschaften: Deutscher Alpenverein Hannover, DRK Springe, Landfrauenverein Springe, Musikverein und Heimatverein Völksen, Gesangverein Augusta Völksen, Förderverein Wisentgehege Springe.

Mitglied der CDU seit 1987. Beisitzerin im Vorstand des CDU-Kreisverbandes Hannover-Land. Beisitzerin im Vorstand des CDU-Regionsverbandes Hannover-Land.

Mitglied des Niedersächsischen Landtages der 15. bis 17. Wahlperiode (seit 4. März 2003). Seit Februar 2008 Schriftführerin des Niedersächsischen Landtages.

Kommunale Mandate und Funktionen

Seit 2001 Abgeordnete der Regionsversammlung Hannover, Mitglied im Schulausschuss und im Ausschuss für Feuerschutz, Rettungswesen und allgemeine Ordnungsangelegenheiten.

Tätigkeiten und Funktionen nach Abschnitt I der Verhaltensregeln

Mitglied im Aufsichtsrat des Klinikums Region Hannover GmbH. Mitglied im Aufsichtsrat des Klinikums Region Hannover-Wunstorf GmbH.

König, Gabriela

FDP
Landeswahlvorschlag

Bauzeichnerin
Unternehmerin

Strothmannsweg 14
49086 Osnabrück

E-Mail: gabriela.koenig@gmx.com
Internet: http://www.gabriela-koenig.de
Telefon: 0541 938520 (privat)
Telefax: 0541 938522 (privat)
Mobil: 0172 3752662

Geboren am 8. Oktober 1952 in Osnabrück, ev.-luth., verheiratet, 2 Kinder. Berufsausbildung als Bauzeichnerin, Tätigkeit im Ingenieurbüro für Tiefbau. Aufgabe des Studiums wegen Eintritt in das eigene Unternehmen. Bauplanungen und Bauleitung der Unternehmenserweiterung. Aufbau der Datenverarbeitung, leitende Positionen im Personalwesen, Finanzen, Buchhaltung und Management. Bauplanungen und Bauleitungen im Wohnungsbau, Vermietung und Verwaltung.

Mitglied der FDP seit 1996. Stellv. Vorsitzende des FDP-Kreisverbandes Osnabrück-Stadt. Mitglied im Vorstand des FDP-Bezirksverbandes Osnabrück. Mitglied im Vorstand des FDP-Landesverbandes Osnabrück. Mitglied im Landesfachausschuss Wirtschaft, Technologie, Arbeit und Verkehr, Schule und Städtebau der FDP Niedersachsen. Landesvorsitzende des Liberalen Mittelstandes. Mitglied im Bundesfachausschuss Verkehr der Bundes FDP.

Mitglied des Niedersächsischen Landtages der 15. bis 17. Wahlperiode (seit 9. November 2005).

Kommunale Mandate und Funktionen

Keine.

Tätigkeiten und Funktionen nach Abschnitt I der Verhaltensregeln

Selbstständig im Bereich der Bauplanung und Bauverwaltung sowie in der Wohnungswirtschaft.

Korter, Ina

Bündnis 90/Die Grünen
Landeswahlvorschlag

Lehrerin

Schweewarder Straße 6
26954 Nordenham

E-Mail: ina.korter@lt.niedersachsen.de
Internet: http://www.ina-korter.de
Telefon: 0511 3030-3312 (Büro)
Telefax: 0511 3030-99-3312 (Büro)

Geboren am 8. Januar 1955 in Nordenham, 2 Kinder. 1973 Abitur am Gymnasium Nordenham. Studium in Gießen von 1974 bis 1978 für das Lehramt an Haupt- und Realschulen, 1. Staatsexamen, von 1978 bis 1979 Referendariat. Danach von 1980 bis 1981 Angestellte an der Orientierungsstufe Süd in Nordenham. Von 1981 bis 1987 angestellte Nachhilfelehrerin im St. Vinzenz-Heim in Nordenham, anschließend Erziehungsurlaub. Tätigkeiten: Heimerziehung, Krankenpflegeunterricht, von 1994 bis 2000 Kinderschutzbund Nordenham. Danach bis zur Wahl in den Landtag 2003 angestellte Lehrerin an der Paddstockschule Ovelgönne/Wesermarsch.

Mitglied von Bündnis 90/Die Grünen seit 1982.

Mitglied des Niedersächsischen Landtages der 15. bis 17. Wahlperiode (seit 4. März 2003).

Kommunale Mandate und Funktionen

Keine.

Tätigkeiten und Funktionen nach Abschnitt I der Verhaltensregeln

1. Vorsitzende des Deutschen Kinderschutzbundes Nordenham e.V. Es besteht eine gesetzliche Berechtigung, die frühere Tätigkeit als Lehrerin beim CVJM Sozialwerk Wesermarsch nach dem Ende der Mandatszeit fortsetzen zu dürfen.

Kortlang, Horst

FDP
Landeswahlvorschlag

Handwerksmeister

Birkenstraße 14
26931 Elsfleth

E-Mail: horstkortlang@gmx.de
Telefon: 04483 523 (privat)
Mobil: 0178 4032995

Geboren am 19. März 1948 in Ipwege, getrennt lebend, 2 Kinder. Ausbildung zum Kfz-Elektrikermeister. Über 40 Jahre als Angestellter bei der Bundeswehr als Sicherheitstechniker beim Fliegerhorst Upjever tätig.

Vorsitzender des FDP-Kreisverbandes Wesermarsch.

Mitglied des Niedersächsischen Landtages der 17. Wahlperiode (seit 19. Februar 2013).

Kommunale Mandate und Funktionen

Seit 1989 Ratsherr der Stadt Elsfleth. Seit 2006 Kreistagsabgeordneter Lkr. Wesermarsch.

Tätigkeiten und Funktionen nach Abschnitt I der Verhaltensregeln

Vorsitzender der Soldatenkameradschaft Moorriem. Vorsitzender des SoVD-Ortsgruppe Elsfleth. Leiter der Musikgruppe Moorriemer Quetschkommoden.

Krogmann, Jürgen

SPD

Wahlkreis: 63 Oldenburg-Nord/West

Journalist
Verwaltungsangestellter

Philipp-de-Haas-Straße 29
26125 Oldenburg

E-Mail: jkrogmann@web.de
Internet: http://www.juergen-krogmann.de
Telefon: 0441 39396 (privat)
Telefon: 0441 36117514 (Büro)
Telefax: 0441 36117524 (Büro)
Mobil: 0151 12649040

Geboren am 14. November 1963 in Steinfeld (Old.), verheiratet, 3 Kinder. Abitur, Zivildienst, Studium der Geschichte, Germanistik und Politik in Köln und Oldenburg. Von 1989 bis 1993 Mitarbeit beim NDR in Oldenburg als Hörfunkreporter und Moderator. Von 1993 bis 2006 Sprecher der Stadt Oldenburg. Von 2006 bis zum Einzug in den Landtag 2008 Leiter der Stabsstelle Planungsinformation/Bürgerbeteiligung der Stadt Oldenburg.

Mitgliedschaften: Ver.di, AWO, Sozialverband Deutschland, Malteser Hilfsdienst.

Mitglied der SPD seit 1987.

Mitglied des Niedersächsischen Landtages der 16. und 17. Wahlperiode (seit 26. Februar 2008).

Kommunale Mandate und Funktionen

Seit 2011 Ratsherr der Stadt Oldenburg.

Tätigkeiten und Funktionen nach Abschnitt I der Verhaltensregeln

Es besteht eine gesetzliche Berechtigung, die frühere Tätigkeit bei der Stadt Oldenburg nach dem Ende der Mandatszeit fortsetzen zu dürfen.

Krumfuß, Klaus

CDU
Wahlkreis: 23 Alfeld

Polizeibeamter a. D.
Schriftführer des Niedersächsischen
Landtages

Jahnstraße 16
31089 Duingen

E-Mail: klaus.krumfuss@t-online.de
Internet: http://www.klaus-krumfuss.de
Telefon: 05185 1271 (privat)
Telefax: 05185 958092 (privat)

Geboren am 12. März 1950 in Coppengrave, Landkreis Holzminden, verheiratet, 1 Kind. Besuch der Volksschule in Coppengrave, danach Ausbildung im Kfz-Handwerk. Von 1969 bis 1973 Zeitsoldat bei der Bundeswehr, Mittlere Reife, kaufmännische Ausbildung. Von 1973 bis zur Wahl in den Landtag 1998 Polizeibeamter in Alfeld (Leine).

Mitglied der CDU seit 1977. Vorsitzender des CDU-Gemeindeverbandes Duingen seit 1984.

Mitglied des Niedersächsischen Landtages der 14. bis 17. Wahlperiode (seit 30. März 1998). Seit Februar 2013 Schriftführer des Niedersächsischen Landtages.

Kommunale Mandate und Funktionen

Seit 1991 Ratsherr des Fleckens Duingen, seit 2006 Bürgermeister. Seit 1991 Ratsherr der Samtgemeinde Duingen, seit 2001 stellv. Samtgemeindebürgermeister. Seit 1994 Kreistagsabgeordneter Lkr. Hildesheim, stellv. Landrat.

Tätigkeiten und Funktionen nach Abschnitt I der Verhaltensregeln

Mitglied im Aufsichtsrat der Kreiswohnbau Hildesheim. Vorsitzender der Verkehrswacht Alfeld (Leine).

Lammerskitten, Clemens

CDU
Wahlkreis: 75 Bramsche

Verwaltungsangestellter
Schriftführer des Niedersächsischen
Landtages

Stauffenbergstraße 31
49134 Wallenhorst

E-Mail: clemens-lammerskitten@
t-online.de
Internet: http://www.clemens-
lammerskitten.de
Telefon: 05407 5607 (privat)
Telefon: 05407 8146558 (Büro)
Telefax: 05407 816556 (Büro)
Mobil: 0171 5562700

Geboren am 27. April 1957 in Osnabrück, verheiratet, 2 Kinder. 1979 Abitur am Abendgymnasium Osnabrück. Von 1974 bis zur Wahl in den Landtag 2008 Verwaltungsangestellter bei der Gemeinde Wallenhorst, zuletzt als Fachbereichsleiter Bürgerservice und Soziales.

Mitglied der CDU seit 1996. Vorsitzender des CDU-Gemeindeverbandes Wallenhorst.

Mitglied des Niedersächsischen Landtages der 16. und 17. Wahlperiode (seit 26. Februar 2008). Seit Februar 2013 Schriftführer des Niedersächsischen Landtages.

Kommunale Mandate und Funktionen

Seit 2011 Ratsherr der Gemeinde Wallenhorst, Vorsitzender der CDU-Ratsfraktion. Seit 2011 Kreistagsabgeordneter Lkr. Osnabrück, Vorsitzender des Kreistages.

Tätigkeiten und Funktionen nach Abschnitt I der Verhaltensregeln

Mitglied im Beirat des IWK-Instituts für Weiterbildung in der Kranken- und Altenpflege gemeinnützige GmbH, Delmenhorst. Mitglied im Aufsichtsrat der Wasserversorgung Wallenhorst GmbH. Mitglied im Beirat der Planungsgesellschaft Nahverkehr Osnabrück GbR (PlaNOS). Mitglied im Beirat der IndienHilfe Deutschland e.V. Mitglied im Aufsichtsrat der Volkshochschule Osnabrücker Land GmbH. Mitglied im Vorstand der Kreismusikschule Osnabrück e.V. Es besteht eine gesetzliche Berechtigung, die frühere Tätigkeit bei der Gemeinde Wallenhorst nach dem Ende der Mandatszeit fortsetzen zu dürfen.

Lechner, Sebastian

CDU
Wahlkreis: 33 Neustadt/Wunstorf

Diplomvolkswirt
Unternehmer

Julius-Leber-Straße 3
31535 Neustadt am Rübenberge

E-Mail: sebastian.lechner@
lt.niedersachsen.de
Internet: http://www.sebastian-lechner.de
Mobil: 0172 7659216

Geboren am 21. November 1980 in Hannover, verheiratet, 1 Kind. 2000 Abitur in Leonberg, Studium der Rechts- und Wirtschaftswissenschaften in Hohenheim, Hannover, Tübingen und Göttingen, Abschluss Diplomvolkswirt. Von 2007 bis 2009 wissenschaftlichere Mitarbeiter an der Universität Göttingen. 2010 Sachbearbeiter bei der NBank Hannover. Von 2011 bis 2012 Vorstandsassistent des Bankhauses Marcard, Stein & Co AG, Hamburg. Seit 2013 Geschäftsführer und Gesellschafter der samova GmbH & Co. KG, Hamburg.

Mitglied der Jungen Union und der CDU seit 2001. Landesvorsitzender der Jungen Union Niedersachsen seit 2010. Vorsitzender des CDU Stadtverbandes Neustadt a.Rbge. seit 2010.

Mitglied des Niedersächsischen Landtages der 17. Wahlperiode (seit 19. Februar 2013).

Kommunale Mandate und Funktionen

Seit 2011 Ratsherr der Stadt Neustadt a.Rbge., stellv. Bürgermeister.

Tätigkeiten und Funktionen nach Abschnitt I der Verhaltensregeln

Gesellschafter und Geschäftsführer der Lechner Unternehmensbeteiligung UG. Gesellschafter der samova GmbH & Co. KG, Hamburg, und der RMPP Verwaltungsgesellschaft mbH, Hamburg. Es besteht eine gesetzliche Berechtigung, die Tätigkeit bei der RMPP Verwaltungsgesellschaft mbH, Hamburg, und der samova GmbH & Co. KG, Hamburg, nach dem Ende der Mandatszeit fortsetzen zu dürfen.

Lesemann, Dr. Silke

SPD
Wahlkreis: 29 Laatzen

Historikerin
Wissenschaftliche Mitarbeiterin

Odeonstraße 15/16
30159 Hannover

E-Mail: info@silke-lesemann.de
Internet: http://www.silke-lesemann.de
Telefon: 0511 3030-3097 (Büro)
Telefon: 0511 1674-342 (Wahlkreisbüro)
Telefax: 0511 1674-343 (Wahlkreisbüro)

Geboren am 20. Juni 1962 in Hildesheim, verheiratet, 2 Kinder. 1981 Abitur in Lehrte, Studium der Geschichte und Soziologie an der Universität Hannover, 1987 M.A. Von 1987 bis 1992 wissenschaftliche Mitarbeiterin am Stadtarchiv Hildesheim. 1993 Promotion zur Dr. phil. an der Universität Hannover, dort bis 1995 Lehrbeauftragte. Von 1995 bis 1996 Postdoc am Max-Planck-Institut für Geschichte in der AG Gutsherrschaft an der Universität Potsdam. Von 1996 bis 2002 an der Universität Hannover Habilitandin im Dorothea-Erxleben-Programm der niedersächsischen Landesregierung. Von 2002 bis zur Wahl in den Landtag 2008 angestellt als wissenschaftliche Mitarbeiterin an der Technischen Universität Braunschweig.

Mitgliedschaften: Ver.di, AWO, Sozialverband Deutschland (SoVD).

Mitglied der SPD seit 1987. Vorsitzende des SPD-Ortsvereins Sehnde.

Mitglied des Niedersächsischen Landtages der 16. und 17. Wahlperiode (seit 26. Februar 2008). Von 2008 bis 2013 Schriftführerin des Niedersächsischen Landtages.

Kommunale Mandate und Funktionen

Seit 2001 Mitglied im Ortsrat Bolzum und seit 2003 Ortsbürgermeisterin. Seit 2001 Ratsfrau der Stadt Sehnde.

Tätigkeiten und Funktionen nach Abschnitt I der Verhaltensregeln

1. Vorsitzende der AWO Region Hannover e.V. Gesellschaftervertreterin AWO ambulante Dienste gGmbH. Gesellschaftervertreterin AWO Jugend- und Sozialdienste gGmbH. Gesellschaftervertreterin AWO Gehrden gGmbH. Vorsitzende des Vereins Jugendpflege- und Jugenderholungsheim AWO Region Hannover e.V. Vorsitzende des Betreuungsvereins der AWO Region Hannover e.V. Mitglied im Vorstand der Heimvolkshochschule Hustedt e.V. Es besteht eine gesetzliche Berechtigung, die frühere Tätigkeit bei der TU Braunschweig nach dem Ende der Mandatszeit fortsetzen zu dürfen.

Lies, Olaf

SPD
Wahlkreis: 70 Friesland

Diplomingenieur Elektrotechnik
Landesminister

Friedrichswall 1
30159 Hannover

E-Mail: poststelle@mw.niedersachsen.de
Internet: http://www.mw.niedersachsen.de
Telefon: 0511 120-0
Telefax: 0511 120-5772

Geboren am 8. Mai 1967 in Wilhelmshaven, verheiratet, 2 Kinder. Studium der Elektrotechnik mit dem Abschluss Diplomingenieur. Von 1993 bis 1995 Entwicklungsingenieur am Institut für Technisch-Wissenschaftliche Innovation in Wilhelmshaven. Bis zur Wahl in den Landtag 2008 angestellt als Wissenschaftlicher Mitarbeiter und Dozent an der Fachhochschule Oldenburg/Ostfriesland/Wilhelmshaven, dort seit 2004 Personalratsvorsitzender der Hochschule.

Mitgliedschaften: ver.di, AWO, SGK, DLRG sowie in verschiedenen regionalen Vereinen.

Mitglied der SPD seit 2002. Vorsitzender des SPD-Ortsvereins Sande und des SPD-Kreisverbandes Friesland. Mitglied im Vorstand des SPD-Bezirks Weser-Ems.

Mitglied des Niedersächsischen Landtages der 16. und 17. Wahlperiode (seit 26. Februar 2008). Von Juni 2010 bis Februar 2013 stellv. Vorsitzender des SPD-Landtagsfraktion.

Seit 19. Februar 2013 Niedersächsischer Minister für Wirtschaft, Arbeit und Verkehr.

Kommunale Mandate und Funktionen

Seit 2002 Ratsherr der Gemeinde Sande. Seit 2006 Kreistagsabgeordneter Lkr. Friesland, seit 2006 stellv. Landrat.

Tätigkeiten und Funktionen nach Abschnitt I der Verhaltensregeln

Mitglied im Aufsichtsrat der Volkswagen AG. Mitglied im Aufsichtsrat der Deutschen Messe AG. Mitglied im Aufsichtsrat der JadeWeserPort-Gesellschaften. Mitglied im Beirat der Bundesnetzagentur für Elektrizität, Gas, Telekommunikation, Post und Eisenbahnen.

Limburg, Helge

Bündnis 90/Die Grünen
Landeswahlvorschlag

Diplomjurist
stellv. Vorsitzender und Parl. Geschäftsführer der Fraktion Bündnis 90/Die Grünen

Hinrich-Wilhelm-Kopf-Platz 1
30159 Hannover

E-Mail: helge.limburg@lt.niedersachsen.de
Internet: http://www.helge-limburg.de
Telefon: 0511 3030-3305 (Büro)
Telefax: 0511 3030-99-3305 (Büro)

Geboren am 25. Oktober 1982 in Hannover, verheiratet, 2 Kinder. 2002 Abitur in Holzminden, Zivildienst in der Diakonie Station Bevern-Stadtoldendorf (Ambulante Pflege). Studium der Rechtswissenschaften in Bremen, Schwerpunkt Arbeits- und Sozialrecht, 1. Juristisches Staatsexamen im Mai 2008. 2005/2006 Auslandsaufenthalt in Istanbul/Türkei.

Mitglied von Bündnis 90/Die Grünen seit 2001.

Mitglied des Niedersächsischen Landtages der 16. und 17. Wahlperiode (seit 26. Februar 2008). Seit Februar 2013 stellv. Vorsitzender und Parlamentarischer Geschäftsführer der Landtagsfraktion Bündnis 90/Die Grünen.

Kommunale Mandate und Funktionen

Keine.

Tätigkeiten und Funktionen nach Abschnitt I der Verhaltensregeln

Keine.

Lorberg, Editha

CDU
Wahlkreis: 32 Garbsen/Wedemark

Sparkassenangestellte

Grenzheide 7
30900 Wedemark

E-Mail: edithalorbergmdl@aol.com
Internet: http://www.editha-lorberg.de
Telefon: 05130 379815 (privat)
Telefon: 05130 585331 (Büro)
Telefax: 05130 584278
Mobil: 0172 4502795

Geboren am 10. Dezember 1963 in Seesen, 3 Kinder. Ausbildung zur Fachkosmetikerin. Von 1983 bis 2001 selbstständig als Kosmetikerin und Schulungsleiterin eines Geräteherstellers für medizinisch-kosmetische Geräte tätig. Von 2002 bis zur Wahl in den Landtag 2003 Kundenberaterin im Service der Sparkasse Hannover.

Mitglied der CDU seit 1993. Mitglied der CDA. Vorsitzende des CDU-Gemeindeverbandes Wedemark. Mitglied im Vorstand des CDU-Bezirksverbandes Hannover.

Mitglied des Niedersächsischen Landtages der 15. bis 17. Wahlperiode (seit 4. März 2003). Aussiedlerbeauftragte der CDU-Landtagsfraktion.

Kommunale Mandate und Funktionen

Seit 2004 Ratsfrau der Gemeinde Wedemark, seit 2006 stellv. Bürgermeisterin.

Tätigkeiten und Funktionen nach Abschnitt I der Verhaltensregeln

Stellv. Mitglied im Präsidium des Niedersächsischen Städtetages. Es besteht eine gesetzliche Berechtigung, die frühere Tätigkeit bei der Sparkasse Hannover nach dem Ende der Mandatszeit fortsetzen zu dürfen.

Lynack, Bernd

SPD

Wahlkreis: 21 Hildesheim

Verwaltungswirt

Karl-Bodenstein-Weg 13
31137 Hildesheim

E-Mail: info@bernd-lynack.de
Internet: http://www.bernd-lynack.de
Telefon: 05121 39552 (Wahlkreisbüro)
Telefax: 05121 694237 (Wahlkreisbüro)
Mobil: 0160 6481271

Geboren am 24. Dezember 1969 in Alfeld (Leine), verheiratet, 2 Kinder. Verwaltungsausbildung von 1986 bis 1989 beim Landkreis Hildesheim. Abschluss Angestelltenlehrgang II für die Kommunalverwaltung am Niedersächsischen Studieninstitut in Hannover 1997. Von 1989 bis 2006 angestellt beim Landkreis Hildesheim, danach bis zur Wahl in den Landtag 2013 freigestellt für die Tätigkeit als Geschäftsführer der SPD-Kreistagsfraktion.

Mitglied der SPD seit 1998. Vorsitzender des SPD-Ortsvereins Himmelsthür. Mitglied im Vorstand des SPD-Stadtverbandes Hildesheim. Mitglied im Vorstand des SPD-Unterbezirks Hildesheim.

Mitglied des Niedersächsischen Landtages der 17. Wahlperiode (seit 19. Februar 2013).

Kommunale Mandate und Funktionen

Seit 2011 Ratsherr der Stadt Hildesheim. Seit 2011 Mitglied im Ortsrat Himmelsthür.

Tätigkeiten und Funktionen nach Abschnitt I der Verhaltensregeln

Mitglied im Aufsichtsrat der Stadtwerke Hildesheim AG. Es besteht eine gesetzliche Berechtigung, die frühere Tätigkeit beim Landkreis Hildesheim nach dem Ende der Mandatszeit fortsetzen zu dürfen.

Matthiesen, Dr. Max

CDU

Wahlkreis: 34 Barsinghausen

Rechtsanwalt

Am Klingenberg 3
30890 Barsinghausen

E-Mail: max.matthiesen@t-online.de
Internet: http://www.max-matthiesen.de
Telefon: 05105 81595 (privat)
Telefon: 0511 340170 (Büro)
Telefax: 05105 585809 (privat)
Telefax: 0511 3401717 (Büro)
Mobil: 0160 95464647

Geboren am 24. Juni 1955 in Hannover, ev.-luth., verheiratet, 2 Kinder. 1974 Abitur in Gehrden, 1974/75 Wehrdienst. Von 1975 bis 1981 Rechtswissenschaftliches Studium in Zürich und Göttingen, 2. jur. Staatsexamen in Düsseldorf 1984. Rechtsanwalt in Düsseldorf und Hannover von 1984 bis 1985, Promotion 1986. Von 1986 bis 1988 Persönlicher Referent des niedersächsischen Sozialministers Hermann Schnipkoweit, von 1989 bis 1990 dessen Ministerbüroleiter. Von 1990 bis 1992 Krankenversicherungsreferent im Niedersächsischen Sozialministerium. Anschließend bis 2002 Leiter des Dezernates für Soziales, Gesundheit, Ordnung (bis 1999), Jugend (seit 1999) des Landkreises/der Region Hannover.

Mitgliedschaften: Deutscher Beamtenbund, Sozialverband Deutschland, DRK, Freiwillige Feuerwehr.

Mitglied der CDU seit 1972. Landesvorsitzender der Christlich-Demokratische Arbeitnehmerschaft (CDA) in Niedersachsen. Stellv. Bundesvorsitzender der CDA seit 2011.

Mitglied des Niedersächsischen Landtages der 15. bis 17. Wahlperiode (seit 4. März 2003).

Kommunale Mandate und Funktionen

Seit 2001 Ratsherr der Stadt Barsinghausen, seit 2011 Beigeordneter.

Tätigkeiten und Funktionen nach Abschnitt I der Verhaltensregeln

Geschäftsführender Gesellschafter der Grenzburg Immobilien GmbH & Co KG, Hannover. Selbstständiger Rechtsanwalt in Hannover. Mitglied im Präsidium des DRK-Regionsverbandes Hannover. Mitglied im Verwaltungsrat der Pestalozzi-Stiftung Burgwedel. Mitglied im Aufsichtsrat der Stadtwerke Barsinghausen. Es besteht eine vertragliche Berechtigung, die frühere Tätigkeit bei der Grenzburg Immobilien GmbH & Co KG in Hannover nach dem Ende der Mandatszeit fortsetzen zu dürfen.

McAllister, David

CDU

Wahlkreis: 57 Hadeln/Wesermünde

Rechtsanwalt
Ministerpräsident a. D.

Alter Postweg 37
27624 Bad Bederkesa

E-Mail: kontakt@mcallister.de
Internet: http://www.mcallister.de
Telefon: 04745 931313 (privat)
Telefon: 0511 279910 (Büro)
Telefax: 04745 931314 (privat)
Telefax: 0511 2799156 (Büro)

Geboren am 12. Januar 1971 in Berlin, ev.-luth. verheiratet, 2 Kinder. 1989 Abitur in Bad Bederkesa. Von 1989 bis 1991 Bundeswehr. Von 1991 bis 1996 Studium der Rechtswissenschaften. 1996 1. juristisches Staatsexamen, 1998 2. juristisches Staatsexamen. Seit 1998 Rechtsanwalt.

Mitglied der CDU seit 1988. Landesvorsitzender der CDU Niedersachsen seit 2008.

Mitglied des Niedersächsischen Landtages der 14. bis 17. Wahlperiode (seit 30. März 1998). Von Februar 2003 bis Juni 2010 Vorsitzender der CDU-Landtagsfraktion. Von Juli 2010 bis Februar 2013 Niedersächsischer Ministerpräsident.

Kommunale Mandate und Funktionen

Keine.

Tätigkeiten und Funktionen nach Abschnitt I der Verhaltensregeln

Keine.

Menge, Susanne

Bündnis 90/Die Grünen
Landeswahlvorschlag

Studienrätin a. D.

Otterweg 53
26123 Oldenburg/Oldenburg

E-Mail: susanne.menge@
lt.niedersachsen.de
Internet: http://www.susanne-menge.de
Telefon: 0441 82375 (privat)
Telefon: 0511 3030-3314 (Büro)
Telefax: 0511 3030-99-3314 (Büro)
Mobil: 0172 4466881

Geboren am 11. Februar 1960 in Bad Zwischenahn, drei Kinder. 1979 Abitur in Bad Zwischenahn, Lehramtsstudium an der Carl-von-Ossietzky-Universität Oldenburg für das Lehramt der Sekundarstufe II, Fächer Politik/Wirtschaft, Sport. Examen 1986. Zusätzliche Funktionen: Koordinatorin des niedersächsischen Pilotprojektes „Schule gestaltet Globalisierung" am Gymnasium Graf-Anton-Günther-Schule Oldenburg; hier auch Gleichstellungsbeauftragte. Zuletzt bis zur Wahl in den Landtag 2013 an der Graf-Anton-Günther-Schule in Oldenburg als Studienrätin tätig.

Mitglied von Bündnis 90/Die Grünen seit 1984.

Mitglied des Niedersächsischen Landtages der 17. Wahlperiode (seit 19. Februar 2013).

Kommunale Mandate und Funktionen

Ratsfrau und Bürgermeisterin der Stadt Oldenburg.

Tätigkeiten und Funktionen nach Abschnitt I der Verhaltensregeln

Vorsitzende des Aufsichtsrates der Verkehr- und Wassergesellschaft GmbH. Mitglied der Gesellschafterversammlung der Bäderbetriebsgesellschaft. Es besteht eine gesetzliche Berechtigung, die frühere Tätigkeit beim Land Niedersachsen nach dem Ende der Mandatszeit fortsetzen zu dürfen.

Meyer, Christian

Bündnis 90/Die Grünen
Landeswahlvorschlag

Diplomsozialwirt
Landesminister

Calenberger Straße 2
30169 Hannover

E-Mail: poststelle@ml.niedersachsen.de
Internet: http://www.ml.niedersachsen.de
Telefon: 0511 120-0
Telefax: 0511 120-2385

Geboren am 23. Juli 1975 in Holzminden. 1995 Abitur am Campe-Gymnasium Holzminden. 1996 Zivildienst im Sprachheilkindergarten der Lebenshilfe Holzminden. Von 1996 bis 2002 Studium Volkswirtschaftslehre, Öffentliches Recht, Politik- und Medienwissenschaften an der Universität Göttingen mit dem Abschluss Diplomsozialwirt. 2003 Tätigkeit für die Europaabgeordnete Hiltrud Breyer in den Bereichen Klimaschutz, Umwelt, Energie und Atomausstieg in Berlin und Brüssel. Von 2004 bis zur Wahl in den Landtag 2008 Geschäftsführer des Fördervereins Ökologische Steuerreform e. V.

Mitgliedschaften: BUND, Greenpeace, WWF, attac, FÖS, Holzmindener Tafel, Bürgerinitiative Pro Fachhochschule Holzminden, Bürgerbegehren gegen den Ausverkauf der Stadtwerke Holzminden.

Mitglied von Bündnis 90/Die Grünen seit 1994. Mitglied im niedersächsischen Parteirat von Bündnis 90/Die Grünen seit 2004.

Mitglied des Niedersächsischen Landtages der 16. und 17. Wahlperiode (seit 26. Februar 2008).Von August 2010 bis Februar 2013 stellv. Vorsitzender der Landtagsfraktion Bündnis 90/Die Grünen.

Seit 19. Februar 2013 Niedersächsischer Minister für Ernährung, Landwirtschaft und Verbraucherschutz.

Kommunale Mandate und Funktionen

Seit 2006 Ratsherr der Stadt Holzminden. Seit 2006 Kreistagsabgeordneter Lkr Holzminden.

Tätigkeiten und Funktionen nach Abschnitt I der Verhaltensregeln

Mitglied im Aufsichtsrat der Niedersächsischen Landgesellschaft mbH (NLG). Mitglied im Vorstand der Ländlichen Erwachsenenbildung in Niedersachsen e. V. (LEB). Mitglied im Umweltrat der Niedersächsischen Bingo-Umweltstiftung. Mitglied im Stiftungsrat Evangelisches Krankenhaus Holzminden. Mitglied im Kuratorium der Naturschutzstiftung des Landkreises Holzminden.

Meyer, Volker

CDU
Wahlkreis: 41 Syke

Sparkassenbetriebswirt

Bertha-von-Suttner-Straße 5
27211 Bassum

E-Mail: info@volker-meyer.eu
Internet: http://www.volker-meyer.eu
Telefon: 04241 9210119 (privat)
Telefax: 04241 9210192 (privat)
Mobil: 0173 3923614

Geboren am 23. April 1968. Realschulabschluss 1984. Nach der Ausbildung bis 1988 Polizeibeamter im Bundesgrenzschutz. Anschließend von 1988 bis 1991 Ausbildung zum Sparkassenkaufmann und 1992 Weiterqualifizierung zum Sparkassenbetriebswirt. Von 1988 bis zur Wahl in den Landtag 2013 Angestellter bei der Kreissparkasse Syke.

Mitglied der CDU seit 1986. Stellv. Vorsitzender des CDU-Kreisverbandes Diepholz. Beisitzer im Vorstand des CDU-Stadtverbandes Bassum.

Mitglied des Niedersächsischen Landtages der 17. Wahlperiode (seit 19. Februar 2013).

Kommunale Mandate und Funktionen

Seit 1996 Kreistagsabgeordneter Lkr. Diepholz, seit 1999 Vorsitzender der CDU-Kreistagsfraktion.

Tätigkeiten und Funktionen nach Abschnitt I der Verhaltensregeln

Mitglied im Aufsichtsrat der Abfallwirtschaftsgesellschaft mbH Bassum. Mitglied im Aufsichtsrat des St.-Ansgar-Klinikverbundes Landkreis Diepholz GmbH. Es besteht eine gesetzliche Berechtigung, die frühere Tätigkeit bei der Kreissparkasse Syke nach dem Ende der Mandatszeit fortsetzen zu dürfen.

Miesner, Axel

CDU
Wahlkreis: 60 Osterholz

Selbstständiger Elektroingenieur
Diplomingenieur

Baumschulenweg 9
28865 Lilienthal

E-Mail: axel@miesner.de
Internet: http://www.axel-miesner.de
Telefon: 04792 9519170 (privat)

Geboren am 15. Mai 1965 in Bremen, 1 Tochter. Besuch der Haupt- und Real-schule in Lilienthal, anschließend Lehre als Elektroinstallateur. Erwerb der Fachhochschulreife in Osterholz-Scharmbeck, anschließend Studium der Auto-matisierungstechnik an der Hochschule Bremen, Abschluss als Diplom-ingenieur. Tätigkeit in der Entwicklung und im Vertrieb der datentechnischen Branche. Seit 1995 selbstständig tätig als Inhaber eines System- und Dienst-leistungshauses in Lilienthal.

Mitglied der CDU seit 1980. Vorsitzender des CDU-Ortsverbandes Worphausen seit 1995. Stellv. Vorsitzender des CDU-Kreisverbandes Osterholz seit 2005.

Mitglied des Niedersächsischen Landtages der 15. bis 17. Wahlperiode (seit 4. März 2003).

Kommunale Mandate und Funktionen

Seit 1991 Ratsherr der Einheitsgemeinde Lilienthal. Seit 2001 Kreistagsabge-ordneter Lkr. Osterholz.

Tätigkeiten und Funktionen nach Abschnitt I der Verhaltensregeln

Inhaber der Firma Axel Miesner Zeit + Sicherheit, Lilienthal.

Modder, Johanne

SPD
Wahlkreis: 84 Leer/Borkum

Verwaltungsangestellte
Vorsitzende der SPD-Fraktion

Wiesenstraße 30
26831 Bunde

E-Mail: info@johanne-modder.de
Internet: http://www.johanne-modder.de
Telefon: 04953 1276 (privat)
Telefon: 0511 3030-4035 (Büro)
Telefax: 0511 3030-4811 (Büro)

Geboren am 12. Juli 1960 in Bunderhee, Kreis Leer, ev.-ref., verheiratet, 2 Kinder. Besuch der Volksschule in Bunderhee, anschließend der Mittelpunktschule Bunde. 1977 Abschluss mit der Mittleren Reife an der zweijährigen Berufsfachschule Wirtschaft. Anschließend Ausbildung zur Verwaltungsangestellten. Von 1979 bis 1985 Verwaltungsangestellte bei der Samtgemeinde Bunde. Von 1999 bis zur Wahl in den Landtag 2003 Angestellte in der Bürogemeinschaft der SPD-Landtagsabgeordneten Collmann und Lücht in Leer.

Mitgliedschaften: ver.di, Verein für Körperbehinderte und ihre Freunde im Landkreis Leer e.V., Verkehrs- und Verschönerungsvereins Bunde e.V., AWO, Lebenshilfe Leer, Kinderschutzbund Leer, Landwirtschaftlicher Naturverein Rheiderland.

Mitglied der SPD seit 1986. Stell. Vorsitzende des SPD-Landesverbandes Niedersachsen. Vorsitzende des SPD-Bezirks Weser-Ems. Vorsitzende des SPD-Kreisverbandes Leer seit 2005.

Mitglied des Niedersächsischen Landtages der 15. bis 17. Wahlperiode (seit 4. März 2003). Seit Januar 2013 Vorsitzende der SPD-Landtagsfraktion.

Kommunale Mandate und Funktionen

Seit 1986 Ratsfrau der Samtgemeinde Bunde, seit 2001 stellv. Bürgermeisterin. Seit 2001 Kreistagsabgeordnete Lkr. Leer.

Tätigkeiten und Funktionen nach Abschnitt I der Verhaltensregeln

Mitglied im Vorstand des Niedersächsischen Landkreistages, Hannover.

Möhle, Matthias

SPD

Wahlkreis: 4 Peine

Selbstständiger Kaufmann

Eschenstraße 5
31224 Peine

E-Mail: info@matthias-moehle.de
Internet: http://www.matthias-moehle.de
Telefon: 05171 6873 (privat)
Telefon: 05171 5068322 (Büro)
Telefax: 05171 5068399 (Büro)
Mobil: 0172 5417130

Geboren am 26. März 1959 in Peine, verheiratet, 2 Söhne. 1979 Abitur in Peine. Von 1979 bis 1983 Lehramtsstudium für Grund- und Hauptschulen in Braunschweig. Seit 1983 selbstständiger Einzelhandelskaufmann und Mitinhaber eines Fachgeschäftes für Musikinstrumente und Konferenztechnik in Peine. Von 2001 bis 2008 pädagogischer Mitarbeiter an der VGS Eichendorffschule Peine.

Mitgliedschaften: GEW und AWO.

Mitglied der SPD seit 1989. Vorsitzender des SPD-Ortsvereins Peine-Kernstadt.

Mitglied des Niedersächsischen Landtages der 16. und 17. Wahlperiode (seit 26. Februar 2008).

Kommunale Mandate und Funktionen

Seit 1996 Kreistagsabgeordneter Lkr. Peine.

Tätigkeiten und Funktionen nach Abschnitt I der Verhaltensregeln

Mitinhaber eines Fachgeschäftes für Musikinstrumente und Konferenztechnik in Peine. Vorsitzender des Aufsichtsrates der Berufsbildungs- und Beschäftigungsgesellschaft Landkreis Peine. Vorsitzender des Aufsichtsrates der Peiner Entsorgungsgesellschaft mbH. Mitglied im Aufsichtsrat der Abfallwirtschafts- und Beschäftigungsbetriebe des Landkreises Peine. Mitglied im Verwaltungsrat der Kreissparkasse Peine. Es besteht eine vertragliche Berechtigung, die frühere Tätigkeit bei der Mallwitz/M. Möhle GbR, Peine, nach dem Ende der Mandatszeit fortsetzen zu dürfen.

Mohr, Adrian

CDU
Wahlkreis: 61 Verden

Sparkassenbetriebswirt

Heddorf 29
27313 Dörverden

E-Mail: amo@adrianmohr.de
Internet: http://www.adrian-mohr.de
Telefon: 04234 943200 (privat)
Telefon: 04231 3047 (Büro)
Telefax: 04231 81210 (Büro)

Geboren am 6. Januar 1974 in Verden/Aller, ev.-luth., verheiratet, 1 Tochter. 1990 erweiterter Sekundarabschluss I an der Realschule Dörverden, 1993 Abitur am Fachgymnasium Wirtschaft der BBS Verden-Dauelsen, danach Berufsausbildung zum Sparkassenkaufmann bei der Kreissparkasse Verden, dort ab 1996 Angestellter. 2001 Fortbildung zum Sparkassenbetriebswirt in Hannover. Anschließend bis zur Wahl in den Landtag 2013 Tätigkeit im Firmenkunden-Kreditgeschäft mit Schwerpunkt Unternehmens- und Bilanzanalyse.

Mitglied der CDU seit 1990. Vorsitzender des CDU-Kreisverbandes Verden seit 2008. Mitglied im Vorstand des CDU-Bezirksverbandes Elbe/Weser. Ehrenvorsitzender der Jungen Union im Kreis Verden.

Mitglied des Niedersächsischen Landtages der 17. Wahlperiode (seit 19. Februar 2013).

Kommunale Mandate und Funktionen

Seit 1996 Ratsmitglied der Gemeinde Dörverden, seit 2001 Vorsitzender der CDU-Ratsfraktion. Seit 2001 Kreistagsabgeordneter Lkr. Verden, seit 2006 stellv. Vorsitzender der CDU-Kreistagsfraktion, seit 2011 stellv. Kreistagsvorsitzender.

Tätigkeiten und Funktionen nach Abschnitt I der Verhaltensregeln

Stellv. Vorstandsmitglied beim Trinkwasserverband Verden/Aller. Es besteht eine gesetzliche Berechtigung, die frühere Tätigkeit bei der Kreissparkasse Verden nach dem Ende der Mandatszeit fortsetzen zu dürfen.

Nacke, Jens

CDU
Wahlkreis: 72 Ammerland

Rechtsanwalt
Parl. Geschäftsführer der CDU-Fraktion

Berliner Straße 1
26215 Wiefelstede

E-Mail: jens.nacke@lt.niedersachsen.de
Internet: http://www.jens-nacke.de
Telefon: 04402 868332 (privat)
Telefon: 0511 3030-4112 (Büro)

Geboren am 13. September 1971 in Oldenburg (Oldb.), verheiratet, ev.-luth., 3 Kinder. 1987 Abschluss der Realschule in Wiefelstede, anschließend Ausbildung zum Verwaltungsfachangestellten beim Landkreis Ammerland. 1990 Tätigkeit im Umweltamt und im Bauamt des Landkreises Ammerland, nebenberuflich Besuch des Abendgymnasiums Oldenburg. Abitur 1993. Einjähriger USA-Aufenthalt als Stipendiat des Parlamentarischen Patenschaftsprogramms des Deutschen Bundestages. 1994 Studium der Rechtswissenschaften in Münster, 1999 1. juristisches Staatsexamen. Anschließend 13 Monate Grundwehrdienst und freiwilliger Dienst bei der Bundesmarine. 2000 Rechtsreferendariat. 2002 Verleihung der Befähigung zum Richteramt. Seit 2002 Rechtsanwalt in Oldenburg.

Mitglied der CDU seit 1989. Schatzmeister der CDU Ammerland seit 2010. Mitglied im Vorstand des CDU-Landesverbandes Oldenburg seit 2001.

Mitglied des Niedersächsischen Landtages der 15. bis 17. Wahlperiode (seit 4. März 2003). Seit Juli 2010 Parlamentarischer Geschäftsführer der CDU-Landtagsfraktion.

Kommunale Mandate und Funktionen

Seit 2006 Ratsherr der Gemeinde Wiefelstede. Seit 2006 Kreistagsabgeordneter Lkr Ammerland.

Tätigkeiten und Funktionen nach Abschnitt I der Verhaltensregeln

Selbstständiger Rechtsanwalt in Oldenburg. Mitglied im Aufsichtsrat der Ammerländer Wohnungsbaugesellschaft.

Oesterhelweg, Frank

CDU
Wahlkreis: 9 Wolfenbüttel-Nord

Diplomingenieur (FH)
Landwirt
stellv. Vorsitzender der CDU-Fraktion

Krumme Straße 9
38315 Werlaburgdorf

E-Mail: frankoesterhelweg@t-online.de
Internet: http://www.frank-oesterhelweg.de
Telefon: 05335 6282 (privat)
Telefon: 05331 1672 (Büro)
Telefax: 05335 6595 (privat)
Telefax: 05331 1535 (Büro)

Geboren am 19. November 1961 in Wolfenbüttel, ev.-luth., verheiratet, 2 Töchter. Nach dem Abitur 1981 Wehrdienst beim Panzeraufklärungsbataillon 1 in Braunschweig, anschließend landwirtschaftliche Lehre in den Landkreisen Gifhorn und Göttingen. Von 1984 bis 1987 Studium an der Fachhochschule Kiel, Fachbereich Landbau in Rendsburg. Seit 1987 selbstständiger Landwirt in Werlaburgdorf, Landkreis Wolfenbüttel.

Bereits als Jugendlicher aktiv in der Vereins- und Verbandsarbeit. Diverse Mitgliedschaften in karitativen, sozialen und kulturellen Organisationen.

Mitglied der CDU seit 1978. Vorsitzender des CDU-Kreisverbandes Wolfenbüttel seit 2002. Vorsitzender des CDU-Landesverbandes Braunschweig seit 2010.

Mitglied des Niedersächsischen Landtages der 14. Wahlperiode (seit 23. Oktober 2002) und der 15. bis 17. Wahlperiode (seit 4. März 2003). Seit Februar 2013 stellv. Vorsitzender der CDU-Landtagsfraktion.

Kommunale Mandate und Funktionen

Kreistagsabgeordneter Lkr. Wolfenbüttel. Mitglied der Verbandsversammlung des Zweckverbandes Großraum Braunschweig.

Tätigkeiten und Funktionen nach Abschnitt I der Verhaltensregeln

Selbstständiger Landwirt in Werlaburgdorf. Geschäftsführer einer Photovoltaikanlage auf eigenem Wirtschaftsgebäude. Mitglied der Zuckerrübenrodegemeinschaft Schladen GbR. Vorsitzender der Schutzgemeinschaft Deutscher Wald (SDW) in Niedersachsen e. V. Vorsitzender des Fördervereins Archäologie- und Landschaftspark Kaiserpfalz Werla e. V. Stellv. Vorsitzender des Netzwerks Ackerbau Niedersachsen e. V. (NAN). Beteiligung an der Agrardienste Eichberg GmbH & Co.KG.

Oetjen, Jan-Christoph

FDP
Landeswahlvorschlag

Geschäftsführer

Brunnenweg 6
27367 Sottrum

E-Mail: mail@jcoetjen.de
Internet: http://www.jcoetjen.de
Telefon: 04264 835000 (Wahlkreisbüro)
Telefax: 04264 835001 (Wahlkreisbüro)

Geboren am 21. Februar 1978 in Rotenburg/Wümme, verheiratet. Besuch der Grundschule und Orientierungsstufe in Sottrum, anschließend des Ratsgymnasiums in Rotenburg/Wümme, 1997 Abitur. Danach Zivildienst beim Diakoniekrankenhaus Rotenburg/Wümme und Studium der Wirtschaftswissenschaften.

Mitglied der Jungen Liberalen und der FDP seit 1995. Vorsitzender des FDP-Bezirksverbandes Elbe-Weser seit 2002. Mitglied im Landesvorstand der FDP Niedersachsen seit 1998.

Mitglied des Niedersächsischen Landtages der 15. bis 17. Wahlperiode (seit 4. März 2003).

Kommunale Mandate und Funktionen

Seit 2001 Ratsherr der Gemeinde Sottrum. Seit 2006 Ratsherr der Samtgemeinde Sottrum. Seit 2006 Kreistagsabgeordneter Lkr. Rotenburg.

Tätigkeiten und Funktionen nach Abschnitt I der Verhaltensregeln

Geschäftsführer der Niedersachsen Verlag GmbH, Hannover.

Onay, Belit

Bündnis 90/Die Grünen
Landeswahlvorschlag

Diplomjurist
Schriftführer des Niedersächsischen
Landtages

Dreyerstraße 11
30169 Hannover

E-Mail: belit.onay@lt.niedersachsen.de
Internet: http://www.belit-onay.de
Telefon: 0511 3030-3313 (Büro)
Telefax: 0511 3030993313 (Büro)

Geboren am 15. Januar 1981 in Goslar, ledig. 2000 Abitur am Ratsgymnasium Goslar, Zivildienst auf der Intensivstation beim Harzklinik Dr.-Herbert-Nieper-Krankenhaus in Goslar. Anschließend ab 2002 Studium der Rechtswissenschaften an der Leibniz Universität Hannover, 2008 1. Juristisches Staatsexamen, 2009 Beginn des Promotionsstudiums an der Juristischen Fakultät der Universität Bremen. Von 2010 bis 2013 Promotionsstipendiat der Heinrich Böll Stiftung. Seit 2008 bis zur Wahl in den Landtag 2013 Mitarbeiter im Abgeordnetenbüro der Landtagsabgeordneten Frau Polat von Bündnis 90/Die Grünen.

Mitglied des Niedersächsischen Landtages der 17. Wahlperiode (seit 19. Februar 2013). Seit Februar 2013 Schriftführer des Niedersächsischen Landtages.

Kommunale Mandate und Funktionen

Seit 2011 Ratsherr der Landeshauptstadt Hannover, stellv. Vorsitzender der Stadtratsfraktion von Bündnis 90/Die Grünen.

Tätigkeiten und Funktionen nach Abschnitt I der Verhaltensregeln

Mitglied im Beirat der Deutschen Messe AG. Mitglied im Aufsichtsrat der Hafen Hannover GmbH. Mitglied im Vorstand der Türkischen Gemeinde in Niedersachsen e. V.

Pantazis, Christos

SPD

Wahlkreis: 1 Braunschweig-Nord

Arzt

Hänselmannstraße 9
38104 Braunschweig

E-Mail: c.pantazis@me.com
Internet: http://www.christos-pantazis.de
Telefon: 0531 48280255 (privat)
Mobil: 0152 33559302

Geboren am 9. Oktober 1975 in Hannover, verheiratet. 1995 Abitur am Georg-Büchner-Gymnasium in Seelze-Letter und gleichzeitig Erwerb der griechischen Hochschulreife. Studium der Humanmedizin an der Medizinischen Hochschule Hannover (MHH), der Universität Basel und der Universität von Ioannina. 2003 3. Staatsexamen in Humanmedizin. Seit 2004 bis zur Wahl in den Landtag 2013 als Arzt am Städtischen Klinikum Braunschweig gGmbH tätig, dort auch seit 2010 Mitglied im Betriebsrat. Aktuell im Promotionsverfahren.

Mitgliedschaften: Ver.di, Deutsche Gesellschaft für Neurochirurgie (DGNC), AWO, Schützenverein Waggum 1954 e.V., Kunstverein Braunschweig e.V., Haus der Kulturen e.V., Rast Orchestra e.V., Europabund e.V., Förderverein Freibad Waggum e.V.

Mitglied der SPD seit 1998. Stellv. Vorsitzender des SPD-Unterbezirks Braunschweig. Vorsitzender des SPD-Ortsvereins Bebelhof-Viewegsgarten. Bezirksvorsitzender der SPD-Arbeitsgemeinschaft Migration und Vielfalt in Braunschweig.

Mitglied des Niedersächsischen Landtages der 17. Wahlperiode (seit 19. Februar 2013).

Kommunale Mandate und Funktionen

Keine.

Tätigkeiten und Funktionen nach Abschnitt I der Verhaltensregeln

Vorsitzender des Marburger Bundes, Bezirk Braunschweig. Es besteht eine gesetzliche und vertragliche Berechtigung, die frühere Tätigkeit beim Städtischen Klinikum Braunschweig gGmbH nach Beendigung der Mandatszeit fortsetzen zu dürfen.

Piel, Anja

Bündnis 90/Die Grünen
Landeswahlvorschlag

Industriekauffrau
Vorsitzende der Fraktion
Bündnis 90/Die Grünen

Hinrich-Wilhelm-Kopf-Platz 1
30159 Hannover

E-Mail: anja.piel@lt.niedersachsen.de
Internet: http://www.anja-piel.de
Telefon: 0511 3030-3302 (Büro)
Mobil: 0170 4718266

Geboren am 3. November 1965 in Lübeck, verheiratet, 2 Kinder. 1985 Abitur in Lübeck. Ausbildung zur Industriekauffrau in Bad Schwartau. Von 1998 bis 2012 Fraktionsgeschäftsführerin der Fraktion Bündnis 90/Die Grünen im Rat der Stadt Hameln. Von 2010 bis zur Wahl in den Landtag 2013 Vorsitzende von Bündnis 90/Die Grünen Landesverband Niedersachsen.

Mitglied von Bündnis 90/Die Grünen.

Mitglied des Niedersächsischen Landtages der 17. Wahlperiode (seit 19. Februar 2013). Seit Februar 2013 Vorsitzende der Landtagsfraktion Bündnis 90/Die Grünen.

Kommunale Mandate und Funktionen

Seit 2006 Mitglied im Ortsrat Fischbeck/Weibeck, seit 2006 stellv. Ortsbürgermeisterin.

Tätigkeiten und Funktionen nach Abschnitt I der Verhaltensregeln

Keine.

Pieper, Gudrun

CDU
Wahlkreis: 43 Walsrode

Heilpädagogin

Nelkenweg 3
29690 Schwarmstedt

E-Mail: info@gudrunpieper.de
Internet: http://www.gudrunpieper.de
Telefon: 05071 3147 (privat)
Telefon: 05161 73046 (Wahlkreisbüro)
Telefax: 05071 800211 (privat)
Telefax: 05161 910702 (Wahlkreisbüro)
Mobil: 0171 4 480586

Geboren am 4. Juli 1956 in Lüneburg, verheiratet, 1 Kind. Ausbildung zur Erzieherin und Fachabitur 1976 an der Fachschule für Sozialpädagogik in Lüneburg, staatl. Anerkennung zur Erzieherin 1977, von 1976 bis 1978 Erzieherin im Kinderheim Bothmer, Familienphase bis 1984. Von 1984 bis 1987 Erzieherin und stellv. Heimleiterin im Centrum für angewandte Pädagogik und Psychologie Bomlitz. Von 1987 bis 1992 Leiterin der Kindertagesstätte in Lindwedel. Von 1992 bis 1998 Leiterin der integrativen Kindertagesstätte Therese von Plato in Walsrode. Von 1993 bis 1994 berufsbegleitende Zusatzqualifikation zur heilpädagogischen Fachkraft, von 2002 bis 2005 berufsbegleitende Qualifikation im Sozial- und Qualitätsmanagement. Von 1998 bis zur Wahl in den Landtag 2008 Leiterin der Heilpädagogischen Kindertagesstätte Regenbogen in Hannover-Anderten.

Mitglied der CDU seit 1998. Vorsitzende des CDU-Kreisverbandes Heidekreis seit 2007. Stellv. Vorsitzende des CDU Bezirksverbandes Nordostniedersachsen seit 2011. Beisitzerin im CDU Landesvorstand Niedersachsen seit 2012.

Mitglied des Niedersächsischen Landtages der 16. und 17. Wahlperiode (seit 26. Februar 2008).

Kommunale Mandate und Funktionen

Seit 2001 Ratsfrau der Gemeinde Schwarmstedt. Seit 2001 Ratsfrau der Samtgemeinde Schwarmstedt, stellv. Bürgermeisterin. Seit 2001 Kreistagsabgeordnete Lkr. Heidekreis.

Tätigkeiten und Funktionen nach Abschnitt I der Verhaltensregeln

Mitglied im Verwaltungsrat und im Stiftungsrat der Kreissparkasse Walsrode. Es besteht eine gesetzliche Berechtigung, die frühere Tätigkeit bei der Gemeinnützigen Gesellschaft für integrative Behindertenarbeit mbH. nach dem Ende der Mandatszeit fortsetzen zu dürfen.

Polat, Filiz

Bündnis 90/Die Grünen
Landeswahlvorschlag

Diplomvolkswirtin
stellv. Vorsitzende der Fraktion
Bündnis 90/Die Grünen

Hinrich-Wilhelm-Kopf-Platz 1
30159 Hannover

E-Mail: filiz.polat@lt.niedersachsen.de
Internet: http://www.filiz-polat.de
Telefon: 0511 3030-3303 (Büro)
Telefax: 0511 303099-3303 (Büro)

Geboren am 11. Juli 1978 in Bramsche, Landkreis Osnabrück. Abitur 1997 in Münster, Studium der Volkswirtschaftslehre und begleitend der Politologie in Frankfurt a. M., 2002 Abschluss als Diplomvolkswirtin.

Mitgliedschaften: Verein Bramscher Initiative zum Miteinander der Kulturen (BIKU), Netzwerk türkeistämmiger Mandatsträger/innen, Verein Neue Erde e. V., Bramsche, Indienhilfe Wallenhorst, Fördermitglied des Landesfrauenrates Niedersachsen e. V., Europa-Union, Förderverein Stadtmuseum Quakenbrück.

Gründung der Grünen Jugend Bramsche 1996. Mitglied von Bündnis 90/Die Grünen seit 1996.

Mitglied des Niedersächsischen Landtages der 15. bis 17. Wahlperiode (seit 15. September 2004). Seit Februar 2013 stellv. Vorsitzende der Fraktion Bündnis 90/Die Grünen.

Kommunale Mandate und Funktionen

Seit 2011 Ratsfrau der Stadt Bramsche. Seit 2011 Kreistagsabgeordnete Lkr. Osnabrück-Land.

Tätigkeiten und Funktionen nach Abschnitt I der Verhaltensregeln

Stellv. Vorsitzende der Türkischen Gemeinde Niedersachsen (TGN). Mitglied im Beirat der Gedenkstätte Augustaschacht und Gestapokeller Osnabrück.

Politze, Stefan

SPD

Wahlkreis: 27 Hannover-Ricklingen

Hauptabteilungsreferent

Odeonstraße 15/16
30159 Hannover

E-Mail: info@stefan-politze.de
Internet: http://www.stefan-politze.de
Telefon: 0511 1674341 (Büro)
Telefax: 0511 1674343 (Büro)

Geboren am 4. Juni 1965 in Hannover, ev.-luth., verheiratet, 5 Kinder. Nach der Grundschule Besuch der IGS Hannover-Linden und dort Abschluss mit der Allgemeinen Hochschulreife. Nach Ableistung des Grundwehrdienstes Ausbildung zum Rechtsanwalts- und Notarfachangestellten. Später Tätigkeit als Bürovorsteher, während dieser Zeit Studium der Rechtswissenschaften an der Universität Hannover. Seit 2003 bis zur Wahl in den Landtag 2008 bei den Stadtwerken Hannover AG zunächst im Forderungsmanagement, danach als Hauptabteilungsreferent tätig. Schöffe in der Kammer Jugendstrafsachen des Landgerichts Hannover von 2005 bis 2009.

Mitgliedschaften: Ver.di, AWO, Sozialverband Deutschland, DLRG Ortsgruppe Badenstedt, Freiwillige Feuerwehr Badenstedt, Schützengesellschaft Davenstedt, Parlamentarische Vereinigung Niedersachsen e.V., Deutsches Jugendherbergswerk Landesverband Hannover.

Mitglied der SPD seit 1981. Schatzmeister des SPD-Stadtverbandes Hannover. Stellv. Vorsitzender des SPD-Ortsvereins Hannover-West.

Mitglied des Niedersächsischen Landtages der 16. und 17. Wahlperiode (seit 26. Februar 2008).

Kommunale Mandate und Funktionen

Keine

Tätigkeiten und Funktionen nach Abschnitt I der Verhaltensregeln

Gesellschafter eines Dienstleistungsunternehmens in Hannover. Gesellschaftervertreter der Buchdruckwerkstätten Hannover GmbH. Mitglied im Landesvorstand Hannover des Deutschen Jugendherbergswerks. Es besteht eine gesetzliche und vertragliche Berechtigung, die frühere Tätigkeit bei der Stadtwerke Hannover AG nach dem Ende der Mandatszeit fortsetzen zu dürfen.

Poppe, Claus Peter

SPD
Landeswahlvorschlag

Oberstudiendirektor a. D.

Dinklager Hagen 48
49610 Quakenbrück

E-Mail: cppoppe@web.de
Internet: http://www.cppoppe.de
Telefon: 0541 2128 (privat)
Telefon: 05431 906249 (Büro)
Telefax: 05431 906378 (Büro)

Geboren am 1. März 1948 in Lohne, verheiratet, 2 Kinder. 1966 Abitur in Vechta. Studium für das Lehramt an Gymnasien in Göttingen, Referendarzeit in Osnabrück. Von 1975 bis 1995 Lehrer am Gymnasium Lohne, von 1995 bis zur Wahl in den Landtag 2003 Schulleiter am Artland-Gymnasium Quakenbrück.

Mitgliedschaften: GEW, AWO und in verschiedenen örtlichen Vereinen.

Mitglied der SPD seit 1975. Mitglied des Vorstandes der SPD Osnabrück-Land.

Mitglied des Niedersächsischen Landtages der 15. bis 17. Wahlperiode (seit 4. März 2003).

Kommunale Mandate und Funktionen

Seit 2001 Ratsherr der Samtgemeinde Artland. Seit 2006 Ratsherr der Stadt Quakenbrück, seit 2011 Bürgermeister.

Tätigkeiten und Funktionen nach Abschnitt I der Verhaltensregeln

Mitglied im Verwaltungsrat und im Kreditausschuss der Kreissparkasse Bersenbrück. Mitglied im Aufsichtsrat des Christlichen Krankenhauses Quakenbrück. Mitglied im Kuratorium StadtStiftung Quakenbrück. Es besteht eine gesetzliche Berechtigung, die frühere Tätigkeit beim Land Niedersachsen nach dem Ende der Mandatszeit fortsetzen zu dürfen.

Prange, Ulf

SPD
Wahlkreis: 62 Oldenburg-Mitte/Süd

Rechtsanwalt

Huntestraße 23
26135 Oldenburg

E-Mail: wahlkreisbuero@ulf-prange.de
Internet: http://www.ulf-prange.de
Telefon: 0441 36117512 (Büro)
Telefax: 0441 36117522 (Büro)

Geboren am 25. Juli 1975 in Oldenburg (Oldenburg), ledig. 1994 Abitur in Oldenburg, von 1994 bis 1995 Zivildienst in Oldenburg. Studium der Rechtswissenschaften an der Universität Osnabrück, der Université Paris-Val de Marne sowie an der Humboldt-Universität zu Berlin, 2001 Erstes juristisches Staatsexamen. Referendariat beim Oberlandesgericht Oldenburg, 2003 Zweites juristisches Staatsexamen. Zugelassen als Rechtsanwalt seit 2003, Fachanwalt für Verkehrsrecht seit 2008. Von 2004 bis März 2013 Rechtsanwalt in der Rechtsanwaltskanzlei Danne & Enneking in Oldenburg. Ab März 2013 Rechtsanwalt in der Rechtsanwaltskanzlei Prange in Oldenburg.

Mitgliedschaften: AWO, Universitätsgesellschaft Oldenburg e. V., Oldenburger Anwalts- und Notarverein e. V., Arbeitsgemeinschaft Verkehrsrecht des Deutschen Anwaltsvereins, Bürgerverein Oldenburg-Stadtmitte, GVO Oldenburg e. V.

Mitglied der SPD seit 1999. Vorsitzender des SPD-Ortsvereins Oldenburg-Mitte/Süd.

Mitglied des Niedersächsischen Landtages der 17. Wahlperiode (seit 19. Februar 2013).

Kommunale Mandate und Funktionen

Seit 2006 Ratsherr der Stadt Oldenburg.

Tätigkeiten und Funktionen nach Abschnitt I der Verhaltensregeln

Tätigkeit als Rechtsanwalt. Vorsitzender des Vereins für Boxsport in Oldenburg e. V. Stellv. Vorsitzender des Bürger- und Gartenbauvereins Osternburg-Dammtor e. V. Mitglied der Gesellschafterversammlung der Bäderbetriebsgesellschaft Oldenburg mbH. Mitglied der Gesellschafterversammlung der Weser-Ems Halle Oldenburg GmbH & Co. KG.

Rakow, Sigrid

SPD
Landeswahlvorschlag

Rektorin a. D.
Schriftführerin des Niedersächsischen
Landtages

Hauptstraße 104
26188 Edewecht

E-Mail: info@sigrid-rakow.de
Internet: http://www.sigrid-rakow.de
Telefon: 04405 7115 (privat)
Telefon: 04405 4444 (Büro)
Telefax: 04405 4839888 (privat)
Telefax: 04405 4839888 (Büro)

Geboren am 16. Dezember 1951 in Oldenburg i. O., 4 Kinder. Abitur am Dietrich-Bonhoeffer-Gymnasium in Ahlhorn, kaufmännische Ausbildung in einem Großunternehmen. Studium der Erziehungswissenschaften in Frankfurt/Main. Lehrtätigkeit an Grund-, Haupt- und Realschule, sowie Orientierungsstufe, Lehrauftrag an der Hochschule Vechta, zuletzt bis zur Wahl in den Landtag 2003 Rektorin in Westerstede.

Mitgliedschaften: GEW, AWO, Biologische Schutzgemeinschaft Hunte (BSH), NABU, SoVD, Verein zur Förderung der beruflichen Bildung im Ammerland, Verein Kleiderkarussell Edewecht und Tischlein Deck Dich Edewecht

Mitglied der SPD seit 1992.

Mitglied des Niedersächsischen Landtages der 15. bis 17. Wahlperiode (seit 4. März 2003). Seit Februar 2013 Schriftführerin des Niedersächsischen Landtages.

Kommunale Mandate und Funktionen

Seit 1996 Ratsfrau der Gemeinde Edewecht. Seit 1996 Kreistagsabgeordnete Lkr. Ammerland, seit 2006 Vorsitzende der SPD-Kreistagsfraktion.

Tätigkeiten und Funktionen nach Abschnitt I der Verhaltensregeln

Mitglied im Vorstand des Grundschulverbandes Niedersachsen. Mitglied im Vorstand der Stiftung Gewässerschutz Weser-Ems (OOWV). Es besteht eine gesetzliche Berechtigung, die frühere Tätigkeit beim Land Niedersachsen nach dem Ende der Mandatszeit fortsetzen zu dürfen.

Rolfes, Heinz

CDU

Wahlkreis: 80 Lingen

Fernmeldemonteur

Neue Siedlung 2
49811 Lingen

E-Mail: heinz@rolfes-lingen.de
Internet: http://www.Heinz-Rolfes.de
Telefon: 0591 1494 (privat)
Telefax: 05963 1757 (privat)
Mobil: 0172 5309245

Geboren am 15. Juli 1947 in Clusorth-Bramhar (jetzt Lingen), verheiratet, 1 Tochter. Besuch der Volksschule in Lingen, anschließend Lehre zum Starkstromelektriker bei der Wintershall Raffinerie in Lingen-Holthausen. Ab 1965 Spezialmonteur im Bereich der Nachrichtentechnik bei der Siemens AG, Zweigniederlassung Osnabrück, von 1977 bis März 1994 Mitglied des Betriebsrates.

Mitglied der CDU seit 1968. Vorsitzender des CDU-Kreisverbandes Lingen seit 1987.

Mitglied des Niedersächsischen Landtages der 13. bis 17. Wahlperiode (seit 21. Juni 1994). Von März 2003 bis Februar 2013 stellv. Vorsitzender der CDU-Landtagsfraktion.

Kommunale Mandate und Funktionen

Seit 1991 Kreistagsabgeordneter Lkr. Emsland, seit 1996 stellv. Landrat.

Tätigkeiten und Funktionen nach Abschnitt I der Verhaltensregeln

Mitglied im Beirat der Nord-LB. Vorsitzender des SKM Lingen. Vorsitzender des Freiwilligenzentrums Lingen. Vorsitzender der Gesellschafterversammlung der ReHoLand GmbH. Mitglied im Vorstand des Kuratoriums St. Bonifatius Lingen e. V. Mitglied der Vertreterversammlung des Kolping-Bildungshauses Salzbergen des Kolping Diözesanverbandes.

Ross-Luttmann, Mechthild

CDU
Wahlkreis: 53 Rotenburg

Beamtin a. D.
Landesministerin a. D.
stellv. Vorsitzende der CDU-Fraktion

Große Straße 61 a
27356 Rotenburg

E-Mail: buero-mdl@gmx.de
Internet: http://www.ross-luttmann.de
Telefon: 04261 960223 (Wahlkreisbüro)
Telefax: 04261 1538 (Wahlkreisbüro)

Geboren am 13. April 1958 in Burgsteinfurt (NRW), verheiratet, 3 Kinder. Nach dem Abitur Studium der Rechtswissenschaften in Münster, Referendarausbildung im Oberlandesgerichtsbezirk Hamm. 2. Juristisches Staatsexamen 1986. Seit 1987 bis zur Wahl in den Landtag 2003 beim Landkreis Rotenburg tätig.

Mitglied der CDU seit 1989. Stellv. Vorsitzende des CDU-Kreisverbandes Rotenburg.

Mitglied des Niedersächsischen Landtages der 15. bis 17. Wahlperiode (seit 4. März 2003). Von Dezember 2005 bis April 2010 Niedersächsische Ministerin für Soziales, Frauen, Familie und Gesundheit. Seit Februar 2013 stellv. Vorsitzende der CDU-Landtagsfraktion.

Kommunale Mandate und Funktionen

Seit 2011 Ratsfrau der Stadt Rotenburg, stellv. Vorsitzende der CDU-Stadtratsfraktion.

Tätigkeiten und Funktionen nach Abschnitt I der Verhaltensregeln

Mitglied im Aufsichtsrat der Rotenburger Werke der Inneren Mission e.V. Mitglied im Vermögensverwaltungsrat und Kirchensteuerrat der Diözese Bistum Hildesheim. Mitglied im Vorstand der Heinrich-Peters-Stiftung. Es besteht eine gesetzliche Berechtigung, die frühere Tätigkeit beim Landkreis Rotenburg nach dem Ende der Mandatszeit fortsetzen zu dürfen.

Rühl, Kathrin

SPD

Landeswahlvorschlag

Richterin am Landgericht

Am Höhenholz 12
49205 Hasbergen

E-Mail: info@kathrin-ruehl.de
Internet: http://www.kathrin-ruehl.de
Telefon: 05405 616083 (privat)
Telefax: 0541 2026831 (Büro)
Mobil: 0162 2013966

Geboren am 04. August 1977 in Osnabrück, 1 Tochter. 1997 Abitur am Ratsgymnasium Osnabrück, Studium der Rechtswissenschaften und fachspezifische Fremdsprachenausbildung für Juristen (Französisch) an der Westfälischen Wilhelms-Universität Münster und der Université Paris II (Panthéon-Assas), 2003 1. juristisches Staatsexamen. Von 2004 bis 2006 Rechtsreferendariat beim Landgericht Osnabrück, 2006 2. juristisches Staatsexamen. Seit 2007 Richterin im Bezirk des Oberlandesgerichts Hamm. Seit 2009 bis zur Wahl in den Landtag 2013 am Landgericht Bielefeld als Richterin tätig, 2010 Ernennung zur Richterin am Landgericht.

Mitglied der SPD seit 1996. Mitglied im Landesvorstand der SPD Niedersachsen. Mitglied im Bezirksvorstand der SPD Weser-Ems. Stellv. Vorsitzende des SPD-Kreisverbandes Osnabrück-Land. Vorsitzende der SPD Hasbergen. Mitglied des niedersächsischen Landesvorstandes der Arbeitsgemeinschaft sozialdemokratischer Juristinnen und Juristen.

Mitglied des Niedersächsischen Landtages der 17. Wahlperiode (seit 19. Februar 2013).

Kommunale Mandate und Funktionen

Seit 1996 Ratsfrau der Gemeinde Hasbergen, seit 2011 Ratsvorsitzende. Seit 2006 Kreistagsabgeordnete Lkr. Osnabrück, seit 2011 stellv. Kreistagsvorsitzende

Tätigkeiten und Funktionen nach Abschnitt I der Verhaltensregeln

Mitglied im Aufsichtsrat der AWIGO Abfallwirtschaft Landkreis Osnabrück GmbH. Stellv. Mitglied im Aufsichtsrat der BEVOS Beteiligungs- und Vermögensverwaltungsgesellschaft mbH Landkreis Osnabrück. Stellv. Mitglied in der Verbandsversammlung des Sparkassenzweckverbandes Osnabrück. Mitglied im Kuratorium der Naturschutzstiftung Osnabrück. Es besteht eine gesetzliche Berechtigung, die frühere Tätigkeit beim Land Nordrhein-Westfalen nach Beendigung der Mandatszeit fortsetzen zu dürfen.

Saipa, Dr. Alexander

SPD
Wahlkreis: 14 Goslar

Diplomchemiker

Heinrich-Lohse-Straße 6
38644 Goslar

E-Mail: mailbox@asaipa.de
Internet: http://www.asaipa.de
Mobil: 01525 3590999

Geboren am 12. November 1976 in Hannover, verheiratet. 1996 Abitur in Goslar, Diplom-Studiengang Chemie an der TU Clausthal, Diplom 2002. Promotion an der Universität Stuttgart, Institut für Physikalische Chemie, Erlangung des Doktorgrades 2006. Von 2007 bis zur Wahl in den Landtag 2013 Leiter Abteilung Produktsicherheit und Gefahrgutbeauftragter der Rockwood Lithium GmbH in Langelsheim.

Mitglied der SPD seit 2002.

Mitglied des Niedersächsischen Landtages der 17. Wahlperiode (seit 19. Februar 2013).

Kommunale Mandate und Funktionen

Seit 2011 Ratsherr der Stadt Goslar, Vorsitzender der SPD-Ratsfraktion. Seit 2011 Kreistagsabgeordneter Lkr. Goslar.

Tätigkeiten und Funktionen nach Abschnitt I der Verhaltensregeln

Mitglied im Aufsichtsrat der Weltkulturerbe Erzbergwerk Rammelsberg Goslar GmbH. Mitglied in der Gesellschafterversammlung Goslarer Marketing GmbH. Es besteht eine gesetzliche Berechtigung, die frühere Tätigkeit bei der Rockwood Lithium GmbH nach Beendigung der Mandatszeit fortsetzen zu dürfen.

Santjer, Uwe

SPD
Wahlkreis: 58 Cuxhaven

Diplomheilpädagoge

Tizianweg 3
27478 Cuxhaven

E-Mail: buero@uwe-santjer.de
Internet: http://www.uwe-santjer.de
Telefon: 04723 1286 (privat)
Mobil: 0174 4004760

Geboren am 23. Oktober 1965 in Cuxhaven, verheiratet, 2 Töchter. Nach der Realschule in Altenwalde Ausbildung zum Erzieher. Ableistung des Zivildienstes in der Ev.-luth. Martinsgemeinde Cuxhaven. Anschließend als Erzieher in der kath. Kindertagesstätte St. Marien, Cuxhaven, tätig, danach stellv. Leiter der kath. Kindertagesstätte St. Willehad, Cuxhaven. Ausbildung zum Heilpädagogen und Leiter der ev.-luth. Kindertagesstätte in Altenwalde, berufsbegleitendes Studium zum Diplomheilpädagogen an der Ev. Fachhochschule Hannover. Fachberater für Kindertagesstätten in Cuxhaven, zuletzt bis zur Wahl in den Landtag 2013 als pädagogischer Geschäftsführer des Ev.-luth. Kindertagesstättenverbandes in Cuxhaven tätig.

Mitglied der SPD seit 1981. Vorsitzender der SPD Cuxhaven.

Mitglied des Niedersächsischen Landtages der 17. Wahlperiode (seit 19. Februar 2013).

Kommunale Mandate und Funktionen

Mitglied im Ortsrat Altenwalde. Ratsherr der Stadt Cuxhaven, seit 2011 Bürgermeister.

Tätigkeiten und Funktionen nach Abschnitt I der Verhaltensregeln

Es besteht eine gesetzliche und vertragliche Berechtigung, die frühere Tätigkeit beim Kindertagesstättenverband Cuxhaven nach Beendigung der Mandatszeit fortsetzen zu dürfen.

Schiesgeries, Horst

CDU
Wahlkreis: 6 Gifhorn-Süd

Polizeibeamter a. D.

Gartenweg 11 a
38539 Müden/Aller

E-Mail: bestschiesgeries@gmx.de
Internet: http://www.horst-schiesgeries.de
Telefon: 05375 6888 (privat)
Telefax: 05375 982674 (privat)
Mobil: 0171 4683121

Geboren am 23. Januar 1955 in Dieckhorst, Landkreis Gifhorn, verheiratet, 2 Kinder. 1971 Beginn einer Lehre zum Werkzeugmacher, nach Abschluss Facharbeiterbrief. 1974 Eintritt in den Polizeidienst an der Landespolizeischule Hann. Münden. 38 Jahre im Polizeidienst, seit 2002 bis zur Wahl in den Landtag 2013 im Kriminalermittlungsdienst als Sachbearbeiter für Kinder- und Jugendkriminalität.

Mitglied der CDU seit 1996. Beisitzer im Vorstand des CDU Kreisverbandes Gifhorn seit 2012.

Mitglied des Niedersächsischen Landtages der 17. Wahlperiode (seit 19. Februar 2013).

Kommunale Mandate und Funktionen

Seit 1997 Ratsherr der Gemeinde Müden (Aller), seit 1998 Bürgermeister. Seit 1997 Ratsherr der Samtgemeinde Meinersen, seit 1998 stellv. Bürgermeister.

Tätigkeiten und Funktionen nach Abschnitt I der Verhaltensregeln

Es besteht eine gesetzliche Berechtigung, die frühere Tätigkeit beim Land Niedersachsen nach dem Ende der Mandatszeit fortsetzen zu dürfen.

Schmidt, Maximilian

SPD

Landeswahlvorschlag

Politikwissenschaftler M.A.

Am Amtshof 1
29308 Winsen/Aller

E-Mail: buero@maximilian-schmidt.de
Internet: http://www.maximilian-schmidt.de
Telefon: 05143 705050 (Büro)

Geboren am 19. Oktober 1983 in Dresden, ledig. 2003 Abitur am Hermann-Bil-lung-Gymnasium in Celle, anschließend Studium der Politikwissenschaft und Geschichte an der Leibniz Universität Hannover, 2011 Abschluss als Magister Artium (M.A.). Seit 2003 tätig als Bürokraft beim SPD-Landtagsabgeordneten Heinrich Aller, seit 2008 bis zur Wahl in den Landtag 2013 als dessen wissen-schaftlicher Mitarbeiter.

Mitglied der SPD seit 2001. Stellv. Vorsitzender des SPD-Unterbezirks Celle seit 2004. Mitglied des SPD-Bezirksvorstandes Hannover seit 2005. Mitglied des SPD-Landesparteirates Niedersachsen seit 2009.

Mitglied des Niedersächsischen Landtages der 17. Wahlperiode (seit 19. Februar 2013).

Kommunale Mandate und Funktionen

Seit 2006 Ratsherr der Gemeinde Winsen (Aller). Seit 2006 Kreistagsabgeord-neter Lkr. Celle, seit 2010 Vorsitzender der SPD-Kreistagsfraktion und Mitglied im Kreisausschuss.

Tätigkeiten und Funktionen nach Abschnitt I der Verhaltensregeln

Mitglied im Aufsichtsrat der Stiftung Allgemeines Krankenhaus Celle. Mitglied im Aufsichtsrat der SVO Holding GmbH Celle. Mitglied der Verbandsversamm-lung der Sparkasse Celle.

Schminke, Ronald

SPD
Wahlkreis: 16 Göttingen/Münden

Maurer
Geschäftsführer

Berliner Straße 103
34346 Hann.Münden

E-Mail: famschminke@gmx.de
Internet: http://www.ronald-schminke.de
Telefon: 05541 71583 (privat)
Telefon: 0551 5031122 (Büro)
Telefax: 0551 5031122 (Büro)
Mobil: 0174 9 714706

Geboren am 26. November 1956 in Gimte, Landkreis Göttingen, verheiratet, 2 Söhne. Realschule, von 1977 bis 1987 als Maurer tätig. 1987 Studium an der Akademie der Arbeit der Universität Frankfurt a. M., danach bis 1991 Gewerkschaftssekretär. Seit 1992 bis zur Wahl in den Landtag 2008 Geschäftsführer der IG Bauen-Agrar-Umwelt in Südniedersachsen.

Mitglied der SPD seit 1975. Vorsitzender des SPD-Stadtbezirks Hann.Münden.

Mitglied des Niedersächsischen Landtages der 16. und 17. Wahlperiode (seit 26. Februar 2008).

Kommunale Mandate und Funktionen

Seit 1991 Kreistagsabgeordneter Lkr. Göttingen.

Tätigkeiten und Funktionen nach Abschnitt I der Verhaltensregeln

Vorsitzender des Aufsichtsrates des gemeinnützigen Bauvereins in Münden e. G. Es besteht eine gesetzliche Berechtigung, die frühere Tätigkeit bei der Gewerkschaft IG B.A.U. Frankfurt nach dem Ende der Mandatszeit fortsetzen zu dürfen.

Scholing, Heinrich

Bündnis 90/Die Grünen
Landeswahlvorschlag

Förderschulleiter

Zum Silberstein 20
29553 Bienenbüttel

E-Mail: hscholing@t-online.de
Internet: http://www.heiner-scholing.de
Telefon: 05823 7372 (privat)
Mobil: 0172 4565879

Geboren am 16. September 1953, verheiratet, 2 Kinder. 1973 Abitur. Studium der Sonderpädagogik an der Philipps-Universität Marburg, 1. Staatsexamen 1978, 2. Staatsexamen 1981. Von 1981 bis 1985 an verschiedenen Schulen tätig. Ab 1985 als Förderschullehrer tätig, ab 1987 als Beratungslehrer. Von 1990 bis 1995 stellv. Schulleiter einer Förderschule in Lüneburg. Anschließend bis zur Wahl in den Landtag 2013 als Schulleiter der Förderschule am Knieberg in Lüneburg tätig.

Mitglied von Bündnis 90/Die Grünen seit 1983.

Mitglied des Niedersächsischen Landtages der 17. Wahlperiode (seit 19. Februar 2013).

Kommunale Mandate und Funktionen

Seit 2011 Ratsherr der Gemeinde Bienenbüttel.

Tätigkeiten und Funktionen nach Abschnitt I der Verhaltensregeln

Es besteht eine gesetzliche Berechtigung, die frühere Tätigkeit beim Land Niedersachsen nach Beendigung des Mandats fortsetzen zu dürfen.

Schönecke, Heiner

CDU
Wahlkreis: 52 Buchholz

Kaufmann
Landwirt

Fliegenmoor 24
21629 Neu Wulmstorf

E-Mail: heiner@schoenecke.de
Internet: http://www.heiner-schoenecke.de
Telefon: 04168 913131 (privat)
Telefax: 04168 913198 (privat)

Geboren am 21. März 1946 in Elstorf, Landkreis Harburg, verheiratet, 3 Kinder. Besuch der Realschule in Buxtehude. Ausbildung zum Landwirt/Kaufmann. Von 1972 bis 2012 selbstständiger Landwirt und Geschäftsführer eines Vermarktungsbetriebes Eier und Geflügel mit Filialen in Niedersachsen und Hamburg. Seit 2011 kaufm. Geschäftsführer der Ardestorfer Bioenergie GmbH.

Mitgliedschaft: verschiedene Vereine und Sozialverbände.

Mitglied der CDU seit 1972.

Mitglied des Niedersächsischen Landtages der 15. bis 17. Wahlperiode (seit 4. März 2003). Seit Februar 2013 Schatzmeister der CDU-Landtagsfraktion

Kommunale Mandate und Funktionen

Seit 1976 Kreistagsabgeordneter Lkr. Harburg, seit 2006 stellv. Landrat.

Tätigkeiten und Funktionen nach Abschnitt I der Verhaltensregeln

Vorsitzender des Fördervereins Museum Kiekeberg. Mitglied im Stiftungsrat Kiekeberg.

Mitglied im Stiftungsrat der GIROWI Stiftung. Geschäftsführender Gesellschafter der Ardestorfer Bioenergie GmbH & Co.KG. Mitglied der Verbandsversammlung EWE Oldenburg. Gesellschaftervertreter der Wirtschaftsförderungsgesellschaft Harburg. Mitglied im Kuratorium der Niedersächsischen Bingo-Umweltstiftung. Mitglied im Aufsichtsrat der EWE AG. Mitglied im Stiftungsrat Zukunftswerkstatt Buchholz. Stellv. Vorsitzender des Fördervereins Zukunftswerkstatt Buchholz.

Schremmer, Thomas

Bündnis 90/Die Grünen
Landeswahlvorschlag

Verwaltungsangestellter
stellv. Vorsitzender der Fraktion
Bündnis 90/Die Grünen

Cäcilienstraße 12
30519 Hannover

E-Mail: info@thomas-schremmer.de
Internet: http://www.thomas-schremmer.de
Mobil: 0152 31052853

Geboren am 26. September 1960 in Ibbenbüren/Westfalen, verheiratet, 2 Kinder. 1980 Abitur in Salzgitter, staatl. anerkannter Erzieher, von 1984 bis 1988 Studium der Mineralogie ohne Abschluss. Seit 1989 bis zur Wahl in den Landtag 2013 beschäftigt als Angestellter bei der Landeshauptstadt Hannover, dort seit 2000 stellv. Gesamtpersonalratsvorsitzender.

Mitglied des Niedersächsischen Landtages der 17. Wahlperiode (seit 19. Februar 2013). Seit Februar 2013 stellv. Vorsitzender der Landtagsfraktion Bündnis 90/Die Grünen.

Kommunale Mandate und Funktionen:

Keine.

Tätigkeiten und Funktionen nach Abschnitt I der Verhaltensregeln

Nebenberuflich Organisationsberater für gewerkschaftsnahe Interessenvertretungen. Es besteht eine gesetzliche Berechtigung, die frühere Tätigkeit als Angestellter bei der Landeshauptstadt Hannover nach dem Ende der Mandatszeit fortsetzen zu dürfen.

Schröder-Ehlers, Andrea

SPD
Wahlkreis: 49 Lüneburg

Juristin
Städtische Direktorin a. D.

Adlerweg 44
21391 Reppenstedt

E-Mail: andrea.schroeder-ehlers.mdl@
t-online.de
Internet: http://www.andrea-schroeder-
ehlers.de
Telefon: 04131 232859 (Wahlkreisbüro)
Telefax: 04131 33104 (Wahlkreisbüro)

Geboren am 12. Oktober 1961 in Soltau, verheiratet, 1 Tochter. Nach dem Abitur am Gymnasium Soltau Studium der Rechtswissenschaften in Berlin und Hamburg. Nach dem 2. Staatsexamen zunächst Dezernentin für Wirtschaftsförderung, danach Persönliche Referentin und Pressesprecherin bei der Bezirksregierung Lüneburg. Von 1998 bis zur Wahl in den Landtag 2008 Fachbereichsleiterin für Sicherheit, Umwelt, Verkehr und Bürgerservice bei der Stadt Lüneburg.

Mitglied der SPD seit 1996. Vorsitzende des SPD-Unterbezirks Lüneburg. Mitglied im Vorstand des SPD-Bezirks Hannover und des SPD-Landesverbandes.

Mitglied des Niedersächsischen Landtages der 16. und 17. Wahlperiode (seit 26. Februar 2008).

Kommunale Mandate und Funktionen

Seit 2011 Kreistagsabgeordnete Lkr. Lüneburg, stellv. Vorsitzende der SPD-Kreistagsfraktion.

Tätigkeiten und Funktionen nach Abschnitt I der Verhaltensregeln

Stellv. Kreisvorsitzende des Arbeiter-Samariter-Bundes (ASB) Lüneburg. Stellv. Landesvorsitzende des Arbeiter-Samariter-Bundes (ASB) Niedersachsen. Mitglied im Verwaltungsrat und Kreditausschuss der Sparkasse Lüneburg. Es besteht eine gesetzliche Berechtigung, die frühere Tätigkeit bei der Stadt Lüneburg nach dem Ende der Mandatszeit fortsetzen zu dürfen.

Schröder-Köpf, Doris

SPD

Landeswahlvorschlag

Journalistin

Hildesheimer Straße 336
30519 Hannover

E-Mail: info@schroeder-koepf.de
Internet: http://www.schroeder-koepf.de
Telefon: 0511 71309005

Geboren am 05. August 1963 in Neuburg/Donau, verheiratet, 3 Kinder. 1982 Abitur in Dillingen/Donau. Journalistin.

Ehrenämter u. a. als Schirmherrin der Stiftung Deutsche Kinder-, Jugend- und Elterntelefone.

Mitglied des Niedersächsischen Landtages der 17. Wahlperiode (seit 19. Februar 2013). Beauftragte für Migration und Teilhabe des Landes Niedersachsen.

Kommunale Mandate und Funktionen

Keine.

Tätigkeiten und Funktionen nach Abschnitt I der Verhaltensregeln

Keine.

Schwarz, Annette

CDU
Wahlkreis: 65 Delmenhorst

Diplomingenieurin der Raum- und Umweltplanung

Hasberger Dorfstraße 9
27751 Delmenhorst

E-Mail: buero@annetteschwarz.de
Internet: http://www.annetteschwarz.de
Telefon: 04221 5901986
Telefax: 04221 44449
Mobil: 0178 1974449

Geboren am 17. Januar 1962 in Delmenhorst, verheiratet, 3 Töchter, 1 Sohn. Schulbildung bis zum Abitur in Delmenhorst. Gärtnerausbildung in Ganderkesee. Dipl. Ing.-Studium der Raum- und Umweltplanung an der Universität Kaiserslautern. Ausübung des Berufs in Saarbrücken, Frankfurt a. M., Bremen und Delmenhorst.

Mitglied der CDU seit 1995.

Mitglied des Niedersächsischen Landtages der 14.und 15. Wahlperiode (seit 30. März 1998), der 16. Wahlperiode (seit 28. Juni 2011) und 17. Wahlperiode (seit 19. Februar 2013).

Kommunale Mandate und Funktionen

Seit 1996 Mitglied im Ortsrat Hasbergen. Seit 1996 Ratsfrau der Stadt Delmenhorst.

Tätigkeiten und Funktionen nach Abschnitt I der Verhaltensregeln

Keine.

Schwarz, Uwe

SPD
Wahlkreis: 19 Einbeck

Verwaltungsoberinspektor a. D.
stellv. Vorsitzender der SPD-Fraktion

Hoher Weg 14
37581 Bad Gandersheim

E-Mail: info@spd-uwe-schwarz.de
Internet: http://www.spd-uwe-schwarz.de
Telefon: 05382 2118 (privat)
Telefon: 0511 3030-3051 (Büro)
Telefax: 05382 6764 (privat)
Telefax: 0511 3030-4809 (Büro)

Geboren am 30. März 1957 in Hildesheim, verheiratet, 1 Tochter. Besuch der Volksschule in Bad Gandersheim, anschließend der Handelsschule in Einbeck, Kreis Northeim. Ausbildung zum Sozialversicherungsfachangestellten, Fachrichtung Krankenversicherung in der AOK Bad Gandersheim. I. Verwaltungsprüfung 1976, II. Verwaltungsprüfung 1981. Bis zur Wahl in den Landtag 1986 in der AOK Nordharz, Goslar, tätig. Personalratsvorsitzender.

Mitgliedschaften: Ver.di, AWO, örtliche Sport- und Kulturvereine, Fördermitglied der Feuerwehr.

Mitglied der SPD seit 1973. Diverse Funktionen bei den Jungsozialisten und in der SPD. Vorsitzender des SPD-Unterbezirks Northeim-Einbeck seit 1993. Mitglied im Vorstand des SPD-Bezirks Hannover und des SPD-Landesvorstandes.

Mitglied des Niedersächsischen Landtages der 11. bis 17. Wahlperiode (seit 21. Juni 1986). Seit Februar 2008 stellv. Vorsitzender der SPD-Landtagsfraktion. Sozial- und gesundheitspolitischer Sprecher der SPD-Landtagsfraktion.

Kommunale Mandate und Funktionen

Seit 2006 Kreistagsabgeordneter Lkr. Northeim, Mitglied im Kreisausschuss.

Tätigkeiten und Funktionen nach Abschnitt I der Verhaltensregeln

Vorsitzender des Stiftungsrates des Ev. Krankenhauses Bad Gandersheim. Mitglied im Aufsichtsrat der Helios Klinik Northeim. Mitglied im Beirat und der Gesellschafterversammlung Helios Klinik Bad Gandersheim. Es besteht eine gesetzliche Berechtigung, die frühere Tätigkeit bei der AOK Niedersachsen nach dem Ende der Mandatszeit fortsetzen zu dürfen.

Seefried, Kai

CDU

Wahlkreis: 56 Stade

Tischlermeister

Am Asseler Fleet 31
21706 Drochtersen

E-Mail: mail@kai-seefried.de
Internet: http://www.kai-seefried.de
Telefon: 04148 610479 (privat)
Telefax: 04148 616360 (privat)
Mobil: 0171 2163888

Geboren am 23. Januar 1978 in Stade, getrennt lebend, 1 Sohn und 1 Tochter.
1994 Realschulabschluss in Drochtersen. Bis 1997 Ausbildung zum Tischler.
Von 1998 bis 1999 Wehrdienst im Panzerbataillon 74 in Cuxhaven-Altenwalde.
Von 2000 bis 2002 Weiterbildung zum staatl. geprüften Holztechniker an der
Fachschule Holztechnik in Hamburg. Anschließend bis 2003 Qualifizierung zum
Tischlermeister. Im Jahr 2005 Studium zum Betriebswirt des Handwerks.

Mitglied der CDU seit 1997. Stellv. Vorsitzender des CDU-Gemeindeverbandes
Drochtersen seit 2011. Vorsitzender des CDU-Kreisverbandes Stade seit 2009.

Mitglied des Niedersächsischen Landtages der 16. und 17. Wahlperiode (seit
26. Februar 2008).

Kommunale Mandate und Funktionen

Seit 2001 Ratsherr der Gemeinde Drochtersen, seit 2006 Vorsitzender der
CDU-Ratsfraktion und 1. stellv. Bürgermeister. Seit 2011 Kreistagsabgeordneter Lkr. Stade.

Tätigkeiten und Funktionen nach Abschnitt I der Verhaltensregeln

Angestellter Tischlermeister im Möbelhaus Meyer GmbH in Stade. Mitglied im
Beirat der Bürgerstiftung der Kreissparkasse Stade. Mitglied der Vertreterversammlung der Volksbank Kehdingen. Stellv. Vorsitzender der Verbandsversammlung des Ems-Weser-Elbe Versorgungs- und Entsorgungsverbandes. Es
besteht eine gesetzliche Berechtigung, die frühere Tätigkeit beim Möbelhaus
Meyer GmbH nach dem Ende der Mandatszeit fortsetzen zu dürfen.

Siebels, Wiard

SPD
Wahlkreis: 86 Aurich

Bank- und Sparkassenkaufmann

Sparkassenpassage 2
26603 Aurich

E-Mail: info@wiard-siebels.de
Internet: http://www.wiard-siebels.de
Telefon: 04941 997219 (privat)
Telefon: 04941 3387 (Büro)
Telefax: 04941 938692 (Büro)

Geboren am 16. März 1978 in Aurich, ledig. 1997 Abitur am Ulricianum in Aurich. Zivildienst beim Kreiskrankenhaus Aurich. Von 1998 bis 2001 Ausbildung zum Bank- und Sparkassenkaufmann bei der Kreissparkasse Aurich. Tätigkeit als Angestellter der Sparkasse Aurich-Norden. Anschließend Studium der Rechtswissenschaften mit wirtschaftswissenschaftlichem Schwerpunkt an der Universität Osnabrück.

Mitgliedschaften: Ver.di, AWO.

Mitglied der SPD seit 1993. Mitglied im Vorstand des SPD-Unterbezirks Aurich seit 1995. Vorsitzender des SPD Stadtverbandes Aurich seit 2004. Stellv. Vorsitzender des SPD-Bezirks Weser-Ems seit 2010.

Mitglied des Niedersächsischen Landtages der 16. und 17. Wahlperiode (seit 26. Februar 2008).

Kommunale Mandate und Funktionen

Seit 1999 Ratsherr der Stadt Aurich. Seit 2011 Kreistagsabgeordneter Lkr. Aurich.

Tätigkeiten und Funktionen nach Abschnitt I der Verhaltensregeln

Mitglied im Beirat der Kreisvolkshochschule Aurich.

Siemer, Dr. Stephan

CDU

Wahlkreis: 68 Vechta

Kaufmann

Falkenrotter Straße 44
49377 Vechta

E-Mail: stephan.siemer@
lt.niedersachsen.de
Internet: http://www.dr-stephan-siemer.de
Telefon: 04441 922922 (Büro)
Telefax: 04441 8897929 (privat)
Mobil: 0175 7208639

Geboren am 21. Oktober 1961 in Vechta, ledig. 1981 Abitur in Vechta, Studium der Betriebswirtschaftslehre an der Universität Passau, der Universität zu Köln, der Pennsylvania State University (USA) und dem C.E.R.A.M (Frankreich). 1986 Abschluss als Master of Business Administration (MBA), 1991 Promotion zum Dr. rer. pol. an der Technischen Hochschule Darmstadt. Zwischen 1986 und 2002 verschiedene berufliche Tätigkeiten u. a. bei der Hoechst AG in Frankfurt, der Fried. Krupp AG Hoesch-Krupp in Essen und Duisburg und McKinsey & Company, Inc. Seit 2002 selbstständig tätig u. a. bei August Siemer Immobilien GmbH & Co. KG in Vechta.

Mitglied der CDU seit 1981. Vorsitzender des CDU Kreisverbandes Vechta. Stellv. Vorsitzender des CDU Landesverbandes Oldenburg.

Mitglied des Niedersächsischen Landtages der 16. und 17. Wahlperiode (seit 26. Februar 2008).

Kommunale Mandate und Funktionen

Seit 2006 Ratsherr der Stadt Vechta. Seit 2006 Kreistagsabgeordneter Lkr. Vechta.

Tätigkeiten und Funktionen nach Abschnitt I der Verhaltensregeln

Geschäftsführer der August Siemer Immobilien GmbH & Co. KG, Vechta. Mitglied im Vorstand der Kruse + Sohn Maschinenbau und Anlagentechnik AG, Edewecht. Geschäftsführer der NPS GmbH & Co. KG, Vechta. Geschäftsführer der Siemer Projektentwicklung GmbH & Co. KG, Diepholz. Mitglied im Vorstand der Siemer Unternehmensbeteiligung AG, Diepholz. Geschäftsführer der VISTA Vechta Innenstadt GmbH & Co. KG, Vechta. Geschäftsführender Gesellschafter der Immobilienverwaltung Siemer GbR, Vechta. Geschäftsführender Gesellschafter der Ramin Dornichian & Dr. Stephan Siemer GbR, Vechta. Mitglied im Vorstand der Berufsakademie Oldenburger Münsterland e. V., Vechta. Vorsitzender des Beirates der Nils Bogdol GmbH, Holdorf. Vizepräsident Oldenburgische Landschaft KöR. Vechta. Miteigentümer der Grundgemeinschaft Agnes und Dr. Stephan Siemer. Miteigentümer der Grundgemeinschaft Ramin Dormichian & Dr. Stephan Siemer. Vorsitzender des Kunstvereins Kaponier e. V. Es besteht eine vertragliche Berechtigung, die früheren Tätigkeiten bei Firmen in Vechta, Edewecht und Diepholz nach dem Ende der Mandatszeit fortsetzen zu dürfen.

Staudte, Miriam

Bündnis 90/Die Grünen
Landeswahlvorschlag

Diplompädagogin
Sozialarbeiterin
stellv. Vorsitzende der Fraktion
Bündnis 90/Die Grünen

Lüdersburger Str. 7
21379 Lüdersburg

E-Mail: miriam.staudte@
lt.niedersachsen.de
Internet: http://www.miriam-staudte.de
Telefon: 0511 3030-3309 (Büro)
Telefax: 0511 303099-3309 (Büro)

Geboren am 4. November 1975 in Kiel, Schleswig-Holstein, verheiratet, 2 Kinder. 1995 Abitur in Geesthacht. 1996 bis 2001 Studium an der Fachhochschule Nord-Ost-Niedersachsen in Lüneburg, Fachbereich Sozialwesen. Abschluss als Diplompädagogin/Sozialarbeiterin. Arbeitsschwerpunkte Sozialpsychiatrie und Betreutes Wohnen für Kinder und Jugendliche.

Gründungsmitglied des Vereins Waldkindergarten 2002 e.V. und der Bürgerinitiative gegen die A 39 Lebensraum Scharnebeck.

Mitglied von Bündnis 90/Die Grünen seit 1993. Gründung Grün-Alternative Jugend Geesthacht 1994.

Mitglied des Niedersächsischen Landtages der 16. und 17. Wahlperiode (seit 26. Februar 2008). Seit Februar 2008 stellv. Vorsitzende der Landtagsfraktion Bündnis 90/Die Grünen.

Kommunale Mandate und Funktionen

Seit 2001 Kreistagsabgeordnete Lkr. Lüneburg.

Tätigkeiten und Funktionen nach Abschnitt I der Verhaltensregeln

Keine.

Strümpel, Uwe

SPD

Wahlkreis: 8 Helmstedt

Gesamtschuldirektor a. D.

Kleiner Wall 1
38350 Helmstedt

E-Mail: buero@uwe-struempel.de
Internet: http://www.uwe-struempel.de
Telefon: 05351 3992512 (Wahlkreisbüro)
Telefax: 05351 3992516 (Wahlkreisbüro)

Geboren am 6. Juni 1946 in Klein Bartensleben, Sachsen-Anhalt, verheiratet, 2 Kinder. 1966 Abitur in Schöningen. Studium für das Lehramt an Grund-, Haupt- und Realschulen in Braunschweig. Ab 1969 im Schuldienst, ab 1983 Schulleiter einer Orientierungsstufe in Helmstedt, ab 2004 Schulleiter der Giordano-Bruno-Gesamtschule in Helmstedt. Pensioniert seit August 2011.

Mitglied in zahlreichen Verbänden, Organisationen und Vereinen. Gründungsmitglied Tagestreff Meilenstein, Helmstedt.

Mitglied der SPD seit 1972. Zahlreiche Funktionen im SPD-Ortsverein Helmstedt.

Mitglied des Niedersächsischen Landtages der 17. Wahlperiode (seit 19. Februar 2013).

Kommunale Mandate und Funktionen

Seit 1986 Ratsherr der Stadt Helmstedt, seit 1998 Vorsitzender der SPD-Stadtratsfraktion. Seit 2011 Kreistagsabgeordneter Lkr. Helmstedt.

Tätigkeiten und Funktionen nach Abschnitt I der Verhaltensregeln

Mitglied im Vorstand der Politischen Bildungsstätte Helmstedt. Mitglied der Gesellschafterversammlung Bäder- und Dienstleistungsgesellschaft Helmstedt.

Tanke, Detlef

SPD

Landeswahlvorschlag

Kaufm. Angestellter

Rolfsbütteler Straße 24
38543 Hillerse

E-Mail: detlef.tanke@lt.niedersachsen.de
Internet: http://www.detlef-tanke.de
Telefon: 0511 3030-3002 (Büro)
Telefax: 05371 15261 (Büro)
Mobil: 0151 25211925

Geboren am 3. März 1956 in Hillerse, Landkreis Gifhorn, verheiratet, 2 Kinder. Abitur 1974, anschließend Wehrdienst. Von 1976 bis 1981 Lehramtsstudium, 2. Staatsexamen 1983. Von 1983 bis 1985 Fernstudium Managementassistent, während dieser Zeit kaufm. Angestellter im Lebensmittelhandel. Von 1986 bis zur Wahl in den Landtag 2008 bei der Volkswagen AG Wolfsburg in Wolfsburg und zuletzt in Salzgitter beschäftigt, dort seit 1998 stellv. Betriebsratsvorsitzender.

Mitgliedschaften: IG Metall, AWO und örtlicher Vereine. Begründung der Dörfer-Partnerschaft Hillerse, Amfréville (Frankreich), Dolton (England).

Mitglied der SPD seit 1977. Mitglied im Vorstand des SPD-Unterbezirks Gifhorn seit 1989, Vorsitzender seit 2003. Stellv. Vorsitzender des SPD-Bezirks Braunschweig seit 2007. Mitglied im Vorstand der SPD Niedersachsen seit 2007. Generalsekretär der SPD Niedersachsen seit April 2013.

Mitglied des Niedersächsischen Landtages der 16. und 17. Wahlperiode (seit 26. Februar 2008). Von Februar 2008 bis Februar 2013 stellv. Vorsitzender der SPD-Landtagsfraktion.

Kommunale Mandate und Funktionen

Seit 1981 Ratsherr der Gemeinde Hillerse, seit 1996 Bürgermeister. Seit 1981 Ratsherr der Samtgemeinde Meinersen. Seit 1981 Kreistagsabgeordneter Lkr. Gifhorn. Seit 1996 Mitglied der Verbandsversammlung Zweckverband Großraum Braunschweig, seit 2011 Vorsitzender.

Tätigkeiten und Funktionen nach Abschnitt I der Verhaltensregeln

Mitglied im Verwaltungsrat Deutsche BKK. Generalsekretär der SPD Niedersachsen seit April 2013. Es besteht eine gesetzliche und vertragliche Berechtigung, die frühere Tätigkeit bei der Volkswagen AG nach dem Ende der Mandatszeit fortsetzen zu dürfen.

Thiele, Ulf

CDU
Wahlkreis: 83 Leer

Verlagskaufmann
Betriebswirt

Truglandweg 11
26670 Uplengen

E-Mail: email@ulf-thiele.de
Internet: http://www.ulf-thiele.de
Telefon: 04956 912903 (privat)
Telefon: 0511 2799120 (Büro)
Telefax: 04956 912904 (privat)
Telefax: 0511 2799156 (Büro)

Geboren am 8. April 1971 in Leer, verheiratet, 2 Söhne. Erweiterter Realschulabschluss, Abitur am Fachgymnasium Wirtschaft. 12 Monate Wehrdienst. Anschließend Ausbildung zum Verlagskaufmann. Bis 2003 Studium der Betriebswirtschaftslehre mit Schwerpunkt Controlling und Banken, Finanzierung, Investitionsrechnung an der Universität Osnabrück.

Mitgliedschaften: VfB Uplengen, Schützenverein Uplengen, Förderverein der Jugendfeuerwehren im Landkreis Leer, Kinderschutzbund Leer, Lebenshilfe Leer, Nabu, Lions Club Uplengen, ADAC, Verein junger Kaufleute e. V. Leer, Kulturring Uplengen, Förderverein Grundschule Uplengen.

Mitglied der CDU seit 1991. Mitglied im Vorstand des CDU-Kreisverbandes Leer seit 1992. Mitglied im Landesvorstand der CDU Niedersachsen seit 1998. Gastmitglied der CSU seit 1999. Generalsekretär der CDU Niedersachsen seit Dezember 2005.

Mitglied des Niedersächsischen Landtages der 15. bis 17. Wahlperiode (seit 4. März 2003).

Kommunale Mandate und Funktionen

Seit 1991 Kreistagsabgeordneter Lkr. Leer, stellv. Vorsitzender der CDU-Kreistagsfraktion.

Tätigkeiten und Funktionen nach Abschnitt I der Verhaltensregeln

Mitglied im Beirat der R+V Versicherung Norddeutschland. Mitglied im Vorstand der Niedersächsischen Bingo-Umweltstiftung. Mitglied der Genossenschaftsversammlung der Raiba-Voba e. G. Generalsekretär der CDU Niedersachsen.

Thümler, Björn

CDU

Wahlkreis: 71 Wesermarsch

Historiker, Politikwissenschaftler

Vorsitzender der CDU-Fraktion

Lange Straße 15
27804 Berne

E-Mail: bjoern@thuemler.de
Internet: http://www.bjoern-thuemler.de
Telefon: 04406 972515 (Büro)
Telefax: 04406 972516 (Büro)
Mobil: 0172 4184293

Geboren am 22. November 1970 in Brake, ev.-luth., verheiratet. 1990 Abitur am Gymnasium Brake, anschließend Wehrdienst im Divisionsstab der 11. Panzergrenadierdivision in Oldenburg. Danach Studium der Geschichte und Politikwissenschaft an der Carl-von-Ossietzky-Universität Oldenburg. 1996 Geschäftsführer der Sozialstation Stedingen. Vom 1994 bis 1998 Mitarbeiter der CDU-Bundestagsabgeordneten Eva-Maria Kors. Von 2000 bis 2002 wissenschaftlicher Mitarbeiter und Büroleiter beim Bundestagsabgeordneten Erich Maaß.

Mitglied CDU seit 1986. Vorsitzender des CDU-Kreisverbandes Wesermarsch seit 2002. Stellv. Vorsitzender des CDU-Landesverbandes Oldenburg seit 2003.

Mitglied des Niedersächsischen Landtages der 15. bis 17. Wahlperiode (seit 4. März 2003). Von Februar 2008 bis Juni 2009 stellv. Vorsitzender der CDU-Landtagsfraktion. Von Juni 2009 bis Juni 2010 Parlamentarischer Geschäftsführer der CDU-Landtagsfraktion. Seit Juli 2010 Vorsitzender der CDU-Landtagsfraktion.

Kommunale Mandate und Funktionen

Seit 1996 Ratsherr der Gemeinde Berne. Seit 1996 Kreistagsabgeordneter Lkr. Wesermarsch.

Tätigkeiten und Funktionen nach Abschnitt I der Verhaltensregeln

Mitglied im Vorstand der Oldenburgischen Landschaft. Vorsitzender Maritimes Trainingszentrum Wesermarsch GmbH. Vorsitzender des Aufsichtsrates der Wirtschaftsförderung Wesermarsch GmbH. Mitglied im Aufsichtsrat der Verbundnetz Gas AG (VNG) Leipzig. Mitglied im Verwaltungsausschuss des Oldenburgischen Staatstheaters. Mitglied im Aufsichtsrat der Niedersachsen Ports GmbH & Co. KG, Oldenburg. Vorsitzender der Gesellschafterversammlung der Zeit & Service GmbH.

Tiemann, Petra

SPD
Landeswahlvorschlag

Medizinisch-Technische Assistentin
stellv. Vorsitzende der SPD-Fraktion

Ostpreußenring 10a
27449 Kutenholz

E-Mail: petra-tiemann@t-online.de
Internet: http://www.petratiemann.de
Telefon: 04762 1769 (privat)
Telefax: 04141 952744 (Büro)
Mobil: 0171 2000061

Geboren am 2. Dezember 1958 in Kutenholz, Landkreis Stade, verheiratet, 2 Kinder. 1979 Staatsexamen und 1986 internationales Examen als Medizinisch-Technische Assistentin. Bis 1985 Angestellte im Krankenhaus Stade, Abteilung für Pathologie und Histologie. Seit 1987 freiberuflich in der medizinischen Diagnostik tätig.

Mitgliedschaften: Sozialverband Deutschland, VfL Kutenholz.

Mitglied der SPD seit 2001. Stellv. Vorsitzende des SPD-Ortsvereins Fredenbeck seit 2012. Vorsitzende des SPD-Unterbezirks Stade seit 2008. Vorsitzende des SPD-Bezirks Nord-Niedersachsen seit 2010. Mitglied der Arbeitsgemeinschaft Sozialdemokratischer Frauen (ASF). Mitglied der Arbeitsgruppe gegen Rechts der SPD. Mitglied der Arbeitsgemeinschaft für Arbeitnehmerfragen (AfA).

Mitglied des Niedersächsischen Landtages der 16. und 17. Wahlperiode (seit 26. Februar 2008). Seit Februar 2013 stellv. Vorsitzende der SPD-Landtagsfraktion.

Kommunale Mandate und Funktionen

Seit 2001 Ratsfrau der Gemeinde Kutenholz. Seit 2001 Ratsfrau der Samtgemeinde Fredenbeck. Seit 2011 Kreistagsabgeordnete Lkr. Stade, stellv. Landrätin.

Tätigkeiten und Funktionen nach Abschnitt I der Verhaltensregeln

Freiberufliche Tätigkeit in der medizinischen Diagnostik, Stufe 1. Mitglied im Vorstand des Schützenvereins Kutenholz. Mitglied im Kuratorium des Johannsheims, Stade. Mitglied im Verwaltungsrat der Lebenshilfe Stade.

Tippelt, Sabine

SPD

Wahlkreis: 20 Holzminden

Zahnmedizinische Verwaltungsfach-
angestellte
Schriftführerin des Niedersächsischen
Landtages

Am Freibad 12
31073 Delligsen

E-Mail: sabinetippelt@aol.com
Internet: http://www.sabine-tippelt.de
Telefon: 05187 3317 (privat)
Telefax: 05187 300138 (privat)
Mobil: 0160 1667706

Geboren am 13. September 1961 in Grünenplan, Landkreis Holzminden, verheiratet. 1978 Realschulabschluss in Delligsen. Von 1978 bis 1981 Ausbildung
zur zahnmedizinischen Fachangestellten. Von 1981 bis zur Wahl in den Landtag 2008 in diesem Beruf tätig.

Mitglied der SPD seit 1986. Vorsitzende des SPD-Unterbezirks Holzminden.
Vorsitzende der Arbeitsgemeinschaft Sozialdemokratischer Frauen (ASF), Un-
terbezirk Holzminden.

Mitglied des Niedersächsischen Landtages der 16. und 17. Wahlperiode (seit
26. Februar 2008). Seit Februar 2013 Schriftführerin des Niedersächsischen
Landtages.

Kommunale Mandate und Funktionen

Seit 1986 Ratsfrau des Fleckens Delligsen, seit 2001 Vorsitzende der SPD-
Ratsfraktion. Seit 2001 Kreistagsabgeordnete Lkr. Holzminden, stellv. Landrätin.

Tätigkeiten und Funktionen nach Abschnitt I der Verhaltensregeln

Es besteht eine gesetzliche Berechtigung, die frühere Tätigkeit in der Zahnarzt-
praxis in Delligsen nach dem Ende der Mandatszeit fortsetzen zu dürfen.

Toepffer, Dirk

CDU
Wahlkreis: 24 Hannover-Döhren

Rechtsanwalt
stellv. Vorsitzender der CDU-Fraktion

Walderseestraße 21
30177 Hannover

E-Mail: dirk.toepffer@lt.niedersachsen.de
Internet: http://www.dirk-toepffer.de
Telefon: 0511 3030-3068 (Büro)
Telefax: 0511 3030-99-3068 (Büro)

Geboren am 6. Juni 1965 in Hannover, verheiratet, 1 Sohn. 1985 Abitur am Ratsgymnasium Hannover. Von 1986 bis 1987 Zeitsoldat (Oberleutnant der Reserve). 1987 Studium der Rechtswissenschaften an der Leibniz Universität Hannover, 1992 1. Juristisches Staatsexamen, Referendariat beim Landgericht Hannover. 1995 2. Juristisches Staatsexamen. Seit 1995 freiberuflich tätig als Rechtsanwalt in einer Kanzlei in Hannover-Döhren.

Mitglied der CDU seit 1983. Vorsitzender des CDU-Kreisverbandes Hannover-Stadt seit 2002.

Mitglied des Niedersächsischen Landtages der 16. und 17. Wahlperiode (seit 26. Februar 2008). Seit Juli 2010 stellv. Vorsitzender der CDU-Landtagsfraktion.

Kommunale Mandate und Funktionen

Keine.

Tätigkeiten und Funktionen nach Abschnitt I der Verhaltensregeln

Mitglied im Verwaltungsrat der Sparkasse Hannover. Freiberufliche Tätigkeit als Rechtsanwalt in Hannover. Mitglied im Verwaltungsrat des Studentenwerks Hannover. Mitglied im Beirat der Deutschen Messe AG. Mitglied im Kuratorium der Hannover-Stiftung. Mitglied im Sektionsvorstand Hannover des Wirtschaftsrates der CDU e. V. Landesverband Hannover.

Tonne, Grant Hendrik

SPD
Landeswahlvorschlag

Rechtsanwalt
Parl. Geschäftsführer der SPD-Fraktion

Schmiedestraße 9
31633 Leese

E-Mail: ghtonne@web.de
Internet: http://www.ghtonne.de
Telefon: 05761 907883 (privat)
Telefon: 05021 3866 (Büro)
Telefax: 05021 14564 (Büro)
Mobil: 0151 52560572

Geboren am 22. Juni 1976 in Bad Oeynhausen, verheiratet, 3 Kinder. 1995 Abitur am Gymnasium in Petershagen. Studium der Rechtswissenschaften, 2000 1. Juristisches Staatsexamen. Von 2000 bis 2004 wissenschaftlicher Mitarbeiter an der Universität Bremen für Straf- und Strafprozessrecht, 2. Juristisches Staatsexamen 2007. Seit April 2007 Rechtsanwalt in einer Kanzlei in Stolzenau.

Mitglied der SPD seit 1996. Mitglied im Vorstand der SPD Abteilung Leese. Mitglied im geschäftsführenden Vorstand des SPD-Unterbezirks Nienburg. Mitglied im Landes- und Bundesvorstand der Arbeitsgemeinschaft sozialdemokratischer Juristen.

Mitglied des Niedersächsischen Landtages der 16. und 17. Wahlperiode (seit 26. Februar 2008). Seit Januar 2013 Parlamentarischer Geschäftsführer der SPD-Landtagsfraktion.

Kommunale Mandate und Funktionen

Seit 1996 Ratsherr der Gemeinde Leese, seit 2006 Bürgermeister. Seit 2001 Ratsherr der Samtgemeinde Landesbergen, jetzt Mittelweser, seit 2006 Vorsitzender der SPD-Ratsfraktion. Seit 2001 Kreistagsabgeordneter Lkr. Nienburg, seit 2011 1. stellv. Landrat.

Tätigkeiten und Funktionen nach Abschnitt I der Verhaltensregeln

Rechtsanwalt in einer Kanzlei in Stolzenau. Mitglied im Vorstand des Wasserverbandes An der Führse, Nienburg. Mitglied im Aufsichtsrat der Wirtschaftsförderungs-GmbH, Nienburg. Vorsitzender des AWO Kreisverbandes Nienburg/Weser. Mitglied im AWO-Bezirksvorstand Hannover.

Twesten, Elke

Bündnis 90/Die Grünen
Landeswahlvorschlag

Diplomfinanzwirtin (Zoll)
Schriftführerin des Niedersächsischen
Landtages

Zevener Straße 31
27383 Scheeßel

E-Mail: elke.twesten@lt.niedersachsen.de
Internet: http://www.elke-twesten.de
Telefon: 04263 3109 (privat)
Telefon: 0511 3030-3310 (Büro)
Telefax: 04263 985107 (privat)
Telefax: 0511 3030-9-3310 (Büro)
Mobil: 0171 9592407

Geboren am 7. Juli 1963 in Scheeßel, Landkreis Rotenburg/Wümme, 3 Töchter. 1982 Abitur Gymnasium Eichenschule Scheeßel. Ausbildung zur Fremdsprachensekretärin an der Staatlichen Fremdsprachenschule in Hamburg, einjährige Berufstätigkeit. 1984 Studium an der Fachhochschule des Bundes, Fachbereich Finanzen (Zoll), in Sigmaringen. Von 1987 bis zur Wahl in den Niedersächsischen Landtag 2008 Abfertigungsleitungs- und Sachbearbeitungstätigkeiten in verschiedenen Bereichen der Hamburger Zollverwaltung, unterbrochen von jeweils ca. 18-monatigen Erziehungsurlaubszeiten.

Mitglied von Bündnis 90/Die Grünen seit 1997. Vorstandssprecherin von Bündnis 90/Die Grünen Kreisverband Rotenburg/Wümme.

Mitglied des Niedersächsischen Landtages der 16. und 17. Wahlperiode (seit 26. Februar 2008). Seit Februar 2013 Schriftführerin des Niedersächsischen Landtages.

Kommunale Mandate und Funktionen

Seit 2006 Kreistagsabgeordnete Lkr. Rotenburg/Wümme, seit 2011 stellv. Landrätin und Kreistagsvorsitzende.

Tätigkeiten und Funktionen nach Abschnitt I der Verhaltensregeln

Mitglied im Aufsichtsrat der EVB Elbe-Weser-GmbH. Stellv. Vorsitzende des Touristikverbandes Landkreis Rotenburg/Wümme zwischen Heide und Nordsee e. V. Mitglied im Kuratorium Bachmann-Museum Bremervörde. Mitglied der Mitgliederversammlung des Kulturfördervereins im Landkreis Rotenburg/Wümme. Mitglied der Landkreisversammlung des Niedersächsischen Landkreistages. Es besteht eine gesetzliche Berechtigung, die frühere Tätigkeit bei der Bundesfinanzdirektion Nord nach dem Ende der Mandatszeit fortsetzen zu dürfen.

Vockert, Astrid

CDU
Wahlkreis: 59 Unterweser

Lehrerin a. D.

Padbreden 6
27619 Schiffdorf

E-Mail: vockert@vockert.de
Internet: http://www.vockert.de
Telefon: 04706 1011 (privat)
Telefax: 04706 1615 (privat)
Mobil: 0171 2013010

Geboren am 27. November 1956 in Schiffdorf-Sellstedt, verheiratet. 1975 Abitur in Bremerhaven, Studium für das Lehramt an öffentlichen Schulen, Sek. II, Germanistik und Sport, 1980 1. Staatsexamen. Von 1980 bis 1982 Jugendpflegerin in Lunestedt, Landkreis Cuxhaven. Von 1983 bis 1984 Referendariat am Gymnasium Bremervörde, 2. Staatsexamen. Von 1984 bis zur Wahl in den Landtag 1990 angestellt als Lehrerin und Sozialpädagogin bei der Kreishandwerkerschaft Bremerhaven-Wesermünde.

Mitglied der CDU seit 1981. Stellv. Vorsitzende des CDU-Kreisverbandes Cuxhaven. Bezirksvorsitzende der CDU-Frauen-Union Elbe-Weser.

Mitglied des Niedersächsischen Landtages der 12. bis 17. Wahlperiode (seit 21. Juni 1990). Von März 2003 bis Februar 2013 Vizepräsidentin des Niedersächsischen Landtages.

Kommunale Mandate und Funktionen

Seit 1986 Ratsfrau der Gemeinde Schiffdorf. Seit 1991 Kreistagsabgeordnete Lkr. Cuxhaven.

Tätigkeiten und Funktionen nach Abschnitt I der Verhaltensregeln

Mitglied im Verwaltungsrat der Kreissparkasse Wesermünde-Hadeln sowie Mitglied im Kredit- und Organausschuss. Mitglied im Vorstand des Fördervereins Pro A 22 e.V. Mitglied im Präsidium des Niedersächsischen Städte- und Gemeindebundes. Es besteht eine gesetzliche Berechtigung, die frühere Tätigkeit bei der Kreishandwerkerschaft Bremerhaven-Wesermünde nach dem Ende der Mandatszeit fortsetzen zu dürfen.

Watermann, Ulrich

SPD

Landeswahlvorschlag

Erzieher, Geschäftsführer

Rütertrift 16
31812 Bad Pyrmont

E-Mail: info@ulrich-watermann.de
Internet: http://www.ulrich-watermann.de
Telefon: 05285 980823 (privat)
Telefon: 05151 1073397 (Büro)
Telefax: 05285 980833 (privat)
Telefax: 05151 1073394 (Büro)

Geboren am 23. Oktober 1957 in Bad Pyrmont, Landkreis Hameln-Pyrmont, 2 Töchter. Nach dem Realschulabschluss in Bad Pyrmont, Ausbildung zum Erzieher und Zivildienst. Danach Erzieher und stellv. Erziehungsleiter in einer Jugendhilfeeinrichtung. Mitinitiator der Einrichtung Kunterbunt e.V. sonderpädagogische Dienstleistungen, seit deren Gründung 1993 dort als Geschäftsführer tätig.

Mitgliedschaften: AWO, ver.di und in diversen örtlichen Vereinen.

Mitglied der SPD seit 1973. Stellv. Vorsitzender des SPD-Bezirks Hannover. Stellv. Vorsitzender des SPD-Unterbezirks Hameln-Pyrmont. Mitglied des Parteikonvents der SPD. Beisitzer im Landesvorstand des SPD-Landesverbandes Niedersachsen.

Mitglied des Niedersächsischen Landtages der 14. Wahlperiode (von 1998 bis 2003), der 16. und 17. Wahlperiode (seit 26. Februar 2008).

Kommunale Mandate und Funktionen

Seit 1991 Kreistagsabgeordneter Lkr. Hameln-Pyrmont, Vorsitzender der SPD-Kreistagsfraktion. Seit 1987 mit Unterbrechungen Ratsherr der Stadt Bad Pyrmont, Vorsitzender der SPD-Ratsfraktion.

Tätigkeiten und Funktionen nach Abschnitt I der Verhaltensregeln

Mitglied der Verbandsversammlung Zweckverband Sparkasse Weserbergland. Mitglied im Aufsichtsrat Gesundheitseinrichtungen Hameln-Pyrmont gGbmH.

Weil, Stepha

SPD
Wahlkreis: 25 Hann

Jurist
Oberbürgermeister a.
Ministerpräsident

Planckstraße 2
30169 Hannover

E-Mail: poststelle@stk.niedersachsen.de
Internet: http://www.stk.niedersachsen.de
Telefon: 0511 120-0
Telefax: 0511 120-6830

Geboren am 15. Dezember 1958 in Hamburg, verheiratet, 1 Kind. Abitur 1977 am Kaiser-Wilhelm-Gymnasium in Hannover. 1977/1978 Zivildienst in der Kinder- und Jugendpsychiatrie der Kinderheilanstalt Hannover. 1978 Jura-Studium an der Universität Göttingen, 1983 1. juristisches Staatsexamen, von 1984 bis 1986 Referendariat, 1986 2. juristisches Staatsexamen. Von 1987 bis 1989 Rechtsanwalt in Hannover. Von 1989 bis 1991 Richter und Staatsanwalt, anschließend bis 1994 Richter am Amtsgericht Hannover, zum Teil unter Abordnung an das Niedersächsische Justizministerium, von 1994 bis 1997 dort Ministerialrat. Von 1997 bis 2006 Stadtkämmerer. Von 2006 bis 2013 Oberbürgermeister der Landeshauptstadt Hannover.

Seit Januar 2012 Landesvorsitzender der SPD Niedersachsen.

Mitglied des Niedersächsischen Landtages der 17. Wahlperiode (seit 19. Februar 2013).

Seit 19. Februar 2013 Niedersächsischer Ministerpräsident und Mitglied des Bundesrates.

Kommunale Mandate und Funktionen

Keine.

Tätigkeiten und Funktionen nach Abschnitt I der Verhaltensregeln

Mitglied im Aufsichtsrat der Volkswagen AG.

Wenzel, Stefan

Bündnis 90/Die Grünen
Landeswahlvorschlag

Diplomingenieur/Agrarökonom
Landesminister
stellv. Ministerpräsident

Archivstraße 2
30169 Hannover

E-Mail: poststelle@mu.niedersachsen.de
Internet: http://www.umwelt.
        niedersachsen.de
Telefon: 0511 120-0
Telefax: 0511 120-3699

Geboren am 5. Mai 1962 in Nakskov/Dänemark, verheiratet, 3 Kinder. Besuch der Grundschule in Resse, Abitur in Mellendorf/Wedemark. Zwei Jahre Beschäftigung als Waldarbeiter und in der Landwirtschaft. Studium der Agrarökonomie an der Georg-August-Universität in Göttingen, einjährige Tätigkeit in Südamerika, u. a. in einem SOS Kinderdorf und einem genossenschaftlichen Existenzgründungsprojekt. Einige Jahre Selbstversorgerlandwirtschaft und in Teilzeit Fraktionsgeschäftsführer im Landkreis Göttingen. Zehn Jahre Gesellschafter eines Groß- und Einzelhandels mit Wein aus ökologischem Anbau. Von 1995 bis 1998 Referent für Verkehrspolitik der Landtagsfraktion Bündnis 90/Die Grünen.

Viele Jahre aktiv in der Jugendarbeit und in Anti-Atom-Initiativen.

Mitglied von Bündnis 90/Die Grünen seit 1986.

Mitglied des Niedersächsischen Landtages der 14. bis 17. Wahlperiode (seit 30. März 1998). Von März 2004 bis Februar 2013 Vorsitzender der Landtagsfraktion Bündnis 90/Die Grünen.

Seit 19. Februar 2013 Niedersächsischer Minister für Umwelt, Energie und Klimaschutz und stellv. Ministerpräsident, Mitglied des Bundesrates.

Kommunale Mandate und Funktionen

Keine.

Tätigkeiten und Funktionen nach Abschnitt I der Verhaltensregeln

Stellv. Mitglied der 11. Synode der EKD. Vorsitzender des Kuratoriums der Niedersächsischen Wattenmeerstiftung.

Wernstedt, Dr. Thela

SPD

Wahlkreis: 26 Hannover-Linden

Ärztin

Hinrich-Wilhelm-Kopf-Platz 1
30159 Hannover

E-Mail: thela.wernstedt@
lt.niedersachsen.de
Internet: http://www.thela-wernstedt.de
Telefon: 0511 3030-3067 (Büro)
Telefax: 0511 3030-99-3067 (Büro)

Geboren am 11. Februar 1968 in Göttingen, ledig. 1987 Abitur in Hannover, Studium der Humanmedizin und Philosophie in Bochum, Hannover und Göttingen. Magistra Artium im Fach Philosophie 1994 an der Ruhr-Universität Bochum, 3. Staatexamen in Medizin an der Georg-August Universität Göttingen 1995. Von 1995 bis 1996 Ärztin im Praktikum in der Abteilung für Allgemeinchirurgie im Nord-West-Krankenhaus Sanderbusch in Sande/Friesland. Von 1996 bis 1998 Ärztin in Weiterbildung im Fach Anästhesiologie, Intensiv- und Rettungsmedizin im Nordwest-Krankenhaus Sanderbusch. Von 1998 bis 2003 Weiterbildungsassistentin an der Universitätsklinik Göttingen in der Klinik für Anästhesiologie, Intensiv- und Rettungsmedizin. Seit 2002 promoviert mit dem Thema „Sterbehilfe in Europa" und Fachärztin für Anästhesiologie. Zusatzbezeichnungen für Rettungs- und Palliativmedizin und Weiterbildungsermächtigung in beiden Fächern. Von 2003 bis Ende 2004 Geschäftsführerin des Klinischen Ethikkomitees an der Universitätsklinik Erlangen-Nürnberg. Seit 2004 bis zur Wahl in den Landtag 2013 Oberärztin für Palliativmedizin an der Medizinischen Hochschule Hannover, Lehrverantwortliche für das Fach Palliativmedizin.

Mitgliedschaften: AWO, Marburger Bund, Deutsche Gesellschaft für Palliativmedizin, Akademie für Ethik in der Medizin.

Mitglied der SPD seit 1984. Mitglied im Vorstand des SPD-Ortsvereins Herrenhausen-Stöcken.

Mitglied des Niedersächsischen Landtages der 17. Wahlperiode (seit 19. Februar 2013).

Kommunale Mandate und Funktionen

Keine.

Tätigkeiten und Funktionen nach Abschnitt I der Verhaltensregeln

Stellv. Vorsitzende des Kuratoriums der Hanns-Lilje-Stiftung. Stellv. Vorsitzende des Konvents der Evangelischen Akademie Loccum. Kirchenvorsteherin der Neustädter Hof- und Stadtkirche in Hannover. Es besteht eine gesetzliche Berechtigung, die frühere Tätigkeit beim Land Niedersachsen nach dem Ende der Mandatszeit fortsetzen zu dürfen.

Westphely, Maaret

Bündnis 90/Die Grünen
Landeswahlvorschlag

Diplomgeografin

Seidelstraße 5
30163 Hannover

E-Mail: maaret.westphely@
lt.niedersachsen.de
Internet: http://www.maaret-westphely.de
Telefon: 0511 3030-3308 (Büro)
Telefax: 0511 3030-99-3308 (Büro)
Mobil: 0172 1704183

Geboren am 22. August 1974 in Hannover, verheiratet, 2 Kinder, 2 Staatsangehörigkeiten (deutsch/finnisch). 1994 Abitur an der Ricarda-Huch-Schule in Hannover. Von 1994 bis 2003 Studium der Geografie in Potsdam mit Auslandssemester 1998 in Joensuu, Finnland. Diplomarbeit zum Thema Bürgerbeteiligung in der Stadtentwicklung in Berlin-Friedrichshain. Seit 2008 bis zur Wahl in den Landtag 2013 Mitarbeiterin im Abgeordnetenbüro des Landtagsabgeordneten Herrn Hagenah von Bündnis 90/Die Grünen.

Mitglied von Bündnis 90/Die Grünen seit 2003.

Mitglied des Niedersächsischen Landtages der 17. Wahlperiode (seit 19. Februar 2013).

Kommunale Mandate und Funktionen

Keine

Tätigkeiten und Funktionen nach Abschnitt I der Verhaltensregeln

Mitglied im Verwaltungsrat der Sparkasse Hannover. Vorstandsmitglied im Verein Wandelwerte e. V. Vorstandsmitglied im Bürgerbüro Stadtentwicklung Hannover e. V.

Will, Gerd Ludwig

SPD

Landeswahlvorschlag

Diplomvolkswirt
Gewerkschaftssekretär

Möwenstraße 23
48527 Nordhorn

E-Mail: spd.gerd.will@gmail.com
Internet: http://www.gerd-will.de
Telefon: 05921 37519 (privat)
Telefon: 05921 729338 (Büro)
Telefax: 05921 39806 (privat)
Telefax: 05921 729339 (Büro)

Geboren am 25. Dezember 1952 in Nordhorn, ev.-ref., verheiratet, 2 Kinder. Nach dem Realschulabschluss 1971 Ausbildung als Textilveredler, anschlie-ßend Studium in Hamburg, Abschluss als Diplomvolkswirt. Seit 1979 Gewerk-schaftssekretär bei der IG-Metall in Nordhorn.

Mitglied der SPD seit 1971. Mitglied im Vorstand des SPD-Bezirks Weser-Ems seit 1989, stellv. Vorsitzender seit 2007.

Mitglied des Niedersächsischen Landtages der 13. Wahlperiode (vom 13. November 1996 bis 30. März 1998), 14. Wahlperiode (seit 14. November 2001) und 15. bis 17. Wahlperiode (seit 4. März 2003). Von Juni 2010 bis Februar 2013 stellv. Vorsitzender der SPD-Landtagsfraktion.

Kommunale Mandate und Funktionen

Seit 1991 Kreistagsabgeordneter Lkr. Grafschaft Bentheim, Vorsitzender der SPD-Kreistagsfraktion.

Tätigkeiten und Funktionen nach Abschnitt I der Verhaltensregeln

Gewerkschaftssekretär bei der IG-Metall in Rheine/Nordhorn. Mitglied im Ver-waltungsrat der Kreissparkasse Bentheim zu Nordhorn. Mitglied im Verwal-tungsausschuss der Regionalen Agentur für Arbeit. Es besteht eine gesetzliche Berechtigung, die frühere Tätigkeit bei der IG-Metall nach dem Ende der Man-datszeit fortsetzen zu dürfen.

Winkelmann, Lutz

CDU
Wahlkreis: 44 Soltau

Rechtsanwalt
Land- und Forstwirt

Ilster 1
29633 Munster

E-Mail: l.winkelmann@ewetel.net
Telefon: 05192 3191 (Büro)
Mobil: 0170 4318011

Geboren am 24. Dezember 1956 in Ilster, 5 Kinder. Abitur 1976 am Gymnasium Soltau. Anschließend Studium der Rechtswissenschaften in München, später Kiel und Göttingen. Unterbrechung des Studiums für drei Jahre, in dieser Zeit Bewirtschaftung des eigenen landwirtschaftlichen Betriebes. Nach Wiederaufnahme des Studiums 1982 1. juristische Staatsprüfung 1984. Referendarausbildung 1985, Assessorenexamen 1987. Selbstständiger Anwalt in Munster.

Kommunale Mandate und Funktionen

Ratsherr der Stadt Munster, Ratsvorsitzender

Tätigkeiten und Funktionen nach Abschnitt I der Verhaltensregeln

Selbstständiger Anwalt in Munster. Vorsitzender der Forstbetriebsgemeinschaft Soltau. Vorsitzender des Aufsichtsrates der Waldkonsulting GmbH Hohe Heide. Mitglied im Aufsichtsrat der Stadtwerke Munster-Bispingen GmbH. Mitgesellschafter der MAWASO Agrardienstleistungs GmbH. Mitglied im Vorstand der Fischereigenossenschaft Örtze.

SITZPLAN

Des Niedersächsischen Landtages der 17. Wahlperiode

SPD

Bündnis 90/Die Grünen

CDU

FDP

KEIN LANDTAGSMANDAT (SPD)

KEIN LANDTAGSMANDAT (GRÜNE)

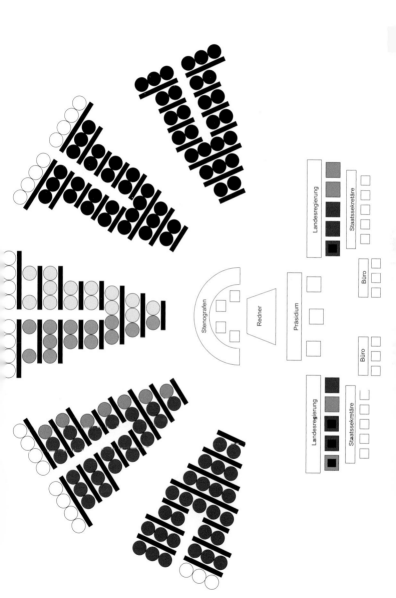

Landesregierung

Staatssekretäre

Büro

Stenografen

Redner

Präsidium

Büro

Landesregierung

Staatssekretäre

141

ERGEBNIS DER LANDTAGSWAHL

AM 20. JANUAR 2013

Zusammengestellt nach der Bekanntmachung der
Landeswahlleiterin vom 4. Februar 2013
(Nds. MBl. S. 177)

Wahlbeteiligung und Stimmabgabe

Zahl der Wahlberechtigten	6.097.697
Zahl der Wählerinnen und Wähler	3.620.434
Wahlbeteiligung	59,4 %
Ungültige Erststimmen	51.855 (1,4 %)
Ungültige Zweitstimmen	45.534 (1,3 %)
Gültige Erststimmen	3.568.579 (98,6 %)
Gültige Zweitstimmen	3.574.900 (98,7 %)

Von den gültigen Zweitstimmen entfielen auf [1]

CDU	36,0 %
SPD	32,6 %
GRÜNE	13,7 %
FDP	9,9 %
Sonstige	7,8 %

---

1 Parteibezeichnung:
  CDU   Christlich Demokratische Union Deutschlands
  SPD   Sozialdemokratische Partei Deutschlands
  GRÜNE Bündnis 90/Die Grünen
  FDP   Freie Demokratische Partei

Verteilung der Sitze auf die Parteien

Partei	in den Wahlkreisen	Zahl der Sitze nach den Landeswahlvorschlägen	insgesamt
CDU	54	–	54
SPD	33	16	49
FDP	–	14	14
GRÜNE	–	20	20
insgesamt	87	50	137

In den 87 Wahlkreisen gewählte Abgeordnete:

1	Braunschweig-Nord	Pantazis, Christos	SPD
2	Braunschweig-Süd	Bachmann, Klaus-Peter	SPD
3	Braunschweig-West	Bratmann, Christoph	SPD
4	Peine	Möhle, Matthias	SPD
5	Gifhorn-Nord/Wolfsburg	Klopp, Ingrid	CDU
6	Gifhorn-Süd	Schiesgeries, Horst	CDU
7	Wolfsburg	Jahns, Angelika	CDU
8	Helmstedt	Strümpel, Uwe	SPD
9	Wolfenbüttel-Nord	Oesterhelweg, Frank	CDU
10	Wolfenbüttel-Süd/Salzgitter	Bosse, Marcus	SPD
11	Salzgitter	Klein, Stefan	SPD
12	Osterode	Hausmann, Karl Heinz	SPD
13	Seesen	Götz, Rudolf	CDU
14	Goslar	Saipa, Dr. Alexander	SPD
15	Duderstadt	Koch, Lothar	CDU
16	Göttingen/Münden	Schminke, Ronald	SPD
17	Göttingen-Stadt	Andretta, Dr. Gabriele	SPD
18	Northeim	Heiligenstadt, Frauke	SPD
19	Einbeck	Schwarz, Uwe	SPD
20	Holzminden	Tippelt, Sabine	SPD
21	Hildesheim	Lynack, Bernd	SPD
22	Sarstedt/Bad Salzdetfurth	Brinkmann, Markus	SPD
23	Alfeld	Krumfuß, Klaus	CDU
24	Hannover-Döhren	Toepffer, Dirk	CDU
25	Hannover-Buchholz	Weil, Stephan	SPD
26	Hannover-Linden	Wernstedt, Dr. Thela	SPD
27	Hannover-Ricklingen	Politze, Stefan	SPD
28	Hannover-Mitte	Höntsch, Michael	SPD
29	Laatzen	Lesemann, Dr. Silke	SPD
30	Lehrte	Deneke-Jöhrens, Dr. Hans-Joachim	CDU

In den 87 Wahlkreisen gewählte Abgeordnete:

31	Langenhagen	Fredermann, Rainer	CDU
32	Garbsen/Wedemark	Lorberg, Editha	CDU
33	Neustadt/Wunstorf	Lechner, Sebastian	CDU
34	Barsinghausen	Matthiesen, Dr. Max	CDU
35	Springe	Kohlenberg, Gabriela	CDU
36	Bad Pyrmont	Joumaah, Petra	CDU
37	Schaumburg	Becker, Karsten	SPD
38	Hameln/Rinteln	Deppmeyer, Otto	CDU
39	Nienburg/Schaumburg	Heineking, Karsten	CDU
40	Nienburg-Nord	Ahlers, Johann-Heinrich	CDU
41	Syke	Meyer, Volker	CDU
42	Diepholz	Klare, Karl-Heinz	CDU
43	Walsrode	Pieper, Gudrun	CDU
44	Soltau	Winkelmann, Lutz	CDU
45	Bergen	Angermann, Ernst-Ingolf	CDU
46	Celle	Adasch, Thomas	CDU
47	Uelzen	Hillmer, Jörg	CDU
48	Elbe	Bertholdes-Sandrock, Karin	CDU
49	Lüneburg	Schröder-Ehlers, Andrea	SPD
50	Winsen	Bock, André	CDU
51	Seevetal	Böhlke, Norbert	CDU
52	Buchholz	Schönecke, Heiner	CDU
53	Rotenburg	Ross-Luttmann, Mechthild	CDU
54	Bremervörde	Ehlen, Hans-Heinrich	CDU
55	Buxtehude	Dammann-Tamke, Helmut	CDU
56	Stade	Seefried, Kai	CDU
57	Hadeln/Wesermünde	McAllister, David	CDU
58	Cuxhaven	Santjer, Uwe	SPD
59	Unterweser	Vockert, Astrid	CDU
60	Osterholz	Miesner, Axel	CDU

In den 87 Wahlkreisen gewählte Abgeordnete:

61	Verden	Mohr, Adrian	CDU
62	Oldenburg-Mitte/Süd	Prange, Ulf	SPD
63	Oldenburg-Nord/West	Krogmann, Jürgen	SPD
64	Oldenburg-Land	Focke, Ansgar-Bernhard	CDU
65	Delmenhorst	Schwarz, Annette	CDU
66	Cloppenburg-Nord	Bley, Karl-Heinz	CDU
67	Cloppenburg	Große Macke, Clemens	CDU
68	Vechta	Siemer, Dr. Stephan	CDU
69	Wilhelmshaven	Ansmann, Holger	SPD
70	Friesland	Lies, Olaf	SPD
71	Wesermarsch	Thümler, Björn	CDU
72	Ammerland	Nacke, Jens	CDU
73	Bersenbrück	Calderone, Christian	CDU
74	Melle	Hövel, Gerda	CDU
75	Bramsche	Lammerskitten, Clemens	CDU
76	Georgsmarienhütte	Bäumer, Martin	CDU
77	Osnabrück-Ost	Henning, Frank	SPD
78	Osnabrück-West	Jasper, Burkhard	CDU
79	Grafschaft Bentheim	Hilbers, Reinhold	CDU
80	Lingen	Rolfes, Heinz	CDU
81	Meppen	Hiebing, Bernd-Carsten	CDU
82	Papenburg	Rusemann, Bernd	CDU
83	Leer	Thiele, Ulf	CDU
84	Leer/Borkum	Modder, Johanne	SPD
85	Emden/Norden	Haase, Hans-Dieter	SPD
86	Aurich	Siebels, Wiard	SPD
87	Wittmund/Inseln	Heymann, Holger	SPD

Nach den Landeswahlvorschlägen gewählte Abgeordnete:

SPD (Zahl der Sitze: 49)

1. Behrens, Daniela*)
2. Brunotte, Marco
3. Emmerich-Kopatsch, Petra
4. Erkan, Mustafa
5. Geuter, Renate
6. Glosemeyer, Immacolata
7. Poppe, Claus Peter
8. Rakow, Sigrid
9. Rühl, Kathrin Heike
10. Schmidt, Maximilian
11. Schröder-Köpf, Doris
12. Tanke, Detlef
13. Tiemann, Petra
14. Tonne, Grant Hendrik
15. Watermann, Ulrich
16. Will, Gerd-Ludwig

---

* Mandat am 20.02.2013 niedergelegt;
  Nachrücker: Brammer, Axel

Nach den Landeswahlvorschlägen gewählte Abgeordnete:

Bündnis 90/Die Grünen (Zahl der Sitze: 20)

1. Bajus, Volker
2. Hamburg, Julia Willie
3. Heere, Gerald
4. Heinen-Kljajic, Dr. Gabriele
5. Holtz, Ottmar von
6. Janßen, Hans-Joachim
7. Janssen-Kucz, Meta
8. Korter, Ina
9. Limburg, Helge Stefan
10. Menge, Susanne
11. Meyer, Christian
12. Onay, Belit
13. Piel, Anja
14. Polat, Filiz
15. Scholing, Heinrich
16. Schremmer, Thomas
17. Staudte, Miriam
18. Twesten, Elke
19. Wenzel, Stefan
20. Westphely, Maaret

Nach den Landeswahlvorschlägen gewählte Abgeordnete:

FDP (Zahl der Sitze: 14)

1. Below-Neufeldt, Almuth von
2. Birkner, Dr. Stefan
3. Bode, Jörg
4. Bruns, Silvia
5. Dürr, Christian
6. Eilers, Hilgriet
7. Försterling, Björn
8. Genthe, Dr. Marco
9. Grascha, Christian
10. Grupe, Hermann
11. Hocker, Dr. Gero
12. König, Gabriela
13. Kortlang, Horst
14. Oetjen, Jan-Christioph

Ersatzpersonen (nicht abschließend)

CDU:

Özkan, Aygül, Landesministerin a. D., Hannover

Althusmann, Dr. Bernd, Landesminister a. D., Südgellersen

Schünemann, Uwe, Landesminister a. D., Holzminden

Mundlos, Heidemarie, Gartenbauingenieurin, Braunschweig

Meyer zu Strohen, Anette, Dipl.-Ing. Agrar (FH), Osnabrück

Hegewald, Reinhard, Diplomkaufmann, Emden/Ostfriesland

Stollwerck-Bauer, Dinah, Bürgermeisterin, Uslar

Heister-Neumann, Elisabeth, Juristin, Helmstedt

Schmidt, Mike, Polizeibeamter, Auhagen

Gronewold, Dirk, Verwaltungsfachangestellter, Wittmund

Stünkel, Joachim, Landwirt, Dassel

Niewerth-Baumann, Dr. Esther, Rechtsanwältin, Oldenburg/Oldenburg

Löcke, Clemens, Sportjournalist, Salzgitter

Felbier, Jörn, Soldat, Wilhelmshaven

Dreyer, Christoph, Dipl.-Ökonom, Laatzen

Ersatzpersonen (nicht abschließend)

SPD:

Brammer, Axel, Drucker, Hatten*

Moldenhauer, Luzia, freie Mitarbeiterin, Bassum

Schneck, Klaus, Schweißer, Wittingen

Logemann, Karin, Journalistin, Berne

Borngräber, Ralf, Schulfachlicher Dezernent, Rotenburg/Wümme

Liebetruth, Dr. Dörte, Dipl.-Medienwissenschaftlerin, Verden/Aller

Handtke, Tobias, kfm. Angestellter, Wulmstorf

Kötter, Andrea, Sparkassenkauffrau, Meppen

Hensel, Falk, Dipl.-Kaufmann (FH), Wolfenbüttel

Meier, Sylvia, Klassenleiterin, Wrestedt

Laaken, Sascha, Polizeibeamter, Ostrhauderfehn

Friedemann, Waltraud, Personalsachbearbeiterin, Alfeld/Leine

Schüßler, Claudia, Rechtsanwältin, Seelze

Kuck, Jürgen Bernhard, staatl. geprüfter Techniker, Ritterhude

Progrell, Annette von, Juristin, Bergen

---

* nachgerückt am 20.02.2013
für Behrens, Daniela

Ersatzpersonen (nicht abschließend)

Bündnis 90/Die Grünen:

Asendorf, Regina, Dipl.-Agraringenieurin, Laatzen

Sokolowski, Peter, Dipl.-Sozialarbeiter, Wilhelmshaven

Viehoff, Eva, Dipl.-Agraringenieurin, Loxstedt

Wienken, Jan Frederik, Student, Vechta

Mattfeldt-Kloth, Sybille, Juristin, Helmstedt

Bremer-Gast, Florian, Obersekretärs-Anwärter, Buxtehude

Kollenrott, Marie-Christine, Studentin, Göttingen

Brücher, Berthold, Jurist, Wolfenbüttel

Feddern, Claudia, Buchhalterin, Stelle

Rutenberg, Hans-Joachim, selbständig, Weener

Börger-Sukstorf, Maria, Sparkassenfachwirtin, Stadthagen

Frick, Tobias, Fotograf, Oldenburg/Oldenburg

Keiten, Anja, Studienrätin, Schneverdingen

Dunkel, Ulf, Software-Kaufmann, Löningen

Kahlbrandt, Franziska, Sekretärin, Bad Grund

Ersatzpersonen (nicht abschließend)

FDP:

Werner, Heinrich, Studienrat, Nienburg/Weser

Langfermann, Johannes, Architekt, Vechta

Fabel, Rainer, Landwirt, Suhlendorf

Brüninghoff, Thomas, Technischer Angestellter, Nordhorn

Kühne, Tanja, Unternehmerin, Walsrode

Bauermeister, Lutz, Rechtsanwalt, Wilhelmshaven

Busold, Adolf-Dietmar Rudolf, Dipl.-Kaufmann, Wolfsburg

Giese, Andrea, Dipl.-Geographin, Geschäftsführerin, Wedemark

Worm, Otto Arwed, Kaufmann, Hann. Münden

Helms, Carsten, Dipl.-Bankbetriebswirt, Rastede

Kemper, Tobias, Kaufmann, Meppen

Schmidt-Jortzig, Dr. Edzard Aurelius, Rechtsanwalt, Lüneburg

Vogel, Bernhard, Studienrat, Loxstedt

Brüggemann, Carl Friedrich, Dipl.-Kaufmann, Dipl.-Ingenieur, Leer/Ostfriesland

Ludwig, Ralf, Elektrotechniker, Salzgitter

STATISTIK
(Stand: 18.4.2013)

Lebensalter der Abgeordneten:

	CDU	SPD	GRÜNE	FDP	insg.
20 bis 29 Jahre	0	2	1	0	3
30 bis 34 Jahre	2	0	4	2	8
35 bis 39 Jahre	4	8	3	3	18
40 bis 44 Jahre	5	3	0	3	11
45 bis 49 Jahre	7	10	3	1	21
50 bis 54 Jahre	9	11	7	1	28
55 bis 59 Jahre	14	8	2	2	26
ab 60 Jahre	13	7	0	2	22
insgesamt	54	49	20	14	137

Durchschnittsalter der Abgeordneten:

	Jahre
des Landtages	50 Jahre
der CDU-Fraktion	53 Jahre
der SPD-Fraktion	50 Jahre
der Fraktion Bündnis 90/Die Grünen	45 Jahre
der FDP-Fraktion	46 Jahre

Weibliche Abgeordnete:

	Weibliche	[%]
der CDU-Fraktion	11	20.37
der SPD-Fraktion	14	28.57
der Fraktion Bündnis 90/Die Grünen	10	50.00
der FDP-Fraktion	4	28.57
insgesamt	39	28.99

Berufe der Abgeordneten:

	CDU	SPD	GRÜNE	FDP	Alle	Frauen
Eintritt in den Landtag im Rahmen der Ausbildung	0	1	3	2	6	2
Hausfrauen	1	1	1	0	3	3
Rentner/Pensionäre	0	1	0	0	1	0
Selbstständige:						
Land- und Forstwirte	10	0	0	1	11	0
Rechtsanwälte	6	2	0	1	9	0
Kaufleute, Unternehmer, Handwerksmeister	8	3	0	1	12	2
Ingenieure	1	0	0	0	1	1
Finanzberater	0	0	0	1	1	0
sonstige freiberuflich Tätige	0	2	1	1	4	2
zusammen:	25	7	1	5	38	5
Unselbstständig Beschäftigte aus dem öffentlichen Dienst:						
Verwaltung einschließlich kaufmännische Bereiche	5	7	4	0	16	6
Sparkassen	5	0	0	0	5	1
Schule	3	4	2	0	9	3
Hochschule	0	3	0	0	3	2
Finanzverwaltung	0	2	0	1	3	0
Polizei	5	1	0	0	6	0
Staatsanwälte/Richter	0	1	0	1	2	1
Bundeswehr	0	0	0	1	1	0
Krankenhaus	0	2	0	0	2	1
Gewerbeaufsicht	0	0	0	1	1	1
Ingenieure	0	1	0	0	1	1
zusammen:	18	21	6	4	49	16

Berufe der Abgeordneten:

	CDU	SPD	GRÜNE	FDP	Alle	Frauen
Unselbstständig Beschäftigte aus der Wirtschaft:						
kaufmännische Bereiche	1	3	0	0	4	1
technische Bereiche	2	2	0	0	4	0
Bankwesen	0	1	0	1	2	0
Versicherungen	0	0	0	1	1	0
Arztpraxen	1	0	0	0	1	1
sonstige	1	1	0	0	2	1
zusammen:	5	7	0	2	14	3
Unselbstständig Beschäftigte aus Organisationen und Institutionen:						
Gewerkschaften	0	5	0	0	5	0
politische Parteien (einschließlich Landtagsfraktionen)	2	2	5	0	9	4
Kammern und wirtschaftliche Verbände	0	1	1	1	3	1
Einrichtungen des nichtstaatlichen Bildungswesens	1	0	2	0	3	3
nichtstaatliche pädagogische Einrichtungen	2	3	1	0	6	2
zusammen:	5	11	9	1	26	10
Unselbstständig Beschäftigte:						
insgesamt:	28	39	15	7	89	29

PRÄSIDIUM
ÄLTESTENRAT
FRAKTIONEN

Präsidium

Präsident: Busemann, Bernd, CDU

Vizepräsidentinnen   Andretta, Dr. Gabriele, SPD

und Vizepräsidenten: Bachmann, Klaus-Peter, SPD

                                Klare, Karl-Heinz, CDU

Schriftführerinnen   Brinkmann, Markus, SPD

und Schriftführer: Klein, Stefan, SPD

                                Rakow, Sigrid, SPD

                                Tippelt, Sabine, SPD

                                Onay, Belit, Bündnis 90/Die Grünen

                                Twesten, Elke, Bündnis 90/Die Grünen

                                Klopp, Ingrid, CDU

                                Kohlenberg, Gabriela, CDU

                                Krumfuß, Klaus, CDU

                                Lammerskitten, Clemens, CDU

                                Eilers, Hillgriet, FDP

Ältestenrat

Vorsitzender: Busemann, Bernd, CDU

Stellvertreterinnen und Stellvertreter:
Andretta, Dr. Gabriele, SPD
Bachmann, Klaus-Peter, SPD
Klare, Karl-Heinz, CDU

15 Mitglieder:
Bosse, Marcus, SPD
Geuter, Renate, SPD
Modder, Johanne, SPD
Schwarz, Uwe, SPD
Tiemann, Petra, SPD
Tonne, Grant Hendrik, SPD
Limburg, Helge, Bündnis 90/Die Grünen
Piel, Anja, Bündnis 90/Die Grünen
Koch, Lothar, CDU
Kohlenberg, Gabriela, CDU
Lorberg, Editha, CDU
Nacke, Jens, CDU
Rolfes, Heinz, CDU
Thümler, Björn, CDU
Grascha, Christian, FDP

Fraktion der SPD

Vorsitzende:	Modder, Johanne
Stellvertretende Vorsitzende:	Bosse, Marcus Geuter, Renate Schwarz, Uwe Tiemann, Petra
weitere Mitglieder im Vorstand:	Emmerich-Kopatsch, Petra Lesemann, Dr. Silke Poppe, Claus Peter Schröder-Ehlers, Andrea Siebels, Wiard Watermann, Ulrich Will, Gerd Ludwig
Parlamentarischer Geschäftsführer:	Tonne, Grant Hendrik

49 Mitglieder:

Andretta, Dr. Gabriele

Ansmann, Holger

Bachmann, Klaus-Peter

Becker, Karsten

Bosse, Marcus

Brammer, Axel

Bratmann, Christoph

Brinkmann, Markus

Brunotte, Marco

Emmerich-Kopatsch, Petra

Erkan, Mustafa

Geuter, Renate

Glosemeyer, Immacolata

Haase, Hans-Dieter

Hausmann, Karl Heinz

Heiligenstadt, Frauke

Henning, Frank

Heymann, Holger

Höntsoh, Michael

Klein, Stefan

Krogmann, Jürgen

Lesemann, Dr. Silke

Lies, Olaf

Lynack, Bernd

Modder, Johanne

Möhle, Matthias

Pantazis, Christos

Politze, Stefan

Poppe, Claus Peter

Prange, Ulf

Rakow, Sigrid

Rühl, Kathrin

Saipa, Dr. Alexander

Santjer, Uwe

Schmidt, Maximilian

Schminke, Ronald

Schröder-Ehlers, Andrea

Schröder-Köpf, Doris

Schwarz, Uwe

Siebels, Wiard

Strümpel, Uwe

Tanke, Detlef

Tiemann, Petra

Tippelt, Sabine

Tonne, Grant Hendrik

Watermann, Ulrich

Weil, Stephan

Wernstedt, Dr. Thela

Will, Gerd Ludwig

Fraktion Bündnis 90/Die Grünen

Vorsitzende:	Piel, Anja
Stellvertretende Vorsitzende:	Janssen-Kucz, Meta
	Limburg, Helge
	Polat, Filiz
	Schremmer, Thomas
	Staudte, Miriam
Parlamentarischer Geschäftsführer:	Limburg, Helge

20 Mitglieder:

Bajus, Volker

Hamburg, Julia Willie

Heere, Gerald

Heinen-Kljajic, Dr. Gabriele

Holtz, Ottmar von

Janßen, Hans-Joachim

Janssen-Kucz, Meta

Korter, Ina

Limburg, Helge

Menge, Susanne

Meyer, Christian

Onay, Belit

Piel, Anja

Polat, Filiz

Scholing, Heinrich

Schremmer, Thomas

Staudte, Miriam

Twesten, Elke

Wenzel, Stefan

Westphely, Maaret

Fraktion der CDU

Vorsitzender:	Thümler, Björn
Stellvertreteende Vorsitzende:	Hilbers, Reinhold Hillmer, Jörg Oesterhelweg, Frank Ross-Luttmann, Mechthild Toepffer, Dirk
weitere Mitglieder im Vorstand:	Bäumer, Martin Bley, Karl-Heinz Böhlke, Norbert Dammann-Tamke, Helmut Deppmeyer, Otto Hiebing, Bernd-Carsten Jahns, Angelika Lorberg, Editha Seefried, Kai
Schatzmeister:	Schönecke, Heiner
Parlamentarischer Geschäftsführer:	Nacke, Jens

54 Mitglieder:

Adasch, Thomas

Ahlers, Johann-Heinrich

Angermann, Ernst-Ingolf

Bäumer, Martin

Bertholdes-Sandrock, Karin

Bley, Karl-Heinz

Bock, André

Böhlke, Norbert

Busemann, Bernd

Calderone, Christian

Dammann-Tamke, Helmut

Deneke-Jöhrens, Dr. Hans-Joachim

Deppmeyer, Otto

Ehlen, Hans-Heinrich

Focke, Ansgar-Bernhard

Fredermann, Rainer

Götz, Rudolf

Große Macke, Clemens

Heineking, Karsten

Hiebing, Bernd-Carsten

Hilbers, Reinhold

Hillmer, Jörg

Hövel, Gerda

Jahns, Angelika

Jasper, Burkhard

Joumaah, Petra

Klare, Karl-Heinz

Klopp, Ingrid

Koch, Lothar

Kohlenberg, Gabriela

Krumfuß, Klaus

Lammerskitten, Clemens

Lechner, Sebastian

Lorberg, Editha

Matthiesen, Dr. Max

McAllister, David

Meyer, Volker

Miesner, Axel

Mohr, Adrian

Nacke, Jens

Oesterhelweg, Frank

Pieper, Gudrun

Rolfes, Heinz

Ross-Luttmann, Mechthild

Schiesgeries, Horst

Schönecke, Heiner

Schwarz, Annette

Seefried, Kai

Siemer, Dr. Stephan

Thiele, Ulf

Thümler, Björn

Toepffer, Dirk

Vockert, Astrid

Winkelmann, Lutz

Fraktion der FDP

Vorsitzender:	Dürr, Christian
Stellvertretende Vorsitzende:	Birkner, Dr. Stefan Bode, Jörg
Parlamentarischer Geschäftsführer:	Grascha, Christian

14 Mitglieder:

Below-Neufeldt, Almuth von

Birkner, Dr. Stefan

Bode, Jörg

Bruns, Sylvia

Dürr, Christian

Eilers, Hillgriet

Försterling, Björn

Genthe, Dr. Marco

Grascha, Christian

Grupe, Hermann

Hocker, Dr. Gero

König, Gabriela

Kortlang, Horst

Oetjen, Jan-Christoph

STÄNDIGE AUSSCHÜSSE
AUSSCHÜSSE EIGENER ART
UNTERAUSSCHÜSSE
KOMMISSIONEN

Ständige Ausschüsse

1. Ausschuss für Rechts- und Verfassungsfragen
15 Mitglieder

Vorsitz: Politze, Stefan, SPD

Stellvertretung: Adasch, Thomas, CDU

SPD	**CDU**
Brunotte, Marco	Adasch, Thomas
Politze, Stefan	Calderone, Christian
Prange, Ulf	Klare, Karl-Heinz
Rühl, Kathrin	Meyer, Volker
Schröder-Ehlers, Andrea	Ross-Luttmann, Mechthild
Tonne, Grant Hendrik	Winkelmann, Lutz

Bündnis 90/Die Grünen	**FDP**
Limburg, Helge	Genthe, Dr. Marco
Onay, Belit	

2. Ausschuss für Inneres und Sport
15 Mitglieder

Vorsitz: Ahlers, Johann-Heinrich, CDU

Stellvertretung: Hausmann, Karl Heinz, SPD

SPD	**CDU**
Becker, Karsten	Adasch, Thomas
Hausmann, Karl Heinz	Ahlers, Johann-Heinrich
Höntsch, Michael	Focke, Ansgar-Bernhard
Krogmann, Jürgen	Götz, Rudolf
Lynack, Bernd	Hiebing, Bernd-Carsten
Watermann, Ulrich	Jahns, Angelika

Bündnis 90/Die Grünen	**FDP**
Janssen-Kucz, Meta	Oetjen, Jan-Christoph
Onay, Belit	

3. Ausschuss für Haushalt und Finanzen
15 Mitglieder

Vorsitz: Siemer, Dr. Stephan, CDU

Stellvertretung: Brinkmann, Markus, SPD

SPD

Brinkmann, Markus

Geuter, Renate

Henning, Frank

Heymann, Holger

Schmidt, Maximilian

Tanke, Detlef

CDU

Hilbers, Reinhold

Lechner, Sebastian

Mohr, Adrian

Rolfes, Heinz

Schönecke, Heiner

Siemer, Dr. Stephan

Bündnis 90/Die Grünen

Heere, Gerald

Twesten, Elke

FDP

Grascha, Christian

4. Kultusausschuss
15 Mitglieder

Vorsitz: Korter, Ina, Bündnis 90/Die Grünen

Stellvertretung: Bertholdes-Sandrock, Karin, CDU

SPD

Bratmann, Christoph

Politze, Stefan

Poppe, Claus Peter

Santjer, Uwe

Schröder-Köpf, Doris

Strümpel, Uwe

CDU

Bertholdes-Sandrock, Karin

Bock, André

Lammerskitten, Clemens

Seefried, Kai

Thiele, Ulf

Vockert, Astrid

Bündnis 90/Die Grünen

Korter, Ina

Scholing, Heinrich

FDP

Försterling, Björn

Ständige Ausschüsse

5. Ausschuss für Wissenschaft und Kultur
15 Mitglieder

Vorsitz: Möhle, Matthias, SPD
Stellvertretung: Kohlenberg, Gabriela, CDU

SPD	**CDU**
Lesemann, Dr. Silke	Hillmer, Jörg
Lynack, Bernd	Jasper, Burkhard
Möhle, Matthias	Koch, Lothar
Pantazis, Christos	Kohlenberg, Gabriela
Prange, Ulf	Schiesgeries, Horst
Wernstedt, Dr. Thela	Siemer, Dr. Stephan

Bündnis 90/Die Grünen	**FDP**
Hamburg, Julia Willie	Below-Neufeldt, Almuth von
Holtz, Ottmar von	

6. Ausschuss für Wirtschaft, Arbeit und Verkehr
15 Mitglieder

Vorsitz: Tippelt, Sabine, SPD
Stellvertretung: König, Gabriela, FDP

SPD	**CDU**
Andretta, Dr. Gabriele	Angermann, Ernst-Ingolf
Heymann, Holger	Bley, Karl-Heinz
Klein, Stefan	Fredermann, Rainer
Schminke, Ronald	Heineking, Karsten
Tippelt, Sabine	Hövel, Gerda
Will, Gerd Ludwig	Miesner, Axel

Bündnis 90/Die Grünen	**FDP**
Menge, Susanne	König, Gabriela
Westphely, Maaret	

172

7. Ausschuss für Ernährung, Landwirtschaft, Verbraucherschutz und Landesentwicklung
15 Mitglieder

Vorsitz: Grupe, Hermann, FDP

Stellvertretung: Janßen, Hans-Joachim, Bündnis 90/Die Grünen

SPD	**CDU**
Geuter, Renate	Calderone, Christian
Hausmann, Karl Heinz	Dammann-Tamke, Helmut
Rakow, Sigrid	Deneke-Jöhrens, Dr. Hans-Joachim
Schminke, Ronald	Deppmeyer, Otto
Siebels, Wiard	Ehlen, Hans-Heinrich
Strümpel, Uwe	Oesterhelweg, Frank

Bündnis 90/Die Grünen	**FDP**
Janßen, Hans-Joachim	Grupe, Hermann
Scholing, Heinrich	

8. Ausschuss für Soziales, Frauen, Familie, Gesundheit und Migration
15 Mitglieder

Vorsitz: Ansmann, Holger, SPD

Stellvertretung: Matthiesen, Dr. Max, CDU

SPD	**CDU**
Ansmann, Holger	Böhlke, Norbert
Brunotte, Marco	Joumaah, Petra
Glosemeyer, Immacolata	Matthiesen, Dr. Max
Pantazis, Christos	Meyer, Volker
Schwarz, Uwe	Pieper, Gudrun
Wernstedt, Dr. Thela	Schwarz, Annette

Bündnis 90/Die Grünen	**FDP**
Polat, Filiz	Bruns, Sylvia
Schremmer, Thomas	

Ständige Ausschüsse

9. Ausschuss für Umwelt, Energie und Klimaschutz
15 Mitglieder

Vorsitz: Rakow, Sigrid, SPD

Stellvertretung: Miesner, Axel, CDU

SPD	**CDU**
Becker, Karsten	Angermann, Ernst-Ingolf
Bosse, Marcus	Bäumer, Martin
Brammer, Axel	Deneke-Jöhrens, Dr. Hans-Joachim
Henning, Frank	Focke, Ansgar-Bernhard
Rakow, Sigrid	Klopp, Ingrid
Rühl, Kathrin	Miesner, Axel

Bündnis 90/Die Grünen	**FDP**
Bajus, Volker	Hocker, Dr. Gero
Staudte, Miriam	

10. Ausschuss für Bundes- und Europaangelegenheiten, Medien und Regionalentwicklung
15 Mitglieder

Vorsitz: Pieper, Gudrun, CDU

Stellvertretung: Schmidt, Maximilian, SPD

SPD	**CDU**
Emmerich-Kopatsch, Petra	Große Macke, Clemens
Erkan, Mustafa	Lammerskitten, Clemens
Glosemeyer, Immacolata	Matthiesen, Dr. Max
Haase, Hans-Dieter	Nacke, Jens
Saipa, Dr. Alexander	Pieper, Gudrun
Schmidt, Maximilian	Toepffer, Dirk

Bündnis 90/Die Grünen	**FDP**
Heere, Gerald	Kortlang, Horst
Westphely, Maaret	

11. Petitionsausschuss
15 Mitglieder

Vorsitz: Krumfuß, Klaus, CDU
Stellvertretung: Watermann, Ulrich, SPD

SPD
Brammer, Axel
Bratmann, Christoph
Möhle, Matthias
Politze, Stefan
Tiemann, Petra
Watermann, Ulrich

CDU
Krumfuß, Klaus
Lechner, Sebastian
Lorberg, Editha
Mohr, Adrian
Schiesgeries, Horst
Winkelmann, Lutz

Bündnis 90/Die Grünen
Bajus, Volker
Holtz, Ottmar von

FDP
Eilers, Hillgriet

Ausschüsse eigener Art

Wahlprüfungsausschuss
13 Mitglieder

Vorsitz: Bäumer, Martin, CDU

Stellvertretung: Tonne, Grant Hendrik, SPD

SPD
Modder, Johanne
Rühl, Kathrin
Tiemann, Petra
Tonne, Grant Hendrik
Watermann, Ulrich

CDU
Bäumer, Martin
Bertholdes-Sandrock, Karin
Focke, Ansgar-Bernhard
Kohlenberg, Gabriela
Vockert, Astrid

Bündnis 90/Die Grünen
Janssen-Kucz, Meta
Onay, Belit

FDP
Birkner, Dr. Stefan

Datenschutzkommission
11 Mitglieder

Vorsitz: Janssen-Kucz, Meta, Bündnis 90/Die Grünen

Stellvertretung: Bode, Jörg, FDP

SPD
Krogmann, Jürgen
Rühl, Kathrin
Schröder-Ehlers, Andrea
Watermann, Ulrich

CDU
Focke, Ansgar-Bernhard
Götz, Rudolf
Hiebing, Bernd-Carsten
Joumaah, Petra

Bündnis 90/Die Grünen
Janssen-Kucz, Meta
Onay, Belit

FDP
Bode, Jörg

Ausschuss zur Vorbereitung der Wahl der Mitglieder des Staatsgerichtshofs
7 Mitglieder mit Stimmrecht und 1 Mitglied mit beratender Stimme

Vorsitz: Busemann, Bernd, CDU

SPD
Modder, Johanne
Schröder-Ehlers, Andrea
Tonne, Grant Hendrik

CDU
McAllister, David
Nacke, Jens
Thümler, Björn

Bündnis 90/Die Grünen
Limburg, Helge

FDP
Dürr, Christian
(mit beratender Stimme)

Ausschuss zur Vorbereitung der Wahl und der Zustimmung des Landtages nach Artikel 70 Abs. 2 der Verfassung
7 Mitglieder mit Stimmrecht und 1 Mitglied mit beratender Stimme

Vorsitz: Busemann, Bernd, CDU

SPD
Geuter, Renate
Modder, Johanne
Tonne, Grant Hendrik

CDU
McAllister, David
Nacke, Jens
Thümler, Björn

Bündnis 90/Die Grünen
Limburg, Helge

FDP
Dürr, Christian
(mit beratender Stimme)

Ausschüsse eigener Art

Ausschuss für Angelegenheiten des Verfassungsschutzes
11 Mitglieder

Vorsitz: Brunotte, Marco, SPD
Stellvertretung: Adasch, Thomas, CDU

SPD
Bachmann, Klaus-Peter
Brunotte, Marco
Politze, Stefan
Watermann, Ulrich

CDU
Adasch, Thomas
Jahns, Angelika
Krumfuß, Klaus
Rolfes, Heinz

Bündnis 90/Die Grünen
Limburg, Helge
Onay, Belit

FDP
Birkner, Dr. Stefan

Ausschuss zur Kontrolle besonderer polizeilicher Datenerhebungen
11 Mitglieder

Vorsitz: Lorberg, Editha, CDU
Stellvertretung: Janssen-Kucz, Meta, Bündnis 90/Die Grünen

SPD
Bachmann, Klaus-Peter
Rühl, Kathrin
Tonne, Grant Hendrik
Watermann, Ulrich

CDU
Ahlers, Johann-Heinrich
Jahns, Angelika
Lorberg, Editha
Schiesgeries, Horst

Bündnis 90/Die Grünen
Janssen-Kucz, Meta
Onay, Belit

FDP
Oetjen, Jan-Christoph

Unterausschüsse

Unterausschuss „Justizvollzug und Straffälligenhilfe" des Ausschusses für Rechts- und Verfassungsfragen

7 Mitglieder mit Stimmrecht und 1 Mitglied mit beratender Stimme

Vorsitz: Rühl, Kathrin, SPD

Stellvertretung: Rolfes, Heinz, CDU

SPD

Brunotte, Marco

Rühl, Kathrin

Schröder-Ehlers, Andrea

CDU

Deppmeyer, Otto

Ehlen, Hans-Heinrich

Rolfes, Heinz

Bündnis 90/Die Grünen

Onay, Belit

FDP

Genthe, Dr. Marco
(mit beratender Stimme)

Unterausschuss „Prüfung der Haushaltsrechnungen" des Ausschusses für Haushalt und Finanzen

5 Mitglieder mit Stimmrecht und 1 Mitglied mit beratender Stimme

Vorsitz: Schönecke, Heiner, CDU

Stellvertretung: Brinkmann, Markus, SPD

SPD

Brinkmann, Markus

Geuter, Renate

CDU

Hilbers, Reinhold

Schönecke, Heiner

Bündnis 90/Die Grünen

Twesten, Elke

FDP

Bode, Jörg
(mit beratender Stimme)

Unterausschüsse

Unterausschuss „Häfen und Schifffahrt" des Ausschusses für Wirtschaft, Arbeit und Verkehr
15 Mitglieder

Vorsitz: Haase, Hans-Dieter, SPD

Stellvertretung: Heineking, Karsten, CDU

SPD
Ansmann, Holger
Haase, Hans-Dieter
Krogmann, Jürgen
Santjer, Uwe
Tiemann, Petra
Wernstedt, Dr. Thela

CDU
Ahlers, Johann-Heinrich
Heineking, Karsten
Hiebing, Bernd-Carsten
Jasper, Burkhard
Thiele, Ulf
Thümler, Björn

Bündnis 90/Die Grünen
Korter, Ina
Menge, Susanne

FDP
Eilers, Hillgriet

Kommissionen

Kommission zu Fragen der Migration und Teilhabe

Vorsitz: Polat, Filiz, Bündnis 90/Die Grünen

Stellvertretung: Focke, Ansgar-Bernhard, CDU

4 Mitglieder des Landtages:

SPD

Pantazis, Christos

Bündnis 90/Die Grünen

Polat, Filiz

CDU

Focke, Ansgar-Bernhard

FDP

Eilers, Hillgriet

Bis zu zehn Vertreterinnen oder Vertreter von landesweit tätigen Vereinigungen zur Förderung der Integration der in Niedersachsen lebenden Ausländerinnen und Ausländer und der Menschen mit Zuwanderungsgeschichte.

LANDTAGSVERWALTUNG
LANDESREGIERUNG

Hinrich-Wilhelm-Kopf-Platz 1
30159 Hannover
Telefon: 0511/3030-0
Telefax: 0511/3030-2806
E-Mail: poststelle@lt.niedersachsen.de
Internet: www.landtag-niedersachsen.de

Präsident des Niedersächsischen Landtages:
Bernd Busemann

Büro des Landtagspräsidenten:
Persönlicher Referent Herr Dr. Graf von Wintzingerode
Vorzimmer Frau Wegener

Direktor beim Landtag:
Udo Winkelmann*
Vertr.: Herr Eggelsmann*

Gleichstellungsbeauftragte:
Frau Messling
Vertr.: Frau Mehlich

Pressesprecher:
Herr Dr. Sommer
Vertr.: Herr Kleinwächter

Gesetzgebungs- und Beratungsdienst: [1]
Frau Brüggeshemke*
Herr Hederich
Herr Dr. Wefelmeier

---

[1] Die Mitglieder sind bei der Ausübung ihrer Tätigkeit unabhängig und insbesondere bei der Erstattung von Gutachten und bei der Abgabe von Stellungnahmen keinen Weisungen unterworfen. Sie unterstehen der Aufsicht des Präsidenten nur in dienstrechtlicher und organisatorischer Hinsicht (§§ 1 Absatz 1 und 2 Richtlinien und Geschäftsverteilungsplan für den Gesetzgebungs- und Beratungsdienst vom 04.12.1957).

* (m.d.W.d.G.b.)

LANDTAGSVERWALTUNG

Abteilung I – Verwaltungsabteilung
Leiter: Herr Eggelsmann
Vertretung: Frau Böhner

Referat 1
Haushalt[1], Abgeordnetenangelegenheiten, Fraktionskostenzuschüsse, Staatliche Finanzierung der Parteien
Herr Zacharias

Referat 2
Gebäudemanagement, Innere Dienste
Herr Wessner

Referat 3
Personal, Organisation, IT-Management
Frau Böhner

Referat 4
Bibliotheks- und Informationsdienste
Frau Dr. Felten

Referat 5
Presse, Öffentlichkeitsarbeit, Protokoll
Herr Dr. Sommer

Abteilung II – Parlamentarische Abteilung
Leiter: Herr Dr. Wefelmeier*
Vertretung: Herr Hederich

Referat 6
Stenografischer Dienst
Herr Miethe

Referat 7
Plenum, Ausschüsse, Eingaben, Drucksachen
Herr Kleinwächter

---

[1] Beauftragter für den Haushalt ist Herr Dreesmann, er ist insoweit unmittelbar dem Direktor unterstellt.
* (m.d.W.d.G.b.)

LANDESREGIERUNG

Stephan Weil
Ministerpräsident
Leiter der Staatskanzlei: Dr. Jörg Mielke
Sonderstaatssekretärin für Regionalpolitik: Birgit Honé
Landesbeauftragte für Migration und Teilhabe: Doris Schröder-Köpf
30169 Hannover, Planckstraße 2
Telefon: +49 (0)511 120-0
Telefax: +49 (0)511 120-6830
Internet: http://www.stk.niedersachsen.de

Stefan Wenzel
Minister für Umwelt, Energie und Klimaschutz
(Stellvertreter des Ministerpräsidenten
gem. Art. 29 Abs. 2 der Niedersächsischen Verfassung)
Staatssekretärin: Almut Kottwitz
30169 Hannover, Archivstraße 2
Telefon: +49 (0)511 120-0
Telefax: +49 (0)511 120-3699
Internet: http://www.mu.niedersachsen.de

Olaf Lies
Minister für Wirtschaft, Arbeit und Verkehr
Staatssekretärin: Daniela Behrens
30159 Hannover, Friedrichswall 1
Telefon: +49 (0)511 120-0
Telefax: +49 (0)511 120-5772
Internet: http://www.mw.niedersachsen.de

Boris Pistorius
Minister für Inneres und Sport
Staatssekretär: Stephan Manke
30169 Hannover, Lavesallee 6
Telefon: +49 (0)511 120-0
Telefax: +49 (0)511 120-6550
Internet: http://www.mi.niedersachsen.de

Peter-Jürgen Schneider
Finanzminister
Staatssekretär: Frank Doods
30159 Hannover, Schiffgraben 10
Telefon: +49 (0)511 120-0
Telefax: +49 (0)511 120-8068
Internet: http://www.mf.niedersachsen.de

Frauke Heiligenstadt
Kultusministerin
Staatssekretär: Peter Bräth
30159 Hannover, Schiffgraben 12
Telefon: +49 (0)511 120-0
Telefax: +49 (0)511 120-7450
Internet: http://www.mk.niedersachsen.de

Cornelia Rundt
Ministerin für Soziales, Frauen, Familie, Gesundheit und Integration
Staatssekretär: Jörg Röhmann
30159 Hannover, Hinrich-Wilhelm-Kopf-Platz 2
Telefon: +49 (0)511 120-0
Telefax: +49 (0)511 120-4298
Internet: http://www.ms.niedersachsen.de

Antje Niewisch-Lennartz
Justizministerin
Staatssekretär: Wolfgang Scheibel
30169 Hannover, Am Waterlooplatz 1
Telefon: +49 (0)511 120-0
Telefax: +49 (0)511 120-5170
Internet: http://www.mj.niedersachsen.de

Christian Meyer
Minister für Ernährung, Landwirtschaft und Verbraucherschutz
Staatssekretär: Udo Paschedag
30169 Hannover, Calenberger Straße 2
Telefon: 0511 120-0
Telefax: 0511 120-2385
Internet: http://www.ml.niedersachsen.de

Dr. Gabriele Heinen-Kljajic
Ministerin für Wissenschaft und Kultur
Staatssekretärin: Andrea Hoops
30169 Hannover, Leibnizufer 9
Telefon: +49 (0)511 120-0
Telefax: +49 (0)511 120-2801
Internet: http://www.mwk.niedersachsen.de

VERTRETUNG DES LANDES NIEDERSACHSEN BEIM BUND

In den Ministergärten 10, 10117 Berlin
Telefon: +49 (0)30 72629-1500
Telefax: +49 (0)30 72629-1567
Internet: http://www.stk.niedersachsen.de
Bevollmächtigter des Landes Niedersachsen beim Bund
Staatssekretär: Michael Rüter

**VERTRETUNG DES LANDES NIEDERSACHSEN
BEI DER EUROPÄISCHEN UNION**

B 1000 Brüssel, Rue Montoyer 61
Telefon: 0032 22300-017
Telefax: 0032 22301-320
Internet: http://www.stk.niedersachsen.de

NIEDERSÄCHSISCHE VERFASSUNG

vom 19. Mai 1993
(Nds. GVBl. S. 107),

zuletzt geändert durch Artikel 1 des Gesetzes vom 30. Juni 2011
(Nds. GVBl. S. 210)

Inhaltsübersicht

Dritter Abschnitt

Die Landesregierung

Vierter Abschnitt

Die Gesetzgebung

Fünfter Abschnitt

Volksinitiative, Volksbegehren und Volksentscheid

Sechster Abschnitt

Die Rechtsprechung

Siebenter Abschnitt

Die Verwaltung

Achter Abschnitt

Das Finanzwesen

Neunter Abschnitt

Übergangs- und Schlußbestimmungen

Niedersächsische Verfassung

Der Niedersächsische Landtag hat unter Einhaltung der Vorschrift des Artikels 38 der Vorläufigen Niedersächsischen Verfassung die folgende Verfassung beschlossen, die hiermit verkündet wird:

Präambel

Im Bewusstsein seiner Verantwortung vor Gott und den Menschen hat sich das Volk von Niedersachsen durch seinen Landtag diese Verfassung gegeben.

Erster Abschnitt

Grundlagen der Staatsgewalt, Grundrechte und Staatsziele

Artikel 1

Staatsgrundsätze, Landessymbole, Hauptstadt

(1) Das Land Niedersachsen ist hervorgegangen aus den Ländern Hannover, Oldenburg, Braunschweig und Schaumburg-Lippe.

(2) Das Land Niedersachsen ist ein freiheitlicher, republikanischer, demokratischer, sozialer und dem Schutz der natürlichen Lebensgrundlagen verpflichteter Rechtsstaat in der Bundesrepublik Deutschland und Teil der europäischen Völkergemeinschaft.

(3) Niedersachsen führt als Wappen das weiße Ross im roten Felde und in der Flagge die Farben Schwarz-Rot-Gold mit dem Landeswappen. Das Nähere bestimmt ein Gesetz.

(4) Landeshauptstadt ist Hannover.

Artikel 2

Demokratie, Rechtsstaatlichkeit

(1) Alle Staatsgewalt geht vom Volke aus. Sie wird vom Volke in Wahlen und Abstimmungen und durch besondere Organe der Gesetzgebung, der vollziehenden Gewalt und der Rechtsprechung ausgeübt.

(2) Die Gesetzgebung ist an die verfassungsmäßige Ordnung in Bund und Land, die vollziehende Gewalt und die Rechtsprechung sind an Gesetz und Recht gebunden.

Artikel 3

Grundrechte

(1) Das Volk von Niedersachsen bekennt sich zu den Menschenrechten als Grundlage der staatlichen Gemeinschaft, des Friedens und der Gerechtigkeit.

(2) Die im Grundgesetz für die Bundesrepublik Deutschland festgelegten Grundrechte und staatsbürgerlichen Rechte sind Bestandteil dieser Verfassung. Sie binden Gesetzgebung, vollziehende Gewalt und Rechtsprechung als unmittelbar geltendes Landesrecht. Die Achtung der Grundrechte, insbesondere die Verwirklichung der Gleichberechtigung von Frauen und Männern, ist eine ständige Aufgabe des Landes, der Gemeinden und Landkreise.

(3) Niemand darf wegen seines Geschlechts, seiner Abstammung, seiner Rasse, seiner Sprache, seiner Heimat und Herkunft, seines Glaubens, seiner

religiösen oder politischen Anschauungen benachteiligt oder bevorzugt werden. Niemand darf wegen seiner Behinderung benachteiligt werden.

Artikel 4

Recht auf Bildung, Schulwesen

(1) Jeder Mensch hat das Recht auf Bildung.

(2) Es besteht allgemeine Schulpflicht. Das gesamte Schulwesen steht unter der Aufsicht des Landes.

(3) Das Recht zur Errichtung von Schulen in freier Trägerschaft wird gewährleistet. Sie haben Anspruch auf staatliche Förderung, wenn sie nach Artikel 7 Abs. 4 und 5 des Grundgesetzes für die Bundesrepublik Deutschland genehmigt sind und die Voraussetzungen für die Genehmigung auf Dauer erfüllen.

(4) Das Nähere regelt ein Gesetz.

Artikel 4a

Schutz und Erziehung von Kindern und Jugendlichen

(1) Kinder und Jugendliche haben als eigenständige Personen das Recht auf Achtung ihrer Würde und gewaltfreie Erziehung.

(2) Wer Kinder und Jugendliche erzieht, hat Anspruch auf angemessene staatliche Hilfe und Rücksichtnahme. Staat und Gesellschaft tragen für altersgerechte Lebensbedingungen Sorge.

(3) Kinder und Jugendliche sind vor körperlicher und seelischer Vernachlässigung und Misshandlung zu schützen.

Artikel 5

Wissenschaft, Hochschulen

(1) Das Land schützt und fördert die Wissenschaft.

(2) Das Land unterhält und fördert Hochschulen und andere wissenschaftliche Einrichtungen.

(3) Die Hochschulen haben das Recht der Selbstverwaltung im Rahmen der Gesetze.

(4) Das Nähere regelt ein Gesetz.

Artikel 6

Kunst, Kultur und Sport

Das Land, die Gemeinden und die Landkreise schützen und fördern Kunst, Kultur und Sport.

Artikel 6a

Arbeit, Wohnen

Das Land wirkt darauf hin, dass jeder Mensch Arbeit finden und dadurch seinen Lebensunterhalt bestreiten kann und dass die Bevölkerung mit angemessenem Wohnraum versorgt ist.

Artikel 6b

Tierschutz

Tiere werden als Lebewesen geachtet und geschützt.

Zweiter Abschnitt

Der Landtag

Artikel 7

Aufgaben des Landtages

Der Landtag ist die gewählte Vertretung des Volkes. Seine Aufgaben sind es insbesondere, die gesetzgebende Gewalt auszuüben, über den Landeshaushalt zu beschließen, die Ministerpräsidentin oder den Ministerpräsidenten zu wählen, an der Regierungsbildung mitzuwirken und die vollziehende Gewalt nach Maßgabe dieser Verfassung zu überwachen.

Artikel 8

Wahl des Landtages

(1) Die Mitgliodor des Landtages werden in allgemeiner, unmittelbarer, freier, gleicher und geheimer Wahl gewählt.

(2) Wahlberechtigt und wählbar sind alle Deutschen, die das 18. Lebensjahr vollendet und im Land Niedersachsen ihren Wohnsitz haben.

(3) Wahlvorschläge, für die weniger als fünf vom Hundert der Stimmen abgegeben werden, erhalten keine Mandate.

(4) Mitglieder des Bundestages, der Bundesregierung, des Europäischen Parlaments sowie der Volksvertretungen und Regierungen anderer Länder dürfen dem Landtag nicht angehören.

(5) Das Nähere bestimmt ein Gesetz. Dieses kann insbesondere die Wahlberechtigung und die Wählbarkeit von einer bestimmten Dauer des Wohnsitzes abhängig machen.

Artikel 9

Wahlperiode

(1) Der Landtag wird auf fünf Jahre gewählt. Seine Wahlperiode beginnt mit seinem Zusammentritt und endet mit dem Zusammentritt des nächsten Landtages.

(2) Der nächste Landtag ist frühestens 56, spätestens 59 Monate nach Beginn der Wahlperiode zu wählen, im Fall der Auflösung des Landtages binnen zwei Monaten.

(3) Der Landtag tritt spätestens am 30. Tage nach seiner Wahl zusammen.

Artikel 10

Auflösung des Landtages

(1) Der Landtag kann seine Auflösung beschließen. Der Beschluss ist unwiderruflich.

(2) Der Antrag auf Auflösung kann nur von mindestens einem Drittel der Mitglieder des Landtages gestellt werden. Zu dem Beschluss ist die Zustimmung von zwei Dritteln der anwesenden Mitglieder, mindestens jedoch die Zustimmung der Mehrheit der Mitglieder des Landtages erforderlich.

(3) Über den Antrag auf Auflösung kann frühestens am elften und muss spätestens am 30. Tage nach Schluss der Besprechung abgestimmt werden.

Artikel 11

Beginn und Ende des Mandats, Wahlprüfung

(1) Die Mitgliedschaft im Landtag beginnt mit der Annahme der Wahl, jedoch nicht vor Beginn der Wahlperiode.

(2) Der Landtag prüft auf Antrag die Gültigkeit der Wahl. Er entscheidet auch, ob ein Mitglied des Landtages sein Mandat verloren hat, wenn der Verlust nicht schon aus einem Richterspruch folgt.

(3) Das Nähere regelt ein Gesetz. Es kann Entscheidungen nach Absatz 2 einem Ausschuss oder der Präsidentin oder dem Präsidenten des Landtages übertragen.

(4) Die Entscheidungen nach den Absätzen 2 und 3 können beim Staatsgerichtshof angefochten werden.

Artikel 12

Rechtsstellung der Mitglieder des Landtages

Die Mitglieder des Landtages vertreten das ganze Volk. Sie sind an Aufträge und Weisungen nicht gebunden und nur ihrem Gewissen unterworfen.

Artikel 13

Bewerbung, Mandatsausübung, Entschädigung

(1) Wer sich um ein Mandat im Landtag bewirbt, hat Anspruch auf den zur Vorbereitung seiner Wahl erforderlichen Urlaub.

(2) Niemand darf gehindert werden, ein Landtagsmandat zu übernehmen und auszuüben. Die Kündigung eines Beschäftigungsverhältnisses aus diesem Grunde ist unzulässig.

(3) Die Mitglieder des Landtages haben Anspruch auf eine angemessene, ihre Unabhängigkeit sichernde Entschädigung. Das Nähere bestimmt ein Gesetz.

Artikel 14

Indemnität

Ein Mitglied des Landtages darf zu keiner Zeit wegen seiner Abstimmung oder wegen einer Äußerung, die es im Landtag, in einem Ausschuss oder in einer Fraktion getan hat, gerichtlich oder dienstlich verfolgt oder anderweitig außerhalb des Landtages zur Verantwortung gezogen werden. Dies gilt nicht für verleumderische Beleidigungen.

Artikel 15

Immunität

(1) Wegen einer mit Strafe bedrohten Handlung darf ein Mitglied des Landtages nur mit Genehmigung des Landtages zur Verantwortung gezogen oder verhaftet werden, es sei denn, dass es bei Begehung der Tat, spätestens bis zum Ablauf des folgenden Tages, festgenommen wird.

(2) Die Genehmigung des Landtages ist ferner bei jeder anderen Beschränkung der persönlichen Freiheit eines Mitglieds des Landtages oder zur Einleitung eines Verfahrens gegen ein Mitglied des Landtages gemäß Artikel 18 des Grundgesetzes für die Bundesrepublik Deutschland erforderlich.

(3) Jedes Strafverfahren und jedes Verfahren gemäß Artikel 18 des Grundgesetzes für die Bundesrepublik Deutschland gegen ein Mitglied des Landtages, jede Haft und jede sonstige Beschränkung seiner persönlichen Freiheit sind auf Verlangen des Landtages auszusetzen.

Artikel 16

Zeugnisverweigerungsrecht

(1) Mitglieder des Landtages sind berechtigt, über Personen, die ihnen als Mitgliedern des Landtages oder denen sie in dieser Eigenschaft Tatsachen anvertraut haben, sowie über diese Tatsachen selbst das Zeugnis zu verweigern.

(2) Den Mitgliedern des Landtages stehen Personen gleich, die sie in Ausübung ihres Mandats zur Mitarbeit herangezogen haben. Über die Ausübung ihres Zeugnisverweigerungsrechts entscheidet das Mitglied des Landtages, es sei denn, dass seine Entscheidung in absehbarer Zeit nicht herbeigeführt werden kann.

(3) Soweit das Zeugnisverweigerungsrecht reicht, ist eine Beschlagnahme unzulässig.

Artikel 17

Abgeordnetenanklage

(1) Der Landtag kann ein Mitglied des Landtages wegen gewinnsüchtigen Missbrauchs seiner Stellung als Mitglied des Landtages vor dem Staatsgerichtshof anklagen.

(2) Der Antrag auf Erhebung der Anklage muss von mindestens einem Drittel der Mitglieder des Landtages gestellt werden. Der Beschluss auf Erhebung der Anklage bedarf der Zustimmung von zwei Dritteln der Mitglieder des Landtages.

(3) Erkennt der Staatsgerichtshof im Sinne der Anklage, so verliert das Mitglied des Landtages sein Mandat.

Artikel 18

Präsidium

(1) Der Landtag wählt seine Präsidentin oder seinen Präsidenten, deren oder dessen Stellvertreterin oder Stellvertreterinnen oder Stellvertreter und die Schriftführerinnen oder Schriftführer (Präsidium).

(2) Die Präsidentin oder der Präsident übt das Hausrecht und die Ordnungsgewalt in den Räumen des Landtages aus. Eine Durchsuchung oder Beschlagnahme in diesen Räumen bedarf ihrer oder seiner Einwilligung.

(3) Die Präsidentin oder der Präsident vertritt das Land in Angelegenheiten des Landtages, leitet dessen Verwaltung und übt die dienstrechtlichen Befugnisse aus. Sie oder er ist dabei nur an Gesetz und Recht gebunden. Wichtige Personalentscheidungen trifft sie oder er im Benehmen mit dem Präsidium.

(4) Der Landtag kann Mitglieder des Präsidiums auf Antrag der Mehrheit der Mitglieder des Landtages durch Beschluss abberufen. Der Beschluss bedarf der Zustimmung von zwei Dritteln der Mitglieder des Landtages.

Artikel 19

Fraktionen, Opposition

(1) Mitglieder des Landtages können sich nach Maßgabe der Geschäftsordnung des Landtages zu Fraktionen zusammenschließen.

(2) Die Fraktionen und die Mitglieder des Landtages, die die Landesregierung nicht stützen, haben das Recht auf Chancengleichheit in Parlament und Öffentlichkeit. Sie haben Anspruch auf die zur Erfüllung ihrer besonderen Aufgaben erforderliche Ausstattung; das Nähere regelt ein Gesetz.

Artikel 20

Ausschüsse, Ältestenrat

(1) Zur Vorbereitung seiner Beschlüsse setzt der Landtag Ausschüsse ein.

(2) In den Ausschüssen müssen die Fraktionen des Landtages ihrer Stärke entsprechend, mindestens jedoch durch ein Mitglied mit beratender Stimme, vertreten sein. Fraktionslose Mitglieder des Landtages sind angemessen zu berücksichtigen. Jedes Ausschussmitglied kann im Ausschuss Anträge stellen.

(3) Zur Unterstützung der Präsidentin oder des Präsidenten in parlamentarischen Angelegenheiten bildet der Landtag einen Ältestenrat. Absatz 2 gilt entsprechend.

Artikel 21

Geschäftsordnung, Einberufung, Beschlussfassung

(1) Der Landtag gibt sich eine Geschäftsordnung.

(2) Die Präsidentin oder der Präsident des Landtages beruft den Landtag ein und bestimmt, soweit der Landtag nicht darüber beschlossen hat, den Beginn und die Tagesordnung der Sitzungen. Der Landtag ist unverzüglich einzuberufen, wenn ein Viertel seiner Mitglieder oder die Landesregierung es unter Angabe des Beratungsgegenstandes verlangt.

(3) Zu seiner ersten Sitzung wird der Landtag von der Präsidentin oder dem Präsidenten des bisherigen Landtages einberufen. Absatz 2 Satz 2 gilt entsprechend.

(4) Der Landtag beschließt mit der Mehrheit der abgegebenen Stimmen, sofern diese Verfassung nichts anderes bestimmt. Für Beschlüsse zum Verfahren des Landtages und für Wahlen kann auch durch die Geschäftsordnung oder durch Gesetz Abweichendes bestimmt werden. Die Beschlussfähigkeit wird durch die Geschäftsordnung geregelt.

Artikel 22

Öffentlichkeit

(1) Der Landtag verhandelt öffentlich. Auf Antrag eines Zehntels seiner Mitglieder oder auf Antrag der Landesregierung kann die Öffentlichkeit mit Zustimmung von zwei Dritteln der anwesenden Mitglieder des Landtages ausgeschlossen werden. Über den Antrag wird in nichtöffentlicher Sitzung entschieden.

(2) Wahrheitsgetreue Berichte über die öffentlichen Sitzungen des Landtages und seiner Ausschüsse bleiben von jeder Verantwortlichkeit frei.

Artikel 23

Anwesenheit der Landesregierung

(1) Der Landtag und seine Ausschüsse können die Anwesenheit eines jeden Mitglieds der Landesregierung verlangen.

(2) Die Mitglieder der Landesregierung und ihre Beauftragten haben zu den Sitzungen des Landtages und seiner Ausschüsse Zutritt. Sie müssen jederzeit gehört werden. Sie unterstehen der Ordnungsgewalt der Präsidentin oder des Präsidenten oder der Vorsitzenden oder des Vorsitzenden.

(3) Absatz 2 Satz 1 und 2 gilt nicht für die Sitzungen der Untersuchungsausschüsse, des Wahlprüfungsausschusses und des Ausschusses zur Vorbereitung der Wahl der Mitglieder des Staatsgerichtshofs.

Artikel 24

Auskunft, Aktenvorlage und Zugang zu öffentlichen Einrichtungen

(1) Anfragen von Mitgliedern des Landtages hat die Landesregierung im Landtag und in seinen Ausschüssen nach bestem Wissen unverzüglich und vollständig zu beantworten.

(2) Die Landesregierung hat, wenn es mindestens ein Fünftel der Ausschussmitglieder verlangt, zum Gegenstand einer Ausschusssitzung Akten unverzüglich und vollständig vorzulegen und Zugang zu öffentlichen Einrichtungen zu gewähren. Für Akten und Einrichtungen, die nicht in der Hand des Landes sind, gilt dies, soweit das Land die Vorlage oder den Zugang verlangen kann.

(3) Die Landesregierung braucht dem Verlangen nicht zu entsprechen, soweit dadurch die Funktionsfähigkeit und Eigenverantwortung der Landesregierung wesentlich beeinträchtigt würden oder zu befürchten ist, dass durch das Bekanntwerden von Tatsachen dem Wohl des Landes oder des Bundes Nachteile zugefügt oder schutzwürdige Interessen Dritter verletzt werden. Die Entscheidung ist zu begründen.

(4) Näheres kann ein Gesetz regeln.

Artikel 25

Unterrichtungspflicht der Landesregierung

(1) Die Landesregierung ist verpflichtet, den Landtag über die Vorbereitung von Gesetzen sowie über Grundsatzfragen der Landesplanung, der Standortplanung und Durchführung von Großvorhaben frühzeitig und vollständig zu unterrichten. Das gleiche gilt, soweit es um Gegenstände von grundsätzlicher Bedeutung geht, für die Vorbereitung von Verordnungen, für die Mit-

wirkung im Bundesrat sowie für die Zusammenarbeit mit dem Bund, den Ländern, anderen Staaten, der Europäischen Gemeinschaft und deren Organen.

(2) Artikel 24 Abs. 3 Satz 1 gilt entsprechend.

(3) Näheres kann ein Gesetz regeln.

Artikel 26

Behandlung von Eingaben

Die Behandlung an den Landtag gerichteter Bitten und Beschwerden obliegt dem Landtag, der sich zur Vorbereitung des nach der Geschäftsordnung zuständigen Ausschusses bedient.

Artikel 27

Untersuchungsausschüsse

(1) Der Landtag hat das Recht und auf Antrag von mindestens einem Fünftel seiner Mitglieder die Pflicht, Untersuchungsausschüsse einzusetzen, um Sachverhalte im öffentlichen Interesse aufzuklären. Gegen den Willen der Antragstellerinnen oder Antragsteller darf der Untersuchungsauftrag nur ausgedehnt werden, wenn dessen Kern gewahrt bleibt und keine wesentliche Verzögerung zu erwarten ist.

(2) Die Ausschüsse erheben die erforderlichen Beweise. Hält ein Fünftel der Ausschussmitglieder einen bestimmten Beweis für erforderlich, so hat der Ausschuss ihn zu erheben.

(3) Die Beweisaufnahme ist öffentlich. Die Beratungen sind nicht öffentlich. Der Ausschluss der Öffentlichkeit bei der Beweiserhebung und die Herstellung der Öffentlichkeit bei der Beratung bedürfen einer Mehrheit von zwei Dritteln der Ausschussmitglieder. Über den Ausschluss der Öffentlichkeit wird in nichtöffentlicher Sitzung entschieden.

(4) Gerichte und Verwaltungsbehörden haben Rechts- und Amtshilfe zu leisten und ihren Bediensteten die Aussage vor den Ausschüssen zu genehmigen. Dies gilt nicht, soweit Gründe nach Artikel 24 Abs. 3 entgegenstehen.

(5) Die Ausschüsse berichten über ihre Untersuchungen. Ausschussmitglieder, die einen Bericht für unzutreffend halten, können ihre Auffassung in einem Zusatz zu dem Bericht darstellen.

(6) Der Landtag kann das Verfahren der Ausschüsse durch Gesetz oder Geschäftsordnung näher regeln. Soweit er nichts anderes bestimmt, sind auf die Erhebungen der Ausschüsse und der von ihnen ersuchten Gerichte und Behörden die Vorschriften über den Strafprozess sinngemäß anzuwenden. Das Brief-, Post- und Fernmeldegeheimnis bleibt unberührt.

(7) Hält ein Gericht die einem Ausschuss aufgegebene Untersuchung für verfassungswidrig und ist dies für seine Entscheidung erheblich, so hat es

das Verfahren auszusetzen und die Entscheidung des Staatsgerichtshofs einzuholen.

(8) Die Berichte der Ausschüsse sind der richterlichen Erörterung entzogen. In der Würdigung und Beurteilung des der Untersuchung zugrundeliegenden Sachverhalts sind die Gerichte frei.

Dritter Abschnitt

Die Landesregierung

Artikel 28

Aufgabe und Zusammensetzung

(1) Die Landesregierung übt die vollziehende Gewalt aus.

(2) Die Landesregierung besteht aus der Ministerpräsidentin oder dem Ministerpräsidenten und den Ministerinnen und Ministern.

(3) Mitglieder des Bundestages, des Europäischen Parlaments und der Volksvertretungen anderer Länder dürfen der Landesregierung nicht angehören.

Artikel 29

Regierungsbildung

(1) Die Ministerpräsidentin oder der Ministerpräsident wird vom Landtag mit der Mehrheit seiner Mitglieder ohne Aussprache in geheimer Abstimmung gewählt.

(2) Die Ministerpräsidentin oder der Ministerpräsident beruft die übrigen Mitglieder der Landesregierung und bestimmt ein Mitglied, das sie oder ihn vertritt.

(3) Die Landesregierung bedarf zur Amtsübernahme der Bestätigung durch den Landtag.

(4) Die Berufung und Entlassung eines Mitglieds der Landesregierung durch die Ministerpräsidentin oder den Ministerpräsidenten nach der Bestätigung bedarf der Zustimmung des Landtages.

(5) Wird die Bestätigung versagt, so kann das Verfahren nach den Absätzen 1 bis 3 wiederholt werden.

Artikel 30

Auflösung des Landtages, vereinfachte Regierungsbildung

(1) Kommt die Regierungsbildung und -bestätigung auf Grund des Artikels 29 innerhalb von 21 Tagen nach dem Zusammentritt des neugewählten Landtages oder dem Rücktritt einer Landesregierung nicht zustande, so be-

schließt der Landtag innerhalb von weiteren 14 Tagen über seine Auflösung. Der Beschluss bedarf der Mehrheit der Mitglieder des Landtages.

(2) Wird die Auflösung nicht beschlossen, so findet unverzüglich eine neue Wahl der Ministerpräsidentin oder des Ministerpräsidenten statt. Gewählt ist, wer die meisten Stimmen erhält. Die weitere Regierungsbildung vollzieht sich nach Artikel 29 Abs. 2. Artikel 29 Abs. 3 findet keine Anwendung.

Artikel 31

Bekenntnis und Amtseid

Die Mitglieder der Landesregierung haben sich bei der Amtsübernahme vor dem Landtag zu den Grundsätzen eines freiheitlichen, republikanischen, demokratischen, sozialen und dem Schutz der natürlichen Lebensgrundlagen verpflichteten Rechtsstaates zu bekennen und folgenden Eid zu leisten:

„Ich schwöre, dass ich meine Kraft dem Volke und dem Lande widme, das Grundgesetz für die Bundesrepublik Deutschland und die Niedersächsische Verfassung sowie die Gesetze wahren und verteidigen, meine Pflichten gewissenhaft erfüllen und Gerechtigkeit gegenüber allen Menschen üben werde."

Der Eid kann mit der Beteuerung „So wahr mir Gott helfe" oder ohne sie geleistet werden.

Artikel 32

Misstrauensvotum

(1) Der Landtag kann der Ministerpräsidentin oder dem Ministerpräsidenten das Vertrauen entziehen.

(2) Der Antrag kann nur von mindestens einem Drittel der Mitglieder des Landtages gestellt werden. Über den Antrag darf frühestens 21 Tage nach Schluss der Besprechung abgestimmt werden.

(3) Das Vertrauen kann nur dadurch entzogen werden, dass der Landtag mit der Mehrheit seiner Mitglieder eine Nachfolgerin oder einen Nachfolger wählt.

Artikel 33

Rücktritt

(1) Die Mitglieder der Landesregierung können jederzeit zurücktreten.

(2) Die Ministerpräsidentin oder der Ministerpräsident gilt als zurückgetreten, sobald ein neugewählter Landtag zusammentritt oder sobald der Landtag ihr oder ihm das Vertrauen entzieht.

(3) Scheidet die Ministerpräsidentin oder der Ministerpräsident aus oder tritt sie oder er zurück, so gilt die Landesregierung als zurückgetreten.

(4) Die Mitglieder der Landesregierung sind im Falle ihres Rücktritts verpflichtet, die Geschäfte bis zu deren Übernahme durch ihre Nachfolgerinnen oder Nachfolger weiterzuführen.

Artikel 34

Rechtsstellung der Regierungsmitglieder

(1) Die Mitglieder der Landesregierung sind keine Beamte. Ihre Bezüge regelt ein Gesetz.

(2) Die Mitglieder der Landesregierung dürfen kein anderes besoldetes Amt, kein Gewerbe und keinen Beruf ausüben und weder der Leitung noch dem Aufsichtsrat eines auf Erwerb gerichteten Unternehmens angehören. Die Landesregierung kann Ausnahmen zulassen, insbesondere für die Entsendung in Organe von Unternehmen, an denen die öffentliche Hand beteiligt ist. Jede Ausnahme ist dem Landtag mitzuteilen.

Artikel 35

Vertretung des Landes, Staatsverträge

(1) Die Ministerpräsidentin oder der Ministerpräsident vertritt das Land nach außen.

(2) Verträge des Landes, die sich auf Gegenstände der Gesetzgebung beziehen, bedürfen der Zustimmung des Landtages.

Artikel 36

Begnadigungsrecht, Amnestie

(1) Die Ministerpräsidentin oder der Ministerpräsident übt im Einzelfall das Begnadigungsrecht aus. Sie oder er kann ihre oder seine Befugnisse auf andere Stellen übertragen.

(2) Allgemeine Straferlasse und die Niederschlagung von Strafsachen bedürfen eines Gesetzes.

Artikel 37

Richtlinien der Politik, Ressortprinzip, Zuständigkeit der Landesregierung

(1) Die Ministerpräsidentin oder der Ministerpräsident bestimmt die Richtlinien der Politik und trägt dafür die Verantwortung. Innerhalb dieser Richtlinien leitet jedes Mitglied der Landesregierung seinen Geschäftsbereich selbständig und unter eigener Verantwortung.

(2) Die Landesregierung beschließt

1. über alle Angelegenheiten, die der Landesregierung gesetzlich übertragen sind,

2. über die Bestellung der Vertreterinnen oder Vertreter im Bundesrat und deren Stimmabgabe,

3. über die Abgrenzung der Geschäftsbereiche,

4. über Fragen, die mehrere Geschäftsbereiche berühren, wenn die beteiligten Mitglieder der Landesregierung sich nicht verständigen,

5. über Gesetzentwürfe, die sie beim Landtag einbringt,

6. über Verordnungen, soweit gesetzlich nichts anderes bestimmt ist.

Artikel 38

Verwaltungsorganisation, dienstrechtliche Befugnisse

(1) Die Landesregierung beschließt über die Organisation der öffentlichen Verwaltung, soweit nicht Gesetze die Organisation regeln.

(2) Die Landesregierung ernennt und entlässt die Berufsrichterinnen, Berufsrichter, Beamtinnen und Beamten.

(3) Die Landesregierung kann diese Befugnisse auf einzelne Mitglieder der Landesregierung oder auf andere Stellen übertragen.

Artikel 39

Sitzungen der Landesregierung

(1) In der Landesregierung führt die Ministerpräsidentin oder der Ministerpräsident den Vorsitz und leitet die Geschäfte nach einer von der Landesregierung zu beschließenden Geschäftsordnung. Die Geschäftsordnung ist zu veröffentlichen.

(2) Die Landesregierung fasst ihre Beschlüsse mit Stimmenmehrheit. Kein Mitglied darf sich der Stimme enthalten. Bei Stimmengleichheit entscheidet die Stimme der Ministerpräsidentin oder des Ministerpräsidenten. Die Beschlussfähigkeit der Landesregierung und die Stellvertretung der Ministerinnen oder Minister werden durch die Geschäftsordnung geregelt.

(3) Für die Beratung des Entwurfs des Haushaltsplans sowie für die Beschlussfassung über Ausgaben außerhalb des Haushaltsplans kann die Geschäftsordnung eine von Absatz 2 Satz 1 abweichende Regelung treffen.

Artikel 40

Anklage von Regierungsmitgliedern

(1) Der Landtag kann Mitglieder der Landesregierung vor dem Staatsgerichtshof anklagen, dass sie in Ausübung des Amtes vorsätzlich die Verfassung oder ein Gesetz verletzt haben. Artikel 17 Abs. 2 gilt entsprechend.

(2) Erkennt der Staatsgerichtshof im Sinne der Anklage, so kann er das Mitglied der Landesregierung des Amtes für verlustig erklären. Die Anklage wird durch den vor oder nach ihrer Erhebung erfolgten Rücktritt des Mitglieds der Landesregierung nicht berührt.

(3) Jedes Mitglied der Landesregierung kann mit Zustimmung der Landesregierung die Entscheidung des Staatsgerichtshofs über einen gegen das Mitglied in der Öffentlichkeit erhobenen Vorwurf nach Absatz 1 Satz 1 beantragen. Für das weitere Verfahren gelten die Vorschriften des Absatzes 2.

Vierter Abschnitt

Die Gesetzgebung

Artikel 41

Erfordernis der Gesetzesform

Allgemein verbindliche Vorschriften der Staatsgewalt, durch die Rechte oder Pflichten begründet, geändert oder aufgehoben werden, bedürfen der Form des Gesetzes.

Artikel 42

Gesetzgebungsverfahren

(1) Die Gesetze werden vom Landtag oder durch Volksentscheid beschlossen.

(2) Vor dem Beschluss des Landtages kann die Landesregierung verlangen, dass die Abstimmung bis zu 30 Tagen ausgesetzt wird.

(3) Gesetzentwürfe werden beim Landtag aus seiner Mitte, von der Landesregierung, durch Volksinitiative oder Volksbegehren eingebracht.

Artikel 43

Verordnungen

(1) Gesetze können die Landesregierung, Ministerien und andere Behörden ermächtigen, Vorschriften im Sinne des Artikels 41 als Verordnungen zu erlassen. Die Gesetze müssen Inhalt, Zweck und Ausmaß der Ermächtigung bestimmen.

(2) In der Verordnung ist die Rechtsgrundlage anzugeben. Die Ermächtigung zum Erlass einer Verordnung darf nur, wenn das Gesetz dies zulässt, und nur durch Verordnung weiter übertragen werden.

Artikel 44

Notverordnungen

(1) Ist der Landtag durch höhere Gewalt daran gehindert, sich frei zu versammeln, und wird dies durch die Präsidentin oder den Präsidenten des Landtages festgestellt, so kann die Landesregierung zur Aufrechterhaltung der öffentlichen Sicherheit und Ordnung oder zur Beseitigung eines Notstandes Verordnungen mit Gesetzeskraft, die der Verfassung nicht widersprechen, erlassen.

(2) Diese Verordnungen bedürfen der Zustimmung des Ältestenrates des Landtages.

(3) Ist auch der Ältestenrat durch höhere Gewalt gehindert, sich frei zu versammeln, und wird dies durch die Präsidentin oder den Präsidenten des Landtages festgestellt, so bedürfen die Verordnungen der Zustimmung der Präsidentin oder des Präsidenten des Landtages.

(4) Die Verordnungen sind dem Landtag unverzüglich vorzulegen. Er kann sie aufheben.

Artikel 45

Ausfertigung, Verkündung, Inkrafttreten

(1) Die verfassungsmäßig beschlossenen Gesetze sind unverzüglich von der Präsidentin oder dem Präsidenten des Landtages auszufertigen und von der Ministerpräsidentin oder dem Ministerpräsidenten im Gesetz- und Verordnungsblatt zu verkünden. Verordnungen werden von der Stelle, die sie erlässt, ausgefertigt und vorbehaltlich anderweitiger gesetzlicher Regelung im Gesetz- und Verordnungsblatt verkündet.

(2) Verordnungen, die auf Grund des Artikels 44 beschlossen sind, werden von der Präsidentin oder dem Präsidenten des Landtages gemeinsam mit der Ministerpräsidentin oder dem Ministerpräsidenten ausgefertigt und, falls eine Verkündung im Gesetz- und Verordnungsblatt nicht möglich ist, öffentlich bekanntgemacht.

(3) Jedes Gesetz und jede Verordnung soll den Tag des Inkrafttretens bestimmen. Fehlt eine solche Bestimmung, so treten sie mit dem 14. Tage nach Ablauf des Tages in Kraft, an dem das Gesetz- und Verordnungsblatt ausgegeben worden ist.

Artikel 46

Verfassungsänderungen

(1) Diese Verfassung kann nur durch ein Gesetz geändert werden, das ihren Wortlaut ausdrücklich ändert oder ergänzt.

(2) Verfassungsänderungen, die den in Artikel 1 Abs. 2 und Artikel 2 niedergelegten Grundsätzen widersprechen, sind unzulässig.

(3) Ein verfassungsänderndes Gesetz bedarf der Zustimmung von zwei Dritteln der Mitglieder des Landtages. Für Verfassungsänderungen durch Volksentscheid gilt Artikel 49 Abs. 2.

Fünfter Abschnitt

Volksinitiative, Volksbegehren und Volksentscheid

Artikel 47

Volksinitiative

70 000 Wahlberechtigte können schriftlich verlangen, dass sich der Landtag im Rahmen seiner verfassungsmäßigen Zuständigkeit mit bestimmten Gegenständen der politischen Willensbildung befasst. Ihre Vertreterinnen oder Vertreter haben das Recht, angehört zu werden.

Artikel 48

Volksbegehren

(1) Ein Volksbegehren kann darauf gerichtet werden, ein Gesetz im Rahmen der Gesetzgebungsbefugnis des Landes zu erlassen, zu ändern oder aufzuheben. Dem Volksbegehren muss ein ausgearbeiteter, mit Gründen versehener Gesetzentwurf zugrunde liegen. Gesetze über den Landeshaushalt, über öffentliche Abgaben sowie über Dienst- und Versorgungsbezüge können nicht Gegenstand eines Volksbegehrens sein.

(2) Die Landesregierung entscheidet, ob das Volksbegehren zulässig ist; gegen ihre Entscheidung kann der Staatsgerichtshof angerufen werden.

(3) Das Volksbegehren kommt zustande, wenn es von zehn vom Hundert der Wahlberechtigten unterstützt wird. Die Landesregierung leitet dann den Gesetzentwurf mit ihrer Stellungnahme unverzüglich an den Landtag weiter.

Artikel 49

Volksentscheid

(1) Nimmt der Landtag einen Gesetzentwurf, der ihm auf Grund eines Volksbegehrens zugeleitet wird, nicht innerhalb von sechs Monaten im wesentlichen unverändert an, so findet spätestens sechs Monate nach Ablauf der Frist oder nach dem Beschluss des Landtages, den Entwurf nicht als Gesetz anzunehmen, ein Volksentscheid über den Gesetzentwurf statt. Der Landtag kann dem Volk einen eigenen Gesetzentwurf zum Gegenstand des Volksbegehrens zur Entscheidung mit vorlegen.

(2) Ein Gesetz ist durch Volksentscheid beschlossen, wenn die Mehrheit derjenigen, die ihre Stimme abgegeben haben, jedoch mindestens ein Viertel der Wahlberechtigten, dem Entwurf zugestimmt hat. Die Verfassung kann durch Volksentscheid nur geändert werden, wenn mindestens die Hälfte der Wahlberechtigten zustimmt.

Artikel 50

Kostenerstattung, Ausführungsgesetz

(1) Ist ein Volksbegehren zustande gekommen, haben die Vertreterinnen und Vertreter des Volksbegehrens Anspruch auf Erstattung der notwendigen Kosten einer angemessenen Information der Öffentlichkeit über die Ziele des Volksbegehrens.

(2) Das Nähere über Volksinitiative, Volksbegehren und Volksentscheid regelt ein Gesetz.

Sechster Abschnitt

Die Rechtsprechung

Artikel 51

Gerichte, Richterinnen und Richter

(1) Die rechtsprechende Gewalt wird im Namen des Volkes durch die nach den Gesetzen bestellten Gerichte ausgeübt.

(2) Die Gerichte sind mit Berufsrichterinnen oder Berufsrichtern sowie in den durch Gesetz bestimmten Fällen mit ehrenamtlichen Richterinnen oder Richtern besetzt.

(3) Durch Gesetz kann bestimmt werden, dass bei der Anstellung von Berufsrichterinnen und Berufsrichtern ein Richterwahlausschuss mitwirkt.

(4) Die Richterinnen und Richter sind unabhängig und nur dem Gesetz unterworfen.

Artikel 52

Richteranklage

(1) Verstößt eine Berufsrichterin oder ein Berufsrichter im Amt oder außerhalb des Amtes gegen die Grundsätze des Grundgesetzes für die Bundesrepublik Deutschland oder dieser Verfassung, so kann das Bundesverfassungsgericht mit Zweidrittelmehrheit auf Antrag des Landtages anordnen, dass die Richterin oder der Richter in ein anderes Amt oder in den Ruhestand zu versetzen ist. Im Falle eines vorsätzlichen Verstoßes kann auf Entlassung erkannt werden. Der Antrag des Landtages kann nur mit der Mehrheit seiner Mitglieder beschlossen werden.

(2) Unter den Voraussetzungen des Absatzes 1 kann das Bundesverfassungsgericht die Bestellung von ehrenamtlichen Richterinnen oder Richtern zurücknehmen.

Artikel 53

Gewährleistung des Rechtsweges

Wird eine Person durch die öffentliche Gewalt in ihren Rechten verletzt, so steht ihr der Rechtsweg offen.

Artikel 54

Zuständigkeit des Staatsgerichtshofs

Der Staatsgerichtshof entscheidet

1. über die Auslegung dieser Verfassung bei Streitigkeiten über den Umfang der Rechte und Pflichten eines obersten Landesorgans oder anderer Beteiligter, die durch diese Verfassung oder in der Geschäftsordnung des Landtages oder der Landesregierung mit eigenen Rechten ausgestattet sind, auf Antrag des obersten Landesorgans oder anderer Beteiligter;

2. bei Streitigkeiten über die Durchführung von Volksinitiativen, Volksbegehren oder Volksentscheiden auf Antrag der Antragstellerinnen und Antragsteller, der Landesregierung oder eines Fünftels der Mitglieder des Landtages;

3. bei Meinungsverschiedenheiten oder Zweifeln über die förmliche oder sachliche Vereinbarkeit von Landesrecht mit dieser Verfassung auf Antrag der Landesregierung oder eines Fünftels der Mitglieder des Landtages;

4. über die Vereinbarkeit eines Landesgesetzes mit dieser Verfassung auf Vorlage eines Gerichts gemäß Artikel 100 Abs. 1 des Grundgesetzes für die Bundesrepublik Deutschland;

5. über Verfassungsbeschwerden von Gemeinden und Gemeindeverbänden wegen Verletzung des Rechts auf Selbstverwaltung durch ein Landesgesetz;

6. in den übrigen ihm durch diese Verfassung oder durch Gesetz zugewiesenen Fällen.

Artikel 55

Verfassung und Verfahren des Staatsgerichtshofs

(1) Der Staatsgerichtshof besteht aus neun Mitgliedern und neun stellvertretenden Mitgliedern, die jeweils ein Mitglied persönlich vertreten.

(2) Die Mitglieder und stellvertretenden Mitglieder des Staatsgerichtshofs werden vom Landtag ohne Aussprache mit einer Mehrheit von zwei Dritteln der anwesenden Mitglieder des Landtages, mindestens aber mit der Mehrheit seiner Mitglieder, auf sieben Jahre gewählt. Eine Wiederwahl ist nur einmal zulässig.

(3) Die Mitglieder des Staatsgerichtshofs dürfen während ihrer Amtszeit weder dem Landtag noch der Landesregierung oder einem entsprechenden

Organ des Bundes oder eines anderen Landes oder der Europäischen Gemeinschaft angehören. Sie dürfen beruflich weder im Dienst des Landes noch einer Körperschaft, Anstalt oder Stiftung des öffentlichen Rechts unter der Aufsicht des Landes stehen. Ausgenommen ist der Dienst als Berufsrichterin oder Berufsrichter und als Hochschullehrerin oder Hochschullehrer.

(4) Ein Gesetz regelt das Nähere über die Verfassung und das Verfahren des Staatsgerichtshofs und bestimmt, in welchen Fällen seine Entscheidungen Gesetzeskraft haben.

(5) Der Staatsgerichtshof hat seinen Sitz in Bückeburg.

Siebenter Abschnitt

Die Verwaltung

Artikel 56

Landesverwaltung

(1) Das Land übt seine Verwaltung durch die Landesregierung und die ihr nachgeordneten Behörden aus.

(2) Der allgemeine Aufbau und die räumliche Gliederung der allgemeinen Landesverwaltung bedürfen eines Gesetzes.

Artikel 57

Selbstverwaltung

(1) Gemeinden und Landkreise und die sonstigen öffentlich-rechtlichen Körperschaften verwalten ihre Angelegenheiten im Rahmen der Gesetze in eigener Verantwortung.

(2) In den Gemeinden und Landkreisen muss das Volk eine Vertretung haben, die aus allgemeinen, unmittelbaren, freien, gleichen und geheimen Wahlen hervorgegangen ist. In Gemeinden kann an die Stelle einer gewählten Vertretung die Gemeindeversammlung treten.

(3) Die Gemeinden sind in ihrem Gebiet die ausschließlichen Träger der gesamten öffentlichen Aufgaben, soweit die Gesetze nicht ausdrücklich etwas anderes bestimmen.

(4) Den Gemeinden und Landkreisen und den sonstigen kommunalen Körperschaften können durch Gesetz oder aufgrund eines Gesetzes durch Verordnung Pflichtaufgaben zur Erfüllung in eigener Verantwortung zugewiesen werden und staatliche Aufgaben zur Erfüllung nach Weisung übertragen werden. Für die durch Vorschriften nach Satz 1 verursachten erheblichen und notwendigen Kosten ist unverzüglich durch Gesetz der entsprechende finanzielle Ausgleich zu regeln. Soweit sich aus einer Änderung der Vorschriften nach Satz 1 erhebliche Erhöhungen der Kosten ergeben, ist der finanzielle Ausgleich entsprechend anzupassen; im Fall einer Verringerung

der Kosten kann er angepasst werden. Der finanzielle Ausgleich für Vorschriften nach Satz 1, die vor dem 1. Januar 2006 erlassen worden sind, richtet sich nach dem bisher geltenden Recht; für den Fall einer Aufgabenverlagerung gilt Satz 3 uneingeschränkt, im Übrigen mit der Maßgabe, dass eine Anpassung im Fall der Verringerung der Kosten nicht erfolgt. Satz 1 gilt entsprechend, soweit sonstigen öffentlich-rechtlichen Körperschaften Aufgaben zugewiesen oder übertragen werden, wenn unverzüglich Bestimmungen über die Deckung der Kosten getroffen werden.

(5) Das Land stellt durch seine Aufsicht sicher, dass die Gesetze beachtet und die Auftragsangelegenheiten weisungsgemäß erfüllt werden.

(6) Bevor durch Gesetz oder Verordnung allgemeine Fragen geregelt werden, welche die Gemeinden oder die Landkreise unmittelbar berühren, sind die kommunalen Spitzenverbände zu hören.

(7) Wird das Land wegen eines Rechtsverstoßes einer kommunalen Körperschaft in Anspruch genommen, so kann es nach Maßgabe eines Landesgesetzes bei der Kommune Rückgriff nehmen.

Artikel 58

Finanzwirtschaft der Gemeinden und Landkreise

Das Land ist verpflichtet, den Gemeinden und Landkreisen die zur Erfüllung ihrer Aufgaben erforderlichen Mittel durch Erschließung eigener Steuerquellen und im Rahmen seiner finanziellen Leistungsfähigkeit durch übergemeindlichen Finanzausgleich zur Verfügung zu stellen.

Artikel 59

Gebietsänderung von Gemeinden und Landkreisen

(1) Aus Gründen des Gemeinwohls können Gemeinden und Landkreise aufgelöst, vereinigt oder neu gebildet und Gebietsteile von Gemeinden oder Landkreisen umgegliedert werden.

(2) Gebietsänderungen bedürfen eines Gesetzes. Gebietsteile können auch durch Vertrag der beteiligten Gemeinden oder Landkreise mit Genehmigung des Landes umgegliedert werden.

(3) Vor der Änderung von Gemeindegebieten ist die Bevölkerung der beteiligten Gemeinden zu hören.

Artikel 60

Öffentlicher Dienst

Die Ausübung hoheitsrechtlicher Befugnisse ist als ständige Aufgabe in der Regel Angehörigen des öffentlichen Dienstes zu übertragen, die in einem öffentlich-rechtlichen Dienst- und Treueverhältnis stehen. Sie dienen dem ganzen Volk, nicht einer Partei oder sonstigen Gruppe, und haben ihr Amt und ihre Aufgaben unparteiisch und ohne Rücksicht auf die Person nur nach sachlichen Gesichtspunkten auszuüben.

Artikel 61

Wählbarkeit von Angehörigen des öffentlichen Dienstes

Die Wählbarkeit von Angehörigen des öffentlichen Dienstes in Vertretungskörperschaften kann gesetzlich beschränkt werden.

Artikel 62

Landesbeauftragte oder Landesbeauftragter für den Datenschutz

(1) Die Landesbeauftragte oder der Landesbeauftragte für den Datenschutz kontrolliert, dass die öffentliche Verwaltung bei dem Umgang mit personenbezogenen Daten Gesetz und Recht einhält. Sie oder er berichtet über ihre oder seine Tätigkeit und deren Ergebnisse dem Landtag.

(2) Der Landtag wählt auf Vorschlag der Landesregierung die Landesbeauftragte oder den Landesbeauftragten für den Datenschutz mit einer Mehrheit von zwei Dritteln der anwesenden Mitglieder des Landtages, mindestens jedoch der Mehrheit seiner Mitglieder.

(3) Die Landesbeauftragte oder der Landesbeauftragte für den Datenschutz ist unabhängig und nur an Gesetz und Recht gebunden. Artikel 38 Abs. 1 und Artikel 56 Abs. 1 finden auf sie oder ihn keine Anwendung.

(4) Das Nähere bestimmt ein Gesetz. Dieses Gesetz kann personalrechtliche Entscheidungen, welche Bedienstete der Landesbeauftragten oder des Landesbeauftragten für den Datenschutz betreffen, von deren oder dessen Mitwirkung abhängig machen. Der Landesbeauftragten oder dem Landesbeauftragten für den Datenschutz kann durch Gesetz die Aufgabe übertragen werden, die Durchführung des Datenschutzes bei der Datenverarbeitung nicht öffentlicher Stellen und öffentlich-rechtlicher Wettbewerbsunternehmen zu kontrollieren.

Achter Abschnitt

Das Finanzwesen

Artikel 63

Landesvermögen

(1) Das Landesvermögen ist Eigentum des Volkes. Landesvermögen darf nur mit Zustimmung des Landtages veräußert oder belastet werden. Die Zustimmung kann allgemein oder für den Einzelfall erteilt werden.

(2) Für die Veräußerung und Belastung von Vermögen, das im Eigentum Dritter steht und vom Land verwaltet wird, gilt Absatz 1 entsprechend.

Artikel 64

Finanzplanung

Der Haushaltswirtschaft ist eine mehrjährige Finanz- und Investitionsplanung zugrunde zu legen. Das Nähere regelt ein Gesetz.

Artikel 65

Landeshaushalt

(1) Für jedes Haushaltsjahr sind alle Einnahmen des Landes nach dem Entstehungsgrund und alle Ausgaben des Landes nach Zwecken getrennt im Haushaltsplan zu veranschlagen. Der Haushaltsplan ist in Einnahme und Ausgabe auszugleichen. Zusätzlich können Verpflichtungsermächtigungen für die Folgejahre ausgewiesen werden.

(2) Die Verwaltung darf nur die im Haushaltsplan veranschlagten Ausgaben leisten und das Land zu Ausgaben in künftigen Haushaltsjahren nur verpflichten, soweit der Haushaltsplan sie dazu ermächtigt.

(3) Bei Landesbetrieben und Sondervermögen des Landes brauchen nur die Zuführungen oder die Ablieferungen im Haushaltsplan veranschlagt zu sein.

(4) Der Haushaltsplan wird im voraus durch Gesetz festgestellt.

(5) In das Haushaltsgesetz dürfen nur Vorschriften aufgenommen werden, die sich auf die Einnahmen und die Ausgaben des Landes und auf den Zeitraum beziehen, für den das Haushaltsgesetz beschlossen wird. Das Haushaltsgesetz kann vorschreiben, daß die Vorschriften erst mit der Verkündung des nächsten Haushaltsgesetzes oder bei Ermächtigung nach Artikel 71 zu einem späteren Zeitpunkt außer Kraft treten.

Artikel 66

Vorläufige Haushaltsführung

(1) Ist bis zum Schluss eines Haushaltsjahres der Haushaltsplan für das folgende Jahr nicht durch Gesetz festgestellt, so sind bis zur Verkündung des Haushaltsgesetzes die Präsidentin oder der Präsident des Landtages, die Landesregierung, die Präsidentin oder der Präsident des Staatsgerichtshofs, die Präsidentin oder der Präsident des Landesrechnungshofs und die Landesbeauftragte oder der Landesbeauftragte für den Datenschutz ermächtigt, alle Ausgaben zu leisten, die nötig sind,

1. um gesetzlich bestehende Einrichtungen zu erhalten und gesetzlich beschlossene Maßnahmen durchzuführen,

2. um die rechtlich begründeten Verpflichtungen des Landes zu erfüllen,

3. um Bauten, Beschaffungen und sonstige Leistungen fortzusetzen oder Beihilfen für diese Zwecke weiter zu gewähren, sofern durch den Haushaltsplan eines Vorjahres bereits Beträge bewilligt worden sind.

(2) Soweit nicht auf besonderem Gesetz beruhende Einnahmen aus Steuern, Abgaben und sonstigen Quellen oder die Betriebsmittelrücklage die Ausgaben unter Absatz 1 decken, darf die Landesregierung die zur Aufrechterhaltung der Wirtschaftsführung erforderlichen Mittel bis zur Höhe eines Viertels der Endsumme des abgelaufenen Haushaltsplans durch Kredit beschaffen.

Artikel 67

Über- und außerplanmäßige Ausgaben

(1) Im Falle eines unvorhergesehenen und unabweisbaren Bedarfs sind mit Einwilligung der Finanzministerin oder des Finanzministers über- und außerplanmäßige Ausgaben sowie über- und außerplanmäßige Verpflichtungen zulässig. Dieses gilt nicht, wenn der Landtag noch rechtzeitig durch ein Nachtragshaushaltsgesetz über die Ausgabe entscheiden kann, es sei denn, dass die Ausgabe einen im Haushaltsgesetz festzusetzenden Betrag nicht überschreitet, die Mittel von anderer Seite zweckgebunden zur Verfügung gestellt werden oder eine fällige Rechtsverpflichtung des Landes zu erfüllen ist.

(2) Näheres kann durch Gesetz geregelt werden. Es kann insbesondere bestimmen, dass über- und außerplanmäßige Ausgaben und Verpflichtungen dem Landtag mitzuteilen sind und seiner Genehmigung bedürfen.

Artikel 68

Haushaltswirksame Gesetze

(1) Wer einen Gesetzentwurf einbringt, muss die Kosten und Mindereinnahmen darlegen, die für das Land, für die Gemeinden, für die Landkreise und für betroffene andere Träger öffentlicher Verwaltung in absehbarer Zeit zu erwarten sind.

(2) Der Landtag darf Maßnahmen mit Auswirkungen auf einen bereits verabschiedeten Haushaltsplan nur beschließen, wenn gleichzeitig die notwendige Deckung geschaffen wird.

Artikel 69

Rechnungslegung, Entlastung

Die Finanzministerin oder der Finanzminister hat dem Landtag über alle Einnahmen, Ausgaben und Verpflichtungen im Laufe des nächsten Haushaltsjahres Rechnung zu legen. Über das Vermögen und die Schulden ist Rechnung zu legen oder ein anderer Nachweis zu führen. Der Landtag beschließt über die Entlastung der Landesregierung.

Artikel 70

Landesrechnungshof

(1) Der Landesrechnungshof, dessen Mitglieder richterliche Unabhängigkeit besitzen, prüft die Rechnung sowie die Wirtschaftlichkeit und Ordnungsmäßigkeit der Haushalts- und Wirtschaftsführung. Er berichtet darüber dem Landtag und unterrichtet gleichzeitig die Landesregierung. Das Nähere wird durch Gesetz geregelt. Durch Gesetz können dem Landesrechnungshof weitere Aufgaben zugewiesen werden.

(2) Der Landtag wählt auf Vorschlag der Landesregierung die Präsidentin oder den Präsidenten und die Vizepräsidentin oder den Vizepräsidenten des Landesrechnungshofs mit einer Mehrheit von zwei Dritteln der anwesenden Mitglieder des Landtages, mindestens jedoch der Mehrheit seiner Mitglieder, auf die Dauer von zwölf Jahren. Die Landesregierung ernennt die Präsidentin oder den Präsidenten, die Vizepräsidentin oder den Vizepräsidenten und auf Vorschlag der Präsidentin oder des Präsidenten mit Zustimmung des Landtages die weiteren Mitglieder des Landesrechnungshofs. Das Nähere bestimmt ein Gesetz.

Artikel 71

Kreditaufnahme, Gewährleistungen

Die Aufnahme von Krediten sowie die Übernahme von Bürgschaften, Garantien oder sonstigen Gewährleistungen, die zu Ausgaben in künftigen Haushaltsjahren führen können, bedürfen einer der Höhe nach bestimmten oder bestimmbaren Ermächtigung durch Gesetz. Kredite dürfen die für eigenfinanzierte Investitionen, Investitionsfördermaßnahmen und zur Umschuldung veranschlagten Ausgaben nicht überschreiten. Ausnahmen sind nur zulässig zur Abwehr einer nachhaltigen Störung des gesamtwirtschaftlichen Gleichgewichts oder zur Abwehr einer akuten Bedrohung der natürlichen Lebensgrundlagen.

Neunter Abschnitt

Übergangs- und Schlußbestimmungen

Artikel 72

Besondere Belange und überkommene Einrichtungen der ehemaligen Länder

(1) Die kulturellen und historischen Belange der ehemaligen Länder Hannover, Oldenburg, Braunschweig und Schaumburg-Lippe sind durch Gesetzgebung und Verwaltung zu wahren und zu fördern.

(2) Die überkommenen heimatgebundenen Einrichtungen dieser Länder sind weiterhin dem heimatlichen Interesse dienstbar zu machen und zu erhalten,

soweit ihre Änderung oder Aufhebung nicht in Verfolg organisatorischer Maßnahmen, die sich auf das gesamte Land Niedersachsen erstrecken, notwendig wird.

Artikel 73

Übertragung von Hoheitsrechten

Für das in Artikel 1 Abs. 2 des Staatsvertrages zwischen der Freien und Hansestadt Hamburg und dem Land Niedersachsen vom 26. Mai/4. Juni 1961 (Nieders. GVBl. 1962 S. 151) bezeichnete Gebiet können öffentlich-rechtliche Befugnisse des Landes auf die Freie und Hansestadt Hamburg übertragen werden.

Artikel 74

Mehrheiten und Minderheiten der Mitglieder des Landtages

Mehrheiten oder Minderheiten der „Mitglieder des Landtages" im Sinne dieser Verfassung werden nach der gesetzlichen Mitgliederzahl berechnet.

Artikel 75

Volksvertretungen anderer Länder

Artikel 22 Abs. 2 und die Artikel 14, 15 und 16 gelten entsprechend für Volksvertretungen anderer Länder der Bundesrepublik Deutschland.

Artikel 76

Übergangsvorschrift für die Wahlperioden

(1) Die Zwölfte Wahlperiode des Landtages endet mit dem 20. Juni 1994. Artikel 6 Abs. 1 Satz 3 der Vorläufigen Niedersächsischen Verfassung gilt bis zum Ende der Zwölften Wahlperiode fort. Der Ausschuss nach Artikel 12 der Vorläufigen Niedersächsischen Verfassung bleibt bis zum Zusammentritt des Landtages der Dreizehnten Wahlperiode bestehen. Artikel 18 der Vorläufigen Niedersächsischen Verfassung gilt weiterhin für diesen Ausschuss.

(2) Die Dreizehnte Wahlperiode beginnt mit dem Ende der Zwölften Wahlperiode. Für die Wahl und den Zusammentritt des Landtages der Dreizehnten Wahlperiode gelten noch Artikel 4 Abs. 2 Satz 2 und Artikel 6 Abs. 2 und 3 der Vorläufigen Niedersächsischen Verfassung. Der Landtag der Dreizehnten Wahlperiode wird auf vier Jahre gewählt. Der Landtag der Vierzehnten Wahlperiode ist frühestens 44, spätestens 47 Monate nach Beginn der Dreizehnten Wahlperiode zu wählen; im übrigen ist Artikel 9 Abs. 2 dieser Verfassung anzuwenden.

Artikel 77

Übergangsvorschrift für die Besetzung des Staatsgerichtshofs

Die Mitglieder des Staatsgerichtshofs und deren Stellvertreterinnen oder Stellvertreter bleiben nach Inkrafttreten dieser Verfassung in der Zeit, für die sie gewählt worden sind, in ihrem Amt.

Artikel 78

Inkrafttreten

(1) Diese Verfassung tritt am 1. Juni 1993 in Kraft.

(2) Gleichzeitig tritt die Vorläufige Niedersächsische Verfassung vom 13. April 1951 (Nieders. GVBl. Sb. I S. 5), zuletzt geändert durch Artikel 1 des Gesetzes vom 27. November 1991 (Nieders. GVBl. S. 301), außer Kraft.

GESCHÄFTSORDNUNG FÜR DEN NIEDERSÄCHSISCHEN LANDTAG

Vom 4. März 2003
(Nds. GVBl. S. 135),

zuletzt geändert durch Beschluss vom 19. Februar 2013
(Nds. GVBl. S. 71)

Mit Verhaltensregeln für Mitglieder des Niedersächsischen Landtages
sowie Richtlinien und Geschäftsverteilungsplan für den Gesetzgebungs-
und Beratungsdienst

Inhaltsübersicht

Dritter Abschnitt

Ordnung der Sitzungen

I. Sitzungen des Landtages

Erster Abschnitt

Der Landtag und seine Organisation

I. Mitglieder des Landtages

§ 1
Pflichten der Mitglieder des Landtages, Anwesenheitsliste

(1) [1]Die Ausübung des Mandats steht im Mittelpunkt der Tätigkeit eines Mitglieds des Landtages. [2]Die Mitglieder des Landtages sind verpflichtet, an der Arbeit des Landtages mitzuwirken. [3]Sie haben an den Sitzungen des Landtages und der Ausschüsse, denen sie angehören, teilzunehmen.

(2) Für jede Sitzung des Landtages oder eines Ausschusses wird eine Anwesenheitsliste ausgelegt, in die sich die anwesenden Mitglieder des Landtages persönlich einzutragen haben.

(3) Muss ein Mitglied des Landtages aus wichtigem Grund eine Sitzung vorzeitig verlassen, so hat es dies dem Sitzungsvorstand oder der oder dem Vorsitzenden des Ausschusses mitzuteilen.

(4) Wer infolge Krankheit oder aus sonstigen dringenden Gründen verhindert ist, an einer Sitzung teilzunehmen, hat dies bei Sitzungen des Landtages der Präsidentin oder dem Präsidenten, bei Sitzungen der Ausschüsse seiner Fraktion möglichst frühzeitig vor Sitzungsbeginn mitzuteilen.

(5) Die Präsidentin oder der Präsident kann Mitglieder des Landtages für bestimmte Zeit beurlauben.

(6) Für die Mitglieder des Landtages gelten die in der Anlage zu dieser Geschäftsordnung enthaltenen Verhaltensregeln.

II. Fraktionen

§ 2
Bildung der Fraktionen

(1) Fraktionen sind Vereinigungen, zu denen sich Mitglieder des Landtages zusammenschließen können, die der gleichen Partei angehören, falls diese Partei mindestens den nach dem Landeswahlgesetz erforderlichen Anteil an der Gesamtstimmenzahl erreicht hat.

(2) Ein Mitglied des Landtages kann nur einer Fraktion angehören.

(3) [1]Die Bildung einer Fraktion, ihre Bezeichnung, die Namen der Vorsitzenden, Mitglieder und Gäste sind der Präsidentin oder dem Präsidenten schriftlich mitzuteilen. [2]Über Fraktionsbezeichnungen, die zu Missdeutungen An-

lass geben können, hat die Präsidentin oder der Präsident die Entscheidung des Landtages herbeizuführen.

§ 2a
Vertretung der Fraktionen

Beim Einreichen von Gesetzentwürfen sowie bei anderen in dieser Geschäftsordnung geregelten Anträgen und Erklärungen können die Fraktionen durch ihre Vorsitzenden, ihre stellvertretenden Vorsitzenden oder ihre Parlamentarischen Geschäftsführerinnen oder Geschäftsführer vertreten werden.

III. Ältestenrat

§ 3
Zusammensetzung des Ältestenrats

(1) Dem Ältestenrat gehören 15 Mitglieder des Landtages als stimmberechtigte Mitglieder an.

(2) [1]Die stimmberechtigten Mitglieder des Ältestenrats werden der Präsidentin oder dem Präsidenten von den Fraktionen schriftlich benannt. [2]Jede Fraktion benennt so viele Mitglieder für den Ältestenrat, wie sich nach dem Höchstzahlverfahren aus der Fraktionsstärke ergibt. [3]Gäste zählen hierbei als Fraktionsmitglieder. [4]Für die Berechnung können sich Fraktionen zusammenschließen und fraktionslose Mitglieder des Landtages einer Fraktion anschließen (Zählgemeinschaften). [5]Außerdem benennen die Fraktionen weitere Mitglieder des Landtages, die verhinderte Mitglieder des Ältestenrats vertreten. [6]Fraktionen, auf die nach Satz 2 kein stimmberechtigtes Mitglied des Ältestenrats entfällt, können ein zusätzliches Mitglied mit beratender Stimme benennen.

(3) Die Präsidentin oder der Präsident sowie die Vizepräsidentinnen und Vizepräsidenten gehören dem Ältestenrat mit beratender Stimme an.

(4) Den Vorsitz im Ältestenrat führt die Präsidentin oder der Präsident.

§ 4
Aufgaben des Ältestenrats

[1]Der Ältestenrat unterstützt die Präsidentin oder den Präsidenten in parlamentarischen Angelegenheiten. [2]Er berät insbesondere über den Terminplan und die Tagesordnung der Sitzungen des Landtages. [3]Er beschließt über die Sitzordnung im Plenarsaal. [4]Er nimmt die Aufgaben eines Geschäftsordnungsausschusses wahr.

IV. Präsidium, Präsidentin, Präsident

§ 5
Zusammensetzung und Wahl des Präsidiums

(1) [1]Dem Präsidium gehören die Präsidentin als Vorsitzende oder der Präsident als Vorsitzender, drei Vizepräsidentinnen oder Vizepräsidenten und elf weitere Mitglieder (Schriftführerinnen, Schriftführer) an. [2]Die Mitglieder des Präsidiums werden vom Landtag für die Dauer der Wahlperiode gewählt.

(2) [1]Die stärkste Fraktion schlägt ein Mitglied des Landtages für die Wahl zur Präsidentin oder zum Präsidenten vor. [2]Nach der Wahl der Vizepräsidentinnen und Vizepräsidenten schlagen die Fraktionen jeweils so viele Mitglieder des Landtages für die Wahl zur Schriftführerin oder zum Schriftführer vor, wie sich aus einer entsprechenden Anwendung des § 3 Abs. 2 Sätze 2 bis 4 auf das Präsidium ergeben; dabei werden die Präsidentin oder der Präsident sowie die gewählten Vizepräsidentinnen und Vizepräsidenten (Halbsatz 1) jeweils auf die Vorschlagsrechte derjenigen Fraktion angerechnet, der sie angehören. [3]Die Fraktionen können eine andere Verteilung der Vorschlagsrechte vereinbaren.

(3) [1]Der Landtag wählt die Mitglieder des Präsidiums einzeln nacheinander mit Stimmzetteln. [2]Wenn kein anwesendes Mitglied des Landtages widerspricht, kann durch Handzeichen und können sämtliche Vizepräsidentinnen und Vizepräsidenten und sämtliche Schriftführerinnen und Schriftführer jeweils in einem Wahlgang gewählt werden.

(4) [1]Ein vorgeschlagenes Mitglied des Landtages ist gewählt, wenn es die Mehrheit der abgegebenen gültigen Stimmen erhält. [2]Wird es nicht gewählt, so kann die vorschlagsberechtigte Fraktion ein anderes Mitglied des Landtages vorschlagen.

(5) Mitglieder des Präsidiums verlieren ihr Amt, wenn sie aus der Fraktion, die sie vorgeschlagen hat, ausscheiden.

(6) [1]Einen Antrag auf Abberufung eines Mitglieds des Präsidiums (Artikel 18 Abs. 4 der Verfassung) behandelt der Landtag ohne Ausschussüberweisung in einer Beratung. [2]Über den Antrag darf frühestens drei Wochen nach seiner Verteilung (§ 19 Abs. 2) abgestimmt werden.

§ 6
Aufgaben der Präsidentin oder des Präsidenten

(1) Die Präsidentin oder der Präsident wahrt die Würde und die Rechte des Landtages.

(2) Sie oder er vertritt den Landtag, fördert seine Arbeit und verwaltet seine Angelegenheiten nach Maßgabe der Verfassung (Artikel 18 Abs. 2 und 3).

§ 7
Vertretung der Präsidentin oder des Präsidenten

[1]Ist die Präsidentin oder der Präsident verhindert, so tritt eine Vizepräsidentin oder ein Vizepräsident an ihre oder seine Stelle. [2]Die Präsidentin oder der

Präsident vereinbart mit den Vizepräsidentinnen und Vizepräsidenten die Reihenfolge der Vertretung.

§ 8
Aufgaben des Präsidiums

[1]Das Präsidium unterstützt die Präsidentin oder den Präsidenten in Angelegenheiten der Verwaltung des Landtages. [2]Es wirkt in den Fällen des Artikels 18 Abs. 3 Satz 3 der Verfassung mit sowie beim Entwurf des Haushaltsplans für den Landtag, bei der Verfügung über die Räume im Landtagsgebäude, beim Erlass einer Hausordnung, in Angelegenheiten der Bibliothek und bei der Verfügung über die Akten des Landtages.

§ 9
Landtagsverwaltung

(1) [1]Die Landtagsverwaltung unterstützt die Präsidentin oder den Präsidenten bei der Durchführung der Verwaltungsaufgaben. [2]Insbesondere bereitet sie die Sitzungen des Landtages und seiner Ausschüsse vor und nimmt für die Präsidentin oder den Präsidenten Vorlagen (§ 19), Eingaben (§ 50) und andere an den Landtag gerichtete Schriftstücke (§ 62) entgegen.

(2) Die Direktorin oder der Direktor beim Niedersächsischen Landtag ist ständige Vertreterin oder ständiger Vertreter der Präsidentin oder des Präsidenten in der Verwaltung.

V. Ausschüsse

§ 10
Zahl der Ausschüsse

(1) Der Landtag bildet aus seiner Mitte die folgenden ständigen Ausschüsse und Unterausschüsse:

1. Ausschuss für Rechts- und Verfassungsfragen,

   1.1 Unterausschuss „Justizvollzug und Straffälligenhilfe",

2. Ausschuss für Inneres und Sport,

3. Ausschuss für Haushalt und Finanzen,

   3.1 Unterausschuss „Prüfung der Haushaltsrechnungen",

4. Kultusausschuss,

5. Ausschuss für Wissenschaft und Kultur,

6. Ausschuss für Wirtschaft, Arbeit und Verkehr,

   6.1 Unterausschuss „Häfen und Schifffahrt",

7. Ausschuss für Ernährung, Landwirtschaft, Verbraucherschutz und Landesentwicklung,

8. Ausschuss für Soziales, Frauen, Familie, Gesundheit und Migration,

9. Ausschuss für Umwelt, Energie und Klimaschutz,

10. Ausschuss für Bundes- und Europaangelegenheiten, Medien und Regionalentwicklung,

11. Petitionsausschuss.

(2) Der Landtag kann weitere Ausschüsse einsetzen.

§ 11
Zusammensetzung der Ausschüsse

(1) [1]Die Ausschüsse nach § 10 Abs. 1 Nrn. 1 bis 11 haben 15 Mitglieder. [2]Die Stärke eines Ausschusses nach § 10 Abs. 2 bestimmt der Landtag bei der Einsetzung.

(2) [1]Für die Besetzung der Ausschüsse gilt § 3 Abs. 2 entsprechend. [2]Jedes Mitglied des Landtages soll mindestens einem Ausschuss angehören. [3]Über die Frage, welchem Ausschuss ein fraktionsloses Mitglied des Landtages mit beratender Stimme angehört, entscheidet nach Anhörung des Mitgliedes der Ältestenrat.

(3) [1]Die Vorsitzenden der Ausschüsse werden der Präsidentin oder dem Präsidenten von den Fraktionen schriftlich benannt. [2]Die einzelnen Fraktionen benennen jeweils für so viele Ausschüsse nach § 10 Vorsitzende, wie sich nach dem Höchstzahlverfahren aus der Fraktionsstärke ergibt. [3]Die Fraktionen bezeichnen im Ältestenrat nacheinander in der Reihenfolge der Höchstzahlen jeweils einen Ausschuss, für den sie die Vorsitzende oder den Vorsitzenden benennen wollen. [4]§ 3 Abs. 2 Sätze 3 und 4 gilt entsprechend. [5]Die Fraktionen können eine andere Verteilung der Vorsitze vereinbaren.

(4) [1]Der Landtag kann die Vorsitzende oder den Vorsitzenden eines Ausschusses auf Antrag der Mehrheit der Mitglieder des Landtages abberufen. [2]Die Abberufung bedarf einer Mehrheit von zwei Dritteln der Mitglieder des Landtages. [3]Für das Verfahren gilt § 5 Abs. 6 entsprechend. [4]Die oder der Abberufene darf von der berechtigten Fraktion nicht wieder als Vorsitzende oder Vorsitzender benannt werden.

(5) Für die Ausschüsse sind stellvertretende Vorsitzende in entsprechender Anwendung des Absatzes 3 zu bestellen.

(6) [1]Der Unterausschuss nach § 10 Abs. 1 Nr. 1.1 hat 7 Mitglieder, der Unterausschuss nach § 10 Abs. 1 Nr. 3.1 hat 5 Mitglieder, und der Unterausschuss nach § 10 Abs. 1 Nr. 6.1 hat 15 Mitglieder. [2]Für die Besetzung der Unterausschüsse gilt § 3 Abs. 2 entsprechend. [3]Die Vorsitzenden der Unterausschüsse werden in entsprechender Anwendung des Absatzes 3 bestellt.

§ 12
Aufgaben der Ausschüsse

(1) Die Ausschüsse bereiten die Beratungen und Beschlüsse des Landtages vor und befassen sich, soweit diese Geschäftordnung nichts anderes be-

stimmt, mit den Gegenständen, die ihnen vom Landtag oder von der Präsidentin oder dem Präsidenten überwiesen wurden.

(2) [1]Die Ausschüsse können sich auf Antrag einer Fraktion auch mit anderen als den in Absatz 1 bezeichneten Gegenständen befassen, soweit sie zu ihrem Zuständigkeitsbereich gehören. [2]Die Anträge haben den Beratungsgegenstand konkret zu bezeichnen und sind schriftlich zu begründen.

(3) Die Unterausschüsse bereiten die Beratungen und Beschlüsse der übergeordneten Ausschüsse vor und befassen sich mit den Gegenständen, die ihnen überwiesen wurden.

VI. Ausschüsse eigener Art

§ 13

– gestrichen –

§ 14
Wahlprüfungsausschuss

(1) Der Landtag wählt nach den Bestimmungen des Wahlprüfungsgesetzes für die Dauer der Wahlperiode aus seiner Mitte einen Wahlprüfungsausschuss.

(2) [1]Der Ausschuss hat 13 stimmberechtigte Mitglieder. [2]§ 3 Abs. 2 Satz 6 gilt entsprechend.

§ 15
Ausschuss zur Vorbereitung der Wahl der Mitglieder
des Staatsgerichtshofs

(1) Der Landtag bestellt nach § 3 des Gesetzes über den Staatsgerichtshof einen Ausschuss zur Vorbereitung der Wahl der Mitglieder des Staatsgerichtshofs.

(2) [1]Der Ausschuss hat sieben stimmberechtigte Mitglieder. [2]§ 3 Abs. 2 gilt entsprechend. [3]Die Präsidentin oder der Präsident gehört dem Ausschuss mit beratender Stimme an und führt den Vorsitz.

§ 16
Ausschuss zur Vorbereitung der Wahl und der Zustimmung
nach Artikel 70 Abs. 2 der Verfassung

(1) Der Landtag bestellt einen Ausschuss, der die Wahl der Präsidentin oder des Präsidenten und der Vizepräsidentin oder des Vizepräsidenten des Landesrechnungshofs sowie die Zustimmung des Landtages zur Ernennung der weiteren Mitglieder des Landesrechnungshofs (Artikel 70 Abs. 2 der Verfassung) vorbereitet.

(2) [1]Der Ausschuss hat sieben stimmberechtigte Mitglieder. [2]§ 3 Abs. 2 gilt entsprechend. [3]Die Präsidentin oder der Präsident gehört dem Ausschuss mit beratender Stimme an und führt den Vorsitz.

§ 17
Datenschutzkommission

(1) Der Landtag bildet nach § 12 der Datenschutzordnung des Niedersächsischen Landtages eine Datenschutzkommission.

(2) [1]Die Kommission hat 11 stimmberechtigte Mitglieder. [2]Jede Fraktion benennt zunächst eines dieser Mitglieder. [3]Für die Benennung der restlichen Mitglieder gilt § 3 Abs. 2 entsprechend.

(3) § 11 Abs. 3 bis 5 gilt entsprechend.

§ 17a
Ausschuss für Angelegenheiten des Verfassungsschutzes

(1) [1]Der Landtag bildet nach den §§ 23 und 24 des Niedersächsischen Verfassungsschutzgesetzes einen Ausschuss für Angelegenheiten des Verfassungsschutzes. [2]Diesem obliegt auch die Kontrolle nach § 2 Abs. 1 des Niedersächsischen Gesetzes zur Ausführung des Gesetzes zu Artikel 10 Grundgesetz.

(2) [1]Der Ausschuss hat 11 stimmberechtigte Mitglieder. [2]Jede Fraktion benennt zunächst eines dieser Mitglieder. [3]Für die Benennung der restlichen Mitglieder gilt § 3 Abs. 2 Sätze 1 bis 4 und 6 entsprechend. [4]Für jedes Mitglied wird ein stellvertretendes Mitglied bestellt.

(3) § 11 Abs. 3 bis 5 gilt entsprechend.

(4) Bei der Wahrnehmung der Aufgabe nach Absatz 1 Satz 2 verfährt der Ausschuss nach einer besonderen Geschäftsordnung, die nach Maßgabe des § 26 Abs. 2 des Niedersächsischen Verfassungsschutzgesetzes erlassen wird.

§ 17b
Ausschuss zur Kontrolle besonderer polizeilicher Datenerhebungen

(1) Der Landtag bestellt einen Ausschuss gemäß § 37a des Niedersächsischen Gesetzes über die öffentliche Sicherheit und Ordnung und gemäß § 13 des Ausführungsgesetzes zum Gerichtsverfassungsgesetz.

(2) [1]Der Ausschuss hat 11 stimmberechtigte Mitglieder. [2]Jede Fraktion benennt zunächst eines dieser Mitglieder. [3]Für die Benennung der restlichen Mitglieder gilt § 3 Abs. 2 entsprechend.

(3) § 11 Abs. 3 bis 5 gilt entsprechend.

§ 18
Parlamentarische Untersuchungsausschüsse

Bei der Einsetzung eines Parlamentarischen Untersuchungsausschusses nach Artikel 27 der Verfassung beschließt der Landtag über die Stärke und die Geschäftsordnung des Ausschusses.

VII. Kommissionen

§ 18a
Enquetekommissionen

(1) ¹Zur Klärung umfangreicher Sachverhalte, die für Entscheidungen des Landtages wesentlich sind, kann der Landtag Kommissionen einsetzen, denen Mitglieder des Landtages und Sachverständige, die nicht Mitglieder des Landtages sind, angehören können. ²Der Einsetzungsbeschluss muss den Auftrag der Kommission genau bestimmen und den Zeitpunkt festlegen, bis zu dem die Kommission ihren Bericht vorlegen soll.

(2) ¹Die Stärke einer Kommission bestimmt der Landtag bei ihrer Einsetzung. ²Die Mitglieder und stellvertretenden Mitglieder der Kommission werden im Einvernehmen der Fraktionen benannt und von der Präsidentin oder vom Präsidenten berufen. ³Können die Fraktionen sich nicht einigen, so benennen sie die Mitglieder im Verhältnis ihrer Stärke. ⁴Mehr als die Hälfte der Mitglieder einer Kommission müssen Mitglieder des Landtages sein.

(3) ¹Soweit der Landtag nichts anderes beschließt, regeln die Kommissionen ihr Verfahren selbst. ²Die oder der Vorsitzende einer Kommission muss Mitglied des Landtages sein.

§ 18b
Kommission zu Fragen der Migration und Teilhabe

(1) Zur regelmäßigen Erörterung aller Fragen der Teilhabe sowohl von Ausländerinnen und Ausländern als auch von Einwohnerinnen und Einwohnern mit Zuwanderungsgeschichte in Niedersachsen bildet der Landtag eine Kommission zu Fragen der Migration und Teilhabe.

(2) ¹Der Kommission gehören als stimmberechtigte Mitglieder an:

1. ein Mitglied des Landtages aus jeder Fraktion,

2. bis zu zehn Vertreterinnen oder Vertreter von landesweit tätigen Vereinigungen zur Förderung der Integration der in Niedersachsen lebenden Ausländerinnen und Ausländer und der Menschen mit Zuwanderungsgeschichte; die Vereinigungen sollen die verschiedenen gesellschaftlichen Bereiche des Zusammenlebens widerspiegeln, in denen die Integration besondere Bedeutung hat; Vertreterinnen oder Vertreter können nur hier lebende Ausländerinnen und Ausländer sein, die im Besitz einer Aufenthalts- oder Niederlassungserlaubnis sind, sowie deutsche Staatsangehörige.

^{2}Die Mitglieder nach Satz 1 Nr. 1 werden von den Fraktionen benannt. ^{3}Für jedes dieser Mitglieder ist ein stellvertretendes Mitglied zu benennen. ^{4}Die Mitglieder nach Satz 1 Nr. 2 werden auf gemeinsamen Vorschlag der Fraktionen von der Präsidentin oder vom Präsidenten berufen. ^{5}Für jedes dieser Mitglieder ist, ebenfalls auf gemeinsamen Vorschlag der Fraktionen, ein stellvertretendes Mitglied zu benennen. ^{6}Die oder der Beauftragte für Migration und Teilhabe kann an den Sitzungen der Kommission mit beratender Stimme teilnehmen.

(3) ^{1}Den Vorsitz der Kommission führt das von der stärksten Fraktion benannte Mitglied nach Absatz 2 Satz 1 Nr. 1. ^{2}Die Stellvertretung im Vorsitz obliegt dem von der zweitstärksten Fraktion benannten Mitglied nach Absatz 2 Satz 1 Nr. 1. ^{3}§ 3 Abs. 2 Satz 4 gilt entsprechend.

(4) ^{1}Die Kommission kann dem Landtag aus ihrem Tätigkeitsbereich Hinweise und Empfehlungen geben; diese bedürfen eines einstimmigen Beschlusses. ^{2}Die Ausschüsse des Landtages können zu einzelnen Fragen im Zusammenhang mit Beratungsgegenständen, die ihnen überwiesen worden sind, eine Stellungnahme der Kommission einholen.

(5) ^{1}Die Kommission gibt sich eine Geschäftsordnung. ^{2}Darin ist auch die Vertretung der Mitglieder nach Absatz 2 Satz 1 Nr. 2 durch die stellvertretenden Mitglieder nach Absatz 2 Satz 5 zu regeln. ^{3}Sitzungen und Reisen der Kommission bedürfen der Genehmigung der Präsidentin oder des Präsidenten.

Zweiter Abschnitt

Gegenstände der Beratung

I. Allgemeine Vorschriften

§ 19
Landtagsdrucksachen

(1) ^{1}Gesetzentwürfe (§§ 22 und 62d), Anträge nach den §§ 5, 11, 38, 43, 44, 49, 56 bis 59 und 62b, Anfragen (§§ 45 bis 48), Änderungs- und Entschließungsanträge (§ 23), Beschlussempfehlungen (§§ 20, 28, 52, 56, 60, 61, 62, 62a Abs. 4, §§ 62b, 62c und 100), schriftliche Berichte (§ 28 Abs. 2) und Wahlvorschläge nach den §§ 14 und 55 und nach anderen Vorschriften – Vorlagen – werden als Landtagsdrucksachen an alle Mitglieder des Landtages und an die Landesregierung verteilt. ^{2}Kleine Anfragen nach § 46 werden erst zusammen mit der Antwort der Landesregierung in einer Drucksache verteilt. ^{3}Die Präsidentin oder der Präsident kann anordnen, dass auch andere Unterlagen als Drucksache verteilt werden.

(2) Landtagsdrucksachen gelten als verteilt, wenn sie zur Post gegeben, bei Fraktionssitzungen den Fraktionen zur Verteilung übergeben oder in Sitzungen des Landtages den Mitgliedern des Landtages auf ihren Platz gelegt worden sind.

(3) [1]Jede Person kann Landtagsdrucksachen beim Landtag einsehen. [2]Überstücke können gegen Erstattung der Kosten abgegeben werden.

(4) [1]Umfangreiche Anlagen zu Vorlagen können abweichend von den Absätzen 1 bis 3 auf elektronischem Wege bereitgestellt werden, wenn in der Vorlage die Fundstelle angegeben wird. [2]Absatz 3 gilt entsprechend.

§ 20
Unzulässige Vorlagen,
Änderung der Bezeichnung von Vorlagen

(1) [1]Vorlagen, die gegen diese Geschäftsordnung oder gegen Formvorschriften der Verfassung verstoßen, hat die Präsidentin oder der Präsident, sofern der Mangel nicht behoben wird, zurückzuweisen. [2]Gegen die Zurückweisung können die Antragstellerinnen oder Antragsteller bei der Präsidentin oder beim Präsidenten schriftlich Einspruch einlegen. [3]Über den Einspruch berät der Geschäftsordnungsausschuss. [4]Er legt dem Landtag eine Beschlussempfehlung vor. [5]Dieser entscheidet in einer Beratung.

(2) [1]Die Präsidentin oder der Präsident hat darauf hinzuwirken, dass die Gegenstände der Vorlagen sachlich und eindeutig bezeichnet werden und die Bezeichnungen sich für die Dokumentation der Beratungsgegenstände eignen. [2]Sie oder er kann im Benehmen mit den Antragstellerinnen oder Antragstellern die Bezeichnung zu diesem Zweck ändern.

§ 21
Unerledigte Beratungsgegenstände

[1]Sind Vorlagen am Ende der Wahlperiode nicht abschließend behandelt, so gelten sie als erledigt. [2]Eingaben werden in die nächste Wahlperiode übernommen.

II. Gesetzentwürfe

§ 22
Einbringung von Gesetzentwürfen

(1) Gesetzentwürfe aus der Mitte des Landtages (Artikel 42 Abs. 3 der Verfassung) können von einer Fraktion oder von mindestens zehn Mitgliedern des Landtages eingebracht werden.

(2) [1]Gesetzentwürfe sind bei der Präsidentin oder beim Präsidenten schriftlich einzureichen. [2]Sie müssen schriftlich begründet sein. [3]Gesetzentwürfe einer Fraktion müssen von mindestens einem vertretungsbefugten Mitglied, Gesetzentwürfe von zehn oder mehr Mitgliedern des Landtages müssen von diesen unterschrieben sein.

(3) Wer einen Gesetzentwurf einbringt, muss die Kosten und Mindereinnahmen darlegen, die für das Land, für die Gemeinden, für die Landkreise und für betroffene andere Träger öffentlicher Verwaltung in absehbarer Zeit zu erwarten sind.

§ 23
Einbringung von Änderungs- und Entschließungsanträgen
zu Gesetzentwürfen

(1) [1]Anträge auf Änderung eines Gesetzentwurfs können bis zum Schluss der Einzelbesprechung in der letzten Beratung des Gesetzentwurfs gestellt werden. [2]Gleiches gilt für Anträge auf Annahme von Entschließungen, die der Sache nach zu einem Gesetzentwurf gehören.

(2) [1]Die Anträge müssen schriftlich abgefasst sein. [2]Sie sind bei der Präsidentin oder beim Präsidenten einzureichen oder in der Landtagssitzung dem Sitzungsvorstand zu übergeben. [3]Sie müssen von einer Fraktion oder mindestens zehn Mitgliedern des Landtages unterstützt sein.

(3) Wer einen Änderungsantrag zu einem Gesetzentwurf einbringt, muss die Kosten und Mindereinnahmen darlegen, die für das Land, für die Gemeinden, für die Landkreise und für betroffene andere Träger öffentlicher Verwaltung in absehbarer Zeit zu erwarten sind.

(4) Werden Anträge schon vor ihrer Verteilung (§ 19) beraten, so sind sie zu verlesen.

§ 24
Anzahl der Beratungen

(1) Der Landtag behandelt Gesetzentwürfe in der Regel in einer ersten und einer zweiten Beratung.

(2) [1]Die Präsidentin oder der Präsident überweist einen Gesetzentwurf auf Antrag derjenigen, die ihn eingebracht haben, sogleich an einen Ausschuss. [2]Dann unterbleibt die erste Beratung. [3]§ 27 Abs. 3 und 4 gilt entsprechend.

(3) [1]Ist ein Gesetzentwurf nach Absatz 2 überwiesen worden, so geht anstelle der ersten Beratung im Landtag der Ausschussberatung eine öffentliche Erörterung des Gesetzentwurfs im federführenden Ausschuss voraus. [2]Auch mitberatende Ausschüsse können dann eine öffentliche Erörterung des Gesetzentwurfs ihrer Beratung voranstellen.

§ 25
Beginn der ersten Beratung

(1) [1]Die erste Beratung beginnt frühestens am dritten Tag nach Verteilung des Gesetzentwurfs. [2]Sie kann früher beginnen, wenn nicht eine Fraktion oder zehn Mitglieder des Landtages widersprechen.

(2) [1]Die erste Beratung muss innerhalb von sechs Wochen nach Verteilung des Gesetzentwurfs beginnen. [2]Die Frist läuft nicht während der Parlamentsferien. [3]Sie kann mit Zustimmung der Antragstellerinnen oder Antragsteller überschritten werden.

§ 26
Verlauf der ersten Beratung

In der ersten Beratung werden in der Regel nur die Grundzüge des Gesetzentwurfs besprochen.

§ 27
Abschluss der ersten Beratung

(1) [1]Am Ende der ersten Beratung kann der Landtag den Gesetzentwurf an einen Ausschuss überweisen. [2]Es wird nur über die Ausschussüberweisung abgestimmt.

(2) [1]Eine Überweisung gilt als beschlossen, wenn mindestens 30 Mitglieder des Landtages dafür stimmen. [2]Der Landtag beschließt jedoch mit Mehrheit darüber, welcher Ausschuss den Gesetzentwurf behandeln soll. [3]Bestimmt der Landtag keinen Ausschuss, so entscheidet die Präsidentin oder der Präsident.

(3) [1]Aus besonderen Gründen kann ein Gesetzentwurf mehreren Ausschüssen überwiesen werden. [2]In diesem Fall ist ein Ausschuss zum federführenden Ausschuss zu bestimmen. [3]Absatz 2 Satz 3 gilt entsprechend.

(4) [1]Gesetzentwürfe, die zu Mehrausgaben oder Mindereinnahmen führen, gelten stets als an den Ausschuss für Haushalt und Finanzen überwiesen. [2]Sie können zugleich auch an andere Ausschüsse überwiesen werden.

§ 28
Ausschussberatung

(1) [1]Der Ausschuss, dem ein Gesetzentwurf überwiesen wurde, berät ihn und legt dem Landtag eine Beschlussempfehlung vor. [2]Darin empfiehlt er, den Gesetzentwurf unverändert oder mit bestimmten Änderungen anzunehmen, ihn abzulehnen oder ihn für erledigt zu erklären. [3]Der Grund der Erledigung ist anzugeben. [4]Der Ausschuss kann auch eine Entschließung zu dem Gesetzentwurf empfehlen. [5]Die Beschlussempfehlung ist schriftlich abzufassen und von der oder dem Ausschussvorsitzenden zu unterzeichnen.

(2) [1]Der Ausschuss bestimmt aus seiner Mitte eine Berichterstatterin, einen Berichterstatter oder mehrere Berichterstatterinnen oder Berichterstatter. [2]Die Berichterstatterin oder der Berichterstatter hat in einem Bericht die wesentlichen Gesichtspunkte, die in der Ausschussberatung zur Sprache kamen, wiederzugeben. [3]Der Bericht wird zur zweiten Beratung im Landtag in schriftlicher Form erstattet. [4]Er kann auf besonders herausragende Schwerpunkte beschränkt werden; in diesem Fall wird er durch einen nachfolgenden ausführlichen Bericht ergänzt. [5]Der Ausschuss oder der Landtag kann beschließen, dass der Bericht mündlich zu erstatten ist. [6]Wenn kein Ausschussmitglied widerspricht, kann der Ausschuss auf den Bericht verzichten.

(3) [1]Ist ein Gesetzentwurf an mehrere Ausschüsse überwiesen worden, so legt der federführende Ausschuss die Beschlussempfehlung vor. [2]Er bestimmt die Berichterstatterin oder den Berichterstatter, soweit der Landtag nichts anderes beschlossen hat. [3]Die mitberatenden Ausschüsse richten ihre

Empfehlungen an den federführenden Ausschuss. [4]Weicht dieser in der Beschlussempfehlung von der Empfehlung eines mitberatenden Ausschusses ab, so ist im Bericht darauf hinzuweisen.

(4) Der Ausschuss, dem ein Gesetzentwurf überwiesen wurde, kann zu einzelnen Fragen auch eine Stellungnahme anderer Ausschüsse einholen.

§ 29
Beginn der zweiten Beratung

[1]Die zweite Beratung beginnt frühestens am zweiten Tag nach Schluss der ersten. [2]Ist der Gesetzentwurf einem Ausschuss überwiesen worden, so beginnt die zweite Beratung frühestens am zweiten Tag nach Verteilung der Beschlussempfehlung; als Verteilung gilt auch die Absendung der Beschlussempfehlung als elektronisches Dokument. [3]Sie kann früher beginnen, wenn nicht eine Fraktion oder zehn Mitglieder des Landtages widersprechen.

§ 30
Verlauf der zweiten Beratung

(1) In der zweiten Beratung wird der Gesetzentwurf im Einzelnen behandelt.

(2) [1]Vor der Einzelberatung findet eine allgemeine Aussprache statt, wenn der Gesetzentwurf gemäß § 24 Abs. 2 sogleich an einen Ausschuss überwiesen worden war, im Übrigen nur, wenn es die Landesregierung, eine Fraktion oder zehn Mitglieder des Landtages wünschen. [2]Eine allgemeine Aussprache über einen Gesetzesabschnitt oder einen Einzelplan des Haushalts kann zu Beginn der Beratung dieses Abschnitts oder Einzelplans stattfinden. [3]An die Stelle der Einzelberatung kann eine allgemeine Aussprache treten, wenn in der Beschlussempfehlung vorgeschlagen wird, den Gesetzentwurf abzulehnen oder für erledigt zu erklären.

(3) [1]In der Einzelberatung werden der Reihe nach alle selbstständigen Bestimmungen des Gesetzes (Paragrafen, Artikel), am Schluss der Abschnitte die Abschnittsüberschriften und zuletzt die Einleitung und die Gesetzesüberschrift behandelt. [2]Wenn es sachdienlich ist, kann von der Reihenfolge des Gesetzentwurfs abgewichen werden und können mehrere Bestimmungen zusammen oder Teile einzelner Bestimmungen getrennt behandelt werden.

(4) [1]Die Präsidentin oder der Präsident ruft jeden Teil des Gesetzentwurfs auf, der für sich behandelt werden soll, und eröffnet und schließt die Besprechung darüber. [2]Wenn zu einem Teil weder Änderungsanträge noch Wortmeldungen vorliegen und auch die Beschlussempfehlung keinen Änderungsvorschlag enthält, kann die Präsidentin oder der Präsident nach Aufruf sogleich zum nächsten Teil übergehen.

§ 31
Änderungen in der zweiten Beratung

(1) Liegt zu einem aufgerufenen Teil des Gesetzentwurfs ein Änderungsantrag vor, so lässt die Präsidentin oder der Präsident nach Schluss der Besprechung dieses Teils über den Änderungsantrag abstimmen.

(2) Der Landtag kann einen Änderungsantrag, statt über seine Annahme oder Ablehnung abzustimmen, an einen Ausschuss überweisen.

(3) [1]Liegen mehrere sich gegenseitig ausschließende Änderungsanträge vor, so sind Anträge, die sich von dem Gesetzentwurf weiter entfernen, vor den weniger weitgehenden Anträgen zu behandeln. [2]Wird ein weitergehender Antrag angenommen, so ist ein weniger weitgehender Antrag damit abgelehnt. [3]Wird ein weitergehender Antrag an einen Ausschuss überwiesen, so ist auch ein weniger weitgehender Antrag überwiesen.

(4) Änderungsvorschläge in Beschlussempfehlungen werden wie Änderungsanträge behandelt.

§ 32
Abschluss der zweiten Beratung

(1) [1]Am Ende der zweiten Beratung kann der Landtag den Gesetzentwurf wieder an einen Ausschuss überweisen. [2]Er kann die Überweisung auf Teile des Gesetzentwurfs, auf die redaktionelle Überprüfung oder auf die Behandlung bestimmter Fragen beschränken. [3]Hat der Landtag einen Änderungsantrag an einen Ausschuss überwiesen, so ist insoweit auch der Gesetzentwurf an den Ausschuss überwiesen. [4]Für die nochmalige Ausschussberatung gilt § 28 entsprechend.

(2) [1]Wird der Gesetzentwurf nicht wieder an einen Ausschuss überwiesen, so stimmt der Landtag darüber ab, ob der ganze Gesetzentwurf mit den Änderungen, die in der Einzelberatung beschlossen wurden, angenommen werden soll (Schlussabstimmung). [2]Ist in der Beschlussempfehlung vorgeschlagen worden, den Gesetzentwurf für erledigt zu erklären, so ist zunächst über diese Empfehlung abzustimmen.

(3) Sind Änderungen beschlossen worden, so kann die Präsidentin oder der Präsident die Schlussabstimmung bis zur Verteilung der in der Einzelberatung beschlossenen Fassung aussetzen.

(4) Verlangt die Landesregierung nach Artikel 42 Abs. 2 der Verfassung die Aussetzung der Schlussabstimmung, so ist die Besprechung wieder zu eröffnen.

§ 33
Dritte Beratung

(1) Wurde der Gesetzentwurf in der zweiten Beratung wieder an einen Ausschuss überwiesen, so behandelt der Landtag ihn in einer dritten Beratung.

(2) Wurde der Gesetzentwurf in der zweiten Beratung geändert, so ist die geänderte Fassung der weiteren Beratung zugrunde zu legen.

(3) [1]Änderungsvorschläge in Beschlussempfehlungen und Änderungsanträge, die in der zweiten Beratung angenommen, abgelehnt oder an einen Ausschuss überwiesen wurden, gelten als erledigt. [2]Änderungsanträge, die abgelehnt oder an einen Ausschuss überwiesen und in der Beschlussempfehlung zur dritten Beratung nicht voll berücksichtigt wurden, können neu gestellt werden.

(4) Im Übrigen gelten die Vorschriften über die zweite Beratung entsprechend.

(5) Hat der Landtag den Gesetzentwurf in der dritten Beratung wieder an einen Ausschuss überwiesen, so beginnt diese nach Vorlage der Beschlussempfehlung von neuem.

§ 34

– gestrichen –

§ 35

– gestrichen –

§ 36
Behandlung von Entschließungsanträgen zu Gesetzentwürfen

[1]Über Entschließungen zu Gesetzentwürfen (§ 23 Abs. 1 Satz 2, § 28 Abs. 1 Satz 4) beschließt der Landtag nach der Schlussabstimmung über den Gesetzentwurf. [2]§ 40 gilt entsprechend.

§ 37
Ausfertigung der Gesetze

[1]Bei der Ausfertigung eines vom Landtag beschlossenen Gesetzes (Artikel 45 Abs. 1 Satz 1 der Verfassung) kann die Präsidentin oder der Präsident offenbare Unrichtigkeiten beseitigen. [2]Soweit dies infolge von Streichungen oder Einfügungen erforderlich geworden ist, kann sie oder er auch die Nummern von Paragrafen oder anderen Teilen des Gesetzes ändern. [3]Die Gesetzesausfertigung übersendet sie oder er der Ministerpräsidentin oder dem Ministerpräsidenten zur Verkündung des Gesetzes.

III. Entschließungen, Zustimmungen und andere Beschlüsse

§ 38
Einbringung

(1) Selbstständige Anträge, mit denen der Landtag um eine Entschließung, eine Zustimmung oder um einen sonstigen, nicht besonders geregelten Beschluss gebeten wird, können von der Landesregierung, von einer Fraktion oder von mindestens zehn Mitgliedern des Landtages eingebracht werden.

(2) [1]Anträge nach Absatz 1 sind bei der Präsidentin oder beim Präsidenten schriftlich einzureichen. [2]Anträge einer Fraktion müssen von mindestens einem vertretungsbefugten Mitglied, Anträge von zehn oder mehr Mitgliedern des Landtages müssen von diesen unterschrieben sein.

(3) Für Änderungs- und Entschließungsanträge zu Anträgen nach Absatz 1 gilt § 23 entsprechend.

§ 39
Beratung

(1) [1]Der Landtag behandelt die Anträge nach § 38 Abs. 1 in der Regel in einer Beratung. [2]Soweit die Antragsteller die Durchführung einer ersten und zweiten Beratung zu einem Entschließungsantrag beantragen, soll der Ältestenrat für einen Tagungsabschnitt nicht mehr als zehn Anträge für eine erste und zweite Beratung im Landtag zulassen. [3]Jede Fraktion hat einen Anspruch auf die Behandlung von zwei Entschließungsanträgen je Tagungsabschnitt in einer ersten Beratung.

(2) [1]Im Fall des Absatzes 1 Satz 1 überweist die Präsidentin oder der Präsident den Antrag sogleich an einen Ausschuss. [2]§ 27 Abs. 3 und 4 gilt entsprechend. [3]Der federführende Ausschuss stellt eine öffentliche Erörterung des Antrages seinen Beratungen voran. [4]Er kann darauf verzichten, wenn kein Ausschussmitglied widerspricht. [5]Im Übrigen gelten für die Ausschussberatung § 28 und für die Beratung im Landtag die §§ 29 bis 36 entsprechend.

(3) [1]Im Fall des Absatzes 1 Satz 2 gelten für die erste Beratung, die Ausschussberatung und die zweite Beratung die §§ 25 bis 36 entsprechend. [2]Hat der Landtag einen Antrag in erster Beratung behandelt und nicht an einen Ausschuss überwiesen, so kann, wenn es die Antragsteller verlangen, die zweite Beratung unmittelbar auf die erste folgen.

§ 40
Beschlüsse

(1) [1]Beschlüsse, die der Landtag über Anträge nach § 38 gefasst hat, teilt die Präsidentin oder der Präsident der Landesregierung mit. [2]Sie werden außerdem als Landtagsdrucksachen verteilt. [3]Die Verteilung kann unterbleiben, wenn der Beschluss nur die Zustimmung zu einer Maßnahme der Landesregierung oder die Ablehnung eines Antrages enthält. [4]§ 37 Satz 1 gilt entsprechend.

(2) [1]Soweit die Beschlüsse ein Ersuchen an die Landesregierung enthalten, teilt die Landesregierung dem Landtag schriftlich mit, was sie auf die Beschlüsse veranlasst hat. [2]Dies gilt auch für Beschlüsse, die in vorhergehenden Wahlperioden gefasst wurden. [3]Die Mitteilung wird als Landtagsdrucksache verteilt.

(3) [1]Zu der Mitteilung können Mitglieder des Landtages bemerken, dass sie unvollständig sei oder bestimmt bezeichnete Beschlüsse nicht erledigt seien. [2]Derartige Bemerkungen sind binnen zwei Wochen nach Verteilung der Mitteilung bei der Präsidentin oder beim Präsidenten einzureichen. [3]Die Präsidentin oder der Präsident übermittelt die Bemerkungen der Landesregierung zur schriftlichen Beantwortung.

(4) [1]Die Antwort der Landesregierung auf eine Bemerkung wird dem Mitglied des Landtages, das die Bemerkung unterzeichnet hat, bekannt gegeben. [2]Sie wird im Landtag besprochen, wenn es eine Fraktion oder zehn Mitglieder des Landtages binnen einer Woche nach Bekanntgabe schriftlich verlangen. [3]Antwortet die Landesregierung nicht binnen vier Wochen, so können

eine Fraktion oder zehn Mitglieder des Landtages schriftlich verlangen, dass die Bemerkung im Landtag erörtert wird.

IV. Regierungsbildung, Misstrauensvotum, Auflösung des Landtages

§ 41
Regierungsbildung

(1) Auf die Tagesordnung der Sitzung, die auf den Zusammentritt des Landtages oder den Rücktritt der Ministerpräsidentin oder des Ministerpräsidenten folgt, ist die Wahl einer Ministerpräsidentin oder eines Ministerpräsidenten (Artikel 29 Abs. 1 der Verfassung) zu setzen.

(2) Die Wahl und die Bestätigung der Landesregierung (Artikel 29 Abs. 3 der Verfassung) bleiben, bis sie zustande gekommen sind, Gegenstand der Tagesordnung für alle Sitzungen, die binnen 21 Tagen nach dem Zusammentritt des Landtages oder dem Rücktritt der Ministerpräsidentin oder des Ministerpräsidenten stattfinden.

(3) [1]Falls nicht vorher die Wahl und die Bestätigung nach den Absätzen 1 und 2 zustande gekommen sind, hat die Präsidentin oder der Präsident bis zum 21. Tag nach dem Zusammentritt des Landtages oder nach dem Rücktritt der Ministerpräsidentin oder des Ministerpräsidenten den Landtag einzuberufen. [2]Die Wahl und die Bestätigung sind auf die Tagesordnung dieser Sitzung zu setzen.

§ 42
Verfahren im Fall des Artikels 30 der Verfassung

(1) Die Auflösung des Landtages (Artikel 30 Abs. 1 der Verfassung) ist Gegenstand der Tagesordnung, sobald die Präsidentin oder der Präsident vor dem Landtag festgestellt hat, dass die Regierungsbildung und -bestätigung nicht zustande gekommen ist.

(2) Falls die Auflösung des Landtages nicht bereits vorher beschlossen ist, hat die Präsidentin oder der Präsident bis spätestens zum 14. Tag nach Ablauf der in § 41 Abs. 2 genannten Frist den Landtag einzuberufen und eine Beschlussfassung über die Auflösung des Landtages herbeizuführen.

(3) Falls die Auflösung nicht beschlossen wird, ist Gegenstand der Tagesordnung derselben Sitzung die erneute Wahl einer Ministerpräsidentin oder eines Ministerpräsidenten.

§ 43
Misstrauensvotum

(1) [1]Der Antrag, der Ministerpräsidentin oder dem Ministerpräsidenten das Vertrauen zu entziehen (Artikel 32 der Verfassung), ist bei der Präsidentin oder beim Präsidenten schriftlich einzureichen. [2]Die Beratung findet frühestens am dritten Tag nach der Verteilung des Antrages (§ 19 Abs. 2) statt.

(2) [1]Über den Antrag ist in der ersten Sitzung, die nach dem 21. Tag nach Schluss der Besprechung stattfindet, durch Neuwahl einer Ministerpräsidentin oder eines Ministerpräsidenten mit der Mehrheit der Mitglieder des Landtages zu entscheiden. [2]Wird keine neue Ministerpräsidentin und kein neuer Ministerpräsident gewählt, so ist der Antrag abgelehnt.

§ 44
Auflösung des Landtages

(1) [1]Der Antrag, den Landtag aufzulösen (Artikel 10 der Verfassung), ist bei der Präsidentin oder beim Präsidenten schriftlich einzureichen. [2]Die Beratung findet frühestens am dritten Tag nach der Verteilung des Antrages (§ 19 Abs. 2) statt.

(2) [1]Die Abstimmung über den Antrag ist auf die Tagesordnung der ersten Sitzung zu setzen, die nach dem 10. Tag nach Schluss der Besprechung des Antrages stattfindet. [2]Sie muss bis zum 30. Tag nach Schluss der Besprechung durchgeführt werden und bleibt in dieser Zeit bis zur Durchführung der Abstimmung Gegenstand der Tagesordnung.

V. Anfragen, Aktuelle Stunde

§ 45
Große Anfragen

(1) [1]Eine Fraktion oder mindestens zehn Mitglieder des Landtages können eine Große Anfrage an die Landesregierung richten. [2]§ 38 Abs. 2 gilt entsprechend.

(2) [1]Die Anfragen müssen knapp und sachlich sagen, worüber Auskunft gewünscht wird. [2]Anfragen, durch deren Inhalt der Tatbestand einer strafbaren Handlung begründet wird oder die Werturteile oder parlamentarisch unzulässige Wendungen enthalten, sind unzulässig.

(3) [1]Die Präsidentin oder der Präsident teilt die Große Anfrage der Landesregierung mit; zugleich fordert er die Landesregierung zur Erklärung auf, wann sie auf die Große Anfrage schriftlich antworten werde. [2]Die Antwort der Landesregierung auf die Große Anfrage wird als Landtagsdrucksache verteilt; § 19 Abs. 4 gilt entsprechend.

(4) [1]Große Anfragen und die Antworten werden im Landtag besprochen. [2]Dies geschieht in der Regel in dem ersten Tagungsabschnitt, der nach Ablauf von einer Woche nach dem Eingang der Antwort stattfindet.

(5) [1]Zu Beginn der Besprechung wird einer der Fragestellerinnen oder einem der Fragesteller das Wort erteilt. [2]Alsdann erhält es die Landesregierung. [3]Beschlüsse zur Sache werden in der Besprechung nicht gefasst.

§ 46
Kleine Anfragen zur schriftlichen Beantwortung

[1]Jedes Mitglied des Landtages kann Kleine Anfragen zur schriftlichen Beantwortung an die Landesregierung richten. [2]Die Anfragen sind bei der Präsidentin oder beim Präsidenten schriftlich einzureichen. [3]§ 45 Abs. 2 und 3 Satz 1 Halbsatz 1 und Satz 2 gilt entsprechend.

§ 47
Kleine Anfragen für die Fragestunde

(1) [1]Kleine Anfragen können auch zur mündlichen Beantwortung in der Fragestunde gestellt werden, wenn sie hierfür geeignet sind. [2]Insbesondere soll eine kurze Antwort möglich sein. [3]Die Fragen sollen nicht mehr als drei Fragesätze enthalten. [4]Sie sollen von nicht nur örtlicher Bedeutung sein. [5]Im Übrigen gilt § 45 Abs. 2 entsprechend.

(2) [1]In der Regel findet in jedem Tagungsabschnitt eine Fragestunde statt. [2]Die Anfragen sind spätestens um 18 Uhr am Vortag der Ältestenratssitzung, in der die Tagesordnung für den Tagungsabschnitt festgelegt wird, schriftlich bei der Präsidentin oder bei dem Präsidenten einzureichen. [3]Jedes Mitglied des Landtages darf für eine Fragestunde bis zu zwei Anfragen stellen. [4]Die Präsidentin oder der Präsident teilt die Anfragen der Landesregierung mit. [5]Jede Fraktion teilt innerhalb der Frist nach Satz 2 der Präsidentin oder dem Präsidenten zwei Fragen ihrer Mitglieder mit, die in der Fragestunde erstrangig und zweitrangig beantwortet werden sollen. [6]Der Ältestenrat legt die Reihenfolge der im Tagungsabschnitt zu beantwortenden Fragen unter Berücksichtigung der Mitteilungen der Fraktionen (Satz 5) nach Maßgabe der Sätze 7 bis 9 fest. [7]Der Anspruch, die erste Frage stellen zu dürfen, wechselt zwischen den Fraktionen von Tagungsabschnitt zu Tagungsabschnitt; die stärkste Fraktion beginnt, es folgen die anderen Fraktionen entsprechend ihrer Stärke. [8]Die weiteren Fragen der Fragestunde, für die Mitteilungen der Fraktionen nach Satz 5 vorliegen, werden jeweils der nächst kleineren Fraktion und sodann, beginnend mit der stärksten Fraktion, weiter in der Reihenfolge der Fraktionsstärken zugeteilt. [9]Im Übrigen werden die Fragen nach der Reihenfolge ihres Eingangs behandelt.

(3) [1]Die Fragestunde dauert während eines Tagungsabschnitts nicht länger als 60 Minuten. [2]Sie endet jedoch nicht vor der abschließenden Beantwortung der letzten vor Ablauf der 60 Minuten gestellten Frage. [3]Können in dem Zeitraum nach den Sätzen 1 und 2 nicht alle Anfragen erledigt werden, so kann der Landtag die Fragestunde fortsetzen.

(4) [1]In der Fragestunde ruft die Präsidentin oder der Präsident die Anfrage und den Namen der Fragestellerin oder des Fragestellers auf. [2]Nach der Worterteilung verliest die Fragestellerin oder der Fragesteller die Frage. [3]Darauf folgt die mündliche Beantwortung durch die Landesregierung. [4]Ist die Fragestellerin oder der Fragesteller nicht anwesend, so wird die Antwort zu Protokoll gegeben.

(5) [1]Die Fragestellerin oder der Fragesteller und andere Mitglieder des Landtages können bis zu zwei Zusatzfragen stellen. [2]Zusatzfragen dürfen nicht

verlesen werden. [3]Sie müssen zur Sache gehören und dürfen die ursprüngliche Frage nicht auf andere Gegenstände ausdehnen; § 45 Abs. 2 gilt entsprechend. [4]Zusatzfragen dürfen den ordnungsgemäßen Ablauf der Fragestunde nicht gefährden.

(6) Die Antworten der Landesregierung zu Anfragen, die bis zum Schluss der Fragestunde nicht mehr aufgerufen werden können, werden zu Protokoll gegeben.

§ 48
Dringliche Anfragen

(1) [1]Jede Fraktion kann in jedem Tagungsabschnitt eine Dringliche Anfrage an die Landesregierung richten. [2]Die Anfragen sind spätestens am Montag der Woche, in der der Tagungsabschnitt stattfindet, bis 12 Uhr bei der Präsidentin oder dem Präsidenten schriftlich einzureichen und müssen von mindestens einem vertretungsbefugten Mitglied unterschrieben sein. [3]§ 47 Abs. 1 gilt entsprechend. [4]Die Präsidentin oder der Präsident teilt die Anfragen der Landesregierung mit.

(2) [1]Der Landtag behandelt die Anfragen nach Absatz 1 in seiner Sitzung in der Reihenfolge der Fraktionsstärken; § 47 Abs. 2 Sätze 7 und 8 gilt entsprechend. [2]Die Präsidentin oder der Präsident ruft die Frage auf und erteilt einem Mitglied der anfragenden Fraktion das Wort zur Verlesung der Anfrage. [3]Darauf folgt die mündliche Antwort der Landesregierung.

(3) [1]Jede Fraktion kann bis zu fünf Zusatzfragen stellen. [2]Ein fraktionsloses Mitglied des Landtages kann bei der Behandlung der Dringlichen Anfragen in einem Tagungsabschnitt insgesamt eine Zusatzfrage stellen. [3]Zusatzfragen dürfen nicht verlesen werden. [4]Sie müssen zur Sache gehören und dürfen die ursprüngliche Frage nicht auf andere Gegenstände ausdehnen; § 45 Abs. 2 gilt entsprechend.

§ 49
Aktuelle Stunde

(1) [1]Jede Fraktion kann verlangen, dass in einem Tagungsabschnitt ein von ihr bestimmter Gegenstand von allgemeinem und aktuellem Interesse in einer Aktuellen Stunde des Landtages besprochen wird. [2]§ 48 Abs. 1 Sätze 2 und 4 gilt entsprechend.

(2) [1]Jede Fraktion erhält fünf Minuten Redezeit. [2]Liegen in einem Tagungsabschnitt mehrere Anträge zur Aktuellen Stunde vor, so erhält jede Fraktion das entsprechende Vielfache der Redezeit nach Satz 1.

(3) Der Landtag behandelt die Anträge nach Absatz 1 in der Reihenfolge der Fraktionsstärken; § 47 Abs. 2 Sätze 7 und 8 gilt entsprechend.

(4) [1]Die Redezeit der Aktuellen Stunde (Absatz 2) ist auf die Fraktionen gleichmäßig aufzuteilen. [2]Die einzelnen Redebeiträge dürfen nicht länger als fünf Minuten sein.

(5) Beschlüsse zur Sache werden in der Aktuellen Stunde nicht gefasst.

VI. Eingaben

§ 50
Ausschussüberweisung

(1) [1]Eingaben an den Landtag überweist die Präsidentin oder der Präsident an den zuständigen Ausschuss. [2]Die Präsidentin oder der Präsident kann sie nachträglich einem anderen Ausschuss überweisen.

(2) Ist der Landtag nicht zuständig, so sendet die Präsidentin oder der Präsident die Eingabe der Einsenderin oder dem Einsender zurück oder leitet sie der zuständigen Stelle zu.

§ 51
Behandlung im Ausschuss

(1) [1]Die oder der Vorsitzende des zuständigen Ausschusses bestimmt, welche Ausschussmitglieder die Berichterstattung übernehmen und ob zu der Eingabe eine Stellungnahme des zuständigen Fachministeriums eingeholt werden soll. [2]Die Berichterstatterinnen oder Berichterstatter erhalten einen Abdruck der Eingabe.

(2) [1]Die Eingabe ist binnen angemessener Zeit im Ausschuss zu beraten. [2]Die Berichterstatterin oder der Berichterstatter trägt im Ausschuss den Sachverhalt, das Anliegen der Einsenderin oder des Einsenders und gegebenenfalls die Auffassung des Fachministeriums vor und schlägt einen bestimmten Beschluss über die Eingabe (§ 52) vor.

(3) [1]Eingaben zu Gesetzentwürfen und anderen Beratungsgegenständen kann die Präsidentin oder der Präsident als Beratungsmaterial an alle Ausschussmitglieder und an die Landesregierung verteilen. [2]In diesem Fall wird keine Berichterstatterin und kein Berichterstatter benannt.

(4) [1]Wenn es zur Beratung der Eingabe erforderlich ist, kann der Ausschuss, in Eilfällen auch die oder der Vorsitzende, bestimmen, dass die Berichterstatterin oder der Berichterstatter sich an Ort und Stelle über den Sachverhalt unterrichtet. [2]Es kann auch ein anderes Mitglied des Ausschusses entsandt werden. [3]Die Landesregierung ist zu unterrichten.

§ 52
Empfehlungen der Ausschüsse

(1) Die Ausschüsse empfehlen dem Landtag zu jeder Eingabe in der Regel einen der folgenden Beschlüsse:

1. „Die Eingabe wird der Landesregierung zur Berücksichtigung überwiesen.“

2. „Die Eingabe wird der Landesregierung zur Erwägung überwiesen.“

3. ‚Die Eingabe wird der Landesregierung als Material überwiesen.“

4. „Die Einsenderin oder der Einsender der Eingabe ist über die Sachlage/ Rechtslage zu unterrichten.“

5. „Die Eingabe wird für erledigt erklärt.“

6. „Der Landtag hat/sieht keine Möglichkeit/keinen Anlass, sich für das Anliegen der Einsenderin oder des Einsenders zu verwenden/der Eingabe zu entsprechen."

(2) Soll eine Eingabe für erledigt erklärt werden, so soll in dem Beschluss angegeben werden, wodurch sich die Eingabe erledigt hat.

(3) Die Empfehlungen der Ausschüsse zu Eingaben werden, sofern sie nicht in Beschlussempfehlungen zu Gesetzentwürfen oder Anträgen aufgenommen werden, in Eingabenübersichten zusammengefasst.

§ 53
Beteiligung des Ausschusses für Haushalt und Finanzen

[1]Hat ein Ausschuss empfohlen, eine Eingabe der Landesregierung zur Berücksichtigung zu überweisen, und würde die Berücksichtigung finanzielle Auswirkungen haben, so ist vor der Beschlussfassung des Landtages der Ausschuss für Haushalt und Finanzen zu beteiligen. [2]Empfiehlt der Ausschuss für Haushalt und Finanzen aus haushaltsrechtlichen Gründen oder mit Rücksicht auf die Finanzlage des Landes eine andere Beschlussfassung und schließt sich der zuständige Ausschuss dieser Empfehlung nicht an, so sind die Empfehlungen beider Ausschüsse in eine besondere Eingabenübersicht aufzunehmen.

§ 54
Abschließende Behandlung

(1) [1]Der Landtag behandelt die Empfehlungen der Ausschüsse zu Eingaben in einer Beratung. [2]Hierfür gelten die §§ 23 und 29 bis 36 sinngemäß.

(2) [1]Die Entscheidungen des Landtages teilt die Präsidentin oder der Präsident den Einsenderinnen oder Einsendern der Eingaben mit. [2]Der Ausschuss kann im Einzelfall beschließen, dass die Mitteilung nach Satz 1 durch eine öffentliche Bekanntmachung ersetzt wird, wenn zu einem Gegenstand mehr als 50 Eingaben gleichen Inhalts eingehen; die Einsenderinnen und Einsender müssen vor der Bekanntgabe über diesen Beschluss und das Bekanntmachungsorgan unterrichtet worden sein.

(3) [1]Soweit der Landtag Eingaben an die Landesregierung zur Berücksichtigung oder zur Erwägung überwiesen hat, teilt die Landesregierung dem Landtag schriftlich mit, was sie auf die Beschlüsse veranlasst hat. [2]Die Mitteilung wird an die Mitglieder des zuständigen Ausschusses verteilt. [3]Auf Antrag eines Mitglieds des Landtages, dem die Mitteilung nicht befriedigend erscheint, kann der zuständige Ausschuss die Eingabe von neuem beraten.

VII. Besondere Beratungsgegenstände

§ 55
Wahlen für den Staatsgerichtshof

(1) [1]Wird es erforderlich, Mitglieder oder stellvertretende Mitglieder, die Präsidentin oder den Präsidenten oder die Vizepräsidentin oder den Vizepräsi-

denten des Staatsgerichtshofs zu wählen, so hat der zuständige Ausschuss (§ 15) rechtzeitig über Vorschläge für die Wahl zu beraten. [2]Aus der Mitte des Ausschusses, von der Landesregierung und von den Fraktionen können Personen für die Wahl benannt werden.

(2) [1]Der Ausschuss prüft, ob die Personen, die für die Wahl in Betracht kommen, die Voraussetzungen nach Artikel 55 Abs. 3 der Verfassung und nach den §§ 1 und 2 des Gesetzes über den Staatsgerichtshof erfüllen. [2]Er fordert von ihnen die Erklärung nach § 2 Satz 2 des Gesetzes über den Staatsgerichtshof an.

(3) [1]Fordert der Ausschuss Personalakten an, so sind diese vertraulich zu behandeln. [2]§ 95a Abs. 2 bis 6 ist anzuwenden.

(4) [1]Der Ausschuss schlägt dem Landtag für jedes Amt, das zu besetzen ist, eine Person vor. [2]Ein Bericht über die Ausschussberatungen wird nicht erstattet.

§ 56
Wahl oder Zustimmung nach Artikel 70 Abs. 2 der Verfassung

(1) Schlägt die Landesregierung die Wahl der Präsidentin oder des Präsidenten oder der Vizepräsidentin oder des Vizepräsidenten des Landesrechnungshofs vor oder beantragt sie, der Ernennung eines weiteren Mitglieds des Landesrechnungshofs zuzustimmen (Artikel 70 Abs. 2 der Verfassung), so berät darüber zunächst der zuständige Ausschuss (§ 16).

(2) § 55 Abs. 3 gilt entsprechend.

(3) [1]Der Ausschuss legt dem Landtag eine Beschlussempfehlung zu dem Wahlvorschlag der Landesregierung oder zu dem Antrag der Landesregierung auf Zustimmung vor. [2]Ein Bericht über die Ausschussberatungen wird nicht erstattet. [3]Der Landtag stimmt ohne Aussprache ab.

§ 57
Anklage von Mitgliedern des Landtages

[1]Der Antrag, ein Mitglied des Landtages vor dem Staatsgerichtshof anzuklagen (Artikel 17 der Verfassung), ist bei der Präsidentin oder beim Präsidenten schriftlich einzureichen. [2]Für die Beratung des Antrages gelten § 38 Abs. 3 und § 39. [3]Der Antrag ist an den Geschäftsordnungsausschuss zu überweisen. [4]Dieser hat das betroffene Mitglied des Landtages zu hören.

§ 58
Anklage von Mitgliedern der Landesregierung

[1]Der Antrag, ein Mitglied der Landesregierung vor dem Staatsgerichtshof anzuklagen (Artikel 40 der Verfassung), ist bei der Präsidentin oder beim Präsidenten schriftlich einzureichen. [2]Für die Beratung des Antrages gelten § 38 Abs. 3 und § 39. [3]Der Antrag ist an den Ausschuss für Rechts- und Verfassungsfragen zu überweisen. [4]Dieser hat das betroffene Mitglied der Landesregierung zu hören.

§ 59
Anklage von Richterinnen und Richtern

[1]Der Antrag, eine Richterin oder einen Richter vor dem Bundesverfassungsgericht anzuklagen (Artikel 52 der Verfassung, §§ 62, 68 des Gesetzes über das Bundesverfassungsgericht), ist nach den §§ 38 und 39 einzubringen und zu beraten. [2]Der Antrag ist an den Ausschuss für Rechts- und Verfassungsfragen zu überweisen.

§ 60
Andere verfassungsgerichtliche Verfahren

[1]Ist in einem verfassungsgerichtlichen Verfahren eine Entscheidung oder eine Stellungnahme des Landtages erforderlich, so berät darüber zunächst der Ausschuss für Rechts- und Verfassungsfragen. [2]Er schlägt dem Landtag die Entscheidung oder Stellungnahme in einer Beschlussempfehlung vor. [3]Der Landtag behandelt die Empfehlung in einer Beratung. [4]Hierfür gelten die §§ 23 und 29 bis 36 sinngemäß.

§ 61
Immunitätsangelegenheiten

(1) [1]Wird eine Entscheidung des Landtages nach Artikel 15 der Verfassung beantragt, so berät darüber zunächst der Geschäftsordnungsausschuss. [2]Ob die Aussetzung eines Verfahrens nach Artikel 15 Abs. 3 der Verfassung verlangt werden soll, kann der Geschäftsordnungsausschuss auch von sich aus beraten. [3]Der Geschäftsordnungsausschuss schlägt dem Landtag in einer Beschlussempfehlung die Entscheidung vor. [4]Dieser entscheidet in einer Beratung.

(2) Geht der Präsidentin oder dem Präsidenten eine Mitteilung über ein Verfahren zu, dessen Durchführung der Landtag allgemein genehmigt hat, so unterrichtet die Präsidentin oder der Präsident den Geschäftsordnungsausschuss.

§ 62
Unterrichtungen

(1) An den Landtag gerichtete Mitteilungen, Denkschriften und sonstige Schreiben, in denen kein Beschluss erbeten wird, kann die Präsidentin oder der Präsident als Landtagsdrucksachen oder in anderer Form verteilen lassen und an Ausschüsse zur Beratung sowie auch zur Berichterstattung überweisen.

(2) [1]Ist eine Angelegenheit einem Ausschuss zur Berichterstattung überwiesen worden, so kann er dem Landtag eine Beschlussempfehlung vorlegen. [2]Der Landtag behandelt die Empfehlung in einer Beratung. [3]Hierfür gelten die §§ 23 und 29 bis 36 entsprechend.

§ 62a
Unterrichtungen über Vorhaben der Europäischen Union

(1) Unterrichtungen der Landesregierung über Vorhaben der Europäischen Union im Sinne des § 2 des Gesetzes über die Zusammenarbeit von Bund und Ländern in Angelegenheiten der Europäischen Union (EU-Vorlagen) gelten als dem Ausschuss für Bundes- und Europaangelegenheiten und Medien und dem fachlich zuständigen Ausschuss zur Beratung überwiesen.

(2) ^{1}Die dem Landtag übersandten EU-Vorlagen werden in Sammelübersichten aufgenommen, aus denen ersichtlich ist, welchen Ausschüssen sie zur Beratung vorliegen. ^{2}Die Sammelübersichten sind als Landtagsdrucksachen zu verteilen. ^{3}Der Präsident kann auch die Vorlagen als Landtagsdrucksachen oder in anderer Form verteilen lassen.

(3) ^{1}Der Ausschuss für Bundes- und Europaangelegenheiten und Medien legt als federführender Ausschuss dem Landtag eine Beschlussempfehlung vor, wenn er oder der fachlich zuständige Ausschuss dies für erforderlich hält. ^{2}§ 28 Abs. 2 bis 4 gilt entsprechend. ^{3}Der Landtag behandelt die Beschlussempfehlung in einer Beratung. ^{4}Hierfür gelten die §§ 23, 29 bis 36 und 40 entsprechend.

§ 62b
Volksinitiative, Prüfungsverfahren

(1) ^{1}Hat die Landeswahlleiterin oder der Landeswahlleiter dem Landtag nach § 9 Abs. 2 des Niedersächsischen Volksabstimmungsgesetzes den Antrag einer Volksinitiative zugeleitet, so überweist die Präsidentin oder der Präsident ihn zur rechtlichen Prüfung an den Ausschuss für Rechts- und Verfassungsfragen. ^{2}Der Ausschuss kann die Vertreterinnen und Vertreter anhören. ^{3}Er schlägt in einer Beschlussempfehlung dem Landtag eine Entscheidung darüber vor, ob dieser sich mit der Volksinitiative befasst.

(2) Liegt für die Volksinitiative nach Mitteilung der Landeswahlleiterin oder des Landeswahlleiters die erforderliche Zahl von gültigen Eintragungen vor, so wird der Antrag als Landtagsdrucksache verteilt.

(3) ^{1}Der Landtag behandelt die Empfehlung des Ausschusses für Rechts- und Verfassungsfragen innerhalb der in § 11 Abs. 1 des Niedersächsischen Volksabstimmungsgesetzes bestimmten Frist in einer Beratung. ^{2}Die Präsidentin oder der Präsident teilt die Entscheidung des Landtages den Antragstellern mit.

§ 62c
Behandlung einer Volksinitiative

(1) ^{1}Hat der Landtag entschieden, sich mit der Volksinitiative zu befassen, so erörtert er sie in einer unmittelbar anschließenden ersten Beratung und überweist sie an einen Ausschuss, aus besonderen Gründen auch an mehrere Ausschüsse. ^{2}Der Ausschuss, bei Überweisung an mehrere Ausschüsse der federführende Ausschuss, führt die Anhörung nach § 11 Abs. 1 des Niedersächsischen Volksabstimmungsgesetzes durch und legt zum Gegenstand der Volksinitiative eine Beschlussempfehlung vor.

(2) Für das Verfahren gelten im Übrigen, wenn die Volksinitiative in einem ausgearbeiteten Gesetzentwurf besteht, der mit Gründen versehen ist und den Anforderungen des Artikels 68 Abs. 1 der Verfassung entspricht, die Vorschriften über die Gesetzesberatung, anderenfalls die Vorschriften über die Behandlung von Anträgen nach § 38.

§ 62d
Volksbegehren

Hat die Landesregierung einen Gesetzentwurf, der Gegenstand eines Volksbegehrens ist, nach Artikel 48 Abs. 3 Satz 2 der Verfassung dem Landtag zugeleitet, so wird dieser Gesetzentwurf wie ein aus der Mitte des Landtages oder von der Landesregierung eingebrachter Gesetzentwurf nach den §§ 23 bis 37 behandelt.

Dritter Abschnitt

Ordnung der Sitzungen

I. Sitzungen des Landtages

§ 63
Einberufung, Tagesordnung

(1) Der Landtag wird von der Präsidentin oder dem Präsidenten einberufen, zu seiner ersten Sitzung einer neuen Wahlperiode von der Präsidentin oder dem Präsidenten des bisherigen Landtages (Artikel 21 Abs. 3 der Verfassung).

(2) [1]Die Tagesordnung wird für einen Tagungsabschnitt aufgestellt. [2]Zeit und Tagesordnung der Tagungsabschnitte bestimmt die Präsidentin oder der Präsident, wenn der Landtag darüber keinen Beschluss gefasst hat (Artikel 21 Abs. 2 Satz 1 der Verfassung). [3]Die Präsidentin oder der Präsident kann eine vom Landtag beschlossene Tagesordnung erweitern.

(3) [1]Verlangen ein Viertel der Mitglieder des Landtages oder die Landesregierung die Einberufung des Landtages (Artikel 21 Abs. 2 Satz 2 der Verfassung), so haben sie den gewünschten Beratungsgegenstand anzugeben. [2]Die Präsidentin oder der Präsident hat den Landtag unverzüglich zu einer Sitzung mit dem gewünschten Beratungsgegenstand einzuberufen. [3]Die Sitzung muss binnen angemessener Zeit, spätestens jedoch zwei Wochen nach Eingang des Antrages stattfinden.

(4) Zeit und Tagesordnung der Tagungsabschnitte sind möglichst frühzeitig allen Mitgliedern des Landtages und der Landesregierung schriftlich mitzuteilen.

§ 64
Tagungsabschnitt

(1) [1]Ein Tagungsabschnitt besteht aus einer Sitzung oder mehreren Sitzungen. [2]Mehrere Sitzungen bilden einen Tagungsabschnitt, wenn sie am selben Tag oder an aufeinander folgenden Werktagen stattfinden.

(2) Für mehrere Tagungsabschnitte kann eine einheitliche Tagesordnung aufgestellt werden.

(3) Gesetzentwürfe und Anträge werden nur auf die Tagesordnung eines Tagungsabschnitts gesetzt, wenn sie bis 10 Uhr am Tag der Ältestenratssitzung eingereicht worden sind, in der die Tagesordnung festgelegt wird; § 23 Abs. 1, § 39 Abs. 1 Sätze 2 und 3 sowie § 66 Abs. 1 Nr. 1 bleiben unberührt.

§ 65
Reihenfolge der Beratungspunkte

[1]Der Ältestenrat bestimmt auf Vorschlag der Fraktionen die Reihenfolge, in der die Beratungsgegenstände auf die Tagesordnung gesetzt werden; er bildet hierbei Schwerpunktthemen und berücksichtigt die Aktualität und den Sachzusammenhang der Beratungsgegenstände. [2]Beratungsgegenstände von besonderer politischer Wichtigkeit können zu einer Zeit behandelt werden, in der mit größerer öffentlicher Aufmerksamkeit zu rechnen ist.

§ 66
Abweichung von der Tagesordnung

(1) Der Landtag kann, sofern nicht andere Vorschriften entgegenstehen, auf Vorschlag der Präsidentin oder des Präsidenten oder auf Antrag einer Fraktion oder von mindestens zehn Mitgliedern des Landtages beschließen,

1. dass Gegenstände, die nicht auf der Tagesordnung stehen, beraten werden, es sei denn, dass eine Fraktion oder zehn Mitglieder des Landtages widersprechen,

2. dass die Reihenfolge der Beratungsgegenstände geändert wird,

3. dass verschiedene Punkte der Tagesordnung zusammen beraten werden,

4. dass ein Gegenstand von der Tagesordnung abgesetzt wird,

5. dass die Sitzung vor Erledigung der Tagesordnung geschlossen wird.

(2) Ergibt sich nach Aufstellung der Tagesordnung, dass ein Gegenstand nach den Vorschriften dieser Geschäftsordnung nicht beraten werden darf, so hat ihn die Präsidentin oder der Präsident von der Tagesordnung abzusetzen.

§ 67
Leitung der Sitzung

(1) [1]In den Sitzungen des Landtages bilden die Präsidentin oder der Präsident und zwei weitere Mitglieder des Präsidiums den Sitzungsvorstand. [2]Sind weitere Mitglieder des Präsidiums nicht in ausreichender Zahl erschienen, so bestellt die Präsidentin oder der Präsident für die Sitzung Stellvertreterinnen oder Stellvertreter.

(2) [1]Die Präsidentin oder der Präsident eröffnet und schließt die Sitzung und leitet die Verhandlungen. [2]Hierbei wird die Präsidentin oder der Präsident von den anderen Mitgliedern des Sitzungsvorstandes unterstützt.

(3) Zur Klärung von Zweifeln über die Zweckmäßigkeit oder Rechtmäßigkeit ihrer oder seiner Maßnahmen kann die Präsidentin oder der Präsident die Sitzung für kurze Zeit unterbrechen.

(4) Will ein Mitglied des Sitzungsvorstandes zur Sache sprechen, so überlässt es seinen Platz im Sitzungsvorstand einer Vertreterin oder einem Vertreter.

§ 68
Erste Sitzung des Landtages

(1) In der ersten Sitzung des Landtages nach Beginn der Wahlperiode führt bis zur Wahl der Präsidentin oder des Präsidenten das älteste anwesende Mitglied des Landtages, das hierzu bereit ist, als Alterspräsidentin oder Alterspräsident den Vorsitz.

(2) [1]Die Alterspräsidentin oder der Alterspräsident eröffnet die erste Sitzung und benennt zwei Mitglieder des Landtages, mit denen sie oder er den vorläufigen Sitzungsvorstand bildet. [2]Die Alterspräsidentin oder der Alterspräsident stellt die Beschlussfähigkeit des Landtages durch Namensaufruf fest und lässt sodann die Präsidentin oder den Präsidenten wählen.

§ 69
Besprechung

(1) [1]Soweit nichts anderes vorgeschrieben ist, eröffnet die Präsidentin oder der Präsident über jeden Gegenstand, der auf der Tagesordnung steht, die Besprechung. [2]Dies kann unterbleiben, wenn niemand das Wort wünscht.

(2) [1]Ein Mitglied des Sitzungsvorstandes führt eine Rednerliste. [2]Mitglieder des Landtages, die zur Sache sprechen wollen, haben sich beim Sitzungsvorstand schriftlich zu Wort zu melden. [3]Der Sitzungsvorstand kann Wortmeldungen auch auf andere Weise entgegennehmen.

(3) Ein Mitglied des Landtages darf sprechen, sobald ihm die Präsidentin oder der Präsident das Wort erteilt hat.

(4) Wenn die Rednerin oder der Redner einverstanden ist, kann die Präsidentin oder der Präsident das Wort zu Zwischenfragen erteilen.

§ 70
Reihenfolge der Rednerinnen und Redner

(1) [1]Die Präsidentin oder der Präsident bestimmt die Reihenfolge der Rednerinnen und Redner. [2]Dabei soll sie oder er für sachgemäße Erledigung und zweckmäßige Gestaltung der Beratung sorgen und die verschiedenen Auffassungen zum Beratungsgegenstand und die Stärke der Fraktionen berücksichtigen. [3]Die Vorsitzenden der Fraktionen müssen jederzeit im Rahmen der ihrer Fraktion zugeteilten Redezeit (§ 71 Abs. 1) gehört werden; dieses Recht steht nur ihnen persönlich zu.

(2) Berät der Landtag über Anträge aus seiner Mitte, so kann eine der Antragstellerinnen oder einer der Antragsteller zu Beginn und am Schluss der Besprechung das Wort verlangen.

(3) Eine Berichterstatterin oder ein Berichterstatter kann jederzeit das Wort zu einer Ergänzung ihres oder seines Berichts verlangen.

§ 71
Rededauer

(1) [1]Der Landtag kann für die Beratung eines Gegenstandes den Fraktionen unter angemessener Berücksichtigung ihrer Stärke bestimmte Redezeiten zuteilen und die Dauer der einzelnen Reden beschränken. [2]Der Landtag entscheidet darüber ohne Besprechung. [3]Teilt der Landtag den Fraktionen Redezeiten zu, so hat er auch für fraktionslose Mitglieder des Landtages Redezeiten festzusetzen. [4]Von einer Rednerin oder einem Redner zugelassene Zwischenfragen eines Mitglieds einer anderen Fraktion oder eines fraktionslosen Mitglieds des Landtages sowie darauf folgende Antworten, soweit sie 1 1/2 Minuten nicht überschreiten, werden nicht auf die Redezeit angerechnet.

(2) [1]Beantragt eine Fraktion spätestens am Vortage des Sitzungsabschnitts bis 17.00 Uhr für einzelne Tagesordnungspunkte eine andere Redezeit, als ihr nach dem Vorschlag des Ältestenrats zugeteilt werden soll, so berücksichtigt der Landtag den Antrag zugunsten oder zulasten der der Fraktion für andere Beratungsgegenstände zugeteilten Redezeiten, soweit dadurch nicht die Beratung anderer für diesen Tagungsabschnitt vorgesehener Gegenstände unmöglich gemacht oder gefährdet wird. [2]Die Fraktion hat zugleich mit dem Antrag mitzuteilen, zugunsten oder zulasten welcher Redezeiten die Änderung der Redezeit gehen soll. [3]Die Sätze 1 und 2 gelten nicht für die Aktuelle Stunde.

(3) Spricht ein Mitglied, eine Beauftragte oder ein Beauftragter der Landesregierung, wenn einer Fraktion nicht mehr ausreichende Redezeit für eine Erwiderung zur Verfügung steht, so gewährt die Präsidentin oder der Präsident der Fraktion auf Verlangen angemessene zusätzliche Redezeit für die Erwiderung.

(4) Spricht ein Mitglied des Landtages länger als zulässig, so entzieht ihm die Präsidentin oder der Präsident nach einmaliger Mahnung das Wort.

§ 72
Verlesen von Schriftstücken

(1) [1]Die Rednerinnen und Redner sprechen grundsätzlich in freiem Vortrag. [2]Sie können hierbei Aufzeichnungen benutzen. [3]Zitate dürfen sie verlesen, wenn sie diese als solche kenntlich machen.

(2) Absatz 1 Satz 1 gilt nicht für die Mitglieder und Beauftragten der Landesregierung, für die Berichterstatterinnen und Berichterstatter sowie für diejenigen Mitglieder des Landtages, die eine Vorlage für die Antragstellerinnen oder Antragsteller begründen.

§ 73
Sachruf

(1) Die Präsidentin oder der Präsident kann Rednerinnen und Redner, die vom Verhandlungsgegenstand abschweifen, „zur Sache" rufen.

(2) [1]Ist eine Rednerin oder ein Redner dreimal in derselben Rede „zur Sache" gerufen und beim zweiten Male auf die Folgen eines dritten Sachrufes hingewiesen worden, so kann die Präsidentin oder der Präsident ihr oder ihm das Wort entziehen. [2]Ist einem Mitglied des Landtages das Wort entzogen worden, so darf es dies bis zum Schluss der Besprechung nicht wieder erhalten.

§ 74
Schluss der Besprechung

(1) Ist die Rednerliste erschöpft oder hat sich niemand zum Wort gemeldet, so erklärt die Präsidentin oder der Präsident die Besprechung für geschlossen.

(2) [1]Der Landtag kann die Besprechung unterbrechen oder schließen. [2]Ein Antrag auf Unterbrechung oder Schluss der Besprechung bedarf der Unterstützung von einer Fraktion oder zehn anwesenden Mitgliedern des Landtages. [3]Über einen Antrag auf Schluss der Besprechung ist vor einem Antrag auf Unterbrechung abzustimmen. [4]Über einen Antrag auf Schluss der Besprechung darf erst abgestimmt werden, nachdem eine oder einer derjenigen, die den Beratungsgegenstand eingebracht hatten, die Berichterstatterin oder der Berichterstatter und je eine Rednerin oder ein Redner für und wider den Beratungsgegenstand sprechen konnten. [5]Wird einem Antrag auf Schluss der Besprechung widersprochen, so ist vor der Abstimmung über diesen Antrag auch je eine Rednerin oder ein Redner für und wider diesen Antrag zu hören.

§ 75
Wortmeldungen zur Geschäftsordnung

(1) [1]Ein Mitglied des Landtages, das zum Verfahren sprechen will, kann sich jederzeit, auch nach Schluss der Besprechung, mit dem Zuruf „zur Geschäftsordnung" zu Wort melden. [2]Das Wort zur Geschäftsordnung ist ihm sogleich zu erteilen. [3]Eine Rede darf dadurch jedoch nicht unterbrochen werden.

(2) [1]Ein Mitglied des Landtages, das das Wort zur Geschäftsordnung erhalten hat, darf sich nur zur verfahrensmäßigen Behandlung des gerade anstehenden oder des unmittelbar vor ihm behandelten Beratungsgegenstandes oder zum Ablauf der Sitzungen des Landtages äußern. [2]Es darf nicht länger als fünf Minuten sprechen. [3]Bei Verstößen gilt § 71 Abs. 4 entsprechend.

§ 76
Persönliche Bemerkungen

[1]Einem Mitglied des Landtages, das sich zu einer persönlichen Bemerkung zu Wort gemeldet hat, ist das Wort auch nach Schluss der Besprechung zu

erteilen. [2]Das Mitglied des Landtages darf in der persönlichen Bemerkung nur Angriffe zurückweisen, die in der Aussprache gegen es gerichtet wurden, oder eigene Ausführungen berichtigen. [3]Es darf nicht länger als fünf Minuten sprechen. [4]Bei Verstößen gilt § 71 Abs. 4 entsprechend.

§ 77
Erklärungen außerhalb der Tagesordnung

[1]Außerhalb der Tagesordnung kann die Präsidentin oder der Präsident einem Mitglied des Landtages das Wort zu einer Erklärung erteilen. [2]Sie ist ihr oder ihm auf Verlangen vorher schriftlich mitzuteilen.

§ 77a
Kurzintervention

(1) [1]Im Anschluss an die Rede eines Mitglieds des Landtages kann die Präsidentin oder der Präsident je einer Rednerin oder einem Redner der anderen Fraktionen das Wort zu einer Kurzintervention erteilen. [2]Hierauf darf die Rednerin oder der Redner oder ein Mitglied ihrer oder seiner Fraktion noch einmal antworten. [3]Die für die Kurzintervention und die Antwort erforderliche Zeit darf jeweils 1 ½ Minuten nicht überschreiten; sie wird nicht auf die Redezeiten angerechnet.

(2) Absatz 1 gilt nicht für die Fragestunde (§ 47), die Dringlichen Anfragen (§ 48), die Aktuellen Stunden (§ 49) und die abschließende Behandlung von Eingaben (§ 54).

§ 78
Anwesenheit und Anhörung der Landesregierung

(1) [1]Ein Antrag, die Anwesenheit eines Mitglieds der Landesregierung zu verlangen (Artikel 23 Abs. 1 der Verfassung), muss von einer Fraktion oder mindestens zehn Mitgliedern des Landtages unterstützt sein. [2]Die Präsidentin oder der Präsident hat sofort über den Antrag die Besprechung zu eröffnen und abstimmen zu lassen. [3]Sie oder er kann die Beratung des Gegenstandes, zu dem die Anwesenheit eines Mitglieds der Landesregierung verlangt wird, bis zu dessen Erscheinen unterbrechen.

(2) Verlangt nach Schluss einer Besprechung ein Mitglied, eine Beauftragte oder ein Beauftragter der Landesregierung das Wort (Artikel 23 Abs. 2 Satz 2 der Verfassung), so ist die Besprechung wieder eröffnet.

(3) [1]Wird Mitgliedern oder Beauftragten der Landesregierung auf ihr Verlangen außerhalb der Tagesordnung das Wort erteilt, so hat die Präsidentin oder der Präsident die Besprechung über ihre Ausführungen zu eröffnen, wenn es zehn Mitglieder des Landtages verlangen. [2]Beschlüsse zur Sache werden nicht gefasst.

§ 79
Beschlussfähigkeit

(1) [1]Der Landtag ist beschlussfähig, wenn mehr als die Hälfte der Mitglieder des Landtages anwesend ist. [2]Die Präsidentin oder der Präsident stellt zu Beginn jeder Sitzung fest, ob der Landtag beschlussfähig ist.

(2) [1]Hat die Präsidentin oder der Präsident die Beschlussfähigkeit zu Beginn der Sitzung festgestellt, so gilt der Landtag, auch wenn nicht mehr als die Hälfte der Mitglieder des Landtages anwesend ist, weiterhin als beschlussfähig, solange nicht ein Mitglied des Landtages vor einer Abstimmung oder Wahl die Beschlussfähigkeit bezweifelt. [2]Dieses gilt als anwesend.

(3) [1]Wird die Beschlussfähigkeit vor einer Abstimmung oder Wahl bezweifelt, so hat sie der Sitzungsvorstand, wenn sie nicht offensichtlich zu bejahen oder zu verneinen ist, durch Namensaufruf festzustellen. [2]Die Präsidentin oder der Präsident kann die Abstimmung oder Wahl für kurze Zeit aussetzen.

(4) [1]Ist die Beschlussfähigkeit nicht herzustellen, so hat die Präsidentin oder der Präsident die Sitzung zu schließen. [2]Die unterbliebene Abstimmung oder Wahl und der übrige nicht erledigte Teil der Tagesordnung sind auf die Tagesordnung der nächsten Sitzung zu setzen.

§ 80
Zeitpunkt der Abstimmung

[1]Der Landtag stimmt über einen Gegenstand in der Regel unmittelbar nach Schluss der Besprechung dieses Gegenstandes ab. [2]Werden hiernach noch persönliche Bemerkungen (§ 76) gemacht, so sind diese abzuwarten. [3]Der Landtag kann die Abstimmung bis zur nächsten Sitzung vertagen.

§ 81
Fragestellung

(1) Die Präsidentin oder der Präsident lässt in der Weise abstimmen, dass sie oder er fragt, wer einem bestimmten Beschlussvorschlag (einer Vorlage, einem Teil einer Vorlage, einem sonstigen Antrag oder Vorschlag) zustimme.

(2) Die Präsidentin oder der Präsident hat die Fragen so zu stellen, dass der Wille des Landtages in den Beschlüssen klar zum Ausdruck kommt, und kann zu diesem Zweck auch über Teile eines Beschlussvorschlages getrennt abstimmen lassen.

(3) [1]In der Regel ist über weitergehende Beschlussvorschläge vor den weniger weitgehenden abzustimmen. [2]Über einen Hilfsantrag (Eventualantrag) wird erst abgestimmt, wenn der Hauptantrag abgelehnt worden ist.

§ 82
Erforderliche Mehrheit

(1) Der Landtag beschließt mit der Mehrheit der abgegebenen Stimmen, sofern die Verfassung nichts anderes bestimmt.

(2) Stimmengleichheit gilt als Ablehnung des Beschlussvorschlages.

§ 83
Form der Abstimmung und Feststellung ihres Ergebnisses

(1) Abgestimmt wird durch Handzeichen, bei der Schlussabstimmung über Gesetze durch Aufstehen.

(2) [1]Ist das Ergebnis der Abstimmung zweifelhaft, so kann die Präsidentin oder der Präsident ein zweites Mal durch Aufstehen abstimmen lassen oder fragen, wer den Beschlussvorschlag ablehnt (Gegenprobe). [2]Wird der Zweifel auch hierdurch nicht beseitigt, so wird die Abstimmung in der Form des Absatzes 3 wiederholt.

(3) [1]Die Mitglieder des Landtages verlassen auf Aufforderung der Präsidentin oder des Präsidenten den Saal. [2]Die Türen werden geschlossen bis auf die zur Abstimmung erforderlichen Türen. [3]Die Präsidentin oder der Präsident bestimmt für jede Abstimmungstür eine Zählerin oder einen Zähler. [4]Auf das Glockenzeichen der Präsidentin oder des Präsidenten treten die Mitglieder des Landtages, die dem Beschlussvorschlag zustimmen wollen, durch die Ja-Tür, die ihn ablehnen wollen, durch die Nein-Tür, die keine Stimme abgeben wollen, durch die Enthaltungs-Tür in den Saal ein. [5]Die eintretenden Mitglieder des Landtages werden laut gezählt. [6]Kein Mitglied des Landtages darf vor Schluss der Abstimmung den Saal wieder verlassen. [7]Mit einem Glockenzeichen schließt die Präsidentin oder der Präsident die Zählung. [8]Hierauf stimmen nur noch die Präsidentin oder der Präsident und die Zählerinnen und Zähler ab.

§ 84
Abstimmung durch Namensaufruf und namentliche Abstimmung

(1) Bedarf ein Beschluss einer Mehrheit, die nach der gesetzlichen Zahl der Mitglieder des Landtages zu berechnen ist, so ist durch Namensaufruf abzustimmen.

(2) [1]Im Fall des Absatzes 1 ruft ein Mitglied des Sitzungsvorstandes alle Mitglieder des Landtages in alphabetischer Reihenfolge mit ihrem Namen auf. [2]Die Aufgerufenen geben ihre Stimme durch Zuruf („Ja", „Nein", „Enthaltung") ab.

(3) [1]Namentlich muss abgestimmt werden, wenn es zehn Mitglieder des Landtages bis zum Beginn der Abstimmung verlangen. [2]Eine namentliche Abstimmung ist nur über den Beratungsgegenstand selbst und über Änderungs- und Entschließungsanträge dazu zulässig.

(4) [1]Bei der namentlichen Abstimmung wird nach Absatz 2 verfahren. [2]Außerdem wird im Stenografischen Bericht vermerkt, wie jedes Mitglied des Landtages gestimmt hat.

§ 85
Protokollierung und Begründung einer Stimmabgabe

[1]Bei Abstimmungen kann jedes Mitglied des Landtages verlangen, dass im Stenografischen Bericht vermerkt wird, wie es gestimmt hat. [2]Dabei kann es dem Sitzungsvorstand eine kurze schriftliche Begründung übergeben, die in

den Stenografischen Bericht aufzunehmen ist. [3]Satz 2 gilt nicht, wenn ohne Aussprache abzustimmen ist.

§ 86
Wahlen

(1) [1]Gewählt wird mit Stimmzetteln. [2]Wenn kein anwesendes Mitglied des Landtages widerspricht, kann durch Handzeichen gewählt werden.

(2) Sofern ein Gesetz nichts anderes bestimmt, ist gewählt, wer die Mehrheit der abgegebenen Stimmen auf sich vereinigt.

(3) [1]Sind zugleich mehrere Personen zu wählen, so geschieht dies, wenn nichts anderes vorgeschrieben ist oder von den Fraktionen vereinbart wird, nach den Grundsätzen der Verhältniswahl. [2]Dabei ist das Höchstzahlverfahren anzuwenden.

§ 87
Bekanntgabe des Ergebnisses

Nach jeder Abstimmung oder Wahl gibt die Präsidentin oder der Präsident das Ergebnis bekannt.

§ 88
Ordnungsruf und Ausschluss

(1) Verletzt ein Mitglied des Landtages die Ordnung, so wird es von der Präsidentin oder vom Präsidenten mit Nennung des Namens „zur Ordnung" gerufen.

(2) [1]Ist ein Mitglied des Landtages während einer Sitzung dreimal „zur Ordnung" gerufen und beim zweiten Mal auf die Folgen eines dritten Ordnungsrufes hingewiesen worden, oder verletzt ein Mitglied des Landtages in einer Sitzung gröblich die Ordnung, so kann es von der Präsidentin oder vom Präsidenten von dieser Sitzung ausgeschlossen werden. [2]Das ausgeschlossene Mitglied des Landtages hat den Sitzungssaal sofort zu verlassen.

(3) [1]Verlässt das ausgeschlossene Mitglied des Landtages den Sitzungssaal nicht, so unterbricht oder schließt die Präsidentin oder der Präsident die Sitzung. [2]Sie oder er kann das Mitglied des Landtages aus dem Saal entfernen lassen.

(4) [1]Wenn ein Mitglied des Landtages durch ordnungswidriges Verhalten die Arbeit des Landtages erheblich stört, kann ihm die Präsidentin oder der Präsident die Teilnahme an Sitzungen oder den Aufenthalt im Landtagsgebäude verbieten, soweit dies erforderlich ist, um weitere Störungen zu verhüten. [2]Befolgt das Mitglied des Landtages das Verbot nicht, so kann die Präsidentin oder der Präsident es durchsetzen lassen. [3]Von Maßnahmen nach den Sätzen 1 und 2 ist dem Landtag Mitteilung zu machen.

(5) [1]Gegen den Ordnungsruf, den Ausschluss von der Sitzung und gegen ein Verbot nach Absatz 4 kann das betroffene Mitglied des Landtages binnen drei Tagen schriftlich bei der Präsidentin oder beim Präsidenten Einspruch

erheben. [2]Über den Einspruch berät der Ältestenrat. [3]Er empfiehlt dem Landtag eine Entscheidung, der darüber ohne Aussprache beschließt.

§ 89
Ordnung im Sitzungssaal

(1) Der Aufenthalt im Sitzungssaal ist anderen Personen als Mitgliedern des Landtages und Mitgliedern und Beauftragten der Landesregierung nur mit Genehmigung der Präsidentin oder des Präsidenten gestattet.

(2) Anderen als den im Landtag redeberechtigten Personen ist es untersagt, im Sitzungssaal oder auf der Tribüne Erklärungen abzugeben sowie Beifall oder Missfallen zu äußern.

(3) [1]Verstößt eine Person gegen Absatz 1 oder 2 oder verletzt sie in anderer Weise Ordnung und Anstand, so kann ihr der weitere Aufenthalt im Sitzungssaal oder im Landtagsgebäude untersagt werden. [2]Befolgt sie das Verbot nicht, so kann Zwang angewendet werden.

(4) [1]Wenn im Landtag störende Unruhe entsteht, kann die Präsidentin oder der Präsident die Sitzung unterbrechen oder schließen. [2]Kann die Präsidentin oder der Präsident sich kein Gehör verschaffen, so verlässt sie oder er ihren oder seinen Stuhl. [3]Hierdurch wird die Sitzung für eine halbe Stunde unterbrochen.

(5) Entsteht auf der Tribüne störende Unruhe, so kann die Präsidentin oder der Präsident die Tribüne räumen lassen.

§ 90
Stenografischer Bericht

(1) [1]Über jede Sitzung des Landtages wird eine wörtliche Niederschrift (Stenografischer Bericht) angefertigt und an die Mitglieder des Landtages und an die Landesregierung verteilt. [2]Stenografische Berichte über nichtöffentliche Sitzungen (Artikel 22 Abs. 1 der Verfassung) werden nicht verteilt, sofern der Landtag nichts anderes beschließt.

(2) [1]Jede Person kann Stenografische Berichte über öffentliche Sitzungen beim Landtag einsehen. [2]Überstücke können gegen Erstattung der Kosten abgegeben werden.

§ 91
Prüfung der Reden

(1) [1]Jede Rednerin und jeder Redner erhält die Niederschrift ihrer oder seiner Rede vor ihrer Aufnahme in den Stenografischen Bericht zur Durchsicht und Berichtigung. [2]Der Rednerin oder dem Redner ist eine angemessene Frist zur Rückgabe der Niederschrift zu setzen. [3]Gibt die Rednerin oder der Redner die Niederschrift nicht fristgemäß zurück, so gilt sie als genehmigt.

(2) [1]Die Rednerin oder der Redner kann keine Berichtigungen verlangen, die den Sinn der Rede ändern. [2]In Zweifelsfällen entscheidet, wenn sich die

Rednerin oder der Redner und der Stenografische Dienst nicht verständigen, die Präsidentin oder der Präsident.

II. Sitzungen der Ausschüsse, des Ältestenrats und des Präsidiums

§ 92
Einberufung, Tagesordnung

(1) Die Ausschüsse werden auf ihren Beschluss oder auf Anordnung ihrer oder ihres Vorsitzenden von der Landtagsverwaltung unter Mitteilung der Tagesordnung einberufen.

(2) Ein Drittel der Ausschussmitglieder kann schriftlich unter Angabe des Beratungsgegenstandes die Einberufung verlangen, sofern die Beratung des Gegenstandes zulässig ist (§ 12).

(3) Ort, Zeit und Tagesordnung der Ausschusssitzungen sind der Landesregierung mitzuteilen.

§ 93
Öffentlichkeit und Vertraulichkeit

(1) [1]Soweit diese Geschäftsordnung nichts anderes vorschreibt, sind die Sitzungen der Ausschüsse nicht öffentlich. [2]Zu einer öffentlichen Sitzung haben die Presse und andere Zuhörerinnen und Zuhörer Zutritt, soweit der Raum ausreicht.

(2) Hört ein Ausschuss Interessenvertreterinnen, Interessenvertreter oder Sachverständige an, so kann dies auf Beschluss des Ausschusses in öffentlicher Sitzung geschehen.

(3) [1]Beratungsgegenstand und -ergebnis nichtöffentlicher Sitzungen dürfen der Presse und anderen Außenstehenden mitgeteilt werden, nicht jedoch die Äußerungen einzelner Teilnehmerinnen oder Teilnehmer oder das Abstimmungsverhalten einzelner Mitglieder des Landtages in der Sitzung. [2]§ 95 Abs. 6 gilt entsprechend.

(4) [1]Die Ausschüsse können in besonderen Fällen Teile ihrer Verhandlungen für vertraulich erklären. [2]Verhandlungen eines Ausschusses über Unterlagen, die er nach § 95a Abs. 1 Satz 1 für vertraulich erklärt hat, sind vertraulich. [3]Die Verhandlungen der Ausschüsse zur Vorbereitung der Wahl der Mitglieder des Staatsgerichtshofs (§ 15) sowie zur Vorbereitung der Wahl und der Zustimmung nach Artikel 70 Abs. 2 der Verfassung (§ 16) sind stets vertraulich.

(5) Mitteilungen über vertrauliche Verhandlungen eines Ausschusses (Absatz 4) dürfen nur Mitgliedern dieses Ausschusses, anderen Personen, die an diesen Verhandlungen teilgenommen haben, den Fraktionsvorsitzenden und der Präsidentin oder dem Präsidenten gemacht werden.

(6) [1]Ein Ausschuss kann im Einzelfall Abweichungen von Absatz 5 beschließen. [2]Soll etwas der Öffentlichkeit, insbesondere der Presse, mitgeteilt werden, so legt der Ausschuss den Wortlaut der Mitteilung fest. [3]Hat der Aus-

schuss die Verhandlungen auf Verlangen der Landesregierung für vertraulich erklärt, so bedarf der Beschluss nach Satz 1 oder 2 ihres Einvernehmens. [4]Dasselbe gilt in den Fällen des Absatzes 4 Sätze 2 und 3.

§ 94
Teilnahme anderer Mitglieder des Landtages

(1) [1]Berät ein Ausschuss über Anträge oder Eingaben von Mitgliedern des Landtages, so kann eine der Antragstellerinnen oder einer der Antragsteller oder die Einsenderin oder der Einsender an der Sitzung mit beratender Stimme teilnehmen. [2]Bei Anträgen von Fraktionen kann die Fraktion ein Mitglied des Landtages hierfür bestimmen.

(2) In besonderen Fällen kann ein Ausschuss auch andere Mitglieder des Landtages zu seinen Verhandlungen mit beratender Stimme hinzuziehen.

(3) Die Präsidentin oder der Präsident kann an allen Ausschusssitzungen mit beratender Stimme teilnehmen.

(4) [1]Im Übrigen können Mitglieder des Landtages, die den Ausschüssen nicht angehören, als Zuhörerinnen oder Zuhörer an den Ausschusssitzungen teilnehmen, soweit nichts anderes vorgeschrieben ist. [2]Dies gilt nicht für vertrauliche Verhandlungen (§ 93 Abs. 4).

§ 95
Niederschriften

(1) [1]Über jede Sitzung eines Ausschusses ist eine Niederschrift zu fertigen. [2]Diese muss die in der Sitzung gefassten Beschlüsse enthalten und soll den wesentlichen Inhalt der Verhandlungen wiedergeben. [3]Die Niederschriften werden an die Ausschussmitglieder und die Fraktionen verteilt. [4]Außerdem werden sie der Landesregierung zugeleitet. [5]Alle Mitglieder des Landtages können, soweit sich aus Absatz 4 nichts anderes ergibt, Einsicht in die Niederschriften verlangen.

(2) In der Sitzung, die auf die Verteilung der Niederschrift folgt, ist über die Billigung der Niederschrift zu beschließen.

(3) Niederschriften über nichtöffentliche Sitzungen dürfen der Presse und anderen Außenstehenden nicht zugänglich gemacht werden.

(4) Ein Anspruch auf Auskunft über in den Niederschriften enthaltene personenbezogene Daten besteht nicht.

(5) [1]Über vertrauliche Verhandlungen wird die Niederschrift in einem Stück zur Verwahrung durch die Landtagsverwaltung und, außer in den Fällen des Artikels 23 Abs. 3 der Verfassung, in einem weiteren Stück für die Landesregierung hergestellt. [2]Der Ausschuss kann beschließen, dass die Niederschrift, abweichend von Absatz 1 Satz 2, nicht den Inhalt der Verhandlungen wiedergibt. [3]Einsicht in Niederschriften über vertrauliche Verhandlungen gewährt die Landtagsverwaltung nur den Ausschussmitgliedern, ihren von den Fraktionen benannten Stellvertreterinnen oder Stellvertretern, anderen Mitgliedern des Landtages, die an der Verhandlung teilgenommen haben, und den Fraktionsvorsitzenden.

(6) [1]Die Beschränkung nach Absatz 3 gilt in der laufenden und den zwei folgenden Wahlperioden. [2]Die Präsidentin oder der Präsident kann Ausnahmen von den Absätzen 3 und 4 zulassen. [3]§ 95a Abs. 7 gilt entsprechend.

§ 95a
Vertrauliche Unterlagen

(1) Die Ausschüsse können in besonderen Fällen Urkunden, Akten und andere Unterlagen, deren Inhalt zu ihrer Kenntnis bestimmt ist, für vertraulich erklären.

(2) [1]Vertrauliche Unterlagen sind von der Landtagsverwaltung unter Verschluss zu halten. [2]Abschriften, Ablichtungen oder andere Vervielfältigungen dürfen von ihnen nicht hergestellt werden.

(3) [1]Außerhalb der Verhandlungen des Ausschusses dürfen vertrauliche Unterlagen nur von dessen Mitgliedern und ihren von den Fraktionen benannten Vertreterinnen oder Vertretern eingesehen werden. [2]Die Einsichtnahme ist nur bei einer oder einem Bediensteten der Landtagsverwaltung zulässig, die oder den die Präsidentin oder der Präsident bestimmt hat.

(4) Während der Verhandlungen des Ausschusses dürfen vertrauliche Unterlagen nur von dessen Mitgliedern und von Mitgliedern des Landtages eingesehen werden, die verhinderte Ausschussmitglieder vertreten.

(5) Der Ausschuss kann auch anderen Personen die Einsichtnahme in vertrauliche Unterlagen gestatten.

(6) § 93 Abs. 5 und 6 gilt entsprechend.

(7) [1]Der Ausschuss kann die Vertraulichkeit von Unterlagen wieder aufheben. [2]Nach Ablauf der Wahlperiode ist dazu die Präsidentin oder der Präsident befugt.

§ 96
Ergänzende Vorschriften

Im Übrigen gelten die Vorschriften für die Sitzungen des Landtages entsprechend auch für die Sitzungen der Ausschüsse.

§ 97
Sitzungen des Ältestenrats und des Präsidiums

Für die Sitzungen des Ältestenrats und des Präsidiums gelten § 92 Abs. 1 und 2, § 93 Abs. 1 und 3 bis 6, § 94 Abs. 2, § 95 Abs. 1 Sätze 1 und 2 und Abs. 3, § 95a und § 96 entsprechend.

Vierter Abschnitt

Auslegung und Änderung der Geschäftsordnung

§ 98
Auslegung der Geschäftsordnung

Über Zweifel bei der Auslegung dieser Geschäftsordnung entscheidet die Präsidentin oder der Präsident.

§ 99
Abweichungen von der Geschäftsordnung

Der Landtag kann im Einzelfall von Vorschriften dieser Geschäftsordnung abweichen, wenn nicht zehn anwesende Mitglieder des Landtages widersprechen.

§ 100
Änderung der Geschäftsordnung

(1) Für Änderungen dieser Geschäftsordnung gelten die Vorschriften über Gesetzentwürfe entsprechend.

(2) [1]Der Geschäftsordnungsausschuss kann sich auch ohne besondere Überweisung mit Fragen der Geschäftsordnung befassen und dem Landtag in Beschlussempfehlungen Vorschläge zu ihrer Änderung machen. [2]Derartige Vorschläge behandelt der Landtag sogleich in zweiter Beratung.

Anlage zur Geschäftsordnung
des Niedersächsischen Landtages

Verhaltensregeln für die Mitglieder des
Niedersächsischen Landtages

I.

Die Mitglieder des Landtages haben zur Aufnahme in das Handbuch des Landtages Folgendes anzugeben:

1. Die gegenwärtig ausgeübten Berufe, und zwar

   a) unselbstständige Tätigkeit unter Angabe der Arbeitgeberin oder des Arbeitgebers (mit Branche), der eigenen Funktion bzw. dienstlichen Stellung,

   b) selbstständig Gewerbetreibende: Art des Gewerbes und Angabe der Firma,

   c) freie Berufe, sonstige selbstständige Berufe: Angabe des Berufszweiges,

   d) Angabe des Schwerpunktes der beruflichen Tätigkeit bei mehreren ausgeübten Berufen,

2. früher ausgeübte Berufe, soweit sie in Erwartung der Mandatsübernahme oder in Zusammenhang mit ihr aufgegeben worden sind,

3. vergütete und ehrenamtliche Tätigkeiten als Mitglied eines Vorstandes, Aufsichtsrats, Verwaltungsrats, sonstigen Organs oder Beirats einer Gesellschaft, Genossenschaft, eines in einer anderen Rechtsform betriebenen Unternehmens oder einer Körperschaft, Stiftung und Anstalt des öffentlichen Rechts mit Ausnahme der Mandate in Gebietskörperschaften,

4. vergütete und ehrenamtliche Funktionen in Berufsverbänden, Wirtschaftsvereinigungen, sonstigen Interessenverbänden oder ähnlichen Organisationen auf Landes- oder Bundesebene,

5. vertragliche oder gesetzliche Berechtigungen, Tätigkeiten in Berufen nach Nummer 1 oder 2 oder entgeltliche Tätigkeiten nach Nummer 3 oder 4 nach dem Ende der Mandatszeit fortsetzen zu dürfen.

II.

Die Mitglieder des Landtages haben der Präsidentin oder dem Präsidenten die Übernahme entgeltlicher Tätigkeiten, die in der Beratung, der Vertretung fremder Interessen, der Erstattung von Gutachten, in publizistischer Tätigkeit oder Vortragstätigkeit bestehen, anzuzeigen, soweit diese Tätigkeiten nicht im Rahmen des ausgeübten Berufes liegen.

III.

Wirkt ein Mitglied des Landtages in einem Ausschuss an der Beratung oder Abstimmung über einen Gegenstand mit, an welchem es selbst oder eine Person, für die es gegen Entgelt tätig ist, ein unmittelbares wirtschaftliches Interesse hat, so hat es diese Interessenverknüpfung zuvor im Ausschuss offen zu legen.

IV.

Hinweise auf die Mitgliedschaft im Landtag in beruflichen oder geschäftlichen Angelegenheiten sind zu unterlassen.

V.

In Zweifelsfragen ist das Mitglied des Landtages verpflichtet, durch Rückfragen bei der Präsidentin oder beim Präsidenten sich über die Auslegung der Bestimmungen zu vergewissern.

VI.

[1]Wird der Vorwurf erhoben, dass ein Mitglied des Landtages gegen diese Verhaltensregeln verstoßen hat, so hat die Präsidentin oder der Präsident den Sachverhalt aufzuklären und das betroffene Mitglied des Landtages anzuhören. [2]Ergeben sich Anhaltspunkte für einen Verstoß, so hat die Präsidentin oder der Präsident der Fraktion, der das betreffende Mitglied des Landtages angehört, Gelegenheit zur Stellungnahme zu geben. [3]Die Präsidentin oder der Präsident teilt das Ergebnis der Überprüfung dem Landtag mit, wenn ein Verstoß festgestellt worden ist.

Die Präsidentin oder der Präsident hat, wenn die Überprüfung nicht ergeben hat, dass ein Verstoß vorliegt, auf Ersuchen des betroffenen Mitglieds des Landtages dem Landtag dieses Ergebnis mitzuteilen.

Richtlinien und Geschäftsverteilungsplan für den Gesetzgebungs- und Beratungsdienst

vom 4. Dezember 1957

§ 1 (Rechtsstellung der Mitglieder)

(1) Die Mitglieder des beim Niedersächsischen Landtag eingerichteten Gesetzgebungs- und Beratungsdienstes sind bei Ausübung ihrer Tätigkeit unabhängig und insbesondere bei der Erstattung von Gutachten und Abgabe von Stellungnahmen keinen Weisungen unterworfen (Ausnahmen vgl. §§ 4 und 5 Abs. 2).

(2) Der Dienst darf sich keiner parteipolitischen Richtung verpflichtet fühlen; seine Mitglieder müssen in besonderem Maße von den Abgeordneten als ihre Vertrauenspersonen anerkannt und angesehen werden.

§ 2 (Dienstaufsicht)

Die Mitglieder des Dienstes unterstehen nur in dienstrechtlicher und organisatorischer Hinsicht der Aufsicht des Präsidenten.

§ 3 (Aufgaben des Dienstes)

Der Dienst hat die Aufgabe,

1. bei der Sammlung und Beschaffung von Material über Verfassungs- und Parlamentsrecht durch die Bibliothek und das Archiv mitzuwirken,

2. die Rechtsentwicklung in Bund und Ländern unter besonderer Berücksichtigung der Arbeit in den Parlamenten zu beobachten und rechtsvergleichend darzustellen,

3. Gutachten zu Anträgen, Anfragen und sonstigen Problemen zu erstatten,

4. in Fragen des Verfassungs- und Verwaltungsrechts Auskunft zu erteilen,

5. Vorlagen zu prüfen und zu würdigen, ob die beabsichtigte Regelung rechtlich möglich ist und dazu dient, den erstrebten Erfolg zu erreichen, sowie ob vorgeschlagene Ermächtigungen verfassungsrechtlich unbedenklich sind,

6. Entwürfe für Gesetze, Anträge und Anfragen vorzubereiten,

7. die Berichterstatter bei der Abfassung von Ausschussberichten zu unterstützen,

8. soweit er eine Angelegenheit in einem Ausschuss betreut, Material zu den einzelnen Besprechungspunkten zusammenzustellen und den Vorsitzenden während der Sitzung zu unterstützen.

§ 4 (Justitiariat des Landtages)

In Rechtsangelegenheiten des Landtages wird der Dienst als Justitiar tätig.

§ 5 (Aufträge an den Dienst)

(1) Im Rahmen der in § 3 genannten Aufgaben können dem Dienst Aufträge erteilen:

1. die Fraktionen,

2. die Ausschüsse,

3. die Vorsitzenden der Ausschüsse,

4. bei Entwürfen zu Gesetzesvorlagen Gruppen von mindestens 10 Abgeordneten.

Von einzelnen Abgeordneten hat der Dienst Aufträge entgegenzunehmen, wenn er sachlich und zeitlich in der Lage ist, den Auftrag zu erfüllen. Bei Zweifeln hierüber sowie bei Zweifeln über Auslegungsfragen zu § 3 entscheidet der Präsident.

(2) Soweit der Dienst den Auftrag erhalten hat, eine Angelegenheit vorzubereiten, hat er den Vorstellungen und Wünschen des Auftraggebers Rechnung zu tragen. Der Auftraggeber kann den Grad der Vertraulichkeit bestimmen. Insoweit ist der Dienst zur Geheimhaltung verpflichtet.

§ 6 (Geschäftsverteilung)

(1) Innerhalb des Dienstes werden die Geschäfte auf dessen Mitglieder durch kollegialen Beschluss verteilt. Auf eine gleichmäßige Auslastung der Mitglieder ist zu achten.

(2) Der nach Absatz 1 bestimmte Bearbeiter hat die Angelegenheit zu verfolgen ohne Rücksicht darauf, in welchem Ausschuß oder sonstigem Gremium sie parlamentarisch behandelt wird.

(3) Die Mitglieder des Dienstes regeln ihre gegenseitige Vertretung.

§ 7 (Arbeitsnachweis)

Alle von dem Gesetzgebungs- und Beratungsdienst bearbeiteten Sachen werden nach einem von dem Gesetzgebungs- und Beratungsdienst festzulegenden Muster registriert.

§ 8 (Reihenfolge der Bearbeitung)

Die Reihenfolge, in der eingehende Aufträge bearbeitet werden, regelt der Dienst selbst. Auf Antrag des Auftraggebers kann der Präsident eine anderweitige Reihenfolge der Bearbeitung bestimmen.

§ 9 (Anrufung des Kollegiums)

Hält es ein Mitglied des Dienstes, das eine Sache bearbeitet, wegen der Bedeutung dieser Angelegenheit für erforderlich oder hat es ein Auftraggeber bei der Erteilung des Auftrages verlangt, so werden in der Sache die Mitglieder des Dienstes als Kollegium tätig.

NIEDERSÄCHSISCHES ABGEORDNETENGESETZ

in der Fassung vom 20. Juni 2000
(Nds. GVBl. S. 129),

zuletzt geändert durch Gesetz vom 6. Dezember 2012
(Nds. GVBl. S. 518)

sowie

Auszug aus dem Niedersächsischen Beamtengesetz
in der Fassung vom 25. März 2009
(Nds. GVBl. S. 72)

und

Auszug aus dem Gesetz über die Rechtsverhältnisse
der Mitglieder des Deutschen Bundestages Abgeordnetengesetz

Gemäß § 69 NBG entsprechend anzuwendende Vorschriften

Vorschriften für die aus dem
Öffentlichen Dienst kommenden Abgeordneten

Inhaltsübersicht

Erster Teil

Rechtsstellung der Abgeordneten

§ 1
Erwerb und Verlust des Mandats

Erwerb und Verlust eines Mandats im Landtag richten sich nach den Vorschriften der Niedersächsischen Verfassung und des Niedersächsischen Landeswahlgesetzes.

§ 2
Schutz der freien Mandatsausübung

(1) Niemand darf gehindert werden, sich um ein Mandat zu bewerben, es anzunehmen oder auszuüben.

(2) Benachteiligungen am Arbeitsplatz im Zusammenhang mit der Bewerbung um das Mandat sowie der Annahme und Ausübung des Mandats sind unzulässig.

(3) [1]Eine Kündigung oder Entlassung wegen der Annahme oder Ausübung des Mandats ist unzulässig. [2]Eine Kündigung ist im Übrigen nur aus wichtigem Grund zulässig. [3]Der Kündigungsschutz beginnt mit der Aufstellung des Bewerbers durch das dafür zuständige Organ der Partei oder mit der Einreichung des Wahlvorschlages. [4]Er gilt ein Jahr nach dem Ausscheiden aus dem Landtag fort.

§ 3
Wahlvorbereitungsurlaub

[1]Hat ein Arbeitnehmer seiner Benennung als Bewerber für ein Mandat zugestimmt, so ist ihm auf Verlangen innerhalb der letzten zwei Monate vor der Wahl der zur Vorbereitung seiner Wahl erforderliche Urlaub zu gewähren. [2]Für die Zeit des Urlaubs hat er keinen Anspruch auf Lohn oder Gehalt.

§ 4
Berufs- und Betriebszeiten

(1) Die Mandatszeit ist nach ihrem Ende auf die Berufs- und Betriebszugehörigkeit auch insoweit anzurechnen, als der Abgeordnete nicht in seinem Beruf oder Betrieb tätig war.

(2) Absatz 1 gilt nicht für die Berechnung der Höhe von Leistungen, die nach der Berufs- oder Betriebszugehörigkeit bemessen werden, und nicht für Probezeiten.

(3) [1]Absatz 1 gilt auch nicht für Zeiten einer praktischen Tätigkeit, die Voraussetzung für die Ausübung eines Berufs sind. [2]Die Mandatszeit kann jedoch angerechnet werden, soweit sie der praktischen Tätigkeit vergleichbar war.

§ 5
Unvereinbarkeit

(1) [1]Ein Beamter mit Dienstbezügen darf dem Landtag nicht angehören. [2]Wird ein Beamter mit Dienstbezügen in den Landtag gewählt oder ein Abgeordneter zum Beamten mit Dienstbezügen ernannt, so hat der Präsident das Mandat für erloschen zu erklären. [3]Dies gilt nicht, wenn die Rechte und Pflichten aus dem Beamtenverhältnis ruhen oder eine ähnliche Regelung getroffen wird, wenn das Beamtenverhältnis beendet wird oder wenn der Abgeordnete sein Mandat niederlegt.

(2) Absatz 1 gilt auch für Beamte des Bundes und anderer Länder.

(3) Absatz 1 gilt entsprechend

1. für Richter, Berufssoldaten und Soldaten auf Zeit,

2. für Angestellte juristischer Personen des öffentlichen Rechts mit Ausnahme der Religionsgesellschaften,

3. für Angestellte von Kapitalgesellschaften, Vereinen, Verbänden oder Stiftungen, wenn zu mehr als 50 vom Hundert juristische Personen nach Nummer 2 Kapitaleigner oder Mitglieder sind, das Stiftungsvermögen bereitgestellt haben oder die Aufwendungen tragen.

Zweiter Teil

Entschädigung der Abgeordneten

§ 6
Grundentschädigung

(1) [1]Die Abgeordneten des Landtages erhalten mit Wirkung ab 1. Juli 2010 eine Grundentschädigung von monatlich 5 800 Euro. [2]Mit Wirkung ab 1. Januar 2011 wird die Grundentschädigung auf monatlich 6 000 Euro erhöht.

(2) [1]Die Grundentschädigung wird am Ersten jedes Monats im Voraus gezahlt. [2]Der Abgeordnete erhält sie erstmals für den Monat, in dem er das Mandat erwirbt. [3]Letztmalig wird die Grundentschädigung für den Monat gewährt, in dem das Mandat endet. [4]Für jeden Monat wird sie nur einmal gezahlt.

(3) Für den Präsidenten erhöht sich die Grundentschädigung auf 200 vom Hundert, für Vizepräsidenten auf 140 vom Hundert.

(4) [1]Die Grundentschädigung nach Absatz 1 wird jeweils zum 1. Juli eines Jahres, beginnend mit dem 1. Juli 2012, an die Einkommensentwicklung angepasst, die jeweils vom März des abgelaufenen Jahres gegenüber dem März des vorangegangenen Jahres eingetreten ist. [2]Maßstab für die Anpassung ist die Veränderung einer gewogenen Maßzahl der Einkommensentwicklung in Niedersachsen, die sich zusammensetzt aus

1. dem Index der durchschnittlichen Bruttomonatsverdienste vollzeitbeschäftigter Arbeitnehmer im produzierenden Gewerbe und im Dienstleistungsbereich mit einem Anteil von 87,2 vom Hundert,

2. dem Monatsentgelt eines Beschäftigten der Entgeltgruppe 11 nach dem Tarifvertrag für den öffentlichen Dienst (TVöD) für das Tarifgebiet West im Bereich der Vereinigung der kommunalen Arbeitgeberverbände in der höchsten Stufe mit einem Anteil von 6,2 vom Hundert,

3. den Bruttomonatsbezügen eines verheirateten Beamten (ohne Kinder) des Landes Niedersachsen der Besoldungsgruppe A 12 in der höchsten Stufe mit einem Anteil von 6,6 vom Hundert.

[3]Die prozentuale Veränderung der nach Satz 2 ermittelten Maßzahl der Einkommensentwicklung teilt der Landesbetrieb für Statistik und Kommunikationstechnologie Niedersachsen bis zum 1. Juni eines Jahres dem Präsidenten mit. [4]Dieser veröffentlicht den neuen Betrag der Grundentschädigung im Gesetz- und Verordnungsblatt.

(5) [1]Der Landtag beschließt innerhalb des ersten Halbjahres nach der konstituierenden Sitzung über die Anpassung der Entschädigung nach Absatz 1 mit Wirkung für die gesamte Wahlperiode. [2]Der Präsident leitet den Fraktionen einen entsprechenden Gesetzesvorschlag zu.

(6) An Abgeordnete, die nach § 13 Abs. 1 Beitragszuschüsse zur Pflegeversicherung oder nach § 13 Abs. 2 im Fall der Pflegebedürftigkeit Beihilfen erhalten, wird von der Grundentschädigung nach den Absätzen 1 und 3 ein um ein Dreihundertfünfundsechzigstel verminderter Betrag ausgezahlt.

§ 7
Aufwandsentschädigungen

(1) [1]Die Abgeordneten erhalten eine pauschale Aufwandsentschädigung von 1 048 Euro monatlich. [2]Für den Präsidenten erhöht sich die Aufwandsentschädigung um 268 Euro, für Vizepräsidenten um 54 Euro und für Vorsitzende der ständigen Ausschüsse und ihrer Unterausschüsse sowie für Vorsitzende von Untersuchungsausschüssen, Enquete-Kommissionen und Sonderausschüssen um 107 Euro. [3]§ 6 Abs. 2 gilt entsprechend.

(2) [1]Beschäftigen Abgeordnete zu ihrer Unterstützung bei der Wahrnehmung ihres Mandats Bürokräfte, so werden ihnen auf Antrag die nachgewiesenen Kosten, die ihnen hieraus entstehen, bis zu einem vom Präsidenten festzusetzenden Höchstbetrag erstattet. [2]Der Höchstbetrag ist ausgehend von dem Entgelt eines mit einer regelmäßigen Arbeitszeit von 30 Wochenstunden tätigen Beschäftigten der Entgeltgruppe 9 Stufe 4 des Tarifvertrages für den öffentlichen Dienst der Länder (TV-L) festzusetzen; für den Fall der Beschäftigung mehrerer oder höher eingruppierter Bürokräfte dürfen die einzelnen Entgelte die Beträge der Entgeltgruppe 9 Stufe 4 nicht übersteigen.

(3) Soweit Abgeordnete regelmäßig verkehrende öffentliche Verkehrsmittel zu Fahrten innerhalb des Landes und zwischen Orten innerhalb des Landes sowie nach Berlin und Bonn benutzen, stellt sie das Land von den Kosten frei.

(3a) [1]Haben Abgeordnete ihre Büros außerhalb des Landtages mit Informations- und Kommunikationseinrichtungen ausgestattet, die sie zur Wahrnehmung ihres Mandats verwenden, so werden ihnen nachgewiesene Aufwendungen für deren Beschaffung auf Antrag zur Hälfte erstattet. [2]Die Anträge müssen spätestens 54 Monate nach Beginn der jeweiligen Wahlperiode gestellt werden. [3]Zahlungen nach Satz 1 dürfen je Abgeordneten und je Wahlperiode einen Höchstbetrag nicht übersteigen, den der Präsident entsprechend den Kosten festsetzt, die in fünf Jahren durchschnittlich für die Ausstattung eines Arbeitsplatzes in der Landtagsverwaltung mit Informations- und Kommunikationseinrichtungen anfallen. [4]Für Abgeordnete, die dem Landtag nicht während der ganzen Wahlperiode angehören, vermindert sich der Höchstbetrag im Verhältnis der Mandatszeit zur Dauer der Wahlperiode; diese ist dabei mit genau fünf Jahren anzusetzen. [5]Ergibt sich nach dem Ausscheiden eines Abgeordneten aus dem Landtag, dass er mehr erhalten hat, als ihm nach Satz 4 zusteht, so hat er den Mehrbetrag zurückzuzahlen.

(4) Die Abgeordneten dürfen

1. die Telekommunikationsanlage des Landtages für Orts-, Ferngespräche und Telefaxe sowie

2. die für sie eingerichteten Informations- und Kommunikationseinrichtungen des Landtages in den Gebäuden des Landtages

kostenlos benutzen.

(5) [1]Der Präsident bestimmt das Nähere über die Leistungen und das Verfahren nach den Absätzen 2 bis 4. [2]Er kann zulassen, dass die Landtagsverwaltung das Entgelt der Bürokräfte und die übrigen sich für sie aus dem Arbeitsverhältnis ergebenden Zahlungen errechnet und im Namen der Abgeordneten leistet.

§ 8
Reisekostenentschädigung, Allgemeines

(1) Die Abgeordneten erhalten eine Reisekostenentschädigung nach den §§ 10 bis 12, wenn sie an folgenden Veranstaltungen teilnehmen:

1. Sitzungen des Landtages,

2. Sitzungen ihrer Fraktion (§ 9),

3. Sitzungen des Präsidiums, des Ältestenrats und der Ausschüsse, an denen sie nicht nur als Zuhörer teilnehmen,

4. sonstige Veranstaltungen, Besprechungen und Besichtigungen, an denen sie auf Beschluss des Landtages oder mit Genehmigung des Präsidenten teilnehmen oder zu denen sie von Mitgliedern der Landesregierung oder deren Stellvertretern eingeladen wurden. Der Präsident kann die Genehmigung für bestimmte Gruppen von Fällen allgemein erteilen.

(2) [1]Die Reisekostenentschädigung wird monatlich nachträglich gezahlt. [2]Der Antrag ist spätestens bis zum Ende des auf das Jahr der jeweiligen Veranstaltung folgenden Jahres zu stellen. [3]Der Präsident kann Vorschriften über das Verfahren, insbesondere über den Nachweis der Teilnahme und der Kosten, erlassen. [4]Wenn in besonderen Fällen, namentlich bei Auslandsreisen, die Entschädigungen nach den §§ 10 bis 12 die tatsächlich entstan-

denen notwendigen Reisekosten nicht decken, kann der Präsident eine zusätzliche Entschädigung gewähren.

(3) Nehmen gewählte Bewerber um ein Landtagsmandat auf Einladung einer Fraktion an deren Sitzungen teil oder treten sie zur Bildung der künftigen Fraktion sowie zur Vorbereitung ihrer Fraktionsarbeit zusammen, so gelten Absatz 2 und die §§ 10 bis 12 entsprechend.

§ 9
Entschädigungspflichtige Fraktionssitzungen

(1) [1]In jedem Kalenderjahr können 72 entschädigungspflichtige Fraktionssitzungen im Landesgebiet stattfinden. [2]An die Stelle einer Sitzung der gesamten Fraktion können mehrere Sitzungen von Teilen der Fraktion treten, wenn die Zahl der teilnehmenden Mitglieder insgesamt die Fraktionsstärke nicht übersteigt. [3]Jeweils 24 der Fraktionssitzungen sollen zeitlich zusammenhängend mit Sitzungen des Landtages in Hannover stattfinden.

(2) [1]Die Beschränkungen nach Absatz 1 gelten nicht für die Zeit zwischen der Neuwahl des Landtages oder dem Rücktritt der Landesregierung und der Bestätigung einer neuen Landesregierung. [2]Der Präsident kann weitere Ausnahmen zulassen.

§ 10
Fahrkosten

(1) [1]Ist ein Abgeordneter im eigenen Kraftfahrzeug zu einer Veranstaltung gemäß § 8 gefahren, die außerhalb seiner Wohngemeinde stattgefunden hat, so erhält er für jeden Kilometer der Fahrstrecke einen Entschädigungsbetrag, dessen Höhe im Haushaltsgesetz bestimmt wird. [2]Für Hin- und Rückfahrt ist je einmal die kürzeste zumutbare Fahrstrecke zwischen der Wohngemeinde des Abgeordneten (Ortsmitte) und dem Ort der Veranstaltung zugrunde zu legen. [3]Hat ein Abgeordneter auf einer Fahrt mehrere Veranstaltungen gemäß § 8 aufgesucht, so ist die kürzeste zumutbare Fahrstrecke zwischen den Orten dieser Veranstaltungen hinzuzurechnen.

(2) [1]Hat ein Abgeordneter ein regelmäßig verkehrendes öffentliches Verkehrsmittel benutzt, so werden ihm die dadurch entstandenen tatsächlichen Kosten ersetzt. [2]Kosten des Zu- und Abganges am Wohn- und Veranstaltungsort werden erstattet, soweit die Aufwendungen erforderlich waren; das Nähere bestimmt der Präsident. [3]Bei der Benutzung anderer als der in Satz 1 genannten Verkehrsmittel werden die tatsächlich entstandenen Kosten bis zu dem Betrag, der nach Absatz 1 zu erstatten wäre, ersetzt.

(3) Legt ein Abgeordneter eine Strecke teils im eigenen Kraftfahrzeug, teils mit einem anderen Verkehrsmittel zurück, so ist die Entschädigung anteilig nach den Absätzen 1 und 2 zu berechnen.

(4) Hat ein Abgeordneter sich im Fall des Absatzes 1 von einem Kraftfahrer zum Ort der Veranstaltung fahren lassen, so erhält er für jeden Tag der Reise eine Aufwandsentschädigung von 21 Euro.

§ 11
Tagegeld

[1]Ein Abgeordneter, der an Veranstaltungen gemäß § 8 teilgenommen hat, erhält als Aufwandsentschädigung ein Tagegeld. [2]Dieses beträgt 15 Euro, bei mehrtägigen Reisen für jeden Tag der Reise 23 Euro.

§ 12
Übernachtungsgeld

(1) Hat ein Abgeordneter zwischen zwei aufeinander folgenden Tagen mit Veranstaltungen gemäß § 8 außerhalb seiner Wohngemeinde übernachtet, so erhält er ein Übernachtungsgeld.

(2) [1]Hat ein Abgeordneter die Nacht vor einer Veranstaltung gemäß § 8 außerhalb seiner Wohngemeinde übernachtet, so erhält er ein Übernachtungsgeld, wenn er am Tage der Veranstaltung vor 7.00 Uhr von seiner Wohnung hätte abfahren müssen, um rechtzeitig zu der Veranstaltung zu erscheinen. [2]Hat ein Abgeordneter die Nacht nach einer Veranstaltung gemäß § 8 außerhalb seiner Wohngemeinde verbracht, so erhält er ein Übernachtungsgeld, wenn er am Tage der Veranstaltung seine Wohnung nicht mehr vor 22.00 Uhr erreicht hätte.

(3) [1]Das Übernachtungsgeld beträgt 19,94 Euro. [2]Weist der Abgeordnete höhere Übernachtungskosten nach, so sind ihm diese zu erstatten. [3]Der Präsident setzt einen Höchstbetrag fest.

(4) [1]Hat ein Abgeordneter seine Hauptwohnung außerhalb der Region Hannover, so erhält er auf Antrag 75 vom Hundert der nachgewiesenen Kosten für eine ihm auf Dauer zur Verfügung stehende Unterkunft in der Region Hannover erstattet; in diesem Fall sind Ansprüche nach den Absätzen 1 bis 3 zur Abgeltung von Übernachtungskosten in der Region Hannover ausgeschlossen. [2]Der Präsident setzt einen Höchstbetrag fest und kann Näheres zu den Anforderungen an den Nachweis bestimmen.

§ 13
Leistungen für Krankheits-, Pflege- und Notfälle

(1) [1]Die Abgeordneten erhalten einen auf die vom Landtag gewährte Entschädigung bezogenen Zuschuss zu den Kosten einer Krankenversicherung und einer Pflegeversicherung, wenn sie nicht

1. nach anderen Rechtsvorschriften einen Zuschuss zu den Beiträgen erhalten,

2. Beiträge zahlen, für die nur der halbe Beitragssatz gilt, oder

3. Beiträge und Zuschläge nach gesetzlicher Vorschrift allein zu tragen haben.

[2]Als Zuschuss ist jeweils die Hälfte des aus eigenen Mitteln geleisteten Beitrages zur Krankenversicherung und Pflegeversicherung zu zahlen, bei der Krankenversicherung jedoch höchstens die Hälfte des durch Rechtsverordnung nach § 243 des Fünften Buchs des Sozialgesetzbuchs festgelegten

Beitragssatzes und bei der Pflegeversicherung höchstens die Hälfte des Höchstbeitrages der sozialen Pflegeversicherung. [3]§ 6 Abs. 2 gilt entsprechend.

(2) [1]Anstelle des Zuschusses erhält ein Abgeordneter auf Antrag Beihilfen in entsprechender Anwendung des Beamtenrechts. [2]Der Antrag ist binnen drei Monaten nach Beginn des Mandats zu stellen und für die Wahlperiode unwiderruflich. [3]Bestand ein Anspruch auf Beihilfen nach Satz 1 oder nach beamtenrechtlichen Vorschriften bereits am Tag vor dem Beginn des Mandats, so erhält der Abgeordnete Beihilfen nach Satz 1 auch ohne einen Antrag nach Satz 2; in diesem Fall kann er innerhalb der Frist des Satzes 2 beantragen, anstelle der Beihilfen den Zuschuss nach Absatz 1 zu erhalten. [4]Der Antrag nach Satz 3 Halbsatz 2 ist für die Wahlperiode unwiderruflich.

(3) Die Absätze 1 und 2 gelten nicht für Abgeordnete, die nach anderen Vorschriften beihilfeberechtigt sind.

(4) Der Präsident kann Abgeordneten Ersatz für Sachschäden, die sie in Ausübung ihres Mandats erleiden, und in besonderen Notfällen Unterstützungen gewähren.

§ 14
Wegfall und Kürzung der Entschädigungen

(1) Für die Zeit, für die ein Abgeordneter eine Entschädigung als Mitglied des Bundestages oder des Europäischen Parlaments erhält, werden die Grundentschädigung, die Aufwandsentschädigungen nach § 7 Abs. 1 und 2 und die Leistungen nach § 13 nicht gewährt.

(2) [1]Für die Zeit, in der ein Abgeordneter Amtsbezüge aus einem öffentlich-rechtlichen Amtsverhältnis erhält, wird die Grundentschädigung nicht gewährt. [2]Die Aufwandsentschädigung nach § 7 Abs. 1 vermindert sich für diese Zeit um 25 vom Hundert. [3]Mitglieder der Landesregierung erhalten keine Reisekostenentschädigung (§§ 8 bis 12).

(2 a) Erhält ein Abgeordneter neben der Grundentschädigung Dienstbezüge oder Arbeitslohn aus einem Dienst- oder Arbeitsverhältnis im Sinne des § 5, so vermindert sich die Grundentschädigung um diese Dienstbezüge oder diesen Arbeitslohn.

(3) [1]Erhält ein Abgeordneter neben der Grundentschädigung Versorgungsbezüge, Altersgeld oder Übergangsgeld aus einem Dienst- oder Arbeitsverhältnis im Sinne des § 5 oder aus einem öffentlich-rechtlichen Amtsverhältnis, so vermindert sich die Grundentschädigung um 75 vom Hundert dieser Bezüge; dem Abgeordneten sind jedoch mindestens 25 vom Hundert der Grundentschädigung zu belassen. [2]Entsprechendes gilt für Renten aus der gesetzlichen Rentenversicherung mit Ausnahme von Renten aus einer freiwilligen Pflichtversicherung auf Antrag gemäß § 1227 Abs. 1 Nr. 9 der Reichsversicherungsordnung, § 2 Abs. 1 Nr. 11 des Angestelltenversicherungsgesetzes und § 4 Abs. 2 des Sechsten Buchs des Sozialgesetzbuchs sowie für Bezüge aus einer Zusatzversorgung aufgrund eines Arbeitsverhältnisses im Sinne des § 5; § 66 Abs. 1 Sätze 6 und 7, Abs. 3, 4 und 8 des Nie-

dersächsischen Beamtenversorgungsgesetzes (NBeamtVG) ist sinngemäß anzuwenden. [3]§ 17 Abs. 1 Sätze 4 und 5 gilt entsprechend.

§ 15
– aufgehoben –

Dritter Teil

Entschädigung der früheren Abgeordneten und der Hinterbliebenen

§ 16
Übergangsgeld

(1) Scheidet ein Abgeordneter aus dem Landtag aus, so erhält er, wenn er dem Landtag mindestens ein volles Jahr angehört hat, ein Übergangsgeld.

(2) Wer gemäß § 7 Abs. 1 Nrn. 1 bis 3 des Niedersächsischen Landeswahlgesetzes aus dem Landtag ausgeschieden ist oder gemäß § 8 Abs. 1 Nr. 4 des Landeswahlgesetzes seinen Sitz als Abgeordneter verloren hat, erhält das Übergangsgeld nicht.

(3) [1]Als Übergangsgeld wird die Grundentschädigung nach § 6 über den Monat des Ausscheidens hinaus weitergezahlt. [2]Das Übergangsgeld wird nach einer Mandatszeit von mindestens einem Jahr für drei Monate und mit jedem weiteren Jahr für einen weiteren Monat, jedoch höchstens für zwölf Monate gewährt. [3]Ein Rest von mehr als 182 Tagen gilt als ein Jahr.

(4) [1]Hatte der ausgeschiedene Abgeordnete dem Landtag mehrmals mit Unterbrechungen angehört, so sind die Zeitabschnitte zusammenzurechnen. [2]Die Zeit, die durch ein früheres Übergangsgeld abgegolten wurde, bleibt unberücksichtigt.

(5) [1]Das Übergangsgeld kann auf Antrag in einer Summe ausgezahlt werden. [2]Ergibt sich jedoch, dass ein Betrag nach § 17 nicht hätte gezahlt werden dürfen, so ist er zu erstatten.

§ 17
Kürzung und Wegfall des Übergangsgeldes

(1) [1]Das Übergangsgeld ist um Einkünfte aus Dienst- und Amtsverhältnissen, aus sonstiger selbständiger und nichtselbständiger Arbeit, aus Gewerbebetrieb und aus Land- und Forstwirtschaft sowie um Versorgungsbezüge, Altersgeld und Renten aus der gesetzlichen Rentenversicherung mit Ausnahme von Renten aus einer freiwilligen Pflichtversicherung auf Antrag gemäß § 1227 Abs. 1 Nr. 9 der Reichsversicherungsordnung, § 2 Abs. 1 Nr. 11 des Angestelltenversicherungsgesetzes und § 4 Abs. 2 des Sechsten Buchs des Sozialgesetzbuchs sowie um Bezüge aus einer zusätzlichen Alters- und Hinterbliebenenversorgung zu kürzen. [2]§ 66 Abs. 1 Sätze 6 und 7, Abs. 3, 4 und 8 NBeamtVG ist sinngemäß anzuwenden. [3]Bei Einkünften aus einem Dienst- oder Amtsverhältnis sowie aus nichtselbständiger Arbeit ist das monatliche Erwerbseinkommen, bei anderen Einkünften ein Zwölftel des Er-

werbseinkommens des Kalenderjahres zugrunde zu legen. [4]Eine aufgrund des Versorgungsausgleichs vorgenommene Kürzung der Versorgungsbezüge, des Altersgeldes, der Renten aus der gesetzlichen Rentenversicherung sowie der Bezüge aus einer zusätzlichen Alters- und Hinterbliebenenversorgung bleibt unberücksichtigt. [5]Die jährliche Sonderzuwendung für Angehörige des öffentlichen Dienstes oder entsprechende Leistungen aufgrund tariflicher Regelungen, Urlaubsgeld, ein Unfallausgleich und Aufwandsentschädigungen sind nicht anzurechnen. [6]Nicht anzurechnen sind auch Bezüge aus einem Beamtenverhältnis auf Widerruf.

(2) [1]Das Übergangsgeld entfällt von dem Monat an, für den ein ausgeschiedener Abgeordneter von neuem eine Grundentschädigung nach § 6 bezieht. [2]Das gilt auch, sobald er eine entsprechende Entschädigung als Mitglied des Bundestages, des Europäischen Parlaments oder der Volksvertretung eines anderen deutschen Bundeslandes erhält.

§ 18
Voraussetzungen der Altersentschädigung

(1) [1]Ein früherer Abgeordneter, der dem Landtag mindestens ein Jahr angehörte, erhält eine Altersentschädigung. [2]Gehörte ein früherer Abgeordneter dem Landtag mehrmals mit Unterbrechungen an, so sind die Zeitabschnitte zusammenzurechnen.

(2) Wer gemäß § 7 Abs. 1 Nrn. 1 bis 3 des Niedersächsischen Landeswahlgesetzes aus dem Landtag ausgeschieden ist oder gemäß § 8 Abs. 1 Nr. 4 des Landeswahlgesetzes seinen Sitz als Abgeordneter verloren hat, erhält die Altersentschädigung nicht.

§ 19
Zahlung der Altersentschädigung

(1) Die Altersentschädigung wird am Ersten jedes Monats im Voraus gezahlt, und zwar erstmals für den Monat, für den eine Grundentschädigung oder ein Übergangsgeld oder entsprechende Leistungen aus einer Mitgliedschaft im Bundestag, im Europäischen Parlament oder in der Volksvertretung eines anderen deutschen Bundeslandes nicht mehr gewährt werden, letztmalig für den Monat, in dem der Berechtigte stirbt.

(2) [1]Die Altersentschädigung wird frühestens für den Monat gewährt, in dem der frühere Abgeordnete das 65. Lebensjahr vollendet. [2]Mit jedem über acht Jahre hinausgehenden Mandatsjahr bis zum 13. Mandatsjahr einschließlich entsteht der Anspruch auf Altersentschädigung ein Jahr früher. [3]§ 18 Abs. 1 Satz 2 und § 20 Abs. 1 Satz 2 gelten entsprechend. [4]Auf Antrag wird die Altersentschädigung vom Ersten des Monats der Antragstellung an, jedoch frühestens drei Jahre vor dem in den Sätzen 1 bis 3 genannten Zeitpunkt gewährt.

(3) [1]Die Altersentschädigung entfällt in den Monaten, für die der Berechtigte von neuem eine Grundentschädigung als Abgeordneter oder Übergangsgeld bezieht. [2]Das gilt auch für die Monate, in denen er entsprechende Leistungen aus einer Mitgliedschaft im Bundestag, im Europäischen Parlament oder in der Volksvertretung eines anderen deutschen Bundeslandes erhält.

§ 20
Höhe der Altersentschädigung

(1) [1]Die Altersentschädigung beträgt für jedes Jahr der Mandatszeit 2,5 vom Hundert der Grundentschädigung nach § 6, die zur Zeit der Auszahlung der Altersentschädigung gewährt wird, insgesamt jedoch höchstens 71,75 vom Hundert der Grundentschädigung nach § 6. [2]Ein Rest von mehr als 182 Tagen gilt als ein Jahr.

(2) Für jedes Jahr, in dem der frühere Abgeordnete das Amt des Präsidenten oder eines Vizepräsidenten wahrgenommen hat, erhöht sich die nach Absatz 1 ermittelte Altersentschädigung um 2,5 vom Hundert des Vom-Hundert-Satzes, um den im jeweiligen Amtsjahr die Grundentschädigung des Präsidenten oder Vizepräsidenten gegenüber der Grundentschädigung der Abgeordneten erhöht war.

(3) § 18 Abs. 1 Sätze 2 und 3 gilt entsprechend.

(4) Erhält der frühere Abgeordnete ein Ruhegehalt als früheres Mitglied der Landesregierung, so wird die Mandatszeit, soweit sie sich auf die Höhe dieses Ruhegehalts auswirkt, bei der Berechnung der Altersentschädigung nicht berücksichtigt.

(4a) [1]Die Altersentschädigung vermindert sich um 0,3 vom Hundert für jeden Monat, für den die Altersentschädigung vor dem in § 19 Abs. 2 Sätze 1 bis 3 genannten Zeitpunkt gewährt wird. [2]In den Anrechnungsfällen des Absatzes 5 Sätze 1 bis 4 ist erst der nach der Anrechnung verbleibende Betrag der Altersentschädigung um den Betrag nach Satz 1 zu mindern. [3]Die Kürzung nach Satz 1 bleibt auch dann bestehen, wenn der frühere Abgeordnete dem Landtag nochmals angehört und dann den in § 19 Abs. 2 Sätze 1 bis 3 genannten Zeitpunkt erreicht hat; der Präsident kann Ausnahmen zulassen, wenn die vor dem in § 19 Abs. 2 Sätze 1 bis 3 genannten Zeitpunkt gewährte Altersentschädigung mit angemessener Verzinsung zurückgezahlt wird.

(5) [1]Hat der Berechtigte Einnahmen aus einem Dienst- oder Arbeitsverhältnis im Sinne des § 5 oder aus einem öffentlich-rechtlichen Amtsverhältnis, so ist die Altersentschädigung um 75 vom Hundert des Betrages zu kürzen, um den die Summe aus der Altersentschädigung und den Einnahmen die Grundentschädigung nach § 6 übersteigt. [2]Hat der Berechtigte neben den Einnahmen nach Satz 1 Versorgungsbezüge aus einem solchen Rechtsverhältnis, so sind diese den Einnahmen nach Satz 1 hinzuzurechnen. [3]In den Fällen der Sätze 1 und 2 sind dem Berechtigten jedoch mindestens 25 vom Hundert der Altersentschädigung zu belassen. [4]Zu den Versorgungsbezügen gehören auch Altersgeld, Renten aus der gesetzlichen Rentenversicherung mit Ausnahme von Renten aus einer freiwilligen Pflichtversicherung auf Antrag gemäß § 1227 Abs. 1 Nr. 9 der Reichsversicherungsordnung, § 2 Abs. 1 Nr. 11 des Angestelltenversicherungsgesetzes und § 4 Abs. 2 des Sechsten Buchs des Sozialgesetzbuchs sowie Bezüge aus einer Zusatzversorgung aufgrund eines Arbeitsverhältnisses im Sinne von § 5; § 66 Abs. 1 Sätze 6 und 7, Abs. 3, 4 und 8 NBeamtVG ist sinngemäß anzuwenden. [5]§ 17 Abs. 1 Sätze 4 und 5 gilt entsprechend.

§ 20a
Altersentschädigung bei Gesundheitsschäden

(1) [1]Erleidet ein Abgeordneter einen Gesundheitsschaden, der seine Arbeitskraft dauernd und so wesentlich beeinträchtigt, dass er sein Mandat und bei seinem Ausscheiden aus dem Landtag den Beruf, den er beim Erwerb seines Mandats ausübte, oder einen anderen zumutbaren Beruf nicht mehr ausüben kann, so erhält er auf Antrag unabhängig von den Voraussetzungen der §§ 18 und 19 Abs. 2 eine Altersentschädigung. [2]§ 19 Abs. 1 bleibt anwendbar. [3]War die Zeit des Mandats im Niedersächsischen Landtag einschließlich einer Mandatszeit nach § 18 Abs. 2 kürzer als zehn Jahre, so ist die daran fehlende Zeit bei der Berechnung der Altersentschädigung hinzuzurechnen.

(2) Erleidet ein früherer Abgeordneter, der die Voraussetzungen des § 18 erfüllt, einen Gesundheitsschaden im Sinne des Absatzes 1, so erhält er vom Monat der Antragstellung an eine Altersentschädigung unabhängig von den Voraussetzungen des § 19 Abs. 2.

(3) Ist in den Fällen der Absätze 1 und 2 der Gesundheitsschaden infolge eines Unfalls bei Ausübung des Mandats eingetreten, so erhöht sich die Altersentschädigung um die Hälfte, höchstens jedoch auf 71,75 vom Hundert der Grundentschädigung.

(4) Die Absätze 1 bis 3 gelten nicht für einen früheren Abgeordneten, der den Gesundheitsschaden oder den Unfall vorsätzlich herbeigeführt hat.

(5) Die Bestimmung des § 52 des Niedersächsischen Beamtengesetzes über den Übergang von Ansprüchen ist sinngemäß anzuwenden.

(6) Die Feststellung von Gesundheitsschäden im Sinne der Absätze 1 bis 3 trifft der Amtsarzt am Sitz des Landtages.

§ 21
Versorgungsabfindung

(1) [1]Ein früherer Abgeordneter, der keinen Anspruch auf Altersentschädigung nach § 18 hat, erhält auf Antrag eine Versorgungsabfindung. [2]Sie wird für jeden angefangenen Monat der Mandatszeit in Höhe des höchsten Beitrages zur gesetzlichen Rentenversicherung der Angestellten gezahlt.

(2) Ein früherer Abgeordneter kann anstelle der Versorgungsabfindung auch beantragen, für die Dauer der Mitgliedschaft im Landtag nach Maßgabe des § 23 Abs. 2, 4 und 8 des Abgeordnetengesetzes des Bundes in der gesetzlichen Rentenversicherung nachversichert zu werden.

(3) Ist im Fall des Absatzes 1 die Mandatszeit als Dienstzeit im Sinne des Besoldungs- und Versorgungsrechts anerkannt worden, so wird eine Versorgungsabfindung nicht gewährt.

(4) [1]Hat ein früherer Abgeordneter eine Versorgungsabfindung erhalten oder ist seine Mandatszeit als Dienstzeit im Sinne des Besoldungs- und Versorgungsrechts anerkannt worden, so darf, wenn er danach nochmals dem Landtag angehört hat, die frühere Mandatszeit nicht mehr bei der Berech-

nung der Höhe der Altersentschädigung (§ 20) berücksichtigt werden. [2]Der Präsident kann Ausnahmen zulassen, wenn die Versorgungsabfindung mit angemessener Verzinsung zurückgewährt oder die Anerkennung rückwirkend widerrufen wird.

(5) Hat ein früherer Abgeordneter bis zu seinem Tod keinen Antrag auf Versorgungsabfindung gestellt, können sein überlebender Ehegatte oder Lebenspartner oder, falls kein überlebender Ehegatte oder Lebenspartner vorhanden ist, die leiblichen oder die als Kind angenommenen Kinder einen Antrag nach Absatz 1 stellen.

§ 22
Leistungen im Todesfall

(1) [1]Stirbt ein Abgeordneter, so werden die Beträge, die ihm nach den §§ 6 bis 14 noch zustanden, an seinen überlebenden Ehegatten oder Lebenspartner, seine leiblichen Kinder und die von ihm an Kindes statt angenommenen Kinder gezahlt. [2]Die in Satz 1 genannten Hinterbliebenen erhalten außerdem ein Überbrückungsgeld in Höhe der zweifachen Grundentschädigung nach § 6.

(2) [1]Stirbt ein früherer Abgeordneter in der Zeit, für die ihm ein Übergangsgeld oder eine Altersentschädigung zusteht, so gilt Absatz 1 entsprechend. [2]Als Überbrückungsgeld wird das Zweifache des Monatsbetrages des Übergangsgeldes oder der Altersentschädigung in der Höhe gewährt, die dem Verstorbenen zuletzt zustand.

(3) Wer von den in Absatz 1 genannten Hinterbliebenen die Leistungen nach den Absätzen 1 und 2 erhält, bestimmt der Präsident.

(4) Sind keine Hinterbliebenen im Sinne des Absatzes 1 vorhanden, so kann der Präsident die Leistungen nach den Absätzen 1 und 2 auch anderen Personen, die die Kosten der letzten Krankheit oder der Bestattung getragen haben, bis zur Höhe ihrer Aufwendungen bewilligen.

§ 23
Witwen- und Waisenentschädigung

(1) Stirbt ein Abgeordneter oder ein früherer Abgeordneter, so erhalten, wenn er die Voraussetzungen des § 18 erfüllt oder einen Anspruch auf Altersentschädigung nach § 20a hatte, sein überlebender Ehegatte oder Lebenspartner eine Witwenentschädigung und seine leiblichen und die von ihm als Kinder angenommenen Kinder eine Waisenentschädigung.

(2) [1]Als Witwenentschädigung werden 55 vom Hundert der Altersentschädigung gezahlt, die sich aus den §§ 20 oder 20a ergeben würde. [2]Als Waisenentschädigung erhält eine Halbwaise 12 vom Hundert, eine Vollwaise 20 vom Hundert dieser Altersentschädigung.

(3) [1]§ 19 Abs. 1 und 3 gelten für die Witwen- und Waisenentschädigung entsprechend. [2]§ 20 Abs. 5 gilt entsprechend mit der Maßgabe, dass bei der Anwendung des Satzes 1 dieser Vorschrift anstelle der Grundentschädigung

1. für Witwen ein Betrag von 80 vom Hundert,

2. für Halbwaisen ein Betrag von 16 vom Hundert und

3. für Vollwaisen ein Betrag von 27 vom Hundert

der Grundentschädigung anzusetzen ist.

(4) § 28 Abs. 2, § 29 Abs. 1 und 2, § 31 Abs. 1 und § 73 Abs. 1 Satz 1 Nrn. 1 und 2, Abs. 2 und 3 NBeamtVG sind entsprechend anzuwenden.

§ 24
Leistungen für Krankheits-, Pflege- und Notfälle, Unterstützungen

(1) [1]§ 13 Abs. 1, 2 Sätze 1 und 3 und Abs. 3 gilt entsprechend für Empfänger von Alters-, Witwen- oder Waisenentschädigung, wenn die Leistungen, außer in den Fällen des § 20 a, auf einer mindestens achtjährigen Mitgliedschaft im Landtag beruhen, sowie für Bezieher von Übergangsgeld. [2]An die Stelle des Beginns des Mandats nach § 13 Abs. 2 Satz 3 tritt der Zeitpunkt des erstmaligen Bezugs der in Satz 1 genannten Leistungen. [3]Ein Rest von mehr als 182 Tagen gilt als ein Jahr. [4]Gehörte ein früherer Abgeordneter dem Landtag mehrmals mit Unterbrechungen an, so sind diese Zeitabschnitte zusammenzurechnen. [5]Als Zuschuss zu den Kosten der Krankenversicherung wird höchstens die Hälfte des durch Rechtsverordnung nach § 241 des Fünften Buchs des Sozialgesetzbuchs festgelegten Beitragssatzes gezahlt. [6]Ein Zuschuss zu den Kosten einer Pflegeversicherung wird nicht gewährt. [7]Der Antrag auf Gewährung von Beihilfen anstelle des Zuschusses zu den Kosten einer Krankenversicherung oder auf Gewährung eines Zuschusses zu den Kosten einer Krankenversicherung anstelle der Gewährung von Beihilfen ist vom Empfänger jeweils binnen drei Monaten nach dem erstmaligen Bezug der in Satz 1 genannten Leistungen zu stellen. [8]Der Antrag ist unwiderruflich.

(2) Der Präsident kann früheren Abgeordneten und Hinterbliebenen einmalige oder laufende Unterstützungen, auch als Darlehen, bewilligen, wenn ein besonderer Notfall vorliegt oder wenn ein angemessenes Einkommen fehlt.

Vierter Teil

Ergänzende Vorschriften

§ 25
Überprüfung der Entschädigungen

(1) Der Präsident hat die Angemessenheit der in diesem Gesetz festgelegten Entschädigungen einmal jährlich durch eine Kommission überprüfen zu lassen.

(2) [1]Die Kommission wird vom Präsidenten im Benehmen mit dem Präsidium berufen. [2]Die Mitglieder der Kommission dürfen nicht dem Landtag angehören.

(3) ¹Der Präsident legt den Bericht der Kommission mit einem eigenen Vorschlag vor. ²Der Landtag berät und beschließt unter Berücksichtigung dieses Vorschlages mit Wirkung vom 1. Januar des folgenden Jahres.

§ 26
– aufgehoben –

§ 27
Sicherung der Unabhängigkeit der Abgeordneten

(1) ¹Auf die Grundentschädigung kann nicht verzichtet werden. ²Die Ansprüche nach den §§ 7 bis 13 sind nicht übertragbar. ³Im Übrigen gelten für Ansprüche nach diesem Gesetz die §§ 850 bis 850 k der Zivilprozessordnung und § 400 des Bürgerlichen Gesetzbuchs entsprechend.

(2) Abgeordnete dürfen niemandem Zuwendungen mit Rücksicht auf ihr Mandat machen.

(3) ¹Abgeordneten dürfen mit Rücksicht auf ihr Mandat keine anderen als die in diesem Gesetz vorgesehenen Zuwendungen gemacht werden. ²Insbesondere darf einem Abgeordneten eine Vergütung aus einem Dienst- oder Werkverhältnis nur gewährt werden, soweit sie dem Wert einer vom Abgeordneten tatsächlich erbrachten und mit seinem Mandat nicht zusammenhängenden Tätigkeit entspricht. ³Besondere Dienste, die der Abgeordnete seiner Fraktion leistet, dürfen vergütet werden.

(4) ¹Wer eine nach Absatz 2 oder nach Absatz 3 verbotene Zuwendung empfängt, hat sie oder, falls dies nicht möglich ist, ihren Wert an das Land abzuführen. ²Soweit für die Zuwendung öffentliche Abgaben entrichtet worden sind, werden diese vom Wert der Zuwendung abgezogen. ³Der Präsident des Landtages macht den Anspruch geltend. ⁴Als Zuwendung im Sinne des Satzes 1 gilt nicht:

1. eine Sachzuwendung, durch die einer auf den Anstand zu nehmenden Rücksicht entsprochen wird,

2. die Gewährung freien Eintritts zu Veranstaltungen, wenn die Teilnahme der Ausübung des Mandats dient oder der Abgeordnete damit lediglich einer repräsentativen Verpflichtung nachkommt.

(5) In den Fällen des Absatzes 4 Satz 1 sind die Zuwendungsempfänger, die Zuwendenden und die an der Zuwendung und an der Entrichtung der Abgaben nach Absatz 4 Satz 2 Beteiligten zur Mitwirkung bei der Ermittlung des Sachverhalts verpflichtet; § 93 Abs. 1 bis 6, die §§ 102 bis 104 und § 328 der Abgabenordnung gelten entsprechend.

§ 27a
Überprüfung auf Tätigkeit oder politische Verantwortung
für das Ministerium für Staatssicherheit/Amt für Nationale Sicherheit
der ehemaligen Deutschen Demokratischen Republik

(1) Abgeordnete können beim Präsidenten schriftlich die Überprüfung auf eine hauptamtliche oder inoffizielle Tätigkeit oder politische Verantwortung

für den Staatssicherheitsdienst der ehemaligen Deutschen Demokratischen Republik beantragen.

(2) Eine Überprüfung findet ohne Zustimmung des betroffenen Abgeordneten statt, wenn der Geschäftsordnungsausschuss des Landtages das Vorliegen von Anhaltspunkten für den hinreichenden Verdacht einer solchen Tätigkeit oder Verantwortung festgestellt hat.

(3) [1]Die Überprüfung in den Fällen der Absätze 1 und 2 obliegt dem Geschäftsordnungsausschuss des Landtages. [2]Er berichtet dem Landtag über seine Feststellungen. [3]Die Berichte sind als Landtagsdrucksachen zu veröffentlichen.

(4) Das Verfahren zur Feststellung einer Tätigkeit oder Verantwortung für das Ministerium für Staatssicherheit/Amt für Nationale Sicherheit der ehemaligen Deutschen Demokratischen Republik legt der Landtag in Richtlinien fest.

§ 28
Professoren

(1) [1]Durch § 5 wird nicht ausgeschlossen, dass ein Professor an einer Hochschule, der in den Landtag gewählt wird, weiterhin in seinem bisherigen Aufgabenbereich wissenschaftlich forscht oder Doktoranden oder Habilitanden betreut. [2]Für diese Tätigkeiten darf ein angemessenes Entgelt vereinbart werden, das jedoch ein Drittel der Dienstbezüge, die aus dem Professorenamt zu zahlen wären, nicht übersteigen darf.

(2) Absatz 1 gilt entsprechend, wenn ein Professor an einer niedersächsischen Hochschule in den Bundestag gewählt wird.

§ 29
Mitglieder der Volksvertretungen anderer Länder

Die §§ 2 bis 4 gelten auch für Mitglieder der Volksvertretungen anderer deutscher Bundesländer und für Bewerber um eine solche Mitgliedschaft.

Fünfter Teil

Rechtsstellung und Finanzierung der Fraktionen

§ 30
Fraktionen

(1) [1]Abgeordnete können sich unter den in der Geschäftsordnung für den Landtag näher geregelten Voraussetzungen zu Fraktionen zusammenschließen. [2]Fraktionen sind mit eigenen parlamentarischen Rechten und Pflichten ausgestattete Vereinigungen von Abgeordneten. [3]Die Geschäftsordnung bestimmt das Nähere über die parlamentarischen Rechte und Pflichten der Fraktionen.

(2) [1]Die Fraktionen dienen der politischen Willensbildung im Landtag. [2]Sie helfen den Mitgliedern, ihre parlamentarische Tätigkeit auszuüben und zur

Verfolgung gemeinsamer Ziele aufeinander abzustimmen. [3]Sie können mit Fraktionen anderer Parlamente zusammenarbeiten und die Öffentlichkeit über ihre Tätigkeit unterrichten.

(3) Fraktionen können am allgemeinen Rechtsverkehr teilnehmen und unter ihrem Namen klagen und verklagt werden.

§ 31
Zuschüsse an Fraktionen zur Deckung des allgemeinen Bedarfs

(1) [1]Die Fraktionen erhalten monatliche Zuschüsse zur Deckung ihres allgemeinen Bedarfs. [2]Der Zuschuss besteht aus einem Grundbetrag in Höhe von monatlich 53 408 Euro. [3]Der Grundbetrag erhöht sich um einen Betrag von 1 958 Euro für jedes Fraktionsmitglied und jeden Gast sowie um weitere 395 Euro je Mitglied und Gast für Fraktionen, die nicht die Landesregierung tragen. [4]Der Präsident legt dem Landtag jährlich nach Anhörung der Fraktionen und unter Berücksichtigung der Rechnungslegung der Fraktionen, der Preisentwicklung und der Tarifabschlüsse im öffentlichen Dienst einen Vorschlag zur Anpassung der Zuschüsse vor.

(2) [1]Die Zuschüsse werden am Ersten jeden Monats im Voraus gewährt. [2]Die Fraktionen erhalten sie für jeden Monat, in dem sie als solche bestehen. [3]Bildet sich in dem Monat, in dem das Bestehen einer Fraktion endet, eine neue Fraktion aus Abgeordneten derselben Partei, so erhält die neue Fraktion den Zuschuss für diesen Monat nur insoweit, als er den Zuschuss, der der bisherigen Fraktion für diesen Monat zustand, übersteigt. [4]Ändert sich im Laufe eines Monats die Zahl der Mitglieder oder Gäste einer Fraktion, so wird der Zuschuss für diesen Monat nach der höheren Zahl berechnet.

(3) Die Fraktionen dürfen die Zuschüsse nur zur Wahrnehmung ihrer parlamentarischen Aufgaben und nicht für Zwecke der Parteien verwenden.

(4) Die Fraktionen dürfen aus den Zuschüssen nach Absatz 1 Rücklagen bilden, soweit dies unter Beachtung der Grundsätze einer sparsamen und wirtschaftlichen Haushaltsführung für größere Ausgaben erforderlich ist, die aus den laufenden Einnahmen nicht getätigt werden können.

§ 32
Weitere Leistungen an Fraktionen

[1]Der Haushaltsplan kann vorsehen, dass die Fraktionen neben den Zuschüssen nach § 31 Sach- und Dienstleistungen erhalten. [2]§ 31 Abs. 3 gilt entsprechend.

§ 33
Buchführung

[1]Die Fraktionen haben über ihre Einnahmen und Ausgaben nach Maßgabe des § 33a Abs. 3 Buch zu führen. [2]Aus den Zuschüssen beschaffte oder vom Landtag überlassene bewegliche Sachen im Wert von mehr als 410 Euro sind zu kennzeichnen und in einem besonderen Nachweis aufzuführen.

§ 33a
Rechnungslegung der Fraktionen

(1) [1]Die Fraktionen haben über ihre Einnahmen und Ausgaben Rechnung zu legen. [2]Die Rechnung muss jeweils ein Kalenderjahr umfassen. [3]Sie ist spätestens zum Ende des vierten Monats nach Ablauf des jeweiligen Kalenderjahres dem Präsidenten zuzuleiten. [4]Ist die Rechnung lediglich über den Zeitraum der zweiten Hälfte des abgelaufenen Kalenderjahres zu legen, so kann sie zusammen mit der Rechnung des folgenden Kalenderjahres gelegt werden. [5]Endet die Wahlperiode oder hat eine Vereinigung von Abgeordneten während der Wahlperiode die Rechtsstellung als Fraktion verloren, so hat die Vereinigung die Rechnung für den abgelaufenen Teil des Kalenderjahres binnen einer Frist von vier Monaten zu legen.

(2) [1]Die Rechnung ist von dem Fraktionsvorsitzenden und einem weiteren Mitglied der Fraktion zu unterzeichnen. [2]Die Fraktion hat das weitere Mitglied dem Präsidenten zu benennen. [3]Die in Satz 1 genannten Personen bleiben auch in den Fällen des Absatzes 1 Satz 5 verpflichtet.

(3) Die Rechnung ist mindestens wie folgt nach Einnahmen und Ausgaben zu gliedern:

1. Einnahmen:

   a) Zuschüsse,

   b) sonstige Einnahmen,

2. Ausgaben:

   a) Vergütungen an Fraktionsmitglieder für die Wahrnehmung besonderer Funktionen in der Fraktion (Gesamtbetrag) und Höhe der Vergütung für die Wahrnehmung der einzelnen Funktionen,

   b) Vergütungen an Fraktionsmitglieder für sonstige Dienst- und Werkleistungen, die ein Fraktionsmitglied seiner Fraktion erbracht hat (Gesamtbetrag),

   c) Personalausgaben für Fraktionsmitarbeiter (Gesamtbetrag, Zahl der Mitarbeiter, die eine der Besoldungsgruppe A 13 entsprechende oder höhere Vergütung erhalten haben, Zahl der übrigen Mitarbeiter),

   d) Ausgaben für Veranstaltungen und für die Zusammenarbeit mit Fraktionen anderer Parlamente,

   e) Ausgaben für Öffentlichkeitsarbeit,

   f) Ausgaben des laufenden Geschäftsbetriebes,

   g) sonstige Ausgaben.

(4) Die Rechnung muss außerdem das Vermögen und die Schulden zu Beginn und Ende des Kalenderjahres sowie die Höhe der Rücklagen, getrennt nach den in Absatz 3 genannten Zwecken, ausweisen.

(5) Die Rechnung muss den Vermerk eines Wirtschaftsprüfers oder einer Wirtschaftsprüfungsgesellschaft aufweisen, dass die Rechnung den Vorschriften der Absätze 3 und 4 entspricht (Prüfungsvermerk).

(6) Solange Fraktionen mit der Rechnungslegung im Verzug oder ihrer Pflicht nicht nachgekommen sind, den weiteren Unterzeichnungsberechtigten nach Absatz 2 Satz 2 zu benennen, sind Zuschüsse nach § 31 zurückzubehalten.

§ 33b
Veröffentlichung

Der Präsident veröffentlicht jährlich die nach § 33a Abs. 5 geprüften Rechnungen der Fraktionen als Drucksache.

§ 33c
Rückgewähr

(1) Zuschüsse, die nicht für die in § 31 Abs. 1 und 4 bestimmten Zwecke verwendet wurden, hat die Fraktion mit Vorlage der Rechnung nach § 33a, spätestens jedoch nach Ablauf der Fristen des § 33a Abs. 1, zurückzuzahlen.

(2) [1]Endet die Wahlperiode oder hat eine Vereinigung von Abgeordneten während der Wahlperiode die Rechtsstellung als Fraktion verloren, so hat die Vereinigung die Rückzahlungspflicht nach Absatz 1 zu erfüllen und Gegenstände, die der Landtag der Fraktion zur Verfügung gestellt hat, zurückzugeben. [2]Gegenstände, die aus Zuschüssen nach § 31 beschafft worden sind, sind in diesem Fall auf das Land zu übertragen, es sei denn, dass sie zur Erfüllung von Verbindlichkeiten verwendet werden, die die Fraktion in Wahrnehmung ihrer parlamentarischen Aufgaben eingegangen ist.

(3) [1]Besteht eine Fraktion bis zum Ende der Wahlperiode und bildet sich zu Beginn der nächsten Wahlperiode eine solche Fraktion aus Abgeordneten derselben Partei erneut, so geht das Vermögen einschließlich der Forderungen und Verbindlichkeiten aus Rechtsgeschäften der früheren Fraktion auf sie über. [2]In diesem Fall entfällt die Pflicht zur Rückgabe oder Übertragung von Gegenständen nach Absatz 2.

§ 33d
Rechnungsprüfung

[1]Der Landesrechnungshof ist berechtigt, die Fraktionen zu prüfen. [2]Die Prüfung erstreckt sich auf die bestimmungsmäßige und wirtschaftliche Verwendung der Leistungen nach den §§ 31 und 32. [3]Die Prüfung kann sich auch auf die sonstige Haushalts- und Wirtschaftsführung erstrecken, soweit es der Landesrechnungshof für seine Prüfung für notwendig hält. [4]Die §§ 94 bis 99 der Niedersächsischen Landeshaushaltsordnung finden entsprechende Anwendung. [5]Der Landesrechnungshof prüft nicht die Zweckmäßigkeit von Maßnahmen der Fraktionen im Rahmen ihrer Aufgaben.

Sechster Teil

Übergangs- und Schlussvorschriften

§ 34
– hier gestrichen –

§ 35
– aufgehoben –

§ 36
Übergangsvorschriften für die Entschädigung
der früheren Abgeordneten und der Hinterbliebenen

(1) [1]Für die früheren Abgeordneten, die spätestens mit dem Ende der achten Wahlperiode aus dem Landtag ausgeschieden sind, und ihre Hinterbliebenen gelten die Vorschriften des Abgeordnetenentschädigungsgesetzes über das Übergangsgeld, die Alters-, Witwen- und Waisenrenten und das Sterbegeld fort. [2]Wird die Grundentschädigung nach § 6 Abs. 1 dieses Gesetzes geändert, so sind die in Satz 1 genannten Leistungen so zu berechnen, wie wenn sich die Beträge in § 7 Abs. 2, § 15a Abs. 1, § 17 Abs. 2 und § 22 Abs. 2 des Abgeordnetenentschädigungsgesetzes im gleichen Verhältnis geändert hätten.

(2) [1]Die Entschädigung der früheren Abgeordneten, die dem Landtag in der neunten oder einer späteren Wahlperiode von neuem oder erstmals angehört haben, und ihrer Hinterbliebenen richtet sich nach diesem Gesetz. [2]Hatte ein früherer Abgeordneter vor dem 1. April 1974 ein Übergangsgeld erhalten, so ist Artikel II des Achten Gesetzes zur Änderung des Abgeordnetenentschädigungsgesetzes vom 26. März 1974 (Nds. GVBl. S. 203) entsprechend anzuwenden.

(3) [1]Frühere Abgeordnete, die dem Landtag sowohl vor als auch nach Beginn der neunten Wahlperiode angehörten und die Voraussetzungen des § 18 dieses Gesetzes erfüllen, erhalten, wenn sie es binnen drei Monaten nach dem Ausscheiden beantragen, abweichend von Absatz 2 Satz 1 eine Altersentschädigung aufgrund dieses Gesetzes und eine Altersrente aufgrund des Abgeordnetenentschädigungsgesetzes. [2]Die Altersentschädigung aufgrund dieses Gesetzes beträgt für jedes Mandatsjahr ab der neunten Wahlperiode, soweit nicht insgesamt 19 Mandatsjahre überschritten werden, 3,34833 vom Hundert der Grundentschädigung nach § 6; im Übrigen richtet sich ihre Höhe nach § 20 Abs. 2 bis 5. [3]Die Altersrente aufgrund des Abgeordnetenentschädigungsgesetzes wird nach Maßgabe des Absatzes 1 nach der Mandatszeit berechnet, die vor der neunten Wahlperiode zurückgelegt wurde. [4]War diese kürzer als sieben volle Jahre, so wird für jedes volle Jahr ein Siebentel der Mindestrente gewährt. [5]Die Sätze 1 bis 4 gelten entsprechend zugunsten der Hinterbliebenen.

(4) [1]Bei früheren Abgeordneten, die spätestens mit dem Ende der 14. Wahlperiode aus dem Landtag ausgeschieden sind und die während ihrer Mandatszeit das Amt eines Vizepräsidenten innehatten, darf der Betrag der nach

§ 20 Abs. 5 Satz 1 oder 2 zu ermittelnden Grundentschädigung nach § 6 nicht geringer sein als der Betrag, der nach der am Ende der 14. Wahlperiode bestehenden Rechtslage zu errechnen gewesen wäre. ²Das Gleiche gilt für die Hinterbliebenen dieser Abgeordneten. ³Für die früheren Abgeordneten, die mit dem Ende der 14. Wahlperiode aus dem Landtag ausgeschieden sind, gilt für die Berechnung des Übergangsgeldes § 6 Abs. 3 des Niedersächsischen Abgeordnetengesetzes in der Fassung vom 20. Juni 2000 (Nds. GVBl. S. 129), zuletzt geändert durch Artikel 1 des Gesetzes vom 12. Dezember 2002 (Nds. GVBl. S. 780), fort.

(5) ¹Bei der Berechnung von Versorgungsbezügen sind auf Mandatszeiten bis zum Ende der 15. Wahlperiode

1. anstelle von § 18 Abs. 1 Satz 1 der bisherige § 18 Abs. 1 Sätze 1 und 2 sowie zusätzlich der bisherige § 18 Abs. 2,

2. anstelle von § 20 Abs. 1, 2 und 5 Satz 2 der bisherige § 20 Abs. 1, 2 und 5 Satz 2 sowie zusätzlich der bisherige § 20 Abs. 4 Satz 2 und Abs. 5 Sätze 3 und 6,

3. anstelle von § 21 Abs. 1 Satz 2 und Abs. 2 der bisherige § 21 Abs. 1 Satz 2 und Abs. 2,

4. anstelle von § 23 Abs. 3 Satz 2 der bisherige § 23 Abs. 3 Satz 2

in der am Ende der 15. Wahlperiode geltenden Fassung weiter anzuwenden. ²Ergeben sich bis zum Ablauf der 15. Wahlperiode Mandatszeiten von weniger als acht Jahren, wird aber insgesamt eine Mandatszeit von mindestens acht Jahren erreicht, so beträgt die Altersentschädigung für jedes Jahr ein Achtel von 23,91667 vom Hundert der Grundentschädigung nach § 6.

(6) Die nach Absatz 5 zu gewährende Versorgung erhöht sich um die für die Mandatszeiten nach Beginn der 16. Wahlperiode zu gewährende Versorgung bis zu einem Höchstbetrag von 71,75 vom Hundert der Grundentschädigung nach § 6.

(7) Bei Anwendung der Absätze 5 und 6 stehen Lebenspartner Ehegatten mit der Maßgabe gleich, dass ein überlebender Lebenspartner keinen Anspruch auf Witwenentschädigung hat, wenn zugleich ein Anspruch eines überlebenden Ehegatten auf Witwenentschädigung besteht.

§ 36a
Übergangsvorschriften zu den geänderten Alters-, Witwen- und Waisenentschädigungen

(1) ¹Ansprüche auf Alters-, Witwen- und Waisenentschädigungen, die vor dem 1. Januar 2005 entstanden sind, sowie auf Alters- und Witwenrenten nach dem Abgeordnetenentschädigungsgesetz richten sich nach Maßgabe der Sätze 2 und 3 nach dem bis zum 31. Dezember 2004 geltenden Recht; § 20 Abs. 5 ist in der vom 1. Januar 2005 an geltenden Fassung anzuwenden. ²Ab der ersten auf den 1. Januar 2005 folgenden Anpassung der Grundentschädigung nach § 6 wird die bei der Berechnung der Alters- und Hinter-

bliebenenversorgung zugrunde liegende Grundentschädigung bis zur siebten Anpassung durch einen Anpassungsfaktor nach Maßgabe der folgenden Tabelle vermindert:

Anpassung nach dem 31. Dezember 2004	Anpassungsfaktor
1.	0,99458
2.	0,98917
3.	0,98375
4.	0,97833
5.	0,97292
6.	0,96750
7.	0,96208

[3]Mit dem Inkrafttreten der achten Anpassung der Grundentschädigung nach § 6 gelten die Vorschriften dieses Gesetzes in der Fassung vom 1. Januar 2005.

(2) Für Versorgungsansprüche nach Absatz 1 Satz 1, die nach dem 31. Dezember 2004 entstehen, gilt Absatz 1 mit der Maßgabe, dass für die erstmalige Berechnung der zum Entstehungszeitpunkt geltende Anpassungsfaktor zugrunde zu legen ist.

(3) § 23 Abs. 2 Satz 1 in der ab dem 1. Januar 2005 geltenden Fassung findet nur auf Ehen und Lebenspartnerschaften Anwendung, die nach dem 31. Dezember 2004 geschlossen werden, und auf Ehen und Lebenspartnerschaften, die zwar vor dem 1. Januar 2005 geschlossen wurden, bei denen aber kein Ehegatte oder Lebenspartner vor dem 1. Januar 1965 geboren ist.

§ 36b
Übergangsvorschrift für das Zusammentreffen von Ansprüchen überlebender Ehegatten und überlebender Lebenspartner

Ein überlebender Lebenspartner hat keinen Anspruch auf Witwenentschädigung, wenn zugleich ein Anspruch eines überlebenden Ehegatten auf Witwenentschädigung besteht.

§ 37
Übergangsvorschriften für Abgeordnete aus dem öffentlichen Dienst

(1) [1]Wer sich am 1. Januar 1978 aufgrund des § 105 oder des § 234 des Niedersächsischen Beamtengesetzes oder des § 5 des Niedersächsischen Richtergesetzes in der bis zum 31. Dezember 1977 geltenden Fassung (bisherige Fassung) im Ruhestand befindet, bleibt im Ruhestand. [2]Die §§ 107 und 108 des Niedersächsischen Beamtengesetzes und § 5 des Niedersächsischen Richtergesetzes gelten für ihn in der bisherigen Fassung weiter.

(2) § 105 Abs. 1 und 2, § 106 Abs. 1 und die §§ 107 und 108 des Niedersächsischen Beamtengesetzes und § 5 des Niedersächsischen Richter-

gesetzes sind in der bisherigen Fassung auch noch anzuwenden, wenn ein Beamter oder Richter nach dem 1. Januar 1978 ein Mandat im Landtag der achten Wahlperiode erwirbt.

(3) [1]Gehört jemand, der sich aufgrund des § 105 oder des § 234 des Niedersächsischen Beamtengesetzes oder des § 5 des Niedersächsischen Richtergesetzes in der bisherigen Fassung im Ruhestand befindet, in der neunten Wahlperiode oder später von neuem dem Landtag an, so endet vom Tage der Annahme der Wahl ab der Ruhestand, und das frühere Beamtenverhältnis besteht wieder, die Rechte und Pflichten aus dem Dienstverhältnis ruhen jedoch nach Maßgabe der §§ 106 bis 108a des Niedersächsischen Beamtengesetzes in der ab dem 1. Januar 1978 geltenden Fassung. [2]Dies gilt nicht, wenn der Abgeordnete bei Annahme der Wahl schon nach anderen als den in Satz 1 genannten Vorschriften im Ruhestand wäre oder sein könnte.

(4) [1]Eine Mandatszeit, die aufgrund des § 105 oder des § 234 des Niedersächsischen Beamtengesetzes oder des § 5 des Niedersächsischen Richtergesetzes in der bisherigen Fassung im Ruhestand zurückgelegt wurde, gilt weiterhin nach Maßgabe des § 106 Abs. 2 des Niedersächsischen Beamtengesetzes in der bisherigen Fassung als Dienstzeit. [2]Auf diese Zeit ist jedoch § 108 des Niedersächsischen Beamtengesetzes in der ab dem 1. Januar 1978 geltenden Fassung entsprechend anzuwenden, wenn eine Alters-, Witwen- oder Waisenentschädigung nach diesem Gesetz gezahlt und bei deren Berechnung die frühere Mandatszeit berücksichtigt wird.

(5) [1]Die Absätze 1 bis 4 gelten für Angestellte des öffentlichen Dienstes sinngemäß. [2]An die Stelle des Ruhestandes tritt die Rechtsstellung nach § 261 Abs. 2 des Niedersächsischen Beamtengesetzes in der bisherigen Fassung.

(6) § 5 Abs. 3 Nr. 3 dieses Gesetzes ist in der neunten Wahlperiode des Landtages nicht anzuwenden, wenn der Angestellte dem Landtag schon in der achten Wahlperiode angehört hat und das Angestelltenverhältnis spätestens in dieser Mandatszeit begründet wurde.

(7) [1]Die §§ 5 und 28 dieses Gesetzes und die §§ 106 bis 108 des Niedersächsischen Beamtengesetzes in der ab dem 1. Januar 1978 geltenden Fassung sind in der achten Wahlperiode des Landtages nicht auf Professoren an Hochschulen anzuwenden. [2]Sie gelten auch in der neunten Wahlperiode nicht für Professoren, die dem Landtag schon in der achten Wahlperiode angehört haben. [3]Für einen Professor, der zugleich Richter ist, gelten hinsichtlich des Richterverhältnisses die Absätze 1 bis 3.

§ 38
Besteuerung

§ 22 Nr. 4 des Einkommensteuergesetzes ist erstmals auf die Entschädigungen nach diesem Gesetz anzuwenden.

§ 39
Inkrafttreten[1]

[1]Dieses Gesetz tritt mit Wirkung vom 1. Januar 1978 in Kraft, § 28 Abs. 2 jedoch zu dem Zeitpunkt, der in § 46 Abs. 2 des Abgeordnetengesetzes vom 18. Februar 1977 (BGBl. I S. 297) bestimmt ist, § 32 am 1. Juli 1978 und § 34 Nr. 4 hinsichtlich § 17 Abs. 2 und § 22 Abs. 2 des Abgeordnetenentschädigungsgesetzes mit Wirkung vom 1. Dezember 1973. [2]Die §§ 5 und 27 sind erstmals auf Abgeordnete der neunten Wahlperiode des Landtages anzuwenden.

Nds. GVBl. Nr. 12/2012, ausgegeben am 25.6.2012

Bekanntmachung
über die Höhe der Grundentschädigung
der Abgeordneten ab dem 1. Juli 2012

Aufgrund des § 6 Abs. 4 Satz 4 des Niedersächsischen Abgeordnetengesetzes (NAbgG) in der Fassung vom 20. Juni 2000 (Nds. GVBl. S. 129), zuletzt geändert durch Gesetz vom 9. Mai 2012 (Nds. GVBl. S. 97), wird Folgendes bekannt gemacht:

Nach § 6 Abs. 4 Satz 1 NAbgG wird die Grundentschädigung jeweils zum 1. Juli eines Jahres, beginnend mit dem 1. Juli 2012, an die Einkommensentwicklung angepasst.

Der Landesbetrieb für Statistik und Kommunikationstechnologie Niedersachsen hat dem Präsidenten des Landtages mitgeteilt, dass sich die für die Anpassung der Grundentschädigung nach § 6 Abs. 4 Satz 2 NAbgG zugrunde zu legende Maßzahl für die zum 1. Juli 2012 vorzunehmende Anpassung der Grundentschädigung um 1,8 % verändert hat.

Die Grundentschädigung der Abgeordneten nach § 6 Abs. 1 NAbgG beträgt danach ab 1. Juli 2012 6.108,00 Euro.

Hannover, den 13. Juni 2012

Der Präsident des Niedersächsischen Landtages

Hermann Dinkla

---

1 Die Vorschrift betrifft das Inkrafttreten und die Paragrafenfolge des Gesetzes in seiner ursprünglichen Fassung vom 3. Februar 1978 (Nds. GVBl. S. 101). Der Zeitpunkt der späteren Änderungen ergibt sich aus den jeweiligen Änderungsgesetzen.

Niedersächsisches Beamtengesetz
(NBG)
– Auszug –

§ 69
Wahlvorbereitungsurlaub, Mandatsurlaub und Teilzeitbeschäftigung zur Ausübung des Mandats

(1) Stimmt eine Beamtin oder ein Beamter ihrer oder seiner Aufstellung als Bewerberin oder Bewerber für die Wahl zum Europäischen Parlament, zum Bundestag, zu der Volksvertretung eines Landes oder zu einer kommunalen Vertretung zu, so ist ihr oder ihm auf Antrag zur Vorbereitung der Wahl innerhalb der letzten zwei Monate vor dem Wahltag Urlaub ohne Bezüge zu bewilligen.

(2) Für eine Beamtin oder einen Beamten, die oder der in die Volksvertretung eines Landes gewählt worden ist und deren oder dessen Amt kraft Gesetzes mit dem Mandat unvereinbar ist, gelten die §§ 5 bis 7, § 8 Abs. 2 und § 23 Abs. 5 des Abgeordnetengesetzes (AbgG) in der Fassung vom 21. Februar 1996 (BGBl. I S. 326), zuletzt geändert durch Artikel 12a des Gesetzes vom 5. Februar 2009 (BGBl. I S. 160), entsprechend. Ist nach Beendigung des Mandats eine Verwendung in dem zuletzt bekleideten oder einem entsprechenden Amt nicht möglich, so kann der Beamtin oder dem Beamten mit ihrem oder seinem Einverständnis abweichend von § 6 Abs. 1 Sätze 2 und 3 AbgG unter Beibehaltung ihres oder seines bisherigen Amtes eine geringerwertige Tätigkeit übertragen werden. Erfolgt keine Übertragung, gilt § 6 Abs. 2 Satz 1 AbgG entsprechend. [4]Eine Beamtin oder ein Beamter auf Zeit, bei der oder dem eine Wahl Voraussetzung für die Begründung des Dienstverhältnisses war und deren oder dessen Rechte und Pflichten aus dem Dienstverhältnis nach Satz 1 oder nach § 5 AbgG ruhen, tritt abweichend von Satz 1 oder § 6 AbgG mit Ablauf der Mandatszeit in den Ruhestand, falls die Voraussetzungen für die Gewährung eines Ruhegehaltes nach § 4 Abs. 1 NBeamtVG erfüllt sind; andernfalls ist sie oder er mit Ablauf der Mandatszeit entlassen.

(3) Einer Beamtin oder einem Beamten, die oder der in die Volksvertretung eines anderen Landes gewählt worden ist und deren oder dessen Rechte und Pflichten aus dem Dienstverhältnis nicht nach Absatz 2 Satz 1 ruhen, ist zur Ausübung des Mandats auf Antrag

1. die Arbeitszeit bis auf ein Viertel der regelmäßigen Arbeitszeit zu ermäßigen oder

2. Urlaub ohne Bezüge zu bewilligen.

Der Antrag soll jeweils für einen Zeitraum von mindestens sechs Monaten gestellt werden. Hinsichtlich der Berücksichtigung der Mitgliedschaft in der Volksvertretung als besoldungs- und versorgungsrechtliche Dienstzeit ist § 23 Abs. 5 AbgG entsprechend anzuwenden. Auf eine Beamtin oder einen Beamten, der oder dem nach Satz 1 Nr. 2 Urlaub ohne Bezüge bewilligt wird, ist hinsichtlich des Hinausschiebens des Besoldungsdienstalters sowie der versorgungsrechtlichen und laufbahnrechtlichen Dienstzeit § 7 Abs. 1, 3 Satz 1 und Abs. 4 AbgG entsprechend anzuwenden.

(4) Absatz 3 Satz 1 Nr. 1 gilt nicht für Beamtinnen und Beamte auf Widerruf im Vorbereitungsdienst.

(5) Eine Beamtin oder ein Beamter, deren oder dessen Rechte und Pflichten aus ihrem oder seinem Dienstverhältnis wegen eines Mandats ruhen oder die oder der aus diesem Grund ohne Bezüge beurlaubt ist, darf nicht befördert werden. Bewirbt sie oder er sich im Zeitpunkt der Beendigung des Mandats von neuem um ein solches Mandat, so darf sie oder er auch vor Ablauf von sechs Monaten nach dem Tag der Wahl nicht befördert werden. Satz 2 gilt entsprechend für die Zeit zwischen zwei Wahlperioden. Die Sätze 1 bis 3 gelten auch für die Verleihung eines anderen Amtes beim Wechsel der Laufbahngruppe.

(6) Für die Tätigkeit als

1. Mitglied einer kommunalen Vertretung,

2. Mitglied eines nach den Vorschriften der Kommunalverfassungsgesetze gebildeten Ausschusses

oder

3. von einer kommunalen Vertretung berufenes Mitglied eines Ausschusses einer kommunalen Körperschaft, der aufgrund besonderer Rechtsvorschriften gebildet worden ist,

ist der Beamtin oder dem Beamten der erforderliche Urlaub unter Weitergewährung der Bezüge zu bewilligen.

Gesetz über die Rechtsverhältnisse
der Mitglieder des Deutschen Bundestages
Abgeordnetengesetz
– Auszug –
Gemäß § 69 NBG entsprechend anzuwendende Vorschriften

§ 5
Ruhen der Rechte und Pflichten aus einem öffentlich-rechtlichen Dienstverhältnis

(1) Die Rechte und Pflichten aus dem Dienstverhältnis eines in den Bundestag gewählten Beamten mit Dienstbezügen ruhen vom Tage der Feststellung des Bundeswahlausschusses (§ 42 Abs. 2 Satz 1 des Bundeswahlgesetzes) oder der Annahme des Mandats für die Dauer der Mitgliedschaft mit Ausnahme der Pflicht zur Amtsverschwiegenheit und des Verbots der Annahme von Belohnungen und Geschenken. Das gleiche gilt, wenn ein Mitglied des Bundestages in ein solches Dienstverhältnis berufen wird, von dem Tage an, mit dem seine Ernennung wirksam wird. Der Beamte hat das Recht, seine Amts- oder Dienstbezeichnung mit dem Zusatz „außer Dienst" („a. D.") zu führen. Bei unfallverletzten Beamten bleiben die Ansprüche auf das Heilverfahren und einen Unfallausgleich unberührt. Satz 1 gilt längstens bis zum Eintritt oder bis zur Versetzung in den Ruhestand.

(2) Für den in den einstweiligen Ruhestand versetzten Beamten gilt Absatz 1 längstens bis zum Eintritt oder bis zur Versetzung in den dauernden Ruhestand sinngemäß.

(3) Einem in den Bundestag gewählten Beamten auf Widerruf im Vorbereitungsdienst ist auf seinen Antrag Urlaub ohne Anwärterbezüge zu gewähren. Wird der Beamte nach Bestehen der Laufbahnprüfung zum Beamten auf Probe ernannt, so ruhen seine Rechte und Pflichten aus diesem Dienstverhältnis nach Absatz 1 von dem Tage an, mit dem die Ernennung wirksam wird.

§ 6
Wiederverwendung nach Beendigung des Mandats

(1) Nach der Beendigung der Mitgliedschaft im Bundestag ruhen die in dem Dienstverhältnis eines Beamten begründeten Rechte und Pflichten für längstens weitere sechs Monate. Der Beamte ist auf seinen Antrag, der binnen drei Monaten seit der Beendigung der Mitgliedschaft zu stellen ist, spätestens drei Monate nach Antragstellung wieder in das frühere Dienstverhältnis zurückzuführen. Das ihm zu übertragende Amt muss derselben oder einer gleichwertigen Laufbahn angehören wie das zuletzt bekleidete Amt und mit mindestens demselben Endgrundgehalt ausgestattet sein. Vom Tage der Antragstellung an erhält er die Dienstbezüge des zuletzt bekleideten Amtes.

(2) Stellt der Beamte nicht binnen drei Monaten seit der Beendigung der Mitgliedschaft im Bundestag einen Antrag nach Absatz 1, so ruhen die in dem Dienstverhältnis begründeten Rechte und Pflichten (§ 5 Abs.1) weiter bis zum Eintritt oder bis zur Versetzung in den Ruhestand. Die oberste Dienstbehörde kann den Beamten jedoch, wenn er weder dem Bundestag mindes-

tens zwei Wahlperioden angehört noch bei Beendigung der Mitgliedschaft im Bundestag das 55. Lebensjahr vollendet hat, unter Übertragung eines Amtes im Sinne des Absatzes 1 Satz 3 wieder in das frühere Dienstverhältnis zurückführen; lehnt der Beamte die Rückführung ab oder folgt er ihr nicht, so ist er entlassen. Satz 2 ist nicht anzuwenden, wenn der Beamte während der Dauer seiner Mitgliedschaft im Bundestag Mitglied der Bundesregierung gewesen ist.

§ 7
Dienstzeiten im öffentlichen Dienst

(1) Abweichend von § 27 Abs. 3 Satz 3 des Bundesbesoldungsgesetzes und unbeschadet des § 23 Abs. 5 verzögert die Zeit der Mitgliedschaft im Bundestag den Aufstieg eines Bundesbeamten in den Grundgehaltsstufen in dem Umfang, der sich bei entsprechender Anwendung des § 28 Abs. 1 und 2 des Bundesbesoldungsgesetzes in der bis zum 30. Juni 2009 geltenden Fassung ergibt.

(2) Wird der Beamte nicht nach § 6 in das frühere Dienstverhältnis zurückgeführt, so wird das Besoldungsdienstalter um die Zeit nach Beendigung der Mitgliedschaft im Bundestag bis zum Eintritt des Versorgungsfalles hinausgeschoben. Wird der Bundesbeamte nicht nach § 6 in das frühere Dienstverhältnis zurückgeführt, verbleibt er bis zum Eintritt des Versorgungsfalles in der sich nach Absatz 1 ergebenden Stufe des Grundgehaltes.

(3) Die Zeit der Mitgliedschaft im Bundestag gilt unbeschadet der Regelung des § 23 Abs. 5 nicht als Dienstzeit im Sinne des Versorgungsrechts. Das gleiche gilt für die Zeit nach der Beendigung der Mitgliedschaft im Bundestag, wenn der Beamte nicht nach § 6 in das frühere Dienstverhältnis zurückgeführt wird.

(4) Nach Beendigung der Mitgliedschaft im Bundestag ist die Zeit der Mitgliedschaft auf laufbahnrechtliche Dienstzeiten, mit Ausnahme der Probezeit, anzurechnen.

(5) Nach Beendigung der Mitgliedschaft im Bundestag ist die Zeit der Mitgliedschaft auf Dienst- und Beschäftigungszeiten bei Arbeitnehmern des öffentlichen Dienstes anzurechnen; im Rahmen einer bestehenden zusätzlichen Alters- und Hinterbliebenenversorgung gilt dies nur im Hinblick auf Vorschriften, die die Anwartschaft oder den Anspruch dem Grunde nach regeln.

§ 8
Beamte auf Zeit, Richter, Soldaten und Angestellte
des öffentlichen Dienstes

(1) Die §§ 5 bis 7 gelten für Richter, Berufssoldaten und Soldaten auf Zeit entsprechend.

(2) Die Rechte und Pflichten aus dem Dienstverhältnis eines Soldaten auf Zeit ruhen längstens für die Dauer der Verpflichtungszeit und eines Beamten auf Zeit längstens für die Zeit, für die er in das Beamtenverhältnis berufen worden ist.

(3) Absatz 2 und die Vorschriften der §§ 5, 6 und 7 Abs. 1 bis 4 gelten sinngemäß für Angestellte des öffentlichen Dienstes. Öffentlicher Dienst im Sinne dieser Vorschrift ist die Tätigkeit im Dienste des Bundes, eines Landes, einer Gemeinde oder anderer Körperschaften, Anstalten oder Stiftungen des öffentlichen Rechts oder ihrer Verbände mit Ausnahme der öffentlich-rechtlichen Religionsgesellschaften und ihrer Verbände.

§ 23
Versorgungsabfindung

(1) Ein Mitglied, das bei seinem Ausscheiden weder eine Anwartschaft noch einen Anspruch auf Altersentschädigung nach den §§ 19 bis 22 erworben hat, erhält für die Zeit der Zugehörigkeit zum Bundestag auf Antrag eine Versorgungsabfindung. Sie wird für jeden angefangenen Monat der Mitgliedschaft im Bundestag in Höhe des für diesen Monat jeweils geltenden Höchstbeitrages zur allgemeinen Rentenversicherung zuzüglich 20 vom Hundert dieses Höchstbeitrages gezahlt.

(2) Mitglieder, die die Voraussetzungen des Absatzes 1 erfüllen, können an Stelle der Versorgungsabfindung auch beantragen, in sinngemäßer Anwendung der Vorschriften des Sechsten Buches Sozialgesetzbuch über die Nachversicherung für die Dauer ihrer Mitgliedschaft im Bundestag nachversichert zu werden.

(3) Der Absatz 2 gilt entsprechend für eine zusätzliche Alters- und Hinterbliebenenversorgung.

(4) Der Absatz 2 ist nicht anzuwenden, wenn und soweit die Zeit der Mitgliedschaft im Bundestag in einer öffentlich-rechtlichen Versicherung oder in einer Versorgung nach dienstrechtlichen Grundsätzen berücksichtigt ist oder berücksichtigt wird.

(5) Anstelle der Versorgungsabfindung nach Absatz 1 wird die Zeit der Mitgliedschaft im Bundestag auf Antrag als Dienstzeit im Sinne des Besoldungs- und Versorgungsrechts der Beamten, Richter und Soldaten berücksichtigt.

(6) Hat ein Mitglied einen Antrag nach Absatz 1 bis 3 oder Absatz 5 gestellt, so beginnen im Falle des Wiedereintritts in den Bundestag die Fristen für die Mitgliedschaftsdauer nach § 19 erneut zu laufen.

(7) Hat ein ausgeschiedenes Mitglied bis zu seinem Tod keinen Antrag auf Versorgungsabfindung gestellt, können sein überlebender Ehegatte oder, soweit ein solcher nicht vorhanden ist, die leiblichen oder die als Kind angenommenen Kinder einen Antrag nach Absatz 1 stellen.

(8) Die Absätze 2 und 4 gelten entsprechend für ein ausscheidendes Mitglied des Parlaments eines Landes, soweit landesrechtliche Vorschriften eine Versorgungsabfindung im Sinne des Absatzes 1 vorsehen.

(9) Verliert ein Mitglied des Parlaments eines Landes die Mitgliedschaft, ohne dass für die Zeit der Mitgliedschaft Anspruch oder Anwartschaft auf eine einmalige oder laufende Versorgung auf Grund seiner Parlamentszugehörigkeit besteht, so gelten die Absätze 2 und 4 entsprechend.

GRUNDGESETZ DER BUNDESREPUBLIK DEUTSCHLAND

Ausfertigungsdatum: 23. Mai 1949

Vollzitat:

„Grundgesetz für die Bundesrepublik Deutschland
in der im Bundesgesetzblatt Teil III, Gliederungsnummer 100-1,
veröffentlichten bereinigten Fassung,
zuletzt geändert durch Gesetz vom 11. Juli 2012 (BGBl. I, S. 1478)"

Eingangsformel und Präambel

Eingangsformel

Der Parlamentarische Rat hat am 23. Mai 1949 in Bonn am Rhein in öffentlicher Sitzung festgestellt, dass das am 8. Mai des Jahres 1949 vom Parlamentarischen Rat beschlossene Grundgesetz für die Bundesrepublik Deutschland in der Woche vom 16. bis 22. Mai 1949 durch die Volksvertretungen von mehr als Zweidritteln der beteiligten deutschen Länder angenommen worden ist.

Auf Grund dieser Feststellung hat der Parlamentarische Rat, vertreten durch seine Präsidenten, das Grundgesetz ausgefertigt und verkündet.

Das Grundgesetz wird hiermit gemäß Artikel 145 Abs. 3 im Bundesgesetzblatt veröffentlicht:

Präambel

Im Bewusstsein seiner Verantwortung vor Gott und den Menschen, von dem Willen beseelt, als gleichberechtigtes Glied in einem vereinten Europa dem Frieden der Welt zu dienen, hat sich das Deutsche Volk kraft seiner verfassungsgebenden Gewalt dieses Grundgesetz gegeben.

Die Deutschen in den Ländern Baden-Württemberg, Bayern, Berlin, Brandenburg, Bremen, Hamburg, Hessen, Mecklenburg-Vorpommern, Niedersachsen, Nordrhein-Westfalen, Rheinland-Pfalz, Saarland, Sachsen, Sachsen-Anhalt, Schleswig-Holstein und Thüringen haben in freier Selbstbestimmung die Einheit und Freiheit Deutschlands vollendet. Damit gilt dieses Grundgesetz für das gesamte Deutsche Volk.

I. Die Grundrechte

Artikel 1

(1) Die Würde des Menschen ist unantastbar. Sie zu achten und zu schützen ist Verpflichtung aller staatlichen Gewalt.

(2) Das Deutsche Volk bekennt sich darum zu unverletzlichen und unveräußerlichen Menschenrechten als Grundlage jeder menschlichen Gemeinschaft, des Friedens und der Gerechtigkeit in der Welt.

(3) Die nachfolgenden Grundrechte binden Gesetzgebung, vollziehende Gewalt und Rechtsprechung als unmittelbar geltendes Recht.

Artikel 2

(1) Jeder hat das Recht auf die freie Entfaltung seiner Persönlichkeit, soweit er nicht die Rechte anderer verletzt und nicht gegen die verfassungsmäßige Ordnung oder das Sittengesetz verstößt.

(2) Jeder hat das Recht auf Leben und körperliche Unversehrtheit. Die Freiheit der Person ist unverletzlich. In diese Rechte darf nur auf Grund eines Gesetzes eingegriffen werden.

Artikel 3

(1) Alle Menschen sind vor dem Gesetz gleich.

(2) Männer und Frauen sind gleichberechtigt. Der Staat fördert die tatsächliche Durchsetzung der Gleichberechtigung von Frauen und Männern und wirkt auf die Beseitigung bestehender Nachteile hin.

(3) Niemand darf wegen seines Geschlechtes, seiner Abstammung, seiner Rasse, seiner Sprache, seiner Heimat und Herkunft, seines Glaubens, seiner religiösen oder politischen Anschauungen benachteiligt oder bevorzugt werden. Niemand darf wegen seiner Behinderung benachteiligt werden.

Artikel 4

(1) Die Freiheit des Glaubens, des Gewissens und die Freiheit des religiösen und weltanschaulichen Bekenntnisses sind unverletzlich.

(2) Die ungestörte Religionsausübung wird gewährleistet.

(3) Niemand darf gegen sein Gewissen zum Kriegsdienst mit der Waffe gezwungen werden. Das Nähere regelt ein Bundesgesetz.

Artikel 5

(1) Jeder hat das Recht, seine Meinung in Wort, Schrift und Bild frei zu äußern und zu verbreiten und sich aus allgemein zugänglichen Quellen ungehindert zu unterrichten. Die Pressefreiheit und die Freiheit der Berichterstattung durch Rundfunk und Film werden gewährleistet. Eine Zensur findet nicht statt.

(2) Diese Rechte finden ihre Schranken in den Vorschriften der allgemeinen Gesetze, den gesetzlichen Bestimmungen zum Schutze der Jugend und in dem Recht der persönlichen Ehre.

(3) Kunst und Wissenschaft, Forschung und Lehre sind frei. Die Freiheit der Lehre entbindet nicht von der Treue zur Verfassung.

Artikel 6

(1) Ehe und Familie stehen unter dem besonderen Schutze der staatlichen Ordnung.

(2) Pflege und Erziehung der Kinder sind das natürliche Recht der Eltern und die zuvörderst ihnen obliegende Pflicht. Über ihre Betätigung wacht die staatliche Gemeinschaft.

(3) Gegen den Willen der Erziehungsberechtigten dürfen Kinder nur auf Grund eines Gesetzes von der Familie getrennt werden, wenn die Erziehungsberechtigten versagen oder wenn die Kinder aus anderen Gründen zu verwahrlosen drohen.

(4) Jede Mutter hat Anspruch auf den Schutz und die Fürsorge der Gemeinschaft.

(5) Den unehelichen Kindern sind durch die Gesetzgebung die gleichen Bedingungen für ihre leibliche und seelische Entwicklung und ihre Stellung in der Gesellschaft zu schaffen wie den ehelichen Kindern.

Artikel 7

(1) Das gesamte Schulwesen steht unter der Aufsicht des Staates.

(2) Die Erziehungsberechtigten haben das Recht, über die Teilnahme des Kindes am Religionsunterricht zu bestimmen.

(3) Der Religionsunterricht ist in den öffentlichen Schulen mit Ausnahme der bekenntnisfreien Schulen ordentliches Lehrfach. Unbeschadet des staatlichen Aufsichtsrechtes wird der Religionsunterricht in Übereinstimmung mit den Grundsätzen der Religionsgemeinschaften erteilt. Kein Lehrer darf gegen seinen Willen verpflichtet werden, Religionsunterricht zu erteilen.

(4) Das Recht zur Errichtung von privaten Schulen wird gewährleistet. Private Schulen als Ersatz für öffentliche Schulen bedürfen der Genehmigung des Staates und unterstehen den Landesgesetzen. Die Genehmigung ist zu erteilen, wenn die privaten Schulen in ihren Lehrzielen und Einrichtungen sowie in der wissenschaftlichen Ausbildung ihrer Lehrkräfte nicht hinter den öffentlichen Schulen zurückstehen und eine Sonderung der Schüler nach den Besitzverhältnissen der Eltern nicht gefördert wird. Die Genehmigung ist zu versagen, wenn die wirtschaftliche und rechtliche Stellung der Lehrkräfte nicht genügend gesichert ist.

(5) Eine private Volksschule ist nur zuzulassen, wenn die Unterrichtsverwaltung ein besonderes pädagogisches Interesse anerkennt oder, auf Antrag von Erziehungsberechtigten, wenn sie als Gemeinschaftsschule, als Be-

kenntnis- oder Weltanschauungsschule errichtet werden soll und eine öffentliche Volksschule dieser Artikel in der Gemeinde nicht besteht.

(6) Vorschulen bleiben aufgehoben.

Artikel 8

(1) Alle Deutschen haben das Recht, sich ohne Anmeldung oder Erlaubnis friedlich und ohne Waffen zu versammeln.

(2) Für Versammlungen unter freiem Himmel kann dieses Recht durch Gesetz oder auf Grund eines Gesetzes beschränkt werden.

Artikel 9

(1) Alle Deutschen haben das Recht, Vereine und Gesellschaften zu bilden.

(2) Vereinigungen, deren Zwecke oder deren Tätigkeit den Strafgesetzen zuwiderlaufen oder die sich gegen die verfassungsmäßige Ordnung oder gegen den Gedanken der Völkerverständigung richten, sind verboten.

(3) Das Recht, zur Wahrung und Förderung der Arbeits- und Wirtschaftsbedingungen Vereinigungen zu bilden, ist für jedermann und für alle Berufe gewährleistet. Abreden, die dieses Recht einschränken oder zu behindern suchen, sind nichtig, hierauf gerichtete Maßnahmen sind rechtswidrig. Maßnahmen nach den Artikel 12a, 35 Abs. 2 und 3, Artikel 87a Abs. 4 und Artikel 91 dürfen sich nicht gegen Arbeitskämpfe richten, die zur Wahrung und Förderung der Arbeits- und Wirtschaftsbedingungen von Vereinigungen im Sinne des Satzes 1 geführt werden.

Artikel 10

(1) Das Briefgeheimnis sowie das Post- und Fernmeldegeheimnis sind unverletzlich.

(2) Beschränkungen dürfen nur auf Grund eines Gesetzes angeordnet werden. Dient die Beschränkung dem Schutze der freiheitlichen demokratischen Grundordnung oder des Bestandes oder der Sicherung des Bundes oder eines Landes, so kann das Gesetz bestimmen, dass sie dem Betroffenen nicht mitgeteilt wird und dass an die Stelle des Rechtsweges die Nachprüfung durch von der Volksvertretung bestellte Organe und Hilfsorgane tritt.

Artikel 11

(1) Alle Deutschen genießen Freizügigkeit im ganzen Bundesgebiet.

(2) Dieses Recht darf nur durch Gesetz oder auf Grund eines Gesetzes und nur für die Fälle eingeschränkt werden, in denen eine ausreichende Lebensgrundlage nicht vorhanden ist und der Allgemeinheit daraus besondere Lasten entstehen würden oder in denen es zur Abwehr einer drohenden Gefahr für den Bestand oder die freiheitliche demokratische Grundordnung des Bundes oder eines Landes, zur Bekämpfung von Seuchengefahr, Naturkatastrophen oder besonders schweren Unglücksfällen, zum Schutze der Jugend vor Verwahrlosung oder um strafbaren Handlungen vorzubeugen, erforderlich ist.

Artikel 12

(1) Alle Deutschen haben das Recht, Beruf, Arbeitsplatz und Ausbildungsstätte frei zu wählen. Die Berufsausübung kann durch Gesetz oder auf Grund eines Gesetzes geregelt werden.

(2) Niemand darf zu einer bestimmten Arbeit gezwungen werden, außer im Rahmen einer herkömmlichen allgemeinen, für alle gleichen öffentlichen Dienstleistungspflicht.

(3) Zwangsarbeit ist nur bei einer gerichtlich angeordneten Freiheitsentziehung zulässig.

Artikel 12a

(1) Männer können vom vollendeten achtzehnten Lebensjahr an zum Dienst in den Streitkräften, im Bundesgrenzschutz oder in einem Zivilschutzverband verpflichtet werden.

(2) Wer aus Gewissensgründen den Kriegsdienst mit der Waffe verweigert, kann zu einem Ersatzdienst verpflichtet werden. Die Dauer des Ersatzdienstes darf die Dauer des Wehrdienstes nicht übersteigen. Das Nähere regelt ein Gesetz, das die Freiheit der Gewissensentscheidung nicht beeinträchtigen darf und auch eine Möglichkeit des Ersatzdienstes vorsehen muss, die in keinem Zusammenhang mit den Verbänden der Streitkräfte und des Bundesgrenzschutzes steht.

(3) Wehrpflichtige, die nicht zu einem Dienst nach Absatz 1 oder 2 herangezogen sind, können im Verteidigungsfalle durch Gesetz oder auf Grund eines Gesetzes zu zivilen Dienstleistungen für Zwecke der Verteidigung einschließlich des Schutzes der Zivilbevölkerung in Arbeitsverhältnisse verpflichtet werden; Verpflichtungen in öffentlich-rechtliche Dienstverhältnisse sind nur zur Wahrnehmung polizeilicher Aufgaben oder solcher hoheitlichen Aufgaben der öffentlichen Verwaltung, die nur in einem öffentlich-rechtlichen Dienstverhältnis erfüllt werden können, zulässig. Arbeitsverhältnisse nach Satz 1 können bei den Streitkräften, im Bereich ihrer Versorgung sowie bei der öffentlichen Verwaltung begründet werden; Verpflichtungen in Arbeitsverhältnisse im Bereiche der Versorgung der Zivilbevölkerung sind nur zulässig, um ihren lebensnotwendigen Bedarf zu decken oder ihren Schutz sicherzustellen.

(4) Kann im Verteidigungsfalle der Bedarf an zivilen Dienstleistungen im zivilen Sanitäts- und Heilwesen sowie in der ortsfesten militärischen Lazarettorganisation nicht auf freiwilliger Grundlage gedeckt werden, so können Frauen vom vollendeten achtzehnten bis zum vollendeten fünfundfünfzigsten Lebensjahr durch Gesetz oder auf Grund eines Gesetzes zu derartigen Dienstleistungen herangezogen werden. Sie dürfen auf keinen Fall zum Dienst mit der Waffe verpflichtet werden.

(5) Für die Zeit vor dem Verteidigungsfalle können Verpflichtungen nach Absatz 3 nur nach Maßgabe des Artikels 80a Abs. 1 begründet werden. Zur Vorbereitung auf Dienstleistungen nach Absatz 3, für die besondere Kenntnisse oder Fertigkeiten erforderlich sind, kann durch Gesetz oder auf Grund

eines Gesetzes die Teilnahme an Ausbildungsveranstaltungen zur Pflicht gemacht werden. Satz 1 findet insoweit keine Anwendung.

(6) Kann im Verteidigungsfalle der Bedarf an Arbeitskräften für die in Absatz 3 Satz 2 genannten Bereiche auf freiwilliger Grundlage nicht gedeckt werden, so kann zur Sicherung dieses Bedarfs die Freiheit der Deutschen, die Ausübung eines Berufs oder den Arbeitsplatz aufzugeben, durch Gesetz oder auf Grund eines Gesetzes eingeschränkt werden. Vor Eintritt des Verteidigungsfalles gilt Absatz 5 Satz 1 entsprechend.

Artikel 13

(1) Die Wohnung ist unverletzlich.

(2) Durchsuchungen dürfen nur durch den Richter, bei Gefahr im Verzuge auch durch die in den Gesetzen vorgesehenen anderen Organe angeordnet und nur in der dort vorgeschriebenen Form durchgeführt werden.

(3) Begründen bestimmte Tatsachen den Verdacht, dass jemand eine durch Gesetz einzeln bestimmte besonders schwere Straftat begangen hat, so dürfen zur Verfolgung der Tat auf Grund richterlicher Anordnung technische Mittel zur akustischen Überwachung von Wohnungen, in denen der Beschuldigte sich vermutlich aufhält, eingesetzt werden, wenn die Erforschung des Sachverhalts auf andere Weise unverhältnismäßig erschwert oder aussichtslos wäre. Die Maßnahme ist zu befristen. Die Anordnung erfolgt durch einen mit drei Richtern besetzten Spruchkörper. Bei Gefahr im Verzuge kann sie auch durch einen einzelnen Richter getroffen werden.

(4) Zur Abwehr dringender Gefahren für die öffentliche Sicherheit, insbesondere einer gemeinen Gefahr oder einer Lebensgefahr, dürfen technische Mittel zur Überwachung von Wohnungen nur auf Grund richterlicher Anordnung eingesetzt werden. Bei Gefahr im Verzuge kann die Maßnahme auch durch eine andere gesetzlich bestimmte Stelle angeordnet werden; eine richterliche Entscheidung ist unverzüglich nachzuholen.

(5) Sind technische Mittel ausschließlich zum Schutze der bei einem Einsatz in Wohnungen tätigen Personen vorgesehen, kann die Maßnahme durch eine gesetzlich bestimmte Stelle angeordnet werden. Eine anderweitige Verwertung der hierbei erlangten Erkenntnisse ist nur zum Zwecke der Strafverfolgung oder der Gefahrenabwehr und nur zulässig, wenn zuvor die Rechtmäßigkeit der Maßnahme richterlich festgestellt ist; bei Gefahr im Verzuge ist die richterliche Entscheidung unverzüglich nachzuholen.

(6) Die Bundesregierung unterrichtet den Bundestag jährlich über den nach Absatz 3 sowie über den im Zuständigkeitsbereich des Bundes nach Absatz 4 und, soweit richterlich überprüfungsbedürftig, nach Absatz 5 erfolgten Einsatz technischer Mittel. Ein vom Bundestag gewähltes Gremium übt auf der Grundlage dieses Berichts die parlamentarische Kontrolle aus. Die Länder gewährleisten eine gleichwertige parlamentarische Kontrolle.

(7) Eingriffe und Beschränkungen dürfen im übrigen nur zur Abwehr einer gemeinen Gefahr oder einer Lebensgefahr für einzelne Personen, auf Grund eines Gesetzes auch zur Verhütung dringender Gefahren für die öffentliche

Sicherheit und Ordnung, insbesondere zur Behebung der Raumnot, zur Bekämpfung von Seuchengefahr oder zum Schutze gefährdeter Jugendlicher vorgenommen werden.

Artikel 14

(1) Das Eigentum und das Erbrecht werden gewährleistet. Inhalt und Schranken werden durch die Gesetze bestimmt.

(2) Eigentum verpflichtet. Sein Gebrauch soll zugleich dem Wohle der Allgemeinheit dienen.

(3) Eine Enteignung ist nur zum Wohle der Allgemeinheit zulässig. Sie darf nur durch Gesetz oder auf Grund eines Gesetzes erfolgen, das Artikel und Ausmaß der Entschädigung regelt. Die Entschädigung ist unter gerechter Abwägung der Interessen der Allgemeinheit und der Beteiligten zu bestimmen. Wegen der Höhe der Entschädigung steht im Streitfalle der Rechtsweg vor den ordentlichen Gerichten offen.

Artikel 15

Grund und Boden, Naturschätze und Produktionsmittel können zum Zwecke der Vergesellschaftung durch ein Gesetz, das Artikel und Ausmaß der Entschädigung regelt, in Gemeineigentum oder in andere Formen der Gemeinwirtschaft überführt werden. Für die Entschädigung gilt Artikel 14 Abs. 3 Satz 3 und 4 entsprechend.

Artikel 16

(1) Die deutsche Staatsangehörigkeit darf nicht entzogen werden. Der Verlust der Staatsangehörigkeit darf nur auf Grund eines Gesetzes und gegen den Willen des Betroffenen nur dann eintreten, wenn der Betroffene dadurch nicht staatenlos wird.

(2) Kein Deutscher darf an das Ausland ausgeliefert werden. Durch Gesetz kann eine abweichende Regelung für Auslieferungen an einen Mitgliedstaat der Europäischen Union oder an einen internationalen Gerichtshof getroffen werden, soweit rechtsstaatliche Grundsätze gewahrt sind.

Artikel 16a

(1) Politisch Verfolgte genießen Asylrecht.

(2) Auf Absatz 1 kann sich nicht berufen, wer aus einem Mitgliedstaat der Europäischen Gemeinschaften oder aus einem anderen Drittstaat einreist, in dem die Anwendung des Abkommens über die Rechtsstellung der Flüchtlinge und der Konvention zum Schutze der Menschenrechte und Grundfreiheiten sichergestellt ist. Die Staaten außerhalb der Europäischen Gemeinschaften, auf die die Voraussetzungen des Satzes 1 zutreffen, werden durch Gesetz, das der Zustimmung des Bundesrates bedarf, bestimmt. In den Fällen des Satzes 1 können aufenthaltsbeendende Maßnahmen unabhängig von einem hiergegen eingelegten Rechtsbehelf vollzogen werden.

(3) Durch Gesetz, das der Zustimmung des Bundesrates bedarf, können Staaten bestimmt werden, bei denen auf Grund der Rechtslage, der Rechtsanwendung und der allgemeinen politischen Verhältnisse gewährleistet erscheint, dass dort weder politische Verfolgung noch unmenschliche oder erniedrigende Bestrafung oder Behandlung stattfindet. Es wird vermutet, dass ein Ausländer aus einem solchen Staat nicht verfolgt wird, solange er nicht Tatsachen vorträgt, die die Annahme begründen, dass er entgegen dieser Vermutung politisch verfolgt wird.

(4) Die Vollziehung aufenthaltsbeendender Maßnahmen wird in den Fällen des Absatzes 3 und in anderen Fällen, die offensichtlich unbegründet sind oder als offensichtlich unbegründet gelten, durch das Gericht nur ausgesetzt, wenn ernstliche Zweifel an der Rechtmäßigkeit der Maßnahme bestehen; der Prüfungsumfang kann eingeschränkt werden und verspätetes Vorbringen unberücksichtigt bleiben. Das Nähere ist durch Gesetz zu bestimmen.

(5) Die Absätze 1 bis 4 stehen völkerrechtlichen Verträgen von Mitgliedstaaten der Europäischen Gemeinschaften untereinander und mit dritten Staaten nicht entgegen, die unter Beachtung der Verpflichtungen aus dem Abkommen über die Rechtsstellung der Flüchtlinge und der Konvention zum Schutze der Menschenrechte und Grundfreiheiten, deren Anwendung in den Vertragsstaaten sichergestellt sein muss, Zuständigkeitsregelungen für die Prüfung von Asylbegehren einschließlich der gegenseitigen Anerkennung von Asylentscheidungen treffen.

Artikel 17

Jedermann hat das Recht, sich einzeln oder in Gemeinschaft mit anderen schriftlich mit Bitten oder Beschwerden an die zuständigen Stellen und an die Volksvertretung zu wenden.

Artikel 17a

(1) Gesetze über Wehrdienst und Ersatzdienst können bestimmen, dass für die Angehörigen der Streitkräfte und des Ersatzdienstes während der Zeit des Wehr- oder Ersatzdienstes das Grundrecht, seine Meinung in Wort, Schrift und Bild frei zu äußern und zu verbreiten (Artikel 5 Abs. 1 Satz 1 erster Halbsatz), das Grundrecht der Versammlungsfreiheit (Artikel 8) und das Petitionsrecht (Artikel 17), soweit es das Recht gewährt, Bitten oder Beschwerden in Gemeinschaft mit anderen vorzubringen, eingeschränkt werden.

(2) Gesetze, die der Verteidigung einschließlich des Schutzes der Zivilbevölkerung dienen, können bestimmen, dass die Grundrechte der Freizügigkeit (Artikel 11) und der Unverletzlichkeit der Wohnung (Artikel 13) eingeschränkt werden.

Artikel 18

Wer die Freiheit der Meinungsäußerung, insbesondere die Pressefreiheit (Artikel 5 Abs. 1), die Lehrfreiheit (Artikel 5 Abs. 3), die Versammlungsfreiheit (Artikel 8), die Vereinigungsfreiheit (Artikel 9), das Brief-, Post- und Fernmeldegeheimnis (Artikel 10), das Eigentum (Artikel 14) oder das Asylrecht (Artikel 16a) zum Kampfe gegen die freiheitliche demokratische Grundordnung missbraucht, verwirkt diese Grundrechte. Die Verwirkung und ihr Ausmaß werden durch das Bundesverfassungsgericht ausgesprochen.

Artikel 19

(1) Soweit nach diesem Grundgesetz ein Grundrecht durch Gesetz oder auf Grund eines Gesetzes eingeschränkt werden kann, muss das Gesetz allgemein und nicht nur für den Einzelfall gelten. Außerdem muss das Gesetz das Grundrecht unter Angabe des Artikels nennen.

(2) In keinem Falle darf ein Grundrecht in seinem Wesensgehalt angetastet werden.

(3) Die Grundrechte gelten auch für inländische juristische Personen, soweit sie ihrem Wesen nach auf diese anwendbar sind.

(4) Wird jemand durch die öffentliche Gewalt in seinen Rechten verletzt, so steht ihm der Rechtsweg offen. Soweit eine andere Zuständigkeit nicht begründet ist, ist der ordentliche Rechtsweg gegeben. Artikel 10 Abs. 2 Satz 2 bleibt unberührt.

II. Der Bund und die Länder

Artikel 20

(1) Die Bundesrepublik Deutschland ist ein demokratischer und sozialer Bundesstaat.

(2) Alle Staatsgewalt geht vom Volke aus. Sie wird vom Volke in Wahlen und Abstimmungen und durch besondere Organe der Gesetzgebung, der vollziehenden Gewalt und der Rechtsprechung ausgeübt.

(3) Die Gesetzgebung ist an die verfassungsmäßige Ordnung, die vollziehende Gewalt und die Rechtsprechung sind an Gesetz und Recht gebunden.

(4) Gegen jeden, der es unternimmt, diese Ordnung zu beseitigen, haben alle Deutschen das Recht zum Widerstand, wenn andere Abhilfe nicht möglich ist.

Artikel 20a

Der Staat schützt auch in Verantwortung für die künftigen Generationen die natürlichen Lebensgrundlagen und die Tiere im Rahmen der verfassungsmäßigen Ordnung durch die Gesetzgebung und nach Maßgabe von Gesetz und Recht durch die vollziehende Gewalt und die Rechtsprechung.

Artikel 21

(1) Die Parteien wirken bei der politischen Willensbildung des Volkes mit. Ihre Gründung ist frei. Ihre innere Ordnung muss demokratischen Grundsät-

zen entsprechen. Sie müssen über die Herkunft und Verwendung ihrer Mittel sowie über ihr Vermögen öffentlich Rechenschaft geben.

(2) Parteien, die nach ihren Zielen oder nach dem Verhalten ihrer Anhänger darauf ausgehen, die freiheitliche demokratische Grundordnung zu beeinträchtigen oder zu beseitigen oder den Bestand der Bundesrepublik Deutschland zu gefährden, sind verfassungswidrig. Über die Frage der Verfassungswidrigkeit entscheidet das Bundesverfassungsgericht.

(3) Das Nähere regeln Bundesgesetze.

Artikel 22

(1) Die Hauptstadt der Bundesrepublik Deutschland ist Berlin. Die Repräsentation des Gesamtstaates in der Hauptstadt ist Aufgabe des Bundes. Das Nähere wird durch Bundesgesetz geregelt.

(2) Die Bundesflagge ist schwarz-rot-gold.

Artikel 23

(1) Zur Verwirklichung eines vereinten Europas wirkt die Bundesrepublik Deutschland bei der Entwicklung der Europäischen Union mit, die demokratischen, rechtsstaatlichen, sozialen und föderativen Grundsätzen und dem Grundsatz der Subsidiarität verpflichtet ist und einen diesem Grundgesetz im wesentlichen vergleichbaren Grundrechtsschutz gewährleistet. Der Bund kann hierzu durch Gesetz mit Zustimmung des Bundesrates Hoheitsrechte übertragen. Für die Begründung der Europäischen Union sowie für Änderungen ihrer vertraglichen Grundlagen und vergleichbare Regelungen, durch die dieses Grundgesetz seinem Inhalt nach geändert oder ergänzt wird oder solche Änderungen oder Ergänzungen ermöglicht werden, gilt Artikel 79 Abs. 2 und 3.

(1a) Der Bundestag und der Bundesrat haben das Recht, wegen Verstoßes eines Gesetzgebungsakts der Europäischen Union gegen das Subsidiaritätsprinzip vor dem Gerichtshof der Europäischen Union Klage zu erheben. Der Bundestag ist hierzu auf Antrag eines Viertels seiner Mitglieder verpflichtet. Durch Gesetz, das der Zustimmung des Bundesrates bedarf, können für die Wahrnehmung der Rechte, die dem Bundestag und dem Bundesrat in den vertraglichen Grundlagen der Europäischen Union eingeräumt sind, Ausnahmen von Artikel 42 Abs. 2 Satz 1 und Artikel 52 Abs. 3 Satz 1 zugelassen werden.

(2) In Angelegenheiten der Europäischen Union wirken der Bundestag und durch den Bundesrat die Länder mit. Die Bundesregierung hat den Bundestag und den Bundesrat umfassend und zum frühestmöglichen Zeitpunkt zu unterrichten.

(3) Die Bundesregierung gibt dem Bundestag Gelegenheit zur Stellungnahme vor ihrer Mitwirkung an Rechtsetzungsakten der Europäischen Union. Die Bundesregierung berücksichtigt die Stellungnahmen des Bundestages bei den Verhandlungen. Das Nähere regelt ein Gesetz.

(4) Der Bundesrat ist an der Willensbildung des Bundes zu beteiligen, soweit er an einer entsprechenden innerstaatlichen Maßnahme mitzuwirken hätte oder soweit die Länder innerstaatlich zuständig wären.

(5) Soweit in einem Bereich ausschließlicher Zuständigkeiten des Bundes Interessen der Länder berührt sind oder soweit im Übrigen der Bund das Recht zur Gesetzgebung hat, berücksichtigt die Bundesregierung die Stellungnahme des Bundesrates. Wenn im Schwerpunkt Gesetzgebungsbefugnisse der Länder, die Einrichtung ihrer Behörden oder ihre Verwaltungsverfahren betroffen sind, ist bei der Willensbildung des Bundes insoweit die Auffassung des Bundesrates maßgeblich zu berücksichtigen; dabei ist die gesamtstaatliche Verantwortung des Bundes zu wahren. In Angelegenheiten, die zu Ausgabenerhöhungen oder Einnahmeminderungen für den Bund führen können, ist die Zustimmung der Bundesregierung erforderlich.

(6) Wenn im Schwerpunkt ausschließliche Gesetzgebungsbefugnisse der Länder auf den Gebieten der schulischen Bildung, der Kultur oder des Rundfunks betroffen sind, wird die Wahrnehmung der Rechte, die der Bundesrepublik Deutschland als Mitgliedstaat der Europäischen Union zustehen, vom Bund auf einen vom Bundesrat benannten Vertreter der Länder übertragen. Die Wahrnehmung der Rechte erfolgt unter Beteiligung und in Abstimmung mit der Bundesregierung; dabei ist die gesamtstaatliche Verantwortung des Bundes zu wahren.

(7) Das Nähere zu den Absätzen 4 bis 6 regelt ein Gesetz, das der Zustimmung des Bundesrates bedarf.

Artikel 24

(1) Der Bund kann durch Gesetz Hoheitsrechte auf zwischenstaatliche Einrichtungen übertragen.

(1a) Soweit die Länder für die Ausübung der staatlichen Befugnisse und die Erfüllung der staatlichen Aufgaben zuständig sind, können sie mit Zustimmung der Bundesregierung Hoheitsrechte auf grenznachbarschaftliche Einrichtungen übertragen.

(2) Der Bund kann sich zur Wahrung des Friedens einem System gegenseitiger kollektiver Sicherheit einordnen; er wird hierbei in die Beschränkungen seiner Hoheitsrechte einwilligen, die eine friedliche und dauerhafte Ordnung in Europa und zwischen den Völkern der Welt herbeiführen und sichern.

(3) Zur Regelung zwischenstaatlicher Streitigkeiten wird der Bund Vereinbarungen über eine allgemeine, umfassende, obligatorische, internationale Schiedsgerichtsbarkeit beitreten.

Artikel 25

Die allgemeinen Regeln des Völkerrechtes sind Bestandteil des Bundesrechtes. Sie gehen den Gesetzen vor und erzeugen Rechte und Pflichten unmittelbar für die Bewohner des Bundesgebietes.

Artikel 26

(1) Handlungen, die geeignet sind und in der Absicht vorgenommen werden, das friedliche Zusammenleben der Völker zu stören, insbesondere die Führung eines Angriffskrieges vorzubereiten, sind verfassungswidrig. Sie sind unter Strafe zu stellen.

(2) Zur Kriegführung bestimmte Waffen dürfen nur mit Genehmigung der Bundesregierung hergestellt, befördert und in Verkehr gebracht werden. Das Nähere regelt ein Bundesgesetz.

Artikel 27

Alle deutschen Kauffahrteischiffe bilden eine einheitliche Handelsflotte.

Artikel 28

(1) Die verfassungsmäßige Ordnung in den Ländern muss den Grundsätzen des republikanischen, demokratischen und sozialen Rechtsstaates im Sinne dieses Grundgesetzes entsprechen. In den Ländern, Kreisen und Gemeinden muss das Volk eine Vertretung haben, die aus allgemeinen, unmittelbaren, freien, gleichen und geheimen Wahlen hervorgegangen ist. Bei Wahlen in Kreisen und Gemeinden sind auch Personen, die die Staatsangehörigkeit eines Mitgliedstaates der Europäischen Gemeinschaft besitzen, nach Maßgabe von Recht der Europäischen Gemeinschaft wahlberechtigt und wählbar. In Gemeinden kann an die Stelle einer gewählten Körperschaft die Gemeindeversammlung treten.

(2) Den Gemeinden muss das Recht gewährleistet sein, alle Angelegenheiten der örtlichen Gemeinschaft im Rahmen der Gesetze in eigener Verantwortung zu regeln. Auch die Gemeindeverbände haben im Rahmen ihres gesetzlichen Aufgabenbereiches nach Maßgabe der Gesetze das Recht der Selbstverwaltung. Die Gewährleistung der Selbstverwaltung umfasst auch die Grundlagen der finanziellen Eigenverantwortung; zu diesen Grundlagen gehört eine den Gemeinden mit Hebesatzrecht zustehende wirtschaftskraftbezogene Steuerquelle.

(3) Der Bund gewährleistet, dass die verfassungsmäßige Ordnung der Länder den Grundrechten und den Bestimmungen der Absätze 1 und 2 entspricht.

Artikel 29

(1) Das Bundesgebiet kann neu gegliedert werden, um zu gewährleisten, dass die Länder nach Größe und Leistungsfähigkeit die ihnen obliegenden Aufgaben wirksam erfüllen können. Dabei sind die landsmannschaftliche Verbundenheit, die geschichtlichen und kulturellen Zusammenhänge, die wirtschaftliche Zweckmäßigkeit sowie die Erfordernisse der Raumordnung und der Landesplanung zu berücksichtigen.

(2) Maßnahmen zur Neugliederung des Bundesgebietes ergehen durch Bundesgesetz, das der Bestätigung durch Volksentscheid bedarf. Die betroffenen Länder sind zu hören.

(3) Der Volksentscheid findet in den Ländern statt, aus deren Gebieten oder Gebietsteilen ein neues oder neu umgrenztes Land gebildet werden soll (betroffene Länder). Abzustimmen ist über die Frage, ob die betroffenen Länder wie bisher bestehen bleiben sollen oder ob das neue oder neu umgrenzte Land gebildet werden soll. Der Volksentscheid für die Bildung eines neuen oder neu umgrenzten Landes kommt zustande, wenn in dessen künftigem Gebiet und insgesamt in den Gebieten oder Gebietsteilen eines betroffenen Landes, deren Landeszugehörigkeit im gleichen Sinne geändert werden soll, jeweils eine Mehrheit der Änderung zustimmt. Er kommt nicht zustande, wenn im Gebiet eines der betroffenen Länder eine Mehrheit die Änderung ablehnt; die Ablehnung ist jedoch unbeachtlich, wenn in einem Gebietsteil, dessen Zugehörigkeit zu dem betroffenen Land geändert werden soll, eine Mehrheit von zwei Dritteln der Änderung zustimmt, es sei denn, dass im Gesamtgebiet des betroffenen Landes eine Mehrheit von zwei Dritteln die Änderung ablehnt.

(4) Wird in einem zusammenhängenden, abgegrenzten Siedlungs- und Wirtschaftsraum, dessen Teile in mehreren Ländern liegen und der mindestens eine Million Einwohner hat, von einem Zehntel der in ihm zum Bundestag Wahlberechtigten durch Volksbegehren gefordert, dass für diesen Raum eine einheitliche Landeszugehörigkeit herbeigeführt werde, so ist durch Bundesgesetz innerhalb von zwei Jahren entweder zu bestimmen, ob die Landeszugehörigkeit gemäß Absatz 2 geändert wird, oder dass in den betroffenen Ländern eine Volksbefragung stattfindet.

(5) Die Volksbefragung ist darauf gerichtet festzustellen, ob eine in dem Gesetz vorzuschlagende Änderung der Landeszugehörigkeit Zustimmung findet. Das Gesetz kann verschiedene, jedoch nicht mehr als zwei Vorschläge der Volksbefragung vorlegen. Stimmt eine Mehrheit einer vorgeschlagenen Änderung der Landeszugehörigkeit zu, so ist durch Bundesgesetz innerhalb von zwei Jahren zu bestimmen, ob die Landeszugehörigkeit gemäß Absatz 2 geändert wird. Findet ein für die Volksbefragung vorgelegter Vorschlag eine den Maßgaben des Absatzes 3 Satz 3 und 4 entsprechende Zustimmung, so ist innerhalb von zwei Jahren nach der Durchführung der Volksbefragung ein Bundesgesetz zur Bildung des vorgeschlagenen Landes zu erlassen, das der Bestätigung durch Volksentscheid nicht mehr bedarf.

(6) Mehrheit im Volksentscheid und in der Volksbefragung ist die Mehrheit der abgegebenen Stimmen, wenn sie mindestens ein Viertel der zum Bundestag Wahlberechtigten umfasst. Im übrigen wird das Nähere über Volksentscheid, Volksbegehren und Volksbefragung durch ein Bundesgesetz geregelt; dieses kann auch vorsehen, dass Volksbegehren innerhalb eines Zeitraumes von fünf Jahren nicht wiederholt werden können.

(7) Sonstige Änderungen des Gebietsbestandes der Länder können durch Staatsverträge der beteiligten Länder oder durch Bundesgesetz mit Zustimmung des Bundesrates erfolgen, wenn das Gebiet, dessen Landeszugehörigkeit geändert werden soll, nicht mehr als 50.000 Einwohner hat. Das Nähere regelt ein Bundesgesetz, das der Zustimmung des Bundesrates und der Mehrheit der Mitglieder des Bundestages bedarf. Es muss die Anhörung der betroffenen Gemeinden und Kreise vorsehen.

(8) Die Länder können eine Neugliederung für das jeweils von ihnen umfasste Gebiet oder für Teilgebiete abweichend von den Vorschriften der Absätze 2 bis 7 durch Staatsvertrag regeln. Die betroffenen Gemeinden und Kreise sind zu hören. Der Staatsvertrag bedarf der Bestätigung durch Volksentscheid in jedem beteiligten Land. Betrifft der Staatsvertrag Teilgebiete der Länder, kann die Bestätigung auf Volksentscheide in diesen Teilgebieten beschränkt werden; Satz 5 zweiter Halbsatz findet keine Anwendung. Bei einem Volksentscheid entscheidet die Mehrheit der abgegebenen Stimmen, wenn sie mindestens ein Viertel der zum Bundestag Wahlberechtigten umfasst; das Nähere regelt ein Bundesgesetz. Der Staatsvertrag bedarf der Zustimmung des Bundestages.

Artikel 30

Die Ausübung der staatlichen Befugnisse und die Erfüllung der staatlichen Aufgaben ist Sache der Länder, soweit dieses Grundgesetz keine andere Regelung trifft oder zulässt.

Artikel 31

Bundesrecht bricht Landesrecht.

Artikel 32

(1) Die Pflege der Beziehungen zu auswärtigen Staaten ist Sache des Bundes.

(2) Vor dem Abschlusse eines Vertrages, der die besonderen Verhältnisse eines Landes berührt, ist das Land rechtzeitig zu hören.

(3) Soweit die Länder für die Gesetzgebung zuständig sind, können sie mit Zustimmung der Bundesregierung mit auswärtigen Staaten Verträge abschließen.

Artikel 33

(1) Jeder Deutsche hat in jedem Lande die gleichen staatsbürgerlichen Rechte und Pflichten.

(2) Jeder Deutsche hat nach seiner Eignung, Befähigung und fachlichen Leistung gleichen Zugang zu jedem öffentlichen Amte.

(3) Der Genuss bürgerlicher und staatsbürgerlicher Rechte, die Zulassung zu öffentlichen Ämtern sowie die im öffentlichen Dienste erworbenen Rechte sind unabhängig von dem religiösen Bekenntnis. Niemandem darf aus seiner Zugehörigkeit oder Nichtzugehörigkeit zu einem Bekenntnisse oder einer Weltanschauung ein Nachteil erwachsen.

(4) Die Ausübung hoheitsrechtlicher Befugnisse ist als ständige Aufgabe in der Regel Angehörigen des öffentlichen Dienstes zu übertragen, die in einem öffentlich-rechtlichen Dienst- und Treueverhältnis stehen.

(5) Das Recht des öffentlichen Dienstes ist unter Berücksichtigung der hergebrachten Grundsätze des Berufsbeamtentums zu regeln und fortzuentwickeln.

Artikel 34

Verletzt jemand in Ausübung eines ihm anvertrauten öffentlichen Amtes die ihm einem Dritten gegenüber obliegende Amtspflicht, so trifft die Verantwortlichkeit grundsätzlich den Staat oder die Körperschaft, in deren Dienst er steht. Bei Vorsatz oder grober Fahrlässigkeit bleibt der Rückgriff vorbehalten. Für den Anspruch auf Schadensersatz und für den Rückgriff darf der ordentliche Rechtsweg nicht ausgeschlossen werden.

Artikel 35

(1) Alle Behörden des Bundes und der Länder leisten sich gegenseitig Rechts- und Amtshilfe.

(2) Zur Aufrechterhaltung oder Wiederherstellung der öffentlichen Sicherheit oder Ordnung kann ein Land in Fällen von besonderer Bedeutung Kräfte und Einrichtungen des Bundesgrenzschutzes zur Unterstützung seiner Polizei anfordern, wenn die Polizei ohne diese Unterstützung eine Aufgabe nicht oder nur unter erheblichen Schwierigkeiten erfüllen könnte. Zur Hilfe bei einer Naturkatastrophe oder bei einem besonders schweren Unglücksfall kann ein Land Polizeikräfte anderer Länder, Kräfte und Einrichtungen anderer Verwaltungen sowie des Bundesgrenzschutzes und der Streitkräfte anfordern.

(3) Gefährdet die Naturkatastrophe oder der Unglücksfall das Gebiet mehr als eines Landes, so kann die Bundesregierung, soweit es zur wirksamen Bekämpfung erforderlich ist, den Landesregierungen die Weisung erteilen, Polizeikräfte anderen Ländern zur Verfügung zu stellen, sowie Einheiten des Bundesgrenzschutzes und der Streitkräfte zur Unterstützung der Polizeikräfte einsetzen. Maßnahmen der Bundesregierung nach Satz 1 sind jederzeit auf Verlangen des Bundesrates, im Übrigen unverzüglich nach Beseitigung der Gefahr aufzuheben.

Artikel 36

(1) Bei den obersten Bundesbehörden sind Beamte aus allen Ländern in angemessenem Verhältnis zu verwenden. Die bei den übrigen Bundesbehörden beschäftigten Personen sollen in der Regel aus dem Lande genommen werden, in dem sie tätig sind.

(2) Die Wehrgesetze haben auch die Gliederung des Bundes in Länder und ihre besonderen landsmannschaftlichen Verhältnisse zu berücksichtigen.

Artikel 37

(1) Wenn ein Land die ihm nach dem Grundgesetze oder einem anderen Bundesgesetze obliegenden Bundespflichten nicht erfüllt, kann die Bundesregierung mit Zustimmung des Bundesrates die notwendigen Maßnahmen treffen, um das Land im Wege des Bundeszwanges zur Erfüllung seiner Pflichten anzuhalten.

(2) Zur Durchführung des Bundeszwanges hat die Bundesregierung oder ihr Beauftragter das Weisungsrecht gegenüber allen Ländern und ihren Behörden.

III. Der Bundestag

Artikel 38

(1) Die Abgeordneten des Deutschen Bundestages werden in allgemeiner, unmittelbarer, freier, gleicher und geheimer Wahl gewählt. Sie sind Vertreter des ganzen Volkes, an Aufträge und Weisungen nicht gebunden und nur ihrem Gewissen unterworfen.

(2) Wahlberechtigt ist, wer das achtzehnte Lebensjahr vollendet hat; wählbar ist, wer das Alter erreicht hat, mit dem die Volljährigkeit eintritt.

(3) Das Nähere bestimmt ein Bundesgesetz.

Artikel 39

(1) Der Bundestag wird vorbehaltlich der nachfolgenden Bestimmungen auf vier Jahre gewählt. Seine Wahlperiode endet mit dem Zusammentritt eines neuen Bundestages. Die Neuwahl findet frühestens sechsundvierzig, spätestens achtundvierzig Monate nach Beginn der Wahlperiode statt. Im Falle einer Auflösung des Bundestages findet die Neuwahl innerhalb von sechzig Tagen statt.

(2) Der Bundestag tritt spätestens am dreißigsten Tage nach der Wahl zusammen.

(3) Der Bundestag bestimmt den Schluss und den Wiederbeginn seiner Sitzungen. Der Präsident des Bundestages kann ihn früher einberufen. Er ist hierzu verpflichtet, wenn ein Drittel der Mitglieder, der Bundespräsident oder der Bundeskanzler es verlangen.

Artikel 40

(1) Der Bundestag wählt seinen Präsidenten, dessen Stellvertreter und die Schriftführer. Er gibt sich eine Geschäftsordnung.

(2) Der Präsident übt das Hausrecht und die Polizeigewalt im Gebäude des Bundestages aus. Ohne seine Genehmigung darf in den Räumen des Bundestages keine Durchsuchung oder Beschlagnahme stattfinden.

Artikel 41

(1) Die Wahlprüfung ist Sache des Bundestages. Er entscheidet auch, ob ein Abgeordneter des Bundestages die Mitgliedschaft verloren hat.

(2) Gegen die Entscheidung des Bundestages ist die Beschwerde an das Bundesverfassungsgericht zulässig.

(3) Das Nähere regelt ein Bundesgesetz.

Artikel 42

(1) Der Bundestag verhandelt öffentlich. Auf Antrag eines Zehntels seiner Mitglieder oder auf Antrag der Bundesregierung kann mit Zweidrittelmehrheit die Öffentlichkeit ausgeschlossen werden. Über den Antrag wird in nichtöffentlicher Sitzung entschieden.

(2) Zu einem Beschlusse des Bundestages ist die Mehrheit der abgegebenen Stimmen erforderlich, soweit dieses Grundgesetz nichts anderes bestimmt. Für die vom Bundestage vorzunehmenden Wahlen kann die Geschäftsordnung Ausnahmen zulassen.

(3) Wahrheitsgetreue Berichte über die öffentlichen Sitzungen des Bundestages und seiner Ausschüsse bleiben von jeder Verantwortlichkeit frei.

Artikel 43

(1) Der Bundestag und seine Ausschüsse können die Anwesenheit jedes Mitgliedes der Bundesregierung verlangen.

(2) Die Mitglieder des Bundesrates und der Bundesregierung sowie ihre Beauftragten haben zu allen Sitzungen des Bundestages und seiner Ausschüsse Zutritt. Sie müssen jederzeit gehört werden.

Artikel 44

(1) Der Bundestag hat das Recht und auf Antrag eines Viertels seiner Mitglieder die Pflicht, einen Untersuchungsausschuss einzusetzen, der in öffentlicher Verhandlung die erforderlichen Beweise erhebt. Die Öffentlichkeit kann ausgeschlossen werden.

(2) Auf Beweiserhebungen finden die Vorschriften über den Strafprozess sinngemäß Anwendung. Das Brief-, Post- und Fernmeldegeheimnis bleibt unberührt.

(3) Gerichte und Verwaltungsbehörden sind zur Rechts- und Amtshilfe verpflichtet.

(4) Die Beschlüsse der Untersuchungsausschüsse sind der richterlichen Erörterung entzogen. In der Würdigung und Beurteilung des der Untersuchung zugrunde liegenden Sachverhaltes sind die Gerichte frei.

Artikel 45

Der Bundestag bestellt einen Ausschuss für die Angelegenheiten der Europäischen Union. Er kann ihn ermächtigen, die Rechte des Bundestages gemäß Artikel 23 gegenüber der Bundesregierung wahrzunehmen. Er kann ihn auch ermächtigen, die Rechte wahrzunehmen, die dem Bundestag in den vertraglichen Grundlagen der Europäischen Union eingeräumt sind.

Artikel 45a

(1) Der Bundestag bestellt einen Ausschuss für auswärtige Angelegenheiten und einen Ausschuss für Verteidigung.

(2) Der Ausschuss für Verteidigung hat auch die Rechte eines Untersuchungsausschusses. Auf Antrag eines Viertels seiner Mitglieder hat er die Pflicht, eine Angelegenheit zum Gegenstand seiner Untersuchung zu machen.

(3) Artikel 44 Abs. 1 findet auf dem Gebiet der Verteidigung keine Anwendung.

Artikel 45b

Zum Schutz der Grundrechte und als Hilfsorgan des Bundestages bei der Ausübung der parlamentarischen Kontrolle wird ein Wehrbeauftragter des Bundestages berufen. Das Nähere regelt ein Bundesgesetz.

Artikel 45c

(1) Der Bundestag bestellt einen Petitionsausschuss, dem die Behandlung der nach Artikel 17 an den Bundestag gerichteten Bitten und Beschwerden obliegt.

(2) Die Befugnisse des Ausschusses zur Überprüfung von Beschwerden regelt ein Bundesgesetz.

Artikel 45d Parlamentarisches Kontrollgremium

(1) Der Bundestag bestellt ein Gremium zur Kontrolle der nachrichtendienstlichen Tätigkeit des Bundes.

(2) Das Nähere regelt ein Bundesgesetz.

Artikel 46

(1) Ein Abgeordneter darf zu keiner Zeit wegen seiner Abstimmung oder wegen einer Äußerung, die er im Bundestage oder in einem seiner Ausschüsse getan hat, gerichtlich oder dienstlich verfolgt oder sonst außerhalb des Bundestages zur Verantwortung gezogen werden. Dies gilt nicht für verleumderische Beleidigungen.

(2) Wegen einer mit Strafe bedrohten Handlung darf ein Abgeordneter nur mit Genehmigung des Bundestages zur Verantwortung gezogen oder verhaftet werden, es sei denn, dass er bei Begehung der Tat oder im Laufe des folgenden Tages festgenommen wird.

(3) Die Genehmigung des Bundestages ist ferner bei jeder anderen Beschränkung der persönlichen Freiheit eines Abgeordneten oder zur Einleitung eines Verfahrens gegen einen Abgeordneten gemäß Artikel 18 erforderlich.

(4) Jedes Strafverfahren und jedes Verfahren gemäß Artikel 18 gegen einen Abgeordneten, jede Haft und jede sonstige Beschränkung seiner persönlichen Freiheit sind auf Verlangen des Bundestages auszusetzen.

Artikel 47

Die Abgeordneten sind berechtigt, über Personen, die ihnen in ihrer Eigenschaft als Abgeordnete oder denen sie in dieser Eigenschaft Tatsachen anvertraut haben, sowie über diese Tatsachen selbst das Zeugnis zu verweigern. Soweit dieses Zeugnisverweigerungsrecht reicht, ist die Beschlagnahme von Schriftstücken unzulässig.

Artikel 48

(1) Wer sich um einen Sitz im Bundestage bewirbt, hat Anspruch auf den zur Vorbereitung seiner Wahl erforderlichen Urlaub.

(2) Niemand darf gehindert werden, das Amt eines Abgeordneten zu übernehmen und auszuüben. Eine Kündigung oder Entlassung aus diesem Grunde ist unzulässig.

(3) Die Abgeordneten haben Anspruch auf eine angemessene, ihre Unabhängigkeit sichernde Entschädigung. Sie haben das Recht der freien Benutzung aller staatlichen Verkehrsmittel. Das Nähere regelt ein Bundesgesetz.

Artikel 49

– hier gestrichen –

IV. Der Bundesrat

Artikel 50

Durch den Bundesrat wirken die Länder bei der Gesetzgebung und Verwaltung des Bundes und in Angelegenheiten der Europäischen Union mit.

Artikel 51

(1) Der Bundesrat besteht aus Mitgliedern der Regierungen der Länder, die sie bestellen und abberufen. Sie können durch andere Mitglieder ihrer Regierungen vertreten werden.

(2) Jedes Land hat mindestens drei Stimmen, Länder mit mehr als zwei Millionen Einwohnern haben vier, Länder mit mehr als sechs Millionen Einwohnern fünf, Länder mit mehr als sieben Millionen Einwohnern sechs Stimmen.

(3) Jedes Land kann so viele Mitglieder entsenden, wie es Stimmen hat. Die Stimmen eines Landes können nur einheitlich und nur durch anwesende Mitglieder oder deren Vertreter abgegeben werden.

Artikel 52

(1) Der Bundesrat wählt seinen Präsidenten auf ein Jahr.

(2) Der Präsident beruft den Bundesrat ein. Er hat ihn einzuberufen, wenn die Vertreter von mindestens zwei Ländern oder die Bundesregierung es verlangen.

(3) Der Bundesrat fasst seine Beschlüsse mit mindestens der Mehrheit seiner Stimmen. Er gibt sich eine Geschäftsordnung. Er verhandelt öffentlich. Die Öffentlichkeit kann ausgeschlossen werden.

(3a) Für Angelegenheiten der Europäischen Union kann der Bundesrat eine Europakammer bilden, deren Beschlüsse als Beschlüsse des Bundesrates gelten; die Anzahl der einheitlich abzugebenden Stimmen der Länder bestimmt sich nach Artikel 51 Abs. 2.

(4) Den Ausschüssen des Bundesrates können andere Mitglieder oder Beauftragte der Regierungen der Länder angehören.

Artikel 53

Die Mitglieder der Bundesregierung haben das Recht und auf Verlangen die Pflicht, an den Verhandlungen des Bundesrates und seiner Ausschüsse teilzunehmen. Sie müssen jederzeit gehört werden. Der Bundesrat ist von der Bundesregierung über die Führung der Geschäfte auf dem laufenden zu halten.

IVa. Gemeinsamer Ausschuss

Artikel 53a

(1) Der Gemeinsame Ausschuss besteht zu zwei Dritteln aus Abgeordneten des Bundestages, zu einem Drittel aus Mitgliedern des Bundesrates. Die Abgeordneten werden vom Bundestage entsprechend dem Stärkeverhältnis der Fraktionen bestimmt; sie dürfen nicht der Bundesregierung angehören. Jedes Land wird durch ein von ihm bestelltes Mitglied des Bundesrates vertreten; diese Mitglieder sind nicht an Weisungen gebunden. Die Bildung des Gemeinsamen Ausschusses und sein Verfahren werden durch eine Geschäftsordnung geregelt, die vom Bundestage zu beschließen ist und der Zustimmung des Bundesrates bedarf.

(2) Die Bundesregierung hat den Gemeinsamen Ausschuss über ihre Planungen für den Verteidigungsfall zu unterrichten. Die Rechte des Bundestages und seiner Ausschüsse nach Artikel 43 Abs. 1 bleiben unberührt.

V. Der Bundespräsident

Artikel 54

(1) Der Bundespräsident wird ohne Aussprache von der Bundesversammlung gewählt. Wählbar ist jeder Deutsche, der das Wahlrecht zum Bundestage besitzt und das vierzigste Lebensjahr vollendet hat.

(2) Das Amt des Bundespräsidenten dauert fünf Jahre. Anschließende Wiederwahl ist nur einmal zulässig.

(3) Die Bundesversammlung besteht aus den Mitgliedern des Bundestages und einer gleichen Anzahl von Mitgliedern, die von den Volksvertretungen der Länder nach den Grundsätzen der Verhältniswahl gewählt werden.

(4) Die Bundesversammlung tritt spätestens dreißig Tage vor Ablauf der Amtszeit des Bundespräsidenten, bei vorzeitiger Beendigung spätestens dreißig Tage nach diesem Zeitpunkt zusammen. Sie wird von dem Präsidenten des Bundestages einberufen.

(5) Nach Ablauf der Wahlperiode beginnt die Frist des Absatzes 4 Satz 1 mit dem ersten Zusammentritt des Bundestages.

(6) Gewählt ist, wer die Stimmen der Mehrheit der Mitglieder der Bundesversammlung erhält. Wird diese Mehrheit in zwei Wahlgängen von keinem Bewerber erreicht, so ist gewählt, wer in einem weiteren Wahlgang die meisten Stimmen auf sich vereinigt.

(7) Das Nähere regelt ein Bundesgesetz.

Artikel 55

(1) Der Bundespräsident darf weder der Regierung noch einer gesetzgebenden Körperschaft des Bundes oder eines Landes angehören.

(2) Der Bundespräsident darf kein anderes besoldetes Amt, kein Gewerbe und keinen Beruf ausüben und weder der Leitung noch dem Aufsichtsrate eines auf Erwerb gerichteten Unternehmens angehören.

Artikel 56

Der Bundespräsident leistet bei seinem Amtsantritt vor den versammelten Mitgliedern des Bundestages und des Bundesrates folgenden Eid:

„Ich schwöre, dass ich meine Kraft dem Wohle des deutschen Volkes widmen, seinen Nutzen mehren, Schaden von ihm wenden, das Grundgesetz und die Gesetze des Bundes wahren und verteidigen, meine Pflichten gewissenhaft erfüllen und Gerechtigkeit gegen jedermann üben werde. So wahr mir Gott helfe."

Der Eid kann auch ohne religiöse Beteuerung geleistet werden.

Artikel 57

Die Befugnisse des Bundespräsidenten werden im Falle seiner Verhinderung oder bei vorzeitiger Erledigung des Amtes durch den Präsidenten des Bundesrates wahrgenommen.

Artikel 58

Anordnungen und Verfügungen des Bundespräsidenten bedürfen zu ihrer Gültigkeit der Gegenzeichnung durch den Bundeskanzler oder durch den zuständigen Bundesminister. Dies gilt nicht für die Ernennung und Entlassung des Bundeskanzlers, die Auflösung des Bundestages gemäß Artikel 63 und das Ersuchen gemäß Artikel 69 Abs. 3.

Artikel 59

(1) Der Bundespräsident vertritt den Bund völkerrechtlich. Er schließt im Namen des Bundes die Verträge mit auswärtigen Staaten. Er beglaubigt und empfängt die Gesandten.

(2) Verträge, welche die politischen Beziehungen des Bundes regeln oder sich auf Gegenstände der Bundesgesetzgebung beziehen, bedürfen der Zustimmung oder der Mitwirkung der jeweils für die Bundesgesetzgebung zuständigen Körperschaften in der Form eines Bundesgesetzes. Für Verwaltungsabkommen gelten die Vorschriften über die Bundesverwaltung entsprechend.

Artikel 59a

– hier gestrichen –

Artikel 60

(1) Der Bundespräsident ernennt und entlässt die Bundesrichter, die Bundesbeamten, die Offiziere und Unteroffiziere, soweit gesetzlich nichts anderes bestimmt ist.

(2) Er übt im Einzelfalle für den Bund das Begnadigungsrecht aus.

(3) Er kann diese Befugnisse auf andere Behörden übertragen.

(4) Die Absätze 2 bis 4 des Artikels 46 finden auf den Bundespräsidenten entsprechende Anwendung.

Artikel 61

(1) Der Bundestag oder der Bundesrat können den Bundespräsidenten wegen vorsätzlicher Verletzung des Grundgesetzes oder eines anderen Bundesgesetzes vor dem Bundesverfassungsgericht anklagen. Der Antrag auf Erhebung der Anklage muss von mindestens einem Viertel der Mitglieder des Bundestages oder einem Viertel der Stimmen des Bundesrates gestellt werden. Der Beschluss auf Erhebung der Anklage bedarf der Mehrheit von zwei Dritteln der Mitglieder des Bundestages oder von zwei Dritteln der Stimmen des Bundesrates. Die Anklage wird von einem Beauftragten der anklagenden Körperschaft vertreten.

(2) Stellt das Bundesverfassungsgericht fest, dass der Bundespräsident einer vorsätzlichen Verletzung des Grundgesetzes oder eines anderen Bundesgesetzes schuldig ist, so kann es ihn des Amtes für verlustig erklären. Durch einstweilige Anordnung kann es nach der Erhebung der Anklage bestimmen, dass er an der Ausübung seines Amtes verhindert ist.

VI. Die Bundesregierung

Artikel 62

Die Bundesregierung besteht aus dem Bundeskanzler und aus den Bundesministern.

Artikel 63

(1) Der Bundeskanzler wird auf Vorschlag des Bundespräsidenten vom Bundestage ohne Aussprache gewählt.

(2) Gewählt ist, wer die Stimmen der Mehrheit der Mitglieder des Bundestages auf sich vereinigt. Der Gewählte ist vom Bundespräsidenten zu ernennen.

(3) Wird der Vorgeschlagene nicht gewählt, so kann der Bundestag binnen vierzehn Tagen nach dem Wahlgange mit mehr als der Hälfte seiner Mitglieder einen Bundeskanzler wählen.

(4) Kommt eine Wahl innerhalb dieser Frist nicht zustande, so findet unverzüglich ein neuer Wahlgang statt, in dem gewählt ist, wer die meisten Stimmen erhält. Vereinigt der Gewählte die Stimmen der Mehrheit der Mitglieder des Bundestages auf sich, so muss der Bundespräsident ihn binnen sieben Tagen nach der Wahl ernennen. Erreicht der Gewählte diese Mehrheit nicht, so hat der Bundespräsident binnen sieben Tagen entweder ihn zu ernennen oder den Bundestag aufzulösen.

Artikel 64

(1) Die Bundesminister werden auf Vorschlag des Bundeskanzlers vom Bundespräsidenten ernannt und entlassen.

(2) Der Bundeskanzler und die Bundesminister leisten bei der Amtsübernahme vor dem Bundestage den in Artikel 56 vorgesehenen Eid.

Artikel 65

Der Bundeskanzler bestimmt die Richtlinien der Politik und trägt dafür die Verantwortung. Innerhalb dieser Richtlinien leitet jeder Bundesminister seinen Geschäftsbereich selbständig und unter eigener Verantwortung. Über Meinungsverschiedenheiten zwischen den Bundesministern entscheidet die Bundesregierung. Der Bundeskanzler leitet ihre Geschäfte nach einer von der Bundesregierung beschlossenen und vom Bundespräsidenten genehmigten Geschäftsordnung.

Artikel 65a

(1) Der Bundesminister für Verteidigung hat die Befehls- und Kommandogewalt über die Streitkräfte.

(2) (weggefallen)

Artikel 66

Der Bundeskanzler und die Bundesminister dürfen kein anderes besoldetes Amt, kein Gewerbe und keinen Beruf ausüben und weder der Leitung noch ohne Zustimmung des Bundestages dem Aufsichtsrate eines auf Erwerb gerichteten Unternehmens angehören.

Artikel 67

(1) Der Bundestag kann dem Bundeskanzler das Misstrauen nur dadurch aussprechen, dass er mit der Mehrheit seiner Mitglieder einen Nachfolger wählt und den Bundespräsidenten ersucht, den Bundeskanzler zu entlassen. Der Bundespräsident muss dem Ersuchen entsprechen und den Gewählten ernennen.

(2) Zwischen dem Antrage und der Wahl müssen achtundvierzig Stunden liegen.

Artikel 68

(1) Findet ein Antrag des Bundeskanzlers, ihm das Vertrauen auszusprechen, nicht die Zustimmung der Mehrheit der Mitglieder des Bundestages, so kann der Bundespräsident auf Vorschlag des Bundeskanzlers binnen einundzwanzig Tagen den Bundestag auflösen. Das Recht zur Auflösung erlischt, sobald der Bundestag mit der Mehrheit seiner Mitglieder einen anderen Bundeskanzler wählt.

(2) Zwischen dem Antrage und der Abstimmung müssen achtundvierzig Stunden liegen.

Artikel 69

(1) Der Bundeskanzler ernennt einen Bundesminister zu seinem Stellvertreter.

(2) Das Amt des Bundeskanzlers oder eines Bundesministers endigt in jedem Falle mit dem Zusammentritt eines neuen Bundestages, das Amt eines Bundesministers auch mit jeder anderen Erledigung des Amtes des Bundeskanzlers.

(3) Auf Ersuchen des Bundespräsidenten ist der Bundeskanzler, auf Ersuchen des Bundeskanzlers oder des Bundespräsidenten ein Bundesminister verpflichtet, die Geschäfte bis zur Ernennung seines Nachfolgers weiterzuführen.

VII. Die Gesetzgebung des Bundes

Artikel 70

(1) Die Länder haben das Recht der Gesetzgebung, soweit dieses Grundgesetz nicht dem Bunde Gesetzgebungsbefugnisse verleiht.

(2) Die Abgrenzung der Zuständigkeit zwischen Bund und Ländern bemisst sich nach den Vorschriften dieses Grundgesetzes über die ausschließliche und die konkurrierende Gesetzgebung.

Artikel 71

Im Bereiche der ausschließlichen Gesetzgebung des Bundes haben die Länder die Befugnis zur Gesetzgebung nur, wenn und soweit sie hierzu in einem Bundesgesetze ausdrücklich ermächtigt werden.

Artikel 72

(1) Im Bereich der konkurrierenden Gesetzgebung haben die Länder die Befugnis zur Gesetzgebung, solange und soweit der Bund von seiner Gesetzgebungszuständigkeit nicht durch Gesetz Gebrauch gemacht hat.

(2) Auf den Gebieten des Artikels 74 Abs. 1 Nr. 4, 7, 11, 13, 15, 19a, 20, 22, 25 und 26 hat der Bund das Gesetzgebungsrecht, wenn und soweit die Herstellung gleichwertiger Lebensverhältnisse im Bundesgebiet oder die Wahrung der Rechts- oder Wirtschaftseinheit im gesamtstaatlichen Interesse eine bundesgesetzliche Regelung erforderlich macht.

(3) Hat der Bund von seiner Gesetzgebungszuständigkeit Gebrauch gemacht, können die Länder durch Gesetz hiervon abweichende Regelungen treffen über:

1. das Jagdwesen (ohne das Recht der Jagdscheine);

2. den Naturschutz und die Landschaftspflege (ohne die allgemeinen Grundsätze des Naturschutzes, das Recht des Artenschutzes oder des Meeresnaturschutzes);

3. die Bodenverteilung;

4. die Raumordnung;

5. den Wasserhaushalt (ohne stoff- oder anlagenbezogene Regelungen);

6. die Hochschulzulassung und die Hochschulabschlüsse.

Bundesgesetze auf diesen Gebieten treten frühestens sechs Monate nach ihrer Verkündung in Kraft, soweit nicht mit Zustimmung des Bundesrates anderes bestimmt ist. Auf den Gebieten des Satzes 1 geht im Verhältnis von Bundes- und Landesrecht das jeweils spätere Gesetz vor.

(4) Durch Bundesgesetz kann bestimmt werden, dass eine bundesgesetzliche Regelung, für die eine Erforderlichkeit im Sinne des Absatzes 2 nicht mehr besteht, durch Landesrecht ersetzt werden kann.

Artikel 73

(1) Der Bund hat die ausschließliche Gesetzgebung über:

1. die auswärtigen Angelegenheiten sowie die Verteidigung einschließlich des Schutzes der Zivilbevölkerung;

2. die Staatsangehörigkeit im Bunde;

3. die Freizügigkeit, das Passwesen, das Melde- und Ausweiswesen, die Ein- und Auswanderung und die Auslieferung;

4. das Währungs-, Geld- und Münzwesen, Maße und Gewichte sowie die Zeitbestimmung;

5. die Einheit des Zoll- und Handelsgebietes, die Handels- und Schifffahrtsverträge, die Freizügigkeit des Warenverkehrs und den Waren- und Zahlungsverkehr mit dem Auslande einschließlich des Zoll- und Grenzschutzes;

5a. den Schutz deutschen Kulturgutes gegen Abwanderung ins Ausland;

6. den Luftverkehr;

6a. den Verkehr von Eisenbahnen, die ganz oder mehrheitlich im Eigentum des Bundes stehen (Eisenbahnen des Bundes), den Bau, die Unterhaltung und das Betreiben von Schienenwegen der Eisenbahnen des Bundes sowie die Erhebung von Entgelten für die Benutzung dieser Schienenwege;

7. das Postwesen und die Telekommunikation;

8. die Rechtsverhältnisse der im Dienste des Bundes und der bundesunmittelbaren Körperschaften des öffentlichen Rechtes stehenden Personen;

9. den gewerblichen Rechtsschutz, das Urheberrecht und das Verlagsrecht;

9a. die Abwehr von Gefahren des internationalen Terrorismus durch das Bundeskriminalpolizeiamt in Fällen, in denen eine länderübergreifende Gefahr vorliegt, die Zuständigkeit einer Landespolizeibehörde nicht erkennbar ist oder die oberste Landesbehörde um eine Übernahme ersucht;

10. die Zusammenarbeit des Bundes und der Länder

    a) in der Kriminalpolizei,

    b) zum Schutze der freiheitlichen demokratischen Grundordnung, des Bestandes und der Sicherheit des Bundes oder eines Landes (Verfassungsschutz) und

    c) zum Schutze gegen Bestrebungen im Bundesgebiet, die durch Anwendung von Gewalt oder darauf gerichtete Vorbereitungshandlungen auswärtige Belange der Bundesrepublik Deutschland gefährden,

    sowie die Einrichtung eines Bundeskriminalpolizeiamtes und die internationale Verbrechensbekämpfung;

11. die Statistik für Bundeszwecke;

12. das Waffen- und das Sprengstoffrecht;

13. die Versorgung der Kriegsbeschädigten und Kriegshinterbliebenen und die Fürsorge für die ehemaligen Kriegsgefangenen;

14. die Erzeugung und Nutzung der Kernenergie zu friedlichen Zwecken, die Errichtung und den Betrieb von Anlagen, die diesen Zwecken dienen, den Schutz gegen Gefahren, die bei Freiwerden von Kernenergie oder durch ionisierende Strahlen entstehen, und die Beseitigung radioaktiver Stoffe.

(2) Gesetze nach Absatz 1 Nr. 9a bedürfen der Zustimmung des Bundesrates.

Artikel 74

(1) Die konkurrierende Gesetzgebung erstreckt sich auf folgende Gebiete:

1. das bürgerliche Recht, das Strafrecht, die Gerichtsverfassung, das gerichtliche Verfahren (ohne das Recht des Untersuchungshaftvollzugs), die Rechtsanwaltschaft, das Notariat und die Rechtsberatung;

2. das Personenstandswesen;

3. das Vereinsrecht;

4. das Aufenthalts- und Niederlassungsrecht der Ausländer;

5. (weggefallen)

6. die Angelegenheiten der Flüchtlinge und Vertriebenen;

7. die öffentliche Fürsorge (ohne das Heimrecht);

8. (weggefallen)

9. die Kriegsschäden und die Wiedergutmachung;

10. die Kriegsgräber und Gräber anderer Opfer des Krieges und Opfer von Gewaltherrschaft;

11. das Recht der Wirtschaft (Bergbau, Industrie, Energiewirtschaft, Handwerk, Gewerbe, Handel, Bank- und Börsenwesen, privatrechtliches Versicherungswesen) ohne das Recht des Ladenschlusses, der Gaststätten, der Spielhallen, der Schaustellung von Personen, der Messen, der Ausstellungen und der Märkte;

12. das Arbeitsrecht einschließlich der Betriebsverfassung, des Arbeitsschutzes und der Arbeitsvermittlung sowie die Sozialversicherung einschließlich der Arbeitslosenversicherung;

13. die Regelung der Ausbildungsbeihilfen und die Förderung der wissenschaftlichen Forschung;

14. das Recht der Enteignung, soweit sie auf den Sachgebieten der Artikel 73 und 74 in Betracht kommt;

15. die Überführung von Grund und Boden, von Naturschätzen und Produktionsmitteln in Gemeineigentum oder in andere Formen der Gemeinwirtschaft;

16. die Verhütung des Missbrauchs wirtschaftlicher Machtstellung;

17. die Förderung der land- und forstwirtschaftlichen Erzeugung (ohne das Recht der Flurbereinigung), die Sicherung der Ernährung, die Ein- und Ausfuhr land- und forstwirtschaftlicher Erzeugnisse, die Hochsee- und Küstenfischerei und den Küstenschutz;

18. den städtebaulichen Grundstücksverkehr, das Bodenrecht (ohne das Recht der Erschließungsbeiträge) und das Wohngeldrecht, das Altschuldenhilferecht, das Wohnungsbauprämienrecht, das Bergarbeiterwohnungsbaurecht und das Bergmannssiedlungsrecht;

19. Maßnahmen gegen gemeingefährliche oder übertragbare Krankheiten bei Menschen und Tieren, Zulassung zu ärztlichen und anderen Heilberufen und zum Heilgewerbe, sowie das Recht des Apothekenwesens, der Arzneien, der Medizinprodukte, der Heilmittel, der Betäubungsmittel und der Gifte;

19a. die wirtschaftliche Sicherung der Krankenhäuser und die Regelung der Krankenhauspflegesätze;

20. das Recht der Lebensmittel einschließlich der ihrer Gewinnung dienenden Tiere, das Recht der Genussmittel, Bedarfsgegenstände und Futtermittel sowie den Schutz beim Verkehr mit land- und forstwirtschaftlichem Saat- und Pflanzgut, den Schutz der Pflanzen gegen Krankheiten und Schädlinge sowie den Tierschutz;

21. die Hochsee- und Küstenschifffahrt sowie die Seezeichen, die Binnenschifffahrt, den Wetterdienst, die Seewasserstraßen und die dem allgemeinen Verkehr dienenden Binnenwasserstraßen;

22. den Straßenverkehr, das Kraftfahrwesen, den Bau und die Unterhaltung von Landstraßen für den Fernverkehr sowie die Erhebung und Verteilung von Gebühren oder Entgelten für die Benutzung öffentlicher Straßen mit Fahrzeugen;

23. die Schienenbahnen, die nicht Eisenbahnen des Bundes sind, mit Ausnahme der Bergbahnen;

24. die Abfallwirtschaft, die Luftreinhaltung und die Lärmbekämpfung (ohne Schutz vor verhaltensbezogenem Lärm);

25. die Staatshaftung;

26. die medizinisch unterstützte Erzeugung menschlichen Lebens, die Untersuchung und die künstliche Veränderung von Erbinformationen sowie Regelungen zur Transplantation von Organen, Geweben und Zellen;

27. die Statusrechte und -pflichten der Beamten der Länder, Gemeinden und anderen Körperschaften des öffentlichen Rechts sowie der Richter in den Ländern mit Ausnahme der Laufbahnen, Besoldung und Versorgung;

28. das Jagdwesen;

29. den Naturschutz und die Landschaftspflege;

30. die Bodenverteilung;

31. die Raumordnung;

32. den Wasserhaushalt;

33. die Hochschulzulassung und die Hochschulabschlüsse.

(2) Gesetze nach Absatz 1 Nr. 25 und 27 bedürfen der Zustimmung des Bundesrates.

Artikel 74a und 75

(weggefallen)

Artikel 76

(1) Gesetzesvorlagen werden beim Bundestage durch die Bundesregierung, aus der Mitte des Bundestages oder durch den Bundesrat eingebracht.

(2) Vorlagen der Bundesregierung sind zunächst dem Bundesrat zuzuleiten. Der Bundesrat ist berechtigt, innerhalb von sechs Wochen zu diesen Vorlagen Stellung zu nehmen. Verlangt er aus wichtigem Grunde, insbesondere mit Rücksicht auf den Umfang einer Vorlage, eine Fristverlängerung, so beträgt die Frist neun Wochen. Die Bundesregierung kann eine Vorlage, die sie bei der Zuleitung an den Bundesrat ausnahmsweise als besonders eilbedürftig bezeichnet hat, nach drei Wochen oder, wenn der Bundesrat ein Verlangen nach Satz 3 geäußert hat, nach sechs Wochen dem Bundestag zuleiten, auch wenn die Stellungnahme des Bundesrates noch nicht bei ihr eingegangen ist; sie hat die Stellungnahme des Bundesrates unverzüglich nach Eingang dem Bundestag nachzureichen. Bei Vorlagen zur Änderung dieses Grundgesetzes und zur Übertragung von Hoheitsrechten nach Artikel 23 oder Artikel 24 beträgt die Frist zur Stellungnahme neun Wochen; Satz 4 findet keine Anwendung.

(3) Vorlagen des Bundesrates sind dem Bundestag durch die Bundesregierung innerhalb von sechs Wochen zuzuleiten. Sie soll hierbei ihre Auffassung darlegen. Verlangt sie aus wichtigem Grunde, insbesondere mit Rücksicht auf den Umfang einer Vorlage, eine Fristverlängerung, so beträgt die Frist neun Wochen. Wenn der Bundesrat eine Vorlage ausnahmsweise als besonders eilbedürftig bezeichnet hat, beträgt die Frist drei Wochen oder, wenn die Bundesregierung ein Verlangen nach Satz 3 geäußert hat, sechs Wochen. Bei Vorlagen zur Änderung dieses Grundgesetzes und zur Übertragung von Hoheitsrechten nach Artikel 23 oder Artikel 24 beträgt die Frist neun Wochen; Satz 4 findet keine Anwendung. Der Bundestag hat über die Vorlagen in angemessener Frist zu beraten und Beschluss zu fassen.

Artikel 77

(1) Die Bundesgesetze werden vom Bundestage beschlossen. Sie sind nach ihrer Annahme durch den Präsidenten des Bundestages unverzüglich dem Bundesrate zuzuleiten.

(2) Der Bundesrat kann binnen drei Wochen nach Eingang des Gesetzesbeschlusses verlangen, dass ein aus Mitgliedern des Bundestages und des Bundesrates für die gemeinsame Beratung von Vorlagen gebildeter Ausschuss einberufen wird. Die Zusammensetzung und das Verfahren dieses Ausschusses regelt eine Geschäftsordnung, die vom Bundestag beschlossen wird und der Zustimmung des Bundesrates bedarf. Die in diesen Ausschuss entsandten Mitglieder des Bundesrates sind nicht an Weisungen gebunden. Ist zu einem Gesetze die Zustimmung des Bundesrates erforderlich, so können auch der Bundestag und die Bundesregierung die Einberufung verlangen. Schlägt der Ausschuss eine Änderung des Gesetzesbeschlusses vor, so hat der Bundestag erneut Beschluss zu fassen.

(2a) Soweit zu einem Gesetz die Zustimmung des Bundesrates erforderlich ist, hat der Bundesrat, wenn ein Verlangen nach Absatz 2 Satz 1 nicht gestellt oder das Vermittlungsverfahren ohne einen Vorschlag zur Änderung des Gesetzesbeschlusses beendet ist, in angemessener Frist über die Zustimmung Beschluss zu fassen.

(3) Soweit zu einem Gesetze die Zustimmung des Bundesrates nicht erforderlich ist, kann der Bundesrat, wenn das Verfahren nach Absatz 2 beendigt ist, gegen ein vom Bundestage beschlossenes Gesetz binnen zwei Wochen Einspruch einlegen. Die Einspruchsfrist beginnt im Falle des Absatzes 2 letzter Satz mit dem Eingange des vom Bundestage erneut gefassten Beschlusses, in allen anderen Fällen mit dem Eingange der Mitteilung des Vorsitzenden des in Absatz 2 vorgesehenen Ausschusses, dass das Verfahren vor dem Ausschusse abgeschlossen ist.

(4) Wird der Einspruch mit der Mehrheit der Stimmen des Bundesrates beschlossen, so kann er durch Beschluss der Mehrheit der Mitglieder des Bundestages zurückgewiesen werden. Hat der Bundesrat den Einspruch mit einer Mehrheit von mindestens zwei Dritteln seiner Stimmen beschlossen, so bedarf die Zurückweisung durch den Bundestag einer Mehrheit von zwei Dritteln, mindestens der Mehrheit der Mitglieder des Bundestages.

Artikel 78

Ein vom Bundestage beschlossenes Gesetz kommt zustande, wenn der Bundesrat zustimmt, den Antrag gemäß Artikel 77 Abs. 2 nicht stellt, innerhalb der Frist des Artikels 77 Abs. 3 keinen Einspruch einlegt oder ihn zurücknimmt oder wenn der Einspruch vom Bundestage überstimmt wird.

Artikel 79

(1) Das Grundgesetz kann nur durch ein Gesetz geändert werden, das den Wortlaut des Grundgesetzes ausdrücklich ändert oder ergänzt. Bei völkerrechtlichen Verträgen, die eine Friedensregelung, die Vorbereitung einer Friedensregelung oder den Abbau einer besatzungsrechtlichen Ordnung zum Gegenstand haben oder der Verteidigung der Bundesrepublik zu dienen bestimmt sind, genügt zur Klarstellung, dass die Bestimmungen des Grundgesetzes dem Abschluss und dem Inkraftsetzen der Verträge nicht entgegenstehen, eine Ergänzung des Wortlautes des Grundgesetzes, die sich auf diese Klarstellung beschränkt.

(2) Ein solches Gesetz bedarf der Zustimmung von zwei Dritteln der Mitglieder des Bundestages und zwei Dritteln der Stimmen des Bundesrates.

(3) Eine Änderung dieses Grundgesetzes, durch welche die Gliederung des Bundes in Länder, die grundsätzliche Mitwirkung der Länder bei der Gesetzgebung oder die in den Artikel 1 und 20 niedergelegten Grundsätze berührt werden, ist unzulässig.

Artikel 80

(1) Durch Gesetz können die Bundesregierung, ein Bundesminister oder die Landesregierungen ermächtigt werden, Rechtsverordnungen zu erlassen. Dabei müssen Inhalt, Zweck und Ausmaß der erteilten Ermächtigung im Gesetze bestimmt werden. Die Rechtsgrundlage ist in der Verordnung anzugeben. Ist durch Gesetz vorgesehen, dass eine Ermächtigung weiter übertragen werden kann, so bedarf es zur Übertragung der Ermächtigung einer Rechtsverordnung.

(2) Der Zustimmung des Bundesrates bedürfen, vorbehaltlich anderweitiger bundesgesetzlicher Regelung, Rechtsverordnungen der Bundesregierung oder eines Bundesministers über Grundsätze und Gebühren für die Benutzung der Einrichtungen des Postwesens und der Telekommunikation, über die Grundsätze der Erhebung des Entgelts für die Benutzung der Einrichtungen der Eisenbahnen des Bundes, über den Bau und Betrieb der Eisenbahnen, sowie Rechtsverordnungen auf Grund von Bundesgesetzen, die der Zustimmung des Bundesrates bedürfen oder die von den Ländern im Auftrage des Bundes oder als eigene Angelegenheit ausgeführt werden.

(3) Der Bundesrat kann der Bundesregierung Vorlagen für den Erlass von Rechtsverordnungen zuleiten, die seiner Zustimmung bedürfen.

(4) Soweit durch Bundesgesetz oder auf Grund von Bundesgesetzen Landesregierungen ermächtigt werden, Rechtsverordnungen zu erlassen, sind die Länder zu einer Regelung auch durch Gesetz befugt.

Artikel 80a

(1) Ist in diesem Grundgesetz oder in einem Bundesgesetz über die Verteidigung einschließlich des Schutzes der Zivilbevölkerung bestimmt, dass Rechtsvorschriften nur nach Maßgabe dieses Artikels angewandt werden dürfen, so ist die Anwendung außer im Verteidigungsfalle nur zulässig, wenn der Bundestag den Eintritt des Spannungsfalles festgestellt oder wenn er der Anwendung besonders zugestimmt hat. Die Feststellung des Spannungsfalles und die besondere Zustimmung in den Fällen des Artikels 12a Abs. 5 Satz 1 und Abs. 6 Satz 2 bedürfen einer Mehrheit von zwei Dritteln der abgegebenen Stimmen.

(2) Maßnahmen auf Grund von Rechtsvorschriften nach Absatz 1 sind aufzuheben, wenn der Bundestag es verlangt.

(3) Abweichend von Absatz 1 ist die Anwendung solcher Rechtsvorschriften auch auf der Grundlage und nach Maßgabe eines Beschlusses zulässig, der von einem internationalen Organ im Rahmen eines Bündnisvertrages mit Zu-

stimmung der Bundesregierung gefasst wird. Maßnahmen nach diesem Absatz sind aufzuheben, wenn der Bundestag es mit der Mehrheit seiner Mitglieder verlangt.

Artikel 81

(1) Wird im Falle des Artikels 68 der Bundestag nicht aufgelöst, so kann der Bundespräsident auf Antrag der Bundesregierung mit Zustimmung des Bundesrates für eine Gesetzesvorlage den Gesetzgebungsnotstand erklären, wenn der Bundestag sie ablehnt, obwohl die Bundesregierung sie als dringlich bezeichnet hat. Das gleiche gilt, wenn eine Gesetzesvorlage abgelehnt worden ist, obwohl der Bundeskanzler mit ihr den Antrag des Artikels 68 verbunden hatte.

(2) Lehnt der Bundestag die Gesetzesvorlage nach Erklärung des Gesetzgebungsnotstandes erneut ab oder nimmt er sie in einer für die Bundesregierung als unannehmbar bezeichneten Fassung an, so gilt das Gesetz als zustande gekommen, soweit der Bundesrat ihm zustimmt. Das gleiche gilt, wenn die Vorlage vom Bundestage nicht innerhalb von vier Wochen nach der erneuten Einbringung verabschiedet wird.

(3) Während der Amtszeit eines Bundeskanzlers kann auch jede andere vom Bundestage abgelehnte Gesetzesvorlage innerhalb einer Frist von sechs Monaten nach der ersten Erklärung des Gesetzgebungsnotstandes gemäß Absatz 1 und 2 verabschiedet werden. Nach Ablauf der Frist ist während der Amtszeit des gleichen Bundeskanzlers eine weitere Erklärung des Gesetzgebungsnotstandes unzulässig.

(4) Das Grundgesetz darf durch ein Gesetz, das nach Absatz 2 zustande kommt, weder geändert, noch ganz oder teilweise außer Kraft oder außer Anwendung gesetzt werden.

Artikel 82

(1) Die nach den Vorschriften dieses Grundgesetzes zustande gekommenen Gesetze werden vom Bundespräsidenten nach Gegenzeichnung ausgefertigt und im Bundesgesetzblatte verkündet. Rechtsverordnungen werden von der Stelle, die sie erlässt, ausgefertigt und vorbehaltlich anderweitiger gesetzlicher Regelung im Bundesgesetzblatte verkündet.

(2) Jedes Gesetz und jede Rechtsverordnung soll den Tag des Inkrafttretens bestimmen. Fehlt eine solche Bestimmung, so treten sie mit dem vierzehnten Tage nach Ablauf des Tages in Kraft, an dem das Bundesgesetzblatt ausgegeben worden ist.

VIII. Die Ausführung der Bundesgesetze und die Bundesverwaltung

Artikel 83

Die Länder führen die Bundesgesetze als eigene Angelegenheit aus, soweit dieses Grundgesetz nichts anderes bestimmt oder zulässt.

Artikel 84

(1) Führen die Länder die Bundesgesetze als eigene Angelegenheit aus, so regeln sie die Einrichtung der Behörden und das Verwaltungsverfahren. Wenn Bundesgesetze etwas anderes bestimmen, können die Länder davon abweichende Regelungen treffen. Hat ein Land eine abweichende Regelung nach Satz 2 getroffen, treten in diesem Land hierauf bezogene spätere bundesgesetzliche Regelungen der Einrichtung der Behörden und des Verwaltungsverfahrens frühestens sechs Monate nach ihrer Verkündung in Kraft, soweit nicht mit Zustimmung des Bundesrates anderes bestimmt ist. Artikel 72 Abs. 3 Satz 3 gilt entsprechend. In Ausnahmefällen kann der Bund wegen eines besonderen Bedürfnisses nach bundeseinheitlicher Regelung das Verwaltungsverfahren ohne Abweichungsmöglichkeit für die Länder regeln. Diese Gesetze bedürfen der Zustimmung des Bundesrates. Durch Bundesgesetz dürfen Gemeinden und Gemeindeverbänden Aufgaben nicht übertragen werden.

(2) Die Bundesregierung kann mit Zustimmung des Bundesrates allgemeine Verwaltungsvorschriften erlassen.

(3) Die Bundesregierung übt die Aufsicht darüber aus, dass die Länder die Bundesgesetze dem geltenden Rechte gemäß ausführen. Die Bundesregierung kann zu diesem Zwecke Beauftragte zu den obersten Landesbehörden entsenden, mit deren Zustimmung und, falls diese Zustimmung versagt wird, mit Zustimmung des Bundesrates auch zu den nachgeordneten Behörden.

(4) Werden Mängel, die die Bundesregierung bei der Ausführung der Bundesgesetze in den Ländern festgestellt hat, nicht beseitigt, so beschließt auf Antrag der Bundesregierung oder des Landes der Bundesrat, ob das Land das Recht verletzt hat. Gegen den Beschluss des Bundesrates kann das Bundesverfassungsgericht angerufen werden.

(5) Der Bundesregierung kann durch Bundesgesetz, das der Zustimmung des Bundesrates bedarf, zur Ausführung von Bundesgesetzen die Befugnis verliehen werden, für besondere Fälle Einzelweisungen zu erteilen. Sie sind, außer wenn die Bundesregierung den Fall für dringlich erachtet, an die obersten Landesbehörden zu richten.

Artikel 85

(1) Führen die Länder die Bundesgesetze im Auftrage des Bundes aus, so bleibt die Einrichtung der Behörden Angelegenheit der Länder, soweit nicht Bundesgesetze mit Zustimmung des Bundesrates etwas anderes bestimmen. Durch Bundesgesetz dürfen Gemeinden und Gemeindeverbänden Aufgaben nicht übertragen werden.

(2) Die Bundesregierung kann mit Zustimmung des Bundesrates allgemeine Verwaltungsvorschriften erlassen. Sie kann die einheitliche Ausbildung der Beamten und Angestellten regeln. Die Leiter der Mittelbehörden sind mit ihrem Einvernehmen zu bestellen.

(3) Die Landesbehörden unterstehen den Weisungen der zuständigen obersten Bundesbehörden. Die Weisungen sind, außer wenn die Bundesregierung

es für dringlich erachtet, an die obersten Landesbehörden zu richten. Der Vollzug der Weisung ist durch die obersten Landesbehörden sicherzustellen.

(4) Die Bundesaufsicht erstreckt sich auf Gesetzmäßigkeit und Zweckmäßigkeit der Ausführung. Die Bundesregierung kann zu diesem Zwecke Bericht und Vorlage der Akten verlangen und Beauftragte zu allen Behörden entsenden.

Artikel 86

Führt der Bund die Gesetze durch bundeseigene Verwaltung oder durch bundesunmittelbare Körperschaften oder Anstalten des öffentlichen Rechtes aus, so erlässt die Bundesregierung, soweit nicht das Gesetz Besonderes vorschreibt, die allgemeinen Verwaltungsvorschriften. Sie regelt, soweit das Gesetz nichts anderes bestimmt, die Einrichtung der Behörden.

Artikel 87

(1) In bundeseigener Verwaltung mit eigenem Verwaltungsunterbau werden geführt der Auswärtige Dienst, die Bundesfinanzverwaltung und nach Maßgabe des Artikels 89 die Verwaltung der Bundeswasserstraßen und der Schifffahrt. Durch Bundesgesetz können Bundesgrenzschutzbehörden, Zentralstellen für das polizeiliche Auskunfts- und Nachrichtenwesen, für die Kriminalpolizei und zur Sammlung von Unterlagen für Zwecke des Verfassungsschutzes und des Schutzes gegen Bestrebungen im Bundesgebiet, die durch Anwendung von Gewalt oder darauf gerichtete Vorbereitungshandlungen auswärtige Belange der Bundesrepublik Deutschland gefährden, eingerichtet werden.

(2) Als bundesunmittelbare Körperschaften des öffentlichen Rechtes werden diejenigen sozialen Versicherungsträger geführt, deren Zuständigkeitsbereich sich über das Gebiet eines Landes hinaus erstreckt. Soziale Versicherungsträger, deren Zuständigkeitsbereich sich über das Gebiet eines Landes, aber nicht über mehr als drei Länder hinaus erstreckt, werden abweichend von Satz 1 als landesunmittelbare Körperschaften des öffentlichen Rechtes geführt, wenn das aufsichtführende Land durch die beteiligten Länder bestimmt ist.

(3) Außerdem können für Angelegenheiten, für die dem Bunde die Gesetzgebung zusteht, selbständige Bundesoberbehörden und neue bundesunmittelbare Körperschaften und Anstalten des öffentlichen Rechtes durch Bundesgesetz errichtet werden. Erwachsen dem Bunde auf Gebieten, für die ihm die Gesetzgebung zusteht, neue Aufgaben, so können bei dringendem Bedarf bundeseigene Mittel- und Unterbehörden mit Zustimmung des Bundesrates und der Mehrheit der Mitglieder des Bundestages errichtet werden.

Artikel 87a

(1) Der Bund stellt Streitkräfte zur Verteidigung auf. Ihre zahlenmäßige Stärke und die Grundzüge ihrer Organisation müssen sich aus dem Haushaltsplan ergeben.

(2) Außer zur Verteidigung dürfen die Streitkräfte nur eingesetzt werden, soweit dieses Grundgesetz es ausdrücklich zulässt.

(3) Die Streitkräfte haben im Verteidigungsfalle und im Spannungsfalle die Befugnis, zivile Objekte zu schützen und Aufgaben der Verkehrsregelung wahrzunehmen, soweit dies zur Erfüllung ihres Verteidigungsauftrages erforderlich ist. Außerdem kann den Streitkräften im Verteidigungsfalle und im Spannungsfalle der Schutz ziviler Objekte auch zur Unterstützung polizeilicher Maßnahmen übertragen werden; die Streitkräfte wirken dabei mit den zuständigen Behörden zusammen.

(4) Zur Abwehr einer drohenden Gefahr für den Bestand oder die freiheitliche demokratische Grundordnung des Bundes oder eines Landes kann die Bundesregierung, wenn die Voraussetzungen des Artikels 91 Abs. 2 vorliegen und die Polizeikräfte sowie der Bundesgrenzschutz nicht ausreichen, Streitkräfte zur Unterstützung der Polizei und des Bundesgrenzschutzes beim Schutze von zivilen Objekten und bei der Bekämpfung organisierter und militärisch bewaffneter Aufständischer einsetzen. Der Einsatz von Streitkräften ist einzustellen, wenn der Bundestag oder der Bundesrat es verlangen.

Artikel 87b

(1) Die Bundeswehrverwaltung wird in bundeseigener Verwaltung mit eigenem Verwaltungsunterbau geführt. Sie dient den Aufgaben des Personalwesens und der unmittelbaren Deckung des Sachbedarfs der Streitkräfte. Aufgaben der Beschädigtenversorgung und des Bauwesens können der Bundeswehrverwaltung nur durch Bundesgesetz, das der Zustimmung des Bundesrates bedarf, übertragen werden. Der Zustimmung des Bundesrates bedürfen ferner Gesetze, soweit sie die Bundeswehrverwaltung zu Eingriffen in Rechte Dritter ermächtigen; das gilt nicht für Gesetze auf dem Gebiete des Personalwesens.

(2) Im übrigen können Bundesgesetze, die der Verteidigung einschließlich des Wehrersatzwesens und des Schutzes der Zivilbevölkerung dienen, mit Zustimmung des Bundesrates bestimmen, dass sie ganz oder teilweise in bundeseigener Verwaltung mit eigenem Verwaltungsunterbau oder von den Ländern im Auftrage des Bundes ausgeführt werden. Werden solche Gesetze von den Ländern im Auftrage des Bundes ausgeführt, so können sie mit Zustimmung des Bundesrates bestimmen, dass die der Bundesregierung und den zuständigen obersten Bundesbehörden auf Grund des Artikels 85 zustehenden Befugnisse ganz oder teilweise Bundesoberbehörden übertragen werden; dabei kann bestimmt werden, dass diese Behörden beim Erlass allgemeiner Verwaltungsvorschriften gemäß Artikel 85 Abs. 2 Satz 1 nicht der Zustimmung des Bundesrates bedürfen.

Artikel 87c

Gesetze, die auf Grund des Artikels 73 Abs. 1 Nr. 14 ergehen, können mit Zustimmung des Bundesrates bestimmen, dass sie von den Ländern im Auftrage des Bundes ausgeführt werden.

Artikel 87d

(1) Die Luftverkehrsverwaltung wird in Bundesverwaltung geführt. Aufgaben der Flugsicherung können auch durch ausländische Flugsicherungsorganisationen wahrgenommen werden, die nach Recht der Europäischen Gemeinschaft zugelassen sind. Das Nähere regelt ein Bundesgesetz.

(2) Durch Bundesgesetz, das der Zustimmung des Bundesrates bedarf, können Aufgaben der Luftverkehrsverwaltung den Ländern als Auftragsverwaltung übertragen werden.

Artikel 87e

(1) Die Eisenbahnverkehrsverwaltung für Eisenbahnen des Bundes wird in bundeseigener Verwaltung geführt. Durch Bundesgesetz können Aufgaben der Eisenbahnverkehrsverwaltung den Ländern als eigene Angelegenheit übertragen werden.

(2) Der Bund nimmt die über den Bereich der Eisenbahnen des Bundes hinausgehenden Aufgaben der Eisenbahnverkehrsverwaltung wahr, die ihm durch Bundesgesetz übertragen werden.

(3) Eisenbahnen des Bundes werden als Wirtschaftsunternehmen in privatrechtlicher Form geführt. Diese stehen im Eigentum des Bundes, soweit die Tätigkeit des Wirtschaftsunternehmens den Bau, die Unterhaltung und das Betreiben von Schienenwegen umfasst. Die Veräußerung von Anteilen des Bundes an den Unternehmen nach Satz 2 erfolgt auf Grund eines Gesetzes; die Mehrheit der Anteile an diesen Unternehmen verbleibt beim Bund. Das Nähere wird durch Bundesgesetz geregelt.

(4) Der Bund gewährleistet, dass dem Wohl der Allgemeinheit, insbesondere den Verkehrsbedürfnissen, beim Ausbau und Erhalt des Schienennetzes der Eisenbahnen des Bundes sowie bei deren Verkehrsangeboten auf diesem Schienennetz, soweit diese nicht den Schienenpersonennahverkehr betreffen, Rechnung getragen wird. Das Nähere wird durch Bundesgesetz geregelt.

(5) Gesetze auf Grund der Absätze 1 bis 4 bedürfen der Zustimmung des Bundesrates. Der Zustimmung des Bundesrates bedürfen ferner Gesetze, die die Auflösung, die Verschmelzung und die Aufspaltung von Eisenbahnunternehmen des Bundes, die Übertragung von Schienenwegen der Eisenbahnen des Bundes an Dritte sowie die Stilllegung von Schienenwegen der Eisenbahnen des Bundes regeln oder Auswirkungen auf den Schienenpersonennahverkehr haben.

Artikel 87f

(1) Nach Maßgabe eines Bundesgesetzes, das der Zustimmung des Bundesrates bedarf, gewährleistet der Bund im Bereich des Postwesens und der Telekommunikation flächendeckend angemessene und ausreichende Dienstleistungen.

(2) Dienstleistungen im Sinne des Absatzes 1 werden als privatwirtschaftliche Tätigkeiten durch die aus dem Sondervermögen Deutsche Bundespost

hervorgegangenen Unternehmen und durch andere private Anbieter erbracht. Hoheitsaufgaben im Bereich des Postwesens und der Telekommunikation werden in bundeseigener Verwaltung ausgeführt.

(3) Unbeschadet des Absatzes 2 Satz 2 führt der Bund in der Rechtsform einer bundesunmittelbaren Anstalt des öffentlichen Rechts einzelne Aufgaben in Bezug auf die aus dem Sondervermögen Deutsche Bundespost hervorgegangenen Unternehmen nach Maßgabe eines Bundesgesetzes aus.

Artikel 88

Der Bund errichtet eine Währungs- und Notenbank als Bundesbank. Ihre Aufgaben und Befugnisse können im Rahmen der Europäischen Union der Europäischen Zentralbank übertragen werden, die unabhängig ist und dem vorrangigen Ziel der Sicherung der Preisstabilität verpflichtet.

Artikel 89

(1) Der Bund ist Eigentümer der bisherigen Reichswasserstraßen.

(2) Der Bund verwaltet die Bundeswasserstraßen durch eigene Behörden. Er nimmt die über den Bereich eines Landes hinausgehenden staatlichen Aufgaben der Binnenschifffahrt und die Aufgaben der Seeschifffahrt wahr, die ihm durch Gesetz übertragen werden. Er kann die Verwaltung von Bundeswasserstraßen, soweit sie im Gebiete eines Landes liegen, diesem Lande auf Antrag als Auftragsverwaltung übertragen. Berührt eine Wasserstraße das Gebiet mehrerer Länder, so kann der Bund das Land beauftragen, für das die beteiligten Länder es beantragen.

(3) Bei der Verwaltung, dem Ausbau und dem Neubau von Wasserstraßen sind die Bedürfnisse der Landeskultur und der Wasserwirtschaft im Einvernehmen mit den Ländern zu wahren.

Artikel 90

(1) Der Bund ist Eigentümer der bisherigen Reichsautobahnen und Reichsstraßen.

(2) Die Länder oder die nach Landesrecht zuständigen Selbstverwaltungskörperschaften verwalten die Bundesautobahnen und sonstigen Bundesstraßen des Fernverkehrs im Auftrage des Bundes.

(3) Auf Antrag eines Landes kann der Bund Bundesautobahnen und sonstige Bundesstraßen des Fernverkehrs, soweit sie im Gebiet dieses Landes liegen, in bundeseigene Verwaltung übernehmen.

Artikel 91

(1) Zur Abwehr einer drohenden Gefahr für den Bestand oder die freiheitliche demokratische Grundordnung des Bundes oder eines Landes kann ein Land Polizeikräfte anderer Länder sowie Kräfte und Einrichtungen anderer Verwaltungen und des Bundesgrenzschutzes anfordern.

(2) Ist das Land, in dem die Gefahr droht, nicht selbst zur Bekämpfung der Gefahr bereit oder in der Lage, so kann die Bundesregierung die Polizei in diesem Lande und die Polizeikräfte anderer Länder ihren Weisungen unterstellen sowie Einheiten des Bundesgrenzschutzes einsetzen. Die Anordnung ist nach Beseitigung der Gefahr, im Übrigen jederzeit auf Verlangen des Bundesrates aufzuheben. Erstreckt sich die Gefahr auf das Gebiet mehr als eines Landes, so kann die Bundesregierung, soweit es zur wirksamen Bekämpfung erforderlich ist, den Landesregierungen Weisungen erteilen; Satz 1 und Satz 2 bleiben unberührt.

VIIIa. Gemeinschaftsaufgaben, Verwaltungszusammenarbeit

Artikel 91a

(1) Der Bund wirkt auf folgenden Gebieten bei der Erfüllung von Aufgaben der Länder mit, wenn diese Aufgaben für die Gesamtheit bedeutsam sind und die Mitwirkung des Bundes zur Verbesserung der Lebensverhältnisse erforderlich ist (Gemeinschaftsaufgaben):

1. Verbesserung der regionalen Wirtschaftsstruktur,

2. Verbesserung der Agrarstruktur und des Küstenschutzes.

(2) Durch Bundesgesetz mit Zustimmung des Bundesrates werden die Gemeinschaftsaufgaben sowie Einzelheiten der Koordinierung näher bestimmt.

(3) Der Bund trägt in den Fällen des Absatzes 1 Nr. 1 die Hälfte der Ausgaben in jedem Land. In den Fällen des Absatzes 1 Nr. 2 trägt der Bund mindestens die Hälfte; die Beteiligung ist für alle Länder einheitlich festzusetzen. Das Nähere regelt das Gesetz. Die Bereitstellung der Mittel bleibt der Feststellung in den Haushaltsplänen des Bundes und der Länder vorbehalten.

Artikel 91b

(1) Bund und Länder können auf Grund von Vereinbarungen in Fällen überregionaler Bedeutung zusammenwirken bei der Förderung von:

1. Einrichtungen und Vorhaben der wissenschaftlichen Forschung außerhalb von Hochschulen;

2. Vorhaben der Wissenschaft und Forschung an Hochschulen;

3. Forschungsbauten an Hochschulen einschließlich Großgeräten.

Vereinbarungen nach Satz 1 Nr. 2 bedürfen der Zustimmung aller Länder.

(2) Bund und Länder können auf Grund von Vereinbarungen zur Feststellung der Leistungsfähigkeit des Bildungswesens im internationalen Vergleich und bei diesbezüglichen Berichten und Empfehlungen zusammenwirken.

(3) Die Kostentragung wird in der Vereinbarung geregelt.

Artikel 91c

(1) Bund und Länder können bei der Planung, der Errichtung und dem Betrieb der für ihre Aufgabenerfüllung benötigten informationstechnischen Systeme zusammenwirken.

(2) Bund und Länder können auf Grund von Vereinbarungen die für die Kommunikation zwischen ihren informationstechnischen Systemen notwendigen Standards und Sicherheitsanforderungen festlegen. Vereinbarungen über die Grundlagen der Zusammenarbeit nach Satz 1 können für einzelne nach Inhalt und Ausmaß bestimmte Aufgaben vorsehen, dass nähere Regelungen bei Zustimmung einer in der Vereinbarung zu bestimmenden qualifizierten Mehrheit für Bund und Länder in Kraft treten. Sie bedürfen der Zustimmung des Bundestages und der Volksvertretungen der beteiligten Länder; das Recht zur Kündigung dieser Vereinbarungen kann nicht ausgeschlossen werden. Die Vereinbarungen regeln auch die Kostentragung.

(3) Die Länder können darüber hinaus den gemeinschaftlichen Betrieb informationstechnischer Systeme sowie die Errichtung von dazu bestimmten Einrichtungen vereinbaren.

(4) Der Bund errichtet zur Verbindung der informationstechnischen Netze des Bundes und der Länder ein Verbindungsnetz. Das Nähere zur Errichtung und zum Betrieb des Verbindungsnetzes regelt ein Bundesgesetz mit Zustimmung des Bundesrates.

Artikel 91d

Bund und Länder können zur Feststellung und Förderung der Leistungsfähigkeit ihrer Verwaltungen Vergleichsstudien durchführen und die Ergebnisse veröffentlichen.

Artikel 91e

(1) Bei der Ausführung von Bundesgesetzen auf dem Gebiet der Grundsicherung für Arbeitsuchende wirken Bund und Länder oder die nach Landesrecht zuständigen Gemeinden und Gemeindeverbände in der Regel in gemeinsamen Einrichtungen zusammen.

(2) Der Bund kann zulassen, dass eine begrenzte Anzahl von Gemeinden und Gemeindeverbänden auf ihren Antrag und mit Zustimmung der obersten Landesbehörde die Aufgaben nach Absatz 1 allein wahrnehmen. Die notwendigen Ausgaben einschließlich der Verwaltungsausgaben trägt der Bund, soweit die Aufgaben bei einer Ausführung von Gesetzen nach Absatz 1 vom Bund wahrzunehmen sind.

(3) Das Nähere regelt ein Bundesgesetz, das der Zustimmung des Bundesrates bedarf.

IX. Die Rechtsprechung

Artikel 92

Die rechtsprechende Gewalt ist den Richtern anvertraut; sie wird durch das Bundesverfassungsgericht, durch die in diesem Grundgesetze vorgesehenen Bundesgerichte und durch die Gerichte der Länder ausgeübt.

Artikel 93

(1) Das Bundesverfassungsgericht entscheidet:

1. über die Auslegung dieses Grundgesetzes aus Anlass von Streitigkeiten über den Umfang der Rechte und Pflichten eines obersten Bundesorgans oder anderer Beteiligter, die durch dieses Grundgesetz oder in der Geschäftsordnung eines obersten Bundesorgans mit eigenen Rechten ausgestattet sind;

2. bei Meinungsverschiedenheiten oder Zweifeln über die förmliche und sachliche Vereinbarkeit von Bundesrecht oder Landesrecht mit diesem Grundgesetze oder die Vereinbarkeit von Landesrecht mit sonstigem Bundesrechte auf Antrag der Bundesregierung, einer Landesregierung oder eines Viertels der Mitglieder des Bundestages;

2a. bei Meinungsverschiedenheiten, ob ein Gesetz den Voraussetzungen des Artikels 72 Abs. 2 entspricht, auf Antrag des Bundesrates, einer Landesregierung oder der Volksvertretung eines Landes;

3. bei Meinungsverschiedenheiten über Rechte und Pflichten des Bundes und der Länder, insbesondere bei der Ausführung von Bundesrecht durch die Länder und bei der Ausübung der Bundesaufsicht;

4. in anderen öffentlich-rechtlichen Streitigkeiten zwischen dem Bunde und den Ländern, zwischen verschiedenen Ländern oder innerhalb eines Landes, soweit nicht ein anderer Rechtsweg gegeben ist;

4a. über Verfassungsbeschwerden, die von jedermann mit der Behauptung erhoben werden können, durch die öffentliche Gewalt in einem seiner Grundrechte oder in einem seiner in Artikel 20 Abs. 4, 33, 38, 101, 103 und 104 enthaltenen Rechte verletzt zu sein;

4b. über Verfassungsbeschwerden von Gemeinden und Gemeindeverbänden wegen Verletzung des Rechts auf Selbstverwaltung nach Artikel 28 durch ein Gesetz, bei Landesgesetzen jedoch nur, soweit nicht Beschwerde beim Landesverfassungsgericht erhoben werden kann;

4c. über Beschwerden von Vereinigungen gegen ihre Nichtanerkennung als Partei für die Wahl zum Bundestag;

5. in den übrigen in diesem Grundgesetze vorgesehenen Fällen.

(2) Das Bundesverfassungsgericht entscheidet außerdem auf Antrag des Bundesrates, einer Landesregierung oder der Volksvertretung eines Landes, ob im Falle des Artikels 72 Abs. 4 die Erforderlichkeit für eine bundesgesetzliche Regelung nach Artikel 72 Abs. 2 nicht mehr besteht oder Bundesrecht

in den Fällen des Artikels 125a Abs. 2 Satz 1 nicht mehr erlassen werden könnte. Die Feststellung, dass die Erforderlichkeit entfallen ist oder Bundesrecht nicht mehr erlassen werden könnte, ersetzt ein Bundesgesetz nach Artikel 72 Abs. 4 oder nach Artikel 125a Abs. 2 Satz 2. Der Antrag nach Satz 1 ist nur zulässig, wenn eine Gesetzesvorlage nach Artikel 72 Abs. 4 oder nach Artikel 125a Abs. 2 Satz 2 im Bundestag abgelehnt oder über sie nicht innerhalb eines Jahres beraten und Beschluss gefasst oder wenn eine entsprechende Gesetzesvorlage im Bundesrat abgelehnt worden ist.

(3) Das Bundesverfassungsgericht wird ferner in den ihm sonst durch Bundesgesetz zugewiesenen Fällen tätig.

Artikel 94

(1) Das Bundesverfassungsgericht besteht aus Bundesrichtern und anderen Mitgliedern. Die Mitglieder des Bundesverfassungsgerichtes werden je zur Hälfte vom Bundestage und vom Bundesrate gewählt. Sie dürfen weder dem Bundestage, dem Bundesrate, der Bundesregierung noch entsprechenden Organen eines Landes angehören.

(2) Ein Bundesgesetz regelt seine Verfassung und das Verfahren und bestimmt, in welchen Fällen seine Entscheidungen Gesetzeskraft haben. Es kann für Verfassungsbeschwerden die vorherige Erschöpfung des Rechtsweges zur Voraussetzung machen und ein besonderes Annahmeverfahren vorsehen.

Artikel 95

(1) Für die Gebiete der ordentlichen, der Verwaltungs-, der Finanz-, der Arbeits- und der Sozialgerichtsbarkeit errichtet der Bund als oberste Gerichtshöfe den Bundesgerichtshof, das Bundesverwaltungsgericht, den Bundesfinanzhof, das Bundesarbeitsgericht und das Bundessozialgericht.

(2) Über die Berufung der Richter dieser Gerichte entscheidet der für das jeweilige Sachgebiet zuständige Bundesminister gemeinsam mit einem Richterwahlausschuss, der aus den für das jeweilige Sachgebiet zuständigen Ministern der Länder und einer gleichen Anzahl von Mitgliedern besteht, die vom Bundestage gewählt werden.

(3) Zur Wahrung der Einheitlichkeit der Rechtsprechung ist ein Gemeinsamer Senat der in Absatz 1 genannten Gerichte zu bilden. Das Nähere regelt ein Bundesgesetz.

Artikel 96

(1) Der Bund kann für Angelegenheiten des gewerblichen Rechtsschutzes ein Bundesgericht errichten.

(2) Der Bund kann Wehrstrafgerichte für die Streitkräfte als Bundesgerichte errichten. Sie können die Strafgerichtsbarkeit nur im Verteidigungsfalle sowie über Angehörige der Streitkräfte ausüben, die in das Ausland entsandt oder an Bord von Kriegsschiffen eingeschifft sind. Das Nähere regelt ein Bundesgesetz. Diese Gerichte gehören zum Geschäftsbereich des Bundesjustiz-

ministers. Ihre hauptamtlichen Richter müssen die Befähigung zum Richteramt haben.

(3) Oberster Gerichtshof für die in Absatz 1 und 2 genannten Gerichte ist der Bundesgerichtshof.

(4) Der Bund kann für Personen, die zu ihm in einem öffentlich-rechtlichen Dienstverhältnis stehen, Bundesgerichte zur Entscheidung in Disziplinarverfahren und Beschwerdeverfahren errichten.

(5) Für Strafverfahren auf den folgenden Gebieten kann ein Bundesgesetz mit Zustimmung des Bundesrates vorsehen, dass Gerichte der Länder Gerichtsbarkeit des Bundes ausüben:

1. Völkermord;

2. völkerstrafrechtliche Verbrechen gegen die Menschlichkeit;

3. Kriegsverbrechen;

4. andere Handlungen, die geeignet sind und in der Absicht vorgenommen werden, das friedliche Zusammenleben der Völker zu stören (Artikel 26 Abs. 1);

5. Staatsschutz.

Artikel 97

(1) Die Richter sind unabhängig und nur dem Gesetze unterworfen.

(2) Die hauptamtlich und planmäßig endgültig angestellten Richter können wider ihren Willen nur kraft richterlicher Entscheidung und nur aus Gründen und unter den Formen, welche die Gesetze bestimmen, vor Ablauf ihrer Amtszeit entlassen oder dauernd oder zeitweise ihres Amtes enthoben oder an eine andere Stelle oder in den Ruhestand versetzt werden. Die Gesetzgebung kann Altersgrenzen festsetzen, bei deren Erreichung auf Lebenszeit angestellte Richter in den Ruhestand treten. Bei Veränderung der Einrichtung der Gerichte oder ihrer Bezirke können Richter an ein anderes Gericht versetzt oder aus dem Amte entfernt werden, jedoch nur unter Belassung des vollen Gehaltes.

Artikel 98

(1) Die Rechtsstellung der Bundesrichter ist durch besonderes Bundesgesetz zu regeln.

(2) Wenn ein Bundesrichter im Amte oder außerhalb des Amtes gegen die Grundsätze des Grundgesetzes oder gegen die verfassungsmäßige Ordnung eines Landes verstößt, so kann das Bundesverfassungsgericht mit Zweidrittelmehrheit auf Antrag des Bundestages anordnen, dass der Richter in ein anderes Amt oder in den Ruhestand zu versetzen ist. Im Falle eines vorsätzlichen Verstoßes kann auf Entlassung erkannt werden.

(3) Die Rechtsstellung der Richter in den Ländern ist durch besondere Landesgesetze zu regeln, soweit Artikel 74 Abs. 1 Nr. 27 nichts anderes bestimmt.

(4) Die Länder können bestimmen, dass über die Anstellung der Richter in den Ländern der Landesjustizminister gemeinsam mit einem Richterwahlausschuss entscheidet.

(5) Die Länder können für Landesrichter eine Absatz 2 entsprechende Regelung treffen. Geltendes Landesverfassungsrecht bleibt unberührt. Die Entscheidung über eine Richteranklage steht dem Bundesverfassungsgericht zu.

Artikel 99

Dem Bundesverfassungsgerichte kann durch Landesgesetz die Entscheidung von Verfassungsstreitigkeiten innerhalb eines Landes, den in Artikel 95 Abs. 1 genannten obersten Gerichtshöfen für den letzten Rechtszug die Entscheidung in solchen Sachen zugewiesen werden, bei denen es sich um die Anwendung von Landesrecht handelt.

Artikel 100

(1) Hält ein Gericht ein Gesetz, auf dessen Gültigkeit es bei der Entscheidung ankommt, für verfassungswidrig, so ist das Verfahren auszusetzen und, wenn es sich um die Verletzung der Verfassung eines Landes handelt, die Entscheidung des für Verfassungsstreitigkeiten zuständigen Gerichtes des Landes, wenn es sich um die Verletzung dieses Grundgesetzes handelt, die Entscheidung des Bundesverfassungsgerichtes einzuholen. Dies gilt auch, wenn es sich um die Verletzung dieses Grundgesetzes durch Landesrecht oder um die Unvereinbarkeit eines Landesgesetzes mit einem Bundesgesetze handelt.

(2) Ist in einem Rechtsstreite zweifelhaft, ob eine Regel des Völkerrechtes Bestandteil des Bundesrechtes ist und ob sie unmittelbar Rechte und Pflichten für den Einzelnen erzeugt (Artikel 25), so hat das Gericht die Entscheidung des Bundesverfassungsgerichtes einzuholen.

(3) Will das Verfassungsgericht eines Landes bei der Auslegung des Grundgesetzes von einer Entscheidung des Bundesverfassungsgerichtes oder des Verfassungsgerichtes eines anderen Landes abweichen, so hat das Verfassungsgericht die Entscheidung des Bundesverfassungsgerichtes einzuholen.

Artikel 101

(1) Ausnahmegerichte sind unzulässig. Niemand darf seinem gesetzlichen Richter entzogen werden.

(2) Gerichte für besondere Sachgebiete können nur durch Gesetz errichtet werden.

Artikel 102

Die Todesstrafe ist abgeschafft.

Artikel 103

(1) Vor Gericht hat jedermann Anspruch auf rechtliches Gehör.

(2) Eine Tat kann nur bestraft werden, wenn die Strafbarkeit gesetzlich bestimmt war, bevor die Tat begangen wurde.

(3) Niemand darf wegen derselben Tat auf Grund der allgemeinen Strafgesetze mehrmals bestraft werden.

Artikel 104

(1) Die Freiheit der Person kann nur auf Grund eines förmlichen Gesetzes und nur unter Beachtung der darin vorgeschriebenen Formen beschränkt werden. Festgehaltene Personen dürfen weder seelisch noch körperlich misshandelt werden.

(2) Über die Zulässigkeit und Fortdauer einer Freiheitsentziehung hat nur der Richter zu entscheiden. Bei jeder nicht auf richterlicher Anordnung beruhenden Freiheitsentziehung ist unverzüglich eine richterliche Entscheidung herbeizuführen. Die Polizei darf aus eigener Machtvollkommenheit niemanden länger als bis zum Ende des Tages nach dem Ergreifen in eigenem Gewahrsam halten. Das Nähere ist gesetzlich zu regeln.

(3) Jeder wegen des Verdachtes einer strafbaren Handlung vorläufig Festgenommene ist spätestens am Tage nach der Festnahme dem Richter vorzuführen, der ihm die Gründe der Festnahme mitzuteilen, ihn zu vernehmen und ihm Gelegenheit zu Einwendungen zu geben hat. Der Richter hat unverzüglich entweder einen mit Gründen versehenen schriftlichen Haftbefehl zu erlassen oder die Freilassung anzuordnen.

(4) Von jeder richterlichen Entscheidung über die Anordnung oder Fortdauer einer Freiheitsentziehung ist unverzüglich ein Angehöriger des Festgehaltenen oder eine Person seines Vertrauens zu benachrichtigen.

X. Das Finanzwesen

Artikel 104a

(1) Der Bund und die Länder tragen gesondert die Ausgaben, die sich aus der Wahrnehmung ihrer Aufgaben ergeben, soweit dieses Grundgesetz nichts anderes bestimmt.

(2) Handeln die Länder im Auftrage des Bundes, trägt der Bund die sich daraus ergebenden Ausgaben.

(3) Bundesgesetze, die Geldleistungen gewähren und von den Ländern ausgeführt werden, können bestimmen, dass die Geldleistungen ganz oder zum Teil vom Bund getragen werden. Bestimmt das Gesetz, dass der Bund die Hälfte der Ausgaben oder mehr trägt, wird es im Auftrage des Bundes durchgeführt.

(4) Bundesgesetze, die Pflichten der Länder zur Erbringung von Geldleistungen, geldwerten Sachleistungen oder vergleichbaren Dienstleistungen ge-

genüber Dritten begründen und von den Ländern als eigene Angelegenheit oder nach Absatz 3 Satz 2 im Auftrag des Bundes ausgeführt werden, bedürfen der Zustimmung des Bundesrates, wenn daraus entstehende Ausgaben von den Ländern zu tragen sind.

(5) Der Bund und die Länder tragen die bei ihren Behörden entstehenden Verwaltungsausgaben und haften im Verhältnis zueinander für eine ordnungsmäßige Verwaltung. Das Nähere bestimmt ein Bundesgesetz, das der Zustimmung des Bundesrates bedarf.

(6) Bund und Länder tragen nach der innerstaatlichen Zuständigkeits- und Aufgabenverteilung die Lasten einer Verletzung von supranationalen oder völkerrechtlichen Verpflichtungen Deutschlands. In Fällen länderübergreifender Finanzkorrekturen der Europäischen Union tragen Bund und Länder diese Lasten im Verhältnis 15 zu 85. Die Ländergesamtheit trägt in diesen Fällen solidarisch 35 vom Hundert der Gesamtlasten entsprechend einem allgemeinen Schlüssel; 50 vom Hundert der Gesamtlasten tragen die Länder, die die Lasten verursacht haben, anteilig entsprechend der Höhe der erhaltenen Mittel. Das Nähere regelt ein Bundesgesetz, das der Zustimmung des Bundesrates bedarf.

Artikel 104b

(1) Der Bund kann, soweit dieses Grundgesetz ihm Gesetzgebungsbefugnisse verleiht, den Ländern Finanzhilfen für besonders bedeutsame Investitionen der Länder und der Gemeinden (Gemeindeverbände) gewähren, die

1. zur Abwehr einer Störung des gesamtwirtschaftlichen Gleichgewichts oder

2. zum Ausgleich unterschiedlicher Wirtschaftskraft im Bundesgebiet oder

3. zur Förderung des wirtschaftlichen Wachstums

erforderlich sind. Abweichend von Satz 1 kann der Bund im Falle von Naturkatastrophen oder außergewöhnlichen Notsituationen, die sich der Kontrolle des Staates entziehen und die staatliche Finanzlage erheblich beeinträchtigen, auch ohne Gesetzgebungsbefugnisse Finanzhilfen gewähren.

(2) Das Nähere, insbesondere die Arten der zu fördernden Investitionen, wird durch Bundesgesetz, das der Zustimmung des Bundesrates bedarf, oder auf Grund des Bundeshaushaltsgesetzes durch Verwaltungsvereinbarung geregelt. Die Mittel sind befristet zu gewähren und hinsichtlich ihrer Verwendung in regelmäßigen Zeitabständen zu überprüfen. Die Finanzhilfen sind im Zeitablauf mit fallenden Jahresbeträgen zu gestalten.

(3) Bundestag, Bundesregierung und Bundesrat sind auf Verlangen über die Durchführung der Maßnahmen und die erzielten Verbesserungen zu unterrichten.

Artikel 105

(1) Der Bund hat die ausschließliche Gesetzgebung über die Zölle und Finanzmonopole.

(2) Der Bund hat die konkurrierende Gesetzgebung über die übrigen Steuern, wenn ihm das Aufkommen dieser Steuern ganz oder zum Teil zusteht oder die Voraussetzungen des Artikels 72 Abs. 2 vorliegen.

(2a) Die Länder haben die Befugnis zur Gesetzgebung über die örtlichen Verbrauch- und Aufwandsteuern, solange und soweit sie nicht bundesgesetzlich geregelten Steuern gleichartig sind. Sie haben die Befugnis zur Bestimmung des Steuersatzes bei der Grunderwerbsteuer.

(3) Bundesgesetze über Steuern, deren Aufkommen den Ländern oder den Gemeinden (Gemeindeverbänden) ganz oder zum Teil zufließt, bedürfen der Zustimmung des Bundesrates.

Artikel 106

(1) Der Ertrag der Finanzmonopole und das Aufkommen der folgenden Steuern stehen dem Bund zu:

1. die Zölle,

2. die Verbrauchsteuern, soweit sie nicht nach Absatz 2 den Ländern, nach Absatz 3 Bund und Ländern gemeinsam oder nach Absatz 6 den Gemeinden zustehen,

3. die Straßengüterverkehrsteuer, die Kraftfahrzeugsteuer und sonstige auf motorisierte Verkehrsmittel bezogene Verkehrsteuern,

4. die Kapitalverkehrsteuern, die Versicherungsteuer und die Wechselsteuer,

5. die einmaligen Vermögensabgaben und die zur Durchführung des Lastenausgleichs erhobenen Ausgleichsabgaben,

6. die Ergänzungsabgabe zur Einkommensteuer und zur Körperschaftsteuer,

7. Abgaben im Rahmen der Europäischen Gemeinschaften.

(2) Das Aufkommen der folgenden Steuern steht den Ländern zu:

1. die Vermögensteuer,

2. die Erbschaftsteuer,

3. die Verkehrsteuern, soweit sie nicht nach Absatz 1 dem Bund oder nach Absatz 3 Bund und Ländern gemeinsam zustehen,

4. die Biersteuer,

5. die Abgabe von Spielbanken.

(3) Das Aufkommen der Einkommensteuer, der Körperschaftsteuer und der Umsatzsteuer steht dem Bund und den Ländern gemeinsam zu (Gemeinschaftsteuern), soweit das Aufkommen der Einkommensteuer nicht nach Absatz 5 und das Aufkommen der Umsatzsteuer nicht nach Absatz 5a den Gemeinden zugewiesen wird. Am Aufkommen der Einkommensteuer und der Körperschaftsteuer sind der Bund und die Länder je zur Hälfte beteiligt. Die Anteile von Bund und Ländern an der Umsatzsteuer werden durch Bun-

desgesetz, das der Zustimmung des Bundesrates bedarf, festgesetzt. Bei der Festsetzung ist von folgenden Grundsätzen auszugehen:

1. Im Rahmen der laufenden Einnahmen haben der Bund und die Länder gleichmäßig Anspruch auf Deckung ihrer notwendigen Ausgaben. Dabei ist der Umfang der Ausgaben unter Berücksichtigung einer mehrjährigen Finanzplanung zu ermitteln.

2. Die Deckungsbedürfnisse des Bundes und der Länder sind so aufeinander abzustimmen, dass ein billiger Ausgleich erzielt, eine Überbelastung der Steuerpflichtigen vermieden und die Einheitlichkeit der Lebensverhältnisse im Bundesgebiet gewahrt wird.

Zusätzlich werden in die Festsetzung der Anteile von Bund und Ländern an der Umsatzsteuer Steuermindereinnahmen einbezogen, die den Ländern ab 1. Januar 1996 aus der Berücksichtigung von Kindern im Einkommensteuerrecht entstehen. Das Nähere bestimmt das Bundesgesetz nach Satz 3.

(4) Die Anteile von Bund und Ländern an der Umsatzsteuer sind neu festzusetzen, wenn sich das Verhältnis zwischen den Einnahmen und Ausgaben des Bundes und der Länder wesentlich anders entwickelt; Steuermindereinnahmen, die nach Absatz 3 Satz 5 in die Festsetzung der Umsatzsteueranteile zusätzlich einbezogen werden, bleiben hierbei unberücksichtigt. Werden den Ländern durch Bundesgesetz zusätzliche Ausgaben auferlegt oder Einnahmen entzogen, so kann die Mehrbelastung durch Bundesgesetz, das der Zustimmung des Bundesrates bedarf, auch mit Finanzzuweisungen des Bundes ausgeglichen werden, wenn sie auf einen kurzen Zeitraum begrenzt ist. In dem Gesetz sind die Grundsätze für die Bemessung dieser Finanzzuweisungen und für ihre Verteilung auf die Länder zu bestimmen.

(5) Die Gemeinden erhalten einen Anteil an dem Aufkommen der Einkommensteuer, der von den Ländern an ihre Gemeinden auf der Grundlage der Einkommensteuerleistungen ihrer Einwohner weiterzuleiten ist. Das Nähere bestimmt ein Bundesgesetz, das der Zustimmung des Bundesrates bedarf. Es kann bestimmen, dass die Gemeinden Hebesätze für den Gemeindeanteil festsetzen.

(5a) Die Gemeinden erhalten ab dem 1. Januar 1998 einen Anteil an dem Aufkommen der Umsatzsteuer. Er wird von den Ländern auf der Grundlage eines orts- und wirtschaftsbezogenen Schlüssels an ihre Gemeinden weitergeleitet. Das Nähere wird durch Bundesgesetz, das der Zustimmung des Bundesrates bedarf, bestimmt.

(6) Das Aufkommen der Grundsteuer und Gewerbesteuer steht den Gemeinden, das Aufkommen der örtlichen Verbrauch- und Aufwandsteuern steht den Gemeinden oder nach Maßgabe der Landesgesetzgebung den Gemeindeverbänden zu. Den Gemeinden ist das Recht einzuräumen, die Hebesätze der Grundsteuer und Gewerbesteuer im Rahmen der Gesetze festzusetzen. Bestehen in einem Land keine Gemeinden, so steht das Aufkommen der Grundsteuer und Gewerbesteuer sowie der örtlichen Verbrauch- und Aufwandsteuern dem Land zu. Bund und Länder können durch eine Umlage an dem Aufkommen der Gewerbesteuer beteiligt werden. Das Nähere über die Umlage bestimmt ein Bundesgesetz, das der Zustimmung

des Bundesrates bedarf. Nach Maßgabe der Landesgesetzgebung können die Grundsteuer und Gewerbesteuer sowie der Gemeindeanteil vom Aufkommen der Einkommensteuer und der Umsatzsteuer als Bemessungsgrundlagen für Umlagen zugrunde gelegt werden.

(7) Von dem Länderanteil am Gesamtaufkommen der Gemeinschaftssteuern fließt den Gemeinden und Gemeindeverbänden insgesamt ein von der Landesgesetzgebung zu bestimmender Hundertsatz zu. Im übrigen bestimmt die Landesgesetzgebung, ob und inwieweit das Aufkommen der Landessteuern den Gemeinden (Gemeindeverbänden) zufließt.

(8) Veranlasst der Bund in einzelnen Ländern oder Gemeinden (Gemeindeverbänden) besondere Einrichtungen, die diesen Ländern oder Gemeinden (Gemeindeverbänden) unmittelbar Mehrausgaben oder Mindereinnahmen (Sonderbelastungen) verursachen, gewährt der Bund den erforderlichen Ausgleich, wenn und soweit den Ländern oder Gemeinden (Gemeindeverbänden) nicht zugemutet werden kann, die Sonderbelastungen zu tragen. Entschädigungsleistungen Dritter und finanzielle Vorteile, die diesen Ländern oder Gemeinden (Gemeindeverbänden) als Folge der Einrichtungen erwachsen, werden bei dem Ausgleich berücksichtigt.

(9) Als Einnahmen und Ausgaben der Länder im Sinne dieses Artikels gelten auch die Einnahmen und Ausgaben der Gemeinden (Gemeindeverbände).

Artikel 106a

Den Ländern steht ab 1. Januar 1996 für den öffentlichen Personennahverkehr ein Betrag aus dem Steueraufkommen des Bundes zu. Das Nähere regelt ein Bundesgesetz, das der Zustimmung des Bundesrates bedarf. Der Betrag nach Satz 1 bleibt bei der Bemessung der Finanzkraft nach Artikel 107 Abs. 2 unberücksichtigt.

Artikel 106b

Den Ländern steht ab dem 1. Juli 2009 infolge der Übertragung der Kraftfahrzeugsteuer auf den Bund ein Betrag aus dem Steueraufkommen des Bundes zu. Das Nähere regelt ein Bundesgesetz, das der Zustimmung des Bundesrates bedarf.

Artikel 107

(1) Das Aufkommen der Landessteuern und der Länderanteil am Aufkommen der Einkommensteuer und der Körperschaftsteuer stehen den einzelnen Ländern insoweit zu, als die Steuern von den Finanzbehörden in ihrem Gebiet vereinnahmt werden (örtliches Aufkommen). Durch Bundesgesetz, das der Zustimmung des Bundesrates bedarf, sind für die Körperschaftsteuer und die Lohnsteuer nähere Bestimmungen über die Abgrenzung sowie über Artikel und Umfang der Zerlegung des örtlichen Aufkommens zu treffen. Das Gesetz kann auch Bestimmungen über die Abgrenzung und Zerlegung des örtlichen Aufkommens anderer Steuern treffen. Der Länderanteil am Aufkommen der Umsatzsteuer steht den einzelnen Ländern nach Maßgabe ihrer

Einwohnerzahl zu; für einen Teil, höchstens jedoch für ein Viertel dieses Länderanteils, können durch Bundesgesetz, das der Zustimmung des Bundesrates bedarf, Ergänzungsanteile für die Länder vorgesehen werden, deren Einnahmen aus den Landessteuern, aus der Einkommensteuer und der Körperschaftsteuer und nach Artikel 106b je Einwohner unter dem Durchschnitt der Länder liegen; bei der Grunderwerbsteuer ist die Steuerkraft einzubeziehen.

(2) Durch das Gesetz ist sicherzustellen, dass die unterschiedliche Finanzkraft der Länder angemessen ausgeglichen wird; hierbei sind die Finanzkraft und der Finanzbedarf der Gemeinden (Gemeindeverbände) zu berücksichtigen. Die Voraussetzungen für die Ausgleichsansprüche der ausgleichsberechtigten Länder und für die Ausgleichsverbindlichkeiten der ausgleichspflichtigen Länder sowie die Maßstäbe für die Höhe der Ausgleichsleistungen sind in dem Gesetz zu bestimmen. Es kann auch bestimmen, dass der Bund aus seinen Mitteln leistungsschwachen Ländern Zuweisungen zur ergänzenden Deckung ihres allgemeinen Finanzbedarfs (Ergänzungszuweisungen) gewährt.

Artikel 108

(1) Zölle, Finanzmonopole, die bundesgesetzlich geregelten Verbrauchsteuern einschließlich der Einfuhrumsatzsteuer, die Kraftfahrzeugsteuer und sonstige auf motorisierte Verkehrsmittel bezogene Verkehrsteuern ab dem 1. Juli 2009 sowie die Abgaben im Rahmen der Europäischen Gemeinschaften werden durch Bundesfinanzbehörden verwaltet. Der Aufbau dieser Behörden wird durch Bundesgesetz geregelt. Soweit Mittelbehörden eingerichtet sind, werden deren Leiter im Benehmen mit den Landesregierungen bestellt.

(2) Die übrigen Steuern werden durch Landesfinanzbehörden verwaltet. Der Aufbau dieser Behörden und die einheitliche Ausbildung der Beamten können durch Bundesgesetz mit Zustimmung des Bundesrates geregelt werden. Soweit Mittelbehörden eingerichtet sind, werden deren Leiter im Einvernehmen mit der Bundesregierung bestellt.

(3) Verwalten die Landesfinanzbehörden Steuern, die ganz oder zum Teil dem Bund zufließen, so werden sie im Auftrage des Bundes tätig. Artikel 85 Abs. 3 und 4 gilt mit der Maßgabe, dass an die Stelle der Bundesregierung der Bundesminister der Finanzen tritt.

(4) Durch Bundesgesetz, das der Zustimmung des Bundesrates bedarf, kann bei der Verwaltung von Steuern ein Zusammenwirken von Bundes- und Landesfinanzbehörden sowie für Steuern, die unter Absatz 1 fallen, die Verwaltung durch Landesfinanzbehörden und für andere Steuern die Verwaltung durch Bundesfinanzbehörden vorgesehen werden, wenn und soweit dadurch der Vollzug der Steuergesetze erheblich verbessert oder erleichtert wird. Für die den Gemeinden (Gemeindeverbänden) allein zufließenden Steuern kann die den Landesfinanzbehörden zustehende Verwaltung durch die Länder ganz oder zum Teil den Gemeinden (Gemeindeverbänden) übertragen werden.

(5) Das von den Bundesfinanzbehörden anzuwendende Verfahren wird durch Bundesgesetz geregelt. Das von den Landesfinanzbehörden und in den Fällen des Absatzes 4 Satz 2 von den Gemeinden (Gemeindeverbänden) anzuwendende Verfahren kann durch Bundesgesetz mit Zustimmung des Bundesrates geregelt werden.

(6) Die Finanzgerichtsbarkeit wird durch Bundesgesetz einheitlich geregelt.

(7) Die Bundesregierung kann allgemeine Verwaltungsvorschriften erlassen, und zwar mit Zustimmung des Bundesrates, soweit die Verwaltung den Landesfinanzbehörden oder Gemeinden (Gemeindeverbänden) obliegt.

Artikel 109

(1) Bund und Länder sind in ihrer Haushaltswirtschaft selbständig und voneinander unabhängig.

(2) Bund und Länder erfüllen gemeinsam die Verpflichtungen der Bundesrepublik Deutschland aus Rechtsakten der Europäischen Gemeinschaft auf Grund des Artikels 104 des Vertrags zur Gründung der Europäischen Gemeinschaft zur Einhaltung der Haushaltsdisziplin und tragen in diesem Rahmen den Erfordernissen des gesamtwirtschaftlichen Gleichgewichts Rechnung.

(3) Die Haushalte von Bund und Ländern sind grundsätzlich ohne Einnahmen aus Krediten auszugleichen. Bund und Länder können Regelungen zur im Auf- und Abschwung symmetrischen Berücksichtigung der Auswirkungen einer von der Normallage abweichenden konjunkturellen Entwicklung sowie eine Ausnahmeregelung für Naturkatastrophen oder außergewöhnliche Notsituationen, die sich der Kontrolle des Staates entziehen und die staatliche Finanzlage erheblich beeinträchtigen, vorsehen. Für die Ausnahmeregelung ist eine entsprechende Tilgungsregelung vorzusehen. Die nähere Ausgestaltung regelt für den Haushalt des Bundes Artikel 115 mit der Maßgabe, dass Satz 1 entsprochen ist, wenn die Einnahmen aus Krediten 0,35 vom Hundert im Verhältnis zum nominalen Bruttoinlandsprodukt nicht überschreiten. Die nähere Ausgestaltung für die Haushalte der Länder regeln diese im Rahmen ihrer verfassungsrechtlichen Kompetenzen mit der Maßgabe, dass Satz 1 nur dann entsprochen ist, wenn keine Einnahmen aus Krediten zugelassen werden.

(4) Durch Bundesgesetz, das der Zustimmung des Bundesrates bedarf, können für Bund und Länder gemeinsam geltende Grundsätze für das Haushaltsrecht, für eine konjunkturgerechte Haushaltswirtschaft und für eine mehrjährige Finanzplanung aufgestellt werden.

(5) Sanktionsmaßnahmen der Europäischen Gemeinschaft im Zusammenhang mit den Bestimmungen in Artikel 104 des Vertrags zur Gründung der Europäischen Gemeinschaft zur Einhaltung der Haushaltsdisziplin tragen Bund und Länder im Verhältnis 65 zu 35. Die Ländergesamtheit trägt solidarisch 35 vom Hundert der auf die Länder entfallenden Lasten entsprechend ihrer Einwohnerzahl; 65 vom Hundert der auf die Länder entfallenden Lasten tragen die Länder entsprechend ihrem Verursachungsbeitrag. Das Nähere regelt ein Bundesgesetz, das der Zustimmung des Bundesrates bedarf.

Artikel 109a

Zur Vermeidung von Haushaltsnotlagen regelt ein Bundesgesetz, das der Zustimmung des Bundesrates bedarf,

1. die fortlaufende Überwachung der Haushaltswirtschaft von Bund und Ländern durch ein gemeinsames Gremium (Stabilitätsrat),

2. die Voraussetzungen und das Verfahren zur Feststellung einer drohenden Haushaltsnotlage,

3. die Grundsätze zur Aufstellung und Durchführung von Sanierungsprogrammen zur Vermeidung von Haushaltsnotlagen.

Die Beschlüsse des Stabilitätsrats und die zugrunde liegenden Beratungsunterlagen sind zu veröffentlichen.

Artikel 110

(1) Alle Einnahmen und Ausgaben des Bundes sind in den Haushaltsplan einzustellen; bei Bundesbetrieben und bei Sondervermögen brauchen nur die Zuführungen oder die Ablieferungen eingestellt zu werden. Der Haushaltsplan ist in Einnahme und Ausgabe auszugleichen.

(2) Der Haushaltsplan wird für ein oder mehrere Rechnungsjahre, nach Jahren getrennt, vor Beginn des ersten Rechnungsjahres durch das Haushaltsgesetz festgestellt. Für Teile des Haushaltsplanes kann vorgesehen werden, dass sie für unterschiedliche Zeiträume, nach Rechnungsjahren getrennt, gelten.

(3) Die Gesetzesvorlage nach Absatz 2 Satz 1 sowie Vorlagen zur Änderung des Haushaltsgesetzes und des Haushaltsplanes werden gleichzeitig mit der Zuleitung an den Bundesrat beim Bundestage eingebracht; der Bundesrat ist berechtigt, innerhalb von sechs Wochen, bei Änderungsvorlagen innerhalb von drei Wochen, zu den Vorlagen Stellung zu nehmen.

(4) In das Haushaltsgesetz dürfen nur Vorschriften aufgenommen werden, die sich auf die Einnahmen und die Ausgaben des Bundes und auf den Zeitraum beziehen, für den das Haushaltsgesetz beschlossen wird. Das Haushaltsgesetz kann vorschreiben, dass die Vorschriften erst mit der Verkündung des nächsten Haushaltsgesetzes oder bei Ermächtigung nach Artikel 115 zu einem späteren Zeitpunkt außer Kraft treten.

Artikel 111

(1) Ist bis zum Schluss eines Rechnungsjahres der Haushaltsplan für das folgende Jahr nicht durch Gesetz festgestellt, so ist bis zu seinem Inkrafttreten die Bundesregierung ermächtigt, alle Ausgaben zu leisten, die nötig sind,

a) um gesetzlich bestehende Einrichtungen zu erhalten und gesetzlich beschlossene Maßnahmen durchzuführen,

b) um die rechtlich begründeten Verpflichtungen des Bundes zu erfüllen,

c) um Bauten, Beschaffungen und sonstige Leistungen fortzusetzen oder Beihilfen für diese Zwecke weiter zu gewähren, sofern durch den Haushaltsplan eines Vorjahres bereits Beträge bewilligt worden sind.

(2) Soweit nicht auf besonderem Gesetze beruhende Einnahmen aus Steuern, Abgaben und sonstigen Quellen oder die Betriebsmittelrücklage die Ausgaben unter Absatz 1 decken, darf die Bundesregierung die zur Aufrechterhaltung der Wirtschaftsführung erforderlichen Mittel bis zur Höhe eines Viertels der Endsumme des abgelaufenen Haushaltsplanes im Wege des Kredits flüssig machen.

Artikel 112

Überplanmäßige und außerplanmäßige Ausgaben bedürfen der Zustimmung des Bundesministers der Finanzen. Sie darf nur im Falle eines unvorhergesehenen und unabweisbaren Bedürfnisses erteilt werden. Näheres kann durch Bundesgesetz bestimmt werden.

Artikel 113

(1) Gesetze, welche die von der Bundesregierung vorgeschlagenen Ausgaben des Haushaltsplanes erhöhen oder neue Ausgaben in sich schließen oder für die Zukunft mit sich bringen, bedürfen der Zustimmung der Bundesregierung. Das gleiche gilt für Gesetze, die Einnahmeminderungen in sich schließen oder für die Zukunft mit sich bringen. Die Bundesregierung kann verlangen, dass der Bundestag die Beschlussfassung über solche Gesetze aussetzt. In diesem Fall hat die Bundesregierung innerhalb von sechs Wochen dem Bundestage eine Stellungnahme zuzuleiten.

(2) Die Bundesregierung kann innerhalb von vier Wochen, nachdem der Bundestag das Gesetz beschlossen hat, verlangen, dass der Bundestag erneut Beschluss fasst.

(3) Ist das Gesetz nach Artikel 78 zustande gekommen, kann die Bundesregierung ihre Zustimmung nur innerhalb von sechs Wochen und nur dann versagen, wenn sie vorher das Verfahren nach Absatz 1 Satz 3 und 4 oder nach Absatz 2 eingeleitet hat. Nach Ablauf dieser Frist gilt die Zustimmung als erteilt.

Artikel 114

(1) Der Bundesminister der Finanzen hat dem Bundestage und dem Bundesrate über alle Einnahmen und Ausgaben sowie über das Vermögen und die Schulden im Laufe des nächsten Rechnungsjahres zur Entlastung der Bundesregierung Rechnung zu legen.

(2) Der Bundesrechnungshof, dessen Mitglieder richterliche Unabhängigkeit besitzen, prüft die Rechnung sowie die Wirtschaftlichkeit und Ordnungsmäßigkeit der Haushalts- und Wirtschaftsführung. Er hat außer der Bundesregierung unmittelbar dem Bundestage und dem Bundesrate jährlich zu berichten. Im übrigen werden die Befugnisse des Bundesrechnungshofes durch Bundesgesetz geregelt.

Artikel 115

(1) Die Aufnahme von Krediten sowie die Übernahme von Bürgschaften, Garantien oder sonstigen Gewährleistungen, die zu Ausgaben in künftigen Rechnungsjahren führen können, bedürfen einer der Höhe nach bestimmten oder bestimmbaren Ermächtigung durch Bundesgesetz.

(2) Einnahmen und Ausgaben sind grundsätzlich ohne Einnahmen aus Krediten auszugleichen. Diesem Grundsatz ist entsprochen, wenn die Einnahmen aus Krediten 0,35 vom Hundert im Verhältnis zum nominalen Bruttoinlandsprodukt nicht überschreiten. Zusätzlich sind bei einer von der Normallage abweichenden konjunkturellen Entwicklung die Auswirkungen auf den Haushalt im Auf- und Abschwung symmetrisch zu berücksichtigen. Abweichungen der tatsächlichen Kreditaufnahme von der nach den Sätzen 1 bis 3 zulässigen Kreditobergrenze werden auf einem Kontrollkonto erfasst; Belastungen, die den Schwellenwert von 1,5 vom Hundert im Verhältnis zum nominalen Bruttoinlandsprodukt überschreiten, sind konjunkturgerecht zurückzuführen. Näheres, insbesondere die Bereinigung der Einnahmen und Ausgaben um finanzielle Transaktionen und das Verfahren zur Berechnung der Obergrenze der jährlichen Nettokreditaufnahme unter Berücksichtigung der konjunkturellen Entwicklung auf der Grundlage eines Konjunkturbereinigungsverfahrens sowie die Kontrolle und den Ausgleich von Abweichungen der tatsächlichen Kreditaufnahme von der Regelgrenze, regelt ein Bundesgesetz. Im Falle von Naturkatastrophen oder außergewöhnlichen Notsituationen, die sich der Kontrolle des Staates entziehen und die staatliche Finanzlage erheblich beeinträchtigen, können diese Kreditobergrenzen auf Grund eines Beschlusses der Mehrheit der Mitglieder des Bundestages überschritten werden. Der Beschluss ist mit einem Tilgungsplan zu verbinden. Die Rückführung der nach Satz 6 aufgenommenen Kredite hat binnen eines angemessenen Zeitraumes zu erfolgen.

Xa. Verteidigungsfall

Artikel 115a

(1) Die Feststellung, dass das Bundesgebiet mit Waffengewalt angegriffen wird oder ein solcher Angriff unmittelbar droht (Verteidigungsfall), trifft der Bundestag mit Zustimmung des Bundesrates. Die Feststellung erfolgt auf Antrag der Bundesregierung und bedarf einer Mehrheit von zwei Dritteln der abgegebenen Stimmen, mindestens der Mehrheit der Mitglieder des Bundestages.

(2) Erfordert die Lage unabweisbar ein sofortiges Handeln und stehen einem rechtzeitigen Zusammentritt des Bundestages unüberwindliche Hindernisse entgegen oder ist er nicht beschlussfähig, so trifft der Gemeinsame Ausschuss diese Feststellung mit einer Mehrheit von zwei Dritteln der abgegebenen Stimmen, mindestens der Mehrheit seiner Mitglieder.

(3) Die Feststellung wird vom Bundespräsidenten gemäß Artikel 82 im Bundesgesetzblatte verkündet. Ist dies nicht rechtzeitig möglich, so erfolgt die

Verkündung in anderer Weise; sie ist im Bundesgesetzblatte nachzuholen, sobald die Umstände es zulassen.

(4) Wird das Bundesgebiet mit Waffengewalt angegriffen und sind die zuständigen Bundesorgane außerstande, sofort die Feststellung nach Absatz 1 Satz 1 zu treffen, so gilt diese Feststellung als getroffen und als zu dem Zeitpunkt verkündet, in dem der Angriff begonnen hat. Der Bundespräsident gibt diesen Zeitpunkt bekannt, sobald die Umstände es zulassen.

(5) Ist die Feststellung des Verteidigungsfalles verkündet und wird das Bundesgebiet mit Waffengewalt angegriffen, so kann der Bundespräsident völkerrechtliche Erklärungen über das Bestehen des Verteidigungsfalles mit Zustimmung des Bundestages abgeben. Unter den Voraussetzungen des Absatzes 2 tritt an die Stelle des Bundestages der Gemeinsame Ausschuss.

Artikel 115b

Mit der Verkündung des Verteidigungsfalles geht die Befehls- und Kommandogewalt über die Streitkräfte auf den Bundeskanzler über.

Artikel 115c

(1) Der Bund hat für den Verteidigungsfall das Recht der konkurrierenden Gesetzgebung auch auf den Sachgebieten, die zur Gesetzgebungszuständigkeit der Länder gehören. Diese Gesetze bedürfen der Zustimmung des Bundesrates.

(2) Soweit es die Verhältnisse während des Verteidigungsfalles erfordern, kann durch Bundesgesetz für den Verteidigungsfall

1. bei Enteignungen abweichend von Artikel 14 Abs. 3 Satz 2 die Entschädigung vorläufig geregelt werden,

2. für Freiheitsentziehungen eine von Artikel 104 Abs. 2 Satz 3 und Abs. 3 Satz 1 abweichende Frist, höchstens jedoch eine solche von vier Tagen, für den Fall festgesetzt werden, dass ein Richter nicht innerhalb der für Normalzeiten geltenden Frist tätig werden konnte.

(3) Soweit es zur Abwehr eines gegenwärtigen oder unmittelbar drohenden Angriffs erforderlich ist, kann für den Verteidigungsfall durch Bundesgesetz mit Zustimmung des Bundesrates die Verwaltung und das Finanzwesen des Bundes und der Länder abweichend von den Abschnitten VIII, VIIIa und X geregelt werden, wobei die Lebensfähigkeit der Länder, Gemeinden und Gemeindeverbände, insbesondere auch in finanzieller Hinsicht, zu wahren ist.

(4) Bundesgesetze nach den Absätzen 1 und 2 Nr. 1 dürfen zur Vorbereitung ihres Vollzuges schon vor Eintritt des Verteidigungsfalles angewandt werden.

Artikel 115d

(1) Für die Gesetzgebung des Bundes gilt im Verteidigungsfalle abweichend von Artikel 76 Abs. 2, Artikel 77 Abs. 1 Satz 2 und Abs. 2 bis 4, Artikel 78 und Artikel 82 Abs. 1 die Regelung der Absätze 2 und 3.

(2) Gesetzesvorlagen der Bundesregierung, die sie als dringlich bezeichnet, sind gleichzeitig mit der Einbringung beim Bundestage dem Bundesrate zuzuleiten. Bundestag und Bundesrat beraten diese Vorlagen unverzüglich gemeinsam. Soweit zu einem Gesetze die Zustimmung des Bundesrates erforderlich ist, bedarf es zum Zustandekommen des Gesetzes der Zustimmung der Mehrheit seiner Stimmen. Das Nähere regelt eine Geschäftsordnung, die vom Bundestage beschlossen wird und der Zustimmung des Bundesrates bedarf.

(3) Für die Verkündung der Gesetze gilt Artikel 115a Abs. 3 Satz 2 entsprechend.

Artikel 115e

(1) Stellt der Gemeinsame Ausschuss im Verteidigungsfalle mit einer Mehrheit von zwei Dritteln der abgegebenen Stimmen, mindestens mit der Mehrheit seiner Mitglieder fest, dass dem rechtzeitigen Zusammentritt des Bundestages unüberwindliche Hindernisse entgegenstehen oder dass dieser nicht Beschlussfähig ist, so hat der Gemeinsame Ausschuss die Stellung von Bundestag und Bundesrat und nimmt deren Rechte einheitlich wahr.

(2) Durch ein Gesetz des Gemeinsamen Ausschusses darf das Grundgesetz weder geändert noch ganz oder teilweise außer Kraft oder außer Anwendung gesetzt werden. Zum Erlass von Gesetzen nach Artikel 23 Abs. 1 Satz 2, Artikel 24 Abs. 1 oder Artikel 29 ist der Gemeinsame Ausschuss nicht befugt.

Artikel 115f

(1) Die Bundesregierung kann im Verteidigungsfalle, soweit es die Verhältnisse erfordern,

1. den Bundesgrenzschutz im gesamten Bundesgebiete einsetzen;

2. außer der Bundesverwaltung auch den Landesregierungen und, wenn sie es für dringlich erachtet, den Landesbehörden Weisungen erteilen und diese Befugnis auf von ihr zu bestimmende Mitglieder der Landesregierungen übertragen.

(2) Bundestag, Bundesrat und der Gemeinsame Ausschuss sind unverzüglich von den nach Absatz 1 getroffenen Maßnahmen zu unterrichten.

Artikel 115g

Die verfassungsmäßige Stellung und die Erfüllung der verfassungsmäßigen Aufgaben des Bundesverfassungsgerichtes und seiner Richter dürfen nicht beeinträchtigt werden. Das Gesetz über das Bundesverfassungsgericht darf durch ein Gesetz des Gemeinsamen Ausschusses nur insoweit geändert werden, als dies auch nach Auffassung des Bundesverfassungsgerichtes zur Aufrechterhaltung der Funktionsfähigkeit des Gerichtes erforderlich ist. Bis zum Erlass eines solchen Gesetzes kann das Bundesverfassungsgericht die zur Erhaltung der Arbeitsfähigkeit des Gerichtes erforderlichen Maßnahmen treffen. Beschlüsse nach Satz 2 und Satz 3 fasst das Bundesverfassungsgericht mit der Mehrheit der anwesenden Richter.

Artikel 115h

(1) Während des Verteidigungsfalles ablaufende Wahlperioden des Bundestages oder der Volksvertretungen der Länder enden sechs Monate nach Beendigung des Verteidigungsfalles. Die im Verteidigungsfalle ablaufende Amtszeit des Bundespräsidenten sowie bei vorzeitiger Erledigung seines Amtes die Wahrnehmung seiner Befugnisse durch den Präsidenten des Bundesrates enden neun Monate nach Beendigung des Verteidigungsfalles. Die im Verteidigungsfalle ablaufende Amtszeit eines Mitgliedes des Bundesverfassungsgerichtes endet sechs Monate nach Beendigung des Verteidigungsfalles.

(2) Wird eine Neuwahl des Bundeskanzlers durch den Gemeinsamen Ausschuss erforderlich, so wählt dieser einen neuen Bundeskanzler mit der Mehrheit seiner Mitglieder; der Bundespräsident macht dem Gemeinsamen Ausschuss einen Vorschlag. Der Gemeinsame Ausschuss kann dem Bundeskanzler das Misstrauen nur dadurch aussprechen, dass er mit der Mehrheit von zwei Dritteln seiner Mitglieder einen Nachfolger wählt.

(3) Für die Dauer des Verteidigungsfalles ist die Auflösung des Bundestages ausgeschlossen.

Artikel 115i

(1) Sind die zuständigen Bundesorgane außerstande, die notwendigen Maßnahmen zur Abwehr der Gefahr zu treffen, und erfordert die Lage unabweisbar ein sofortiges selbständiges Handeln in einzelnen Teilen des Bundesgebietes, so sind die Landesregierungen oder die von ihnen bestimmten Behörden oder Beauftragten befugt, für ihren Zuständigkeitsbereich Maßnahmen im Sinne des Artikels 115f Abs. 1 zu treffen.

(2) Maßnahmen nach Absatz 1 können durch die Bundesregierung, im Verhältnis zu Landesbehörden und nachgeordneten Bundesbehörden auch durch die Ministerpräsidenten der Länder, jederzeit aufgehoben werden.

Artikel 115k

(1) Für die Dauer ihrer Anwendbarkeit setzen Gesetze nach den Artikeln 115c, 115e und 115g und Rechtsverordnungen, die auf Grund solcher Gesetze ergehen, entgegenstehendes Recht außer Anwendung. Dies gilt nicht gegenüber früherem Recht, das auf Grund der Artikel 115c, 115e und 115g erlassen worden ist.

(2) Gesetze, die der Gemeinsame Ausschuss beschlossen hat, und Rechtsverordnungen, die auf Grund solcher Gesetze ergangen sind, treten spätestens sechs Monate nach Beendigung des Verteidigungsfalles außer Kraft.

(3) Gesetze, die von den Artikeln 91a, 91b, 104a, 106 und 107 abweichende Regelungen enthalten, gelten längstens bis zum Ende des zweiten Rechnungsjahres, das auf die Beendigung des Verteidigungsfalles folgt. Sie kön-

nen nach Beendigung des Verteidigungsfalles durch Bundesgesetz mit Zustimmung des Bundesrates geändert werden, um zu der Regelung gemäß den Abschnitten VIIIa und X überzuleiten.

Artikel 115l

(1) Der Bundestag kann jederzeit mit Zustimmung des Bundesrates Gesetze des Gemeinsamen Ausschusses aufheben. Der Bundesrat kann verlangen, dass der Bundestag hierüber beschließt. Sonstige zur Abwehr der Gefahr getroffene Maßnahmen des Gemeinsamen Ausschusses oder der Bundesregierung sind aufzuheben, wenn der Bundestag und der Bundesrat es beschließen.

(2) Der Bundestag kann mit Zustimmung des Bundesrates jederzeit durch einen vom Bundespräsidenten zu verkündenden Beschluss den Verteidigungsfall für beendet erklären. Der Bundesrat kann verlangen, dass der Bundestag hierüber beschließt. Der Verteidigungsfall ist unverzüglich für beendet zu erklären, wenn die Voraussetzungen für seine Feststellung nicht mehr gegeben sind.

(3) Über den Friedensschluss wird durch Bundesgesetz entschieden.

XI. Übergangs- und Schlussbestimmungen

Artikel 116

(1) Deutscher im Sinne dieses Grundgesetzes ist vorbehaltlich anderweitiger gesetzlicher Regelung, wer die deutsche Staatsangehörigkeit besitzt oder als Flüchtling oder Vertriebener deutscher Volkszugehörigkeit oder als dessen Ehegatte oder Abkömmling in dem Gebiete des Deutschen Reiches nach dem Stande vom 31. Dezember 1937 Aufnahme gefunden hat.

(2) Frühere deutsche Staatsangehörige, denen zwischen dem 30. Januar 1933 und dem 8. Mai 1945 die Staatsangehörigkeit aus politischen, rassischen oder religiösen Gründen entzogen worden ist, und ihre Abkömmlinge sind auf Antrag wieder einzubürgern. Sie gelten als nicht ausgebürgert, sofern sie nach dem 8. Mai 1945 ihren Wohnsitz in Deutschland genommen haben und nicht einen entgegengesetzten Willen zum Ausdruck gebracht haben.

Artikel 117

(1) Das dem Artikel 3 Abs. 2 entgegenstehende Recht bleibt bis zu seiner Anpassung an diese Bestimmung des Grundgesetzes in Kraft, jedoch nicht länger als bis zum 31. März 1953.

(2) Gesetze, die das Recht der Freizügigkeit mit Rücksicht auf die gegenwärtige Raumnot einschränken, bleiben bis zu ihrer Aufhebung durch Bundesgesetz in Kraft.

Artikel 118

Die Neugliederung in dem die Länder Baden, Württemberg-Baden und Württemberg-Hohenzollern umfassenden Gebiete kann abweichend von den Vorschriften des Artikels 29 durch Vereinbarung der beteiligten Länder erfolgen. Kommt eine Vereinbarung nicht zustande, so wird die Neugliederung durch Bundesgesetz geregelt, das eine Volksbefragung vorsehen muss.

Artikel 118a

Die Neugliederung in dem die Länder Berlin und Brandenburg umfassenden Gebiet kann abweichend von den Vorschriften des Artikels 29 unter Beteiligung ihrer Wahlberechtigten durch Vereinbarung beider Länder erfolgen.

Artikel 119

In Angelegenheiten der Flüchtlinge und Vertriebenen, insbesondere zu ihrer Verteilung auf die Länder, kann bis zu einer bundesgesetzlichen Regelung die Bundesregierung mit Zustimmung des Bundesrates Verordnungen mit Gesetzeskraft erlassen. Für besondere Fälle kann dabei die Bundesregierung ermächtigt werden, Einzelweisungen zu erteilen. Die Weisungen sind außer bei Gefahr im Verzuge an die obersten Landesbehörden zu richten.

Artikel 120

(1) Der Bund trägt die Aufwendungen für Besatzungskosten und die sonstigen inneren und äußeren Kriegsfolgelasten nach näherer Bestimmung von Bundesgesetzen. Soweit diese Kriegsfolgelasten bis zum 1. Oktober 1969 durch Bundesgesetze geregelt worden sind, tragen Bund und Länder im Verhältnis zueinander die Aufwendungen nach Maßgabe dieser Bundesgesetze. Soweit Aufwendungen für Kriegsfolgelasten, die in Bundesgesetzen weder geregelt worden sind noch geregelt werden, bis zum 1. Oktober 1965 von den Ländern, Gemeinden (Gemeindeverbänden) oder sonstigen Aufgabenträgern, die Aufgaben von Ländern oder Gemeinden erfüllen, erbracht worden sind, ist der Bund zur Übernahme von Aufwendungen dieser Artikel auch nach diesem Zeitpunkt nicht verpflichtet. Der Bund trägt die Zuschüsse zu den Lasten der Sozialversicherung mit Einschluss der Arbeitslosenversicherung und der Arbeitslosenhilfe. Die durch diesen Absatz geregelte Verteilung der Kriegsfolgelasten auf Bund und Länder lässt die gesetzliche Regelung von Entschädigungsansprüchen für Kriegsfolgen unberührt.

(2) Die Einnahmen gehen auf den Bund zu demselben Zeitpunkte über, an dem der Bund die Ausgaben übernimmt.

Artikel 120a

(1) Die Gesetze, die der Durchführung des Lastenausgleichs dienen, können mit Zustimmung des Bundesrates bestimmen, dass sie auf dem Gebiete der Ausgleichsleistungen teils durch den Bund, teils im Auftrage des Bundes durch die Länder ausgeführt werden und dass die der Bundesregierung und den zuständigen obersten Bundesbehörden auf Grund des Artikels 85 insoweit zustehenden Befugnisse ganz oder teilweise dem Bundesausgleichsamt

übertragen werden. Das Bundesausgleichsamt bedarf bei Ausübung dieser Befugnisse nicht der Zustimmung des Bundesrates; seine Weisungen sind, abgesehen von den Fällen der Dringlichkeit, an die obersten Landesbehörden (Landesausgleichsämter) zu richten.

(2) Artikel 87 Abs. 3 Satz 2 bleibt unberührt.

Artikel 121

Mehrheit der Mitglieder des Bundestages und der Bundesversammlung im Sinne dieses Grundgesetzes ist die Mehrheit ihrer gesetzlichen Mitgliederzahl.

Artikel 122

(1) Vom Zusammentritt des Bundestages an werden die Gesetze ausschließlich von den in diesem Grundgesetze anerkannten gesetzgebenden Gewalten beschlossen.

(2) Gesetzgebende und bei der Gesetzgebung beratend mitwirkende Körperschaften, deren Zuständigkeit nach Absatz 1 endet, sind mit diesem Zeitpunkt aufgelöst.

Artikel 123

(1) Recht aus der Zeit vor dem Zusammentritt des Bundestages gilt fort, soweit es dem Grundgesetze nicht widerspricht.

(2) Die vom Deutschen Reich abgeschlossenen Staatsverträge, die sich auf Gegenstände beziehen, für die nach diesem Grundgesetze die Landesgesetzgebung zuständig ist, bleiben, wenn sie nach allgemeinen Rechtsgrundsätzen gültig sind und fortgelten, unter Vorbehalt aller Rechte und Einwendungen der Beteiligten in Kraft, bis neue Staatsverträge durch die nach diesem Grundgesetze zuständigen Stellen abgeschlossen werden oder ihre Beendigung auf Grund der in ihnen enthaltenen Bestimmungen anderweitig erfolgt.

Artikel 124

Recht, das Gegenstände der ausschließlichen Gesetzgebung des Bundes betrifft, wird innerhalb seines Geltungsbereiches Bundesrecht.

Artikel 125

Recht, das Gegenstände der konkurrierenden Gesetzgebung des Bundes betrifft, wird innerhalb seines Geltungsbereiches Bundesrecht,

1. soweit es innerhalb einer oder mehrerer Besatzungszonen einheitlich gilt,

2. soweit es sich um Recht handelt, durch das nach dem 8. Mai 1945 früheres Reichsrecht abgeändert worden ist.

Artikel 125a

(1) Recht, das als Bundesrecht erlassen worden ist, aber wegen der Änderung des Artikels 74 Abs. 1, der Einfügung des Artikels 84 Abs. 1 Satz 7, des Artikels 85 Abs. 1 Satz 2 oder des Artikels 105 Abs. 2a Satz 2 oder wegen der Aufhebung der Artikel 74a, 75 oder 98 Abs. 3 Satz 2 nicht mehr als Bundesrecht erlassen werden könnte, gilt als Bundesrecht fort. Es kann durch Landesrecht ersetzt werden.

(2) Recht, das auf Grund des Artikels 72 Abs. 2 in der bis zum 15. November 1994 geltenden Fassung erlassen worden ist, aber wegen Änderung des Artikels 72 Abs. 2 nicht mehr als Bundesrecht erlassen werden könnte, gilt als Bundesrecht fort. Durch Bundesgesetz kann bestimmt werden, dass es durch Landesrecht ersetzt werden kann.

(3) Recht, das als Landesrecht erlassen worden ist, aber wegen Änderung des Artikels 73 nicht mehr als Landesrecht erlassen werden könnte, gilt als Landesrecht fort. Es kann durch Bundesrecht ersetzt werden.

Artikel 125b

(1) Recht, das auf Grund des Artikels 75 in der bis zum 1. September 2006 geltenden Fassung erlassen worden ist und das auch nach diesem Zeitpunkt als Bundesrecht erlassen werden könnte, gilt als Bundesrecht fort. Befugnisse und Verpflichtungen der Länder zur Gesetzgebung bleiben insoweit bestehen. Auf den in Artikel 72 Abs. 3 Satz 1 genannten Gebieten können die Länder von diesem Recht abweichende Regelungen treffen, auf den Gebieten des Artikels 72 Abs. 3 Satz 1 Nr. 2, 5 und 6 jedoch erst, wenn und soweit der Bund ab dem 1. September 2006 von seiner Gesetzgebungszuständigkeit Gebrauch gemacht hat, in den Fällen der Nummern 2 und 5 spätestens ab dem 1. Januar 2010, im Falle der Nummer 6 spätestens ab dem 1. August 2008.

(2) Von bundesgesetzlichen Regelungen, die auf Grund des Artikels 84 Abs. 1 in der vor dem 1. September 2006 geltenden Fassung erlassen worden sind, können die Länder abweichende Regelungen treffen, von Regelungen des Verwaltungsverfahrens bis zum 31. Dezember 2008 aber nur dann, wenn ab dem 1. September 2006 in dem jeweiligen Bundesgesetz Regelungen des Verwaltungsverfahrens geändert worden sind.

Artikel 125c

(1) Recht, das auf Grund des Artikels 91a Abs. 2 in Verbindung mit Abs. 1 Nr. 1 in der bis zum 1. September 2006 geltenden Fassung erlassen worden ist, gilt bis zum 31. Dezember 2006 fort.

(2) Die nach Artikel 104a Abs. 4 in der bis zum 1. September 2006 geltenden Fassung in den Bereichen der Gemeindeverkehrsfinanzierung und der sozialen Wohnraumförderung geschaffenen Regelungen gelten bis zum 31. Dezember 2006 fort. Die im Bereich der Gemeindeverkehrsfinanzierung für die besonderen Programme nach § 6 Abs. 1 des Gemeindeverkehrsfinanzierungsgesetzes sowie die sonstigen nach Artikel 104a Abs. 4 in der bis zum 1. September 2006 geltenden Fassung geschaffenen Regelungen gel-

ten bis zum 31. Dezember 2019 fort, soweit nicht ein früherer Zeitpunkt für das Außerkrafttreten bestimmt ist oder wird.

Artikel 126

Meinungsverschiedenheiten über das Fortgelten von Recht als Bundesrecht entscheidet das Bundesverfassungsgericht.

Artikel 127

Die Bundesregierung kann mit Zustimmung der Regierungen der beteiligten Länder Recht der Verwaltung des Vereinigten Wirtschaftsgebietes, soweit es nach Artikel 124 oder 125 als Bundesrecht fortgilt, innerhalb eines Jahres nach Verkündung dieses Grundgesetzes in den Ländern Baden, Groß-Berlin, Rheinland-Pfalz und Württemberg-Hohenzollern in Kraft setzen.

Artikel 128

Soweit fortgeltendes Recht Weisungsrechte im Sinne des Artikels 84 Abs. 5 vorsieht, bleiben sie bis zu einer anderweitigen gesetzlichen Regelung bestehen.

Artikel 129

(1) Soweit in Rechtsvorschriften, die als Bundesrecht fortgelten, eine Ermächtigung zum Erlasse von Rechtsverordnungen oder allgemeinen Verwaltungsvorschriften sowie zur Vornahme von Verwaltungsakten enthalten ist, geht sie auf die nunmehr sachlich zuständigen Stellen über. In Zweifelsfällen entscheidet die Bundesregierung im Einvernehmen mit dem Bundesrate; die Entscheidung ist zu veröffentlichen.

(2) Soweit in Rechtsvorschriften, die als Landesrecht fortgelten, eine solche Ermächtigung enthalten ist, wird sie von den nach Landesrecht zuständigen Stellen ausgeübt.

(3) Soweit Rechtsvorschriften im Sinne der Absätze 1 und 2 zu ihrer Änderung oder Ergänzung oder zum Erlass von Rechtsvorschriften an Stelle von Gesetzen ermächtigen, sind diese Ermächtigungen erloschen.

(4) Die Vorschriften der Absätze 1 und 2 gelten entsprechend, soweit in Rechtsvorschriften auf nicht mehr geltende Vorschriften oder nicht mehr bestehende Einrichtungen verwiesen ist.

Artikel 130

(1) Verwaltungsorgane und sonstige der öffentlichen Verwaltung oder Rechtspflege dienende Einrichtungen, die nicht auf Landesrecht oder Staatsverträgen zwischen Ländern beruhen, sowie die Betriebsvereinigung der südwestdeutschen Eisenbahnen und der Verwaltungsrat für das Post- und Fernmeldewesen für das französische Besatzungsgebiet unterstehen der Bundesregierung. Diese regelt mit Zustimmung des Bundesrates die Überführung, Auflösung oder Abwicklung.

(2) Oberster Disziplinarvorgesetzter der Angehörigen dieser Verwaltungen und Einrichtungen ist der zuständige Bundesminister.

(3) Nicht landesunmittelbare und nicht auf Staatsverträgen zwischen den Ländern beruhende Körperschaften und Anstalten des öffentlichen Rechtes unterstehen der Aufsicht der zuständigen obersten Bundesbehörde.

Artikel 131

Die Rechtsverhältnisse von Personen einschließlich der Flüchtlinge und Vertriebenen, die am 8. Mai 1945 im öffentlichen Dienste standen, aus anderen als beamten- oder tarifrechtlichen Gründen ausgeschieden sind und bisher nicht oder nicht ihrer früheren Stellung entsprechend verwendet werden, sind durch Bundesgesetz zu regeln. Entsprechendes gilt für Personen einschließlich der Flüchtlinge und Vertriebenen, die am 8. Mai 1945 versorgungsberechtigt waren und aus anderen als beamten- oder tarifrechtlichen Gründen keine oder keine entsprechende Versorgung mehr erhalten. Bis zum Inkrafttreten des Bundesgesetzes können vorbehaltlich anderweitiger landesrechtlicher Regelung Rechtsansprüche nicht geltend gemacht werden.

Artikel 132

(1) Beamte und Richter, die im Zeitpunkte des Inkrafttretens dieses Grundgesetzes auf Lebenszeit angestellt sind, können binnen sechs Monaten nach dem ersten Zusammentritt des Bundestages in den Ruhestand oder Wartestand oder in ein Amt mit niedrigerem Diensteinkommen versetzt werden, wenn ihnen die persönliche oder fachliche Eignung für ihr Amt fehlt. Auf Angestellte, die in einem unkündbaren Dienstverhältnis stehen, findet diese Vorschrift entsprechende Anwendung. Bei Angestellten, deren Dienstverhältnis kündbar ist, können über die tarifmäßige Regelung hinausgehende Kündigungsfristen innerhalb der gleichen Frist aufgehoben werden.

(2) Diese Bestimmung findet keine Anwendung auf Angehörige des öffentlichen Dienstes, die von den Vorschriften über die „Befreiung von Nationalsozialismus und Militarismus" nicht betroffen oder die anerkannte Verfolgte des Nationalsozialismus sind, sofern nicht ein wichtiger Grund in ihrer Person vorliegt.

(3) Den Betroffenen steht der Rechtsweg gemäß Artikel 19 Abs. 4 offen.

(4) Das Nähere bestimmt eine Verordnung der Bundesregierung, die der Zustimmung des Bundesrates bedarf.

Artikel 133

Der Bund tritt in die Rechte und Pflichten der Verwaltung des Vereinigten Wirtschaftsgebietes ein.

Artikel 134

(1) Das Vermögen des Reiches wird grundsätzlich Bundesvermögen.

(2) Soweit es nach seiner ursprünglichen Zweckbestimmung überwiegend für Verwaltungsaufgaben bestimmt war, die nach diesem Grundgesetze nicht Verwaltungsaufgaben des Bundes sind, ist es unentgeltlich auf die nunmehr zuständigen Aufgabenträger und, soweit es nach seiner gegenwärtigen, nicht nur vorübergehenden Benutzung Verwaltungsaufgaben dient, die nach diesem Grundgesetze nunmehr von den Ländern zu erfüllen sind, auf die Länder zu übertragen. Der Bund kann auch sonstiges Vermögen den Ländern übertragen.

(3) Vermögen, das dem Reich von den Ländern und Gemeinden (Gemeindeverbänden) unentgeltlich zur Verfügung gestellt wurde, wird wiederum Vermögen der Länder und Gemeinden (Gemeindeverbände), soweit es nicht der Bund für eigene Verwaltungsaufgaben benötigt.

(4) Das Nähere regelt ein Bundesgesetz, das der Zustimmung des Bundesrates bedarf.

Artikel 135

(1) Hat sich nach dem 8. Mai 1945 bis zum Inkrafttreten dieses Grundgesetzes die Landeszugehörigkeit eines Gebietes geändert, so steht in diesem Gebiete das Vermögen des Landes, dem das Gebiet angehört hat, dem Lande zu, dem es jetzt angehört.

(2) Das Vermögen nicht mehr bestehender Länder und nicht mehr bestehender anderer Körperschaften und Anstalten des öffentlichen Rechtes geht, soweit es nach seiner ursprünglichen Zweckbestimmung überwiegend für Verwaltungsaufgaben bestimmt war, oder nach seiner gegenwärtigen, nicht nur vorübergehenden Benutzung überwiegend Verwaltungsaufgaben dient, auf das Land oder die Körperschaft oder Anstalt des öffentlichen Rechtes über, die nunmehr diese Aufgaben erfüllen.

(3) Grundvermögen nicht mehr bestehender Länder geht einschließlich des Zubehörs, soweit es nicht bereits zu Vermögen im Sinne des Absatzes 1 gehört, auf das Land über, in dessen Gebiet es belegen ist.

(4) Sofern ein überwiegendes Interesse des Bundes oder das besondere Interesse eines Gebietes es erfordert, kann durch Bundesgesetz eine von den Absätzen 1 bis 3 abweichende Regelung getroffen werden.

(5) Im übrigen wird die Rechtsnachfolge und die Auseinandersetzung, soweit sie nicht bis zum 1. Januar 1952 durch Vereinbarung zwischen den beteiligten Ländern oder Körperschaften oder Anstalten des öffentlichen Rechtes erfolgt, durch Bundesgesetz geregelt, das der Zustimmung des Bundesrates bedarf.

(6) Beteiligungen des ehemaligen Landes Preußen an Unternehmen des privaten Rechtes gehen auf den Bund über. Das Nähere regelt ein Bundesgesetz, das auch Abweichendes bestimmen kann.

(7) Soweit über Vermögen, das einem Lande oder einer Körperschaft oder Anstalt des öffentlichen Rechtes nach den Absätzen 1 bis 3 zufallen würde, von dem danach Berechtigten durch ein Landesgesetz, auf Grund eines Landesgesetzes oder in anderer Weise bei Inkrafttreten des Grundgesetzes verfügt worden war, gilt der Vermögensübergang als vor der Verfügung erfolgt.

Artikel 135a

(1) Durch die in Artikel 134 Abs. 4 und Artikel 135 Abs. 5 vorbehaltene Gesetzgebung des Bundes kann auch bestimmt werden, dass nicht oder nicht in voller Höhe zu erfüllen sind

1. Verbindlichkeiten des Reiches sowie Verbindlichkeiten des ehemaligen Landes Preußen und sonstiger nicht mehr bestehender Körperschaften und Anstalten des öffentlichen Rechts,

2. Verbindlichkeiten des Bundes oder anderer Körperschaften und Anstalten des öffentlichen Rechts, welche mit dem Übergang von Vermögenswerten nach Artikel 89, 90, 134 und 135 im Zusammenhang stehen, und Verbindlichkeiten dieser Rechtsträger, die auf Maßnahmen der in Nummer 1 bezeichneten Rechtsträger beruhen,

3. Verbindlichkeiten der Länder und Gemeinden (Gemeindeverbände), die aus Maßnahmen entstanden sind, welche diese Rechtsträger vor dem 1. August 1945 zur Durchführung von Anordnungen der Besatzungsmächte oder zur Beseitigung eines kriegsbedingten Notstandes im Rahmen dem Reich obliegender oder vom Reich übertragener Verwaltungsaufgaben getroffen haben.

(2) Absatz 1 findet entsprechende Anwendung auf Verbindlichkeiten der Deutschen Demokratischen Republik oder ihrer Rechtsträger sowie auf Verbindlichkeiten des Bundes oder anderer Körperschaften und Anstalten des öffentlichen Rechts, die mit dem Übergang von Vermögenswerten der Deutschen Demokratischen Republik auf Bund, Länder und Gemeinden im Zusammenhang stehen, und auf Verbindlichkeiten, die auf Maßnahmen der Deutschen Demokratischen Republik oder ihrer Rechtsträger beruhen.

Artikel 136

(1) Der Bundesrat tritt erstmalig am Tage des ersten Zusammentrittes des Bundestages zusammen.

(2) Bis zur Wahl des ersten Bundespräsidenten werden dessen Befugnisse von dem Präsidenten des Bundesrates ausgeübt. Das Recht der Auflösung des Bundestages steht ihm nicht zu.

Artikel 137

(1) Die Wählbarkeit von Beamten, Angestellten des öffentlichen Dienstes, Berufssoldaten, freiwilligen Soldaten auf Zeit und Richtern im Bund, in den Ländern und den Gemeinden kann gesetzlich beschränkt werden.

(2) Für die Wahl des ersten Bundestages, der ersten Bundesversammlung und des ersten Bundespräsidenten der Bundesrepublik gilt das vom Parlamentarischen Rat zu beschließende Wahlgesetz.

(3) Die dem Bundesverfassungsgerichte gemäß Artikel 41 Abs. 2 zustehende Befugnis wird bis zu seiner Errichtung von dem Deutschen Obergericht für das Vereinigte Wirtschaftsgebiet wahrgenommen, das nach Maßgabe seiner Verfahrensordnung entscheidet.

Artikel 138

Änderungen der Einrichtungen des jetzt bestehenden Notariats in den Ländern Baden, Bayern, Württemberg-Baden und Württemberg-Hohenzollern bedürfen der Zustimmung der Regierungen dieser Länder.

Artikel 139

Die zur „Befreiung des deutschen Volkes vom Nationalsozialismus und Militarismus" erlassenen Rechtsvorschriften werden von den Bestimmungen dieses Grundgesetzes nicht berührt.

Artikel 140

Die Bestimmungen der Artikel 136, 137, 138, 139 und 141 der deutschen Verfassung vom 11. August 1919 sind Bestandteil dieses Grundgesetzes.

Artikel 141

Artikel 7 Abs. 3 Satz 1 findet keine Anwendung in einem Lande, in dem am 1. Januar 1949 eine andere landesrechtliche Regelung bestand.

Artikel 142

Ungeachtet der Vorschrift des Artikels 31 bleiben Bestimmungen der Landesverfassungen auch insoweit in Kraft, als sie in Übereinstimmung mit den Artikeln 1 bis 18 dieses Grundgesetzes Grundrechte gewährleisten.

Artikel 142a

– hier gestrichen –

Artikel 143

(1) Recht in dem in Artikel 3 des Einigungsvertrags genannten Gebiet kann längstens bis zum 31. Dezember 1992 von Bestimmungen dieses Grundgesetzes abweichen, soweit und solange infolge der unterschiedlichen Verhältnisse die völlige Anpassung an die grundgesetzliche Ordnung noch nicht erreicht werden kann. Abweichungen dürfen nicht gegen Artikel 19 Abs. 2 verstoßen und müssen mit den in Artikel 79 Abs. 3 genannten Grundsätzen vereinbar sein.

(2) Abweichungen von den Abschnitten II, VIII, VIIIa, IX, X und XI sind längstens bis zum 31. Dezember 1995 zulässig.

(3) Unabhängig von Absatz 1 und 2 haben Artikel 41 des Einigungsvertrags und Regelungen zu seiner Durchführung auch insoweit Bestand, als sie vorsehen, dass Eingriffe in das Eigentum auf dem in Artikel 3 dieses Vertrags genannten Gebiet nicht mehr rückgängig gemacht werden.

Artikel 143a

(1) Der Bund hat die ausschließliche Gesetzgebung über alle Angelegenheiten, die sich aus der Umwandlung der in bundeseigener Verwaltung geführten Bundeseisenbahnen in Wirtschaftsunternehmen ergeben. Artikel 87e Abs. 5 findet entsprechende Anwendung. Beamte der Bundeseisenbahnen können durch Gesetz unter Wahrung ihrer Rechtsstellung und der Verantwortung des Dienstherrn einer privat-rechtlich organisierten Eisenbahn des Bundes zur Dienstleistung zugewiesen werden.

(2) Gesetze nach Absatz 1 führt der Bund aus.

(3) Die Erfüllung der Aufgaben im Bereich des Schienenpersonennahverkehrs der bisherigen Bundeseisenbahnen ist bis zum 31. Dezember 1995 Sache des Bundes. Dies gilt auch für die entsprechenden Aufgaben der Eisenbahnverkehrsverwaltung. Das Nähere wird durch Bundesgesetz geregelt, das der Zustimmung des Bundesrates bedarf.

Artikel 143b

(1) Das Sondervermögen Deutsche Bundespost wird nach Maßgabe eines Bundesgesetzes in Unternehmen privater Rechtsform umgewandelt. Der Bund hat die ausschließliche Gesetzgebung über alle sich hieraus ergebenden Angelegenheiten.

(2) Die vor der Umwandlung bestehenden ausschließlichen Rechte des Bundes können durch Bundesgesetz für eine Übergangszeit den aus der Deutschen Bundespost POSTDIENST und der Deutschen Bundespost TELEKOM hervorgegangenen Unternehmen verliehen werden. Die Kapitalmehrheit am Nachfolgeunternehmen der Deutschen Bundespost POSTDIENST darf der Bund frühestens fünf Jahre nach Inkrafttreten des Gesetzes aufgeben. Dazu bedarf es eines Bundesgesetzes mit Zustimmung des Bundesrates.

(3) Die bei der Deutschen Bundespost tätigen Bundesbeamten werden unter Wahrung ihrer Rechtsstellung und der Verantwortung des Dienstherrn bei den privaten Unternehmen beschäftigt. Die Unternehmen üben Dienstherrenbefugnisse aus. Das Nähere bestimmt ein Bundesgesetz.

Artikel 143c

(1) Den Ländern stehen ab dem 1. Januar 2007 bis zum 31. Dezember 2019 für den durch die Abschaffung der Gemeinschaftsaufgaben Ausbau und Neubau von Hochschulen einschließlich Hochschulkliniken und Bildungsplanung sowie für den durch die Abschaffung der Finanzhilfen zur Verbesserung der Verkehrsverhältnisse der Gemeinden und zur sozialen Wohn-

raumförderung bedingten Wegfall der Finanzierungsanteile des Bundes jährlich Beträge aus dem Haushalt des Bundes zu. Bis zum 31. Dezember 2013 werden diese Beträge aus dem Durchschnitt der Finanzierungsanteile des Bundes im Referenzzeitraum 2000 bis 2008 ermittelt.

(2) Die Beträge nach Absatz 1 werden auf die Länder bis zum 31. Dezember 2013 wie folgt verteilt:

1. als jährliche Festbeträge, deren Höhe sich nach dem Durchschnittsanteil eines jeden Landes im Zeitraum 2000 bis 2003 errechnet;

2. jeweils zweckgebunden an den Aufgabenbereich der bisherigen Mischfinanzierungen.

(3) Bund und Länder überprüfen bis Ende 2013, in welcher Höhe die den Ländern nach Absatz 1 zugewiesenen Finanzierungsmittel zur Aufgabenerfüllung der Länder noch angemessen und erforderlich sind. Ab dem 1. Januar 2014 entfällt die nach Absatz 2 Nr. 2 vorgesehene Zweckbindung der nach Absatz 1 zugewiesenen Finanzierungsmittel; die investive Zweckbindung des Mittelvolumens bleibt bestehen. Die Vereinbarungen aus dem Solidarpakt II bleiben unberührt.

(4) Das Nähere regelt ein Bundesgesetz, das der Zustimmung des Bundesrates bedarf.

Artikel 143d

(1) Artikel 109 und 115 in der bis zum 31. Juli 2009 geltenden Fassung sind letztmals auf das Haushaltsjahr 2010 anzuwenden. Artikel 109 und 115 in der ab dem 1. August 2009 geltenden Fassung sind erstmals für das Haushaltsjahr 2011 anzuwenden; am 31. Dezember 2010 bestehende Kreditermächtigungen für bereits eingerichtete Sondervermögen bleiben unberührt. Die Länder dürfen im Zeitraum vom 1. Januar 2011 bis zum 31. Dezember 2019 nach Maßgabe der geltenden landesrechtlichen Regelungen von den Vorgaben des Artikels 109 Absatz 3 abweichen. Die Haushalte der Länder sind so aufzustellen, dass im Haushaltsjahr 2020 die Vorgabe aus Artikel 109 Absatz 3 Satz 5 erfüllt wird. Der Bund kann im Zeitraum vom 1. Januar 2011 bis zum 31. Dezember 2015 von der Vorgabe des Artikels 115 Absatz 2 Satz 2 abweichen. Mit dem Abbau des bestehenden Defizits soll im Haushaltsjahr 2011 begonnen werden. Die jährlichen Haushalte sind so aufzustellen, dass im Haushaltsjahr 2016 die Vorgabe aus Artikel 115 Absatz 2 Satz 2 erfüllt wird; das Nähere regelt ein Bundesgesetz.

(2) Als Hilfe zur Einhaltung der Vorgaben des Artikels 109 Absatz 3 ab dem 1. Januar 2020 können den Ländern Berlin, Bremen, Saarland, Sachsen-Anhalt und Schleswig-Holstein für den Zeitraum 2011 bis 2019 Konsolidierungshilfen aus dem Haushalt des Bundes in Höhe von insgesamt 800 Millionen Euro jährlich gewährt werden. Davon entfallen auf Bremen 300 Millionen Euro, auf das Saarland 260 Millionen Euro und auf Berlin, Sachsen-Anhalt und Schleswig-Holstein jeweils 80 Millionen Euro. Die Hilfen werden auf der Grundlage einer Verwaltungsvereinbarung nach Maßgabe eines Bundesgesetzes mit Zustimmung des Bundesrates geleistet. Die Gewährung der Hilfen setzt einen vollständigen Abbau der Finanzierungsdefizite bis zum

Jahresende 2020 voraus. Das Nähere, insbesondere die jährlichen Abbauschritte der Finanzierungsdefizite, die Überwachung des Abbaus der Finanzierungsdefizite durch den Stabilitätsrat sowie die Konsequenzen im Falle der Nichteinhaltung der Abbauschritte, wird durch Bundesgesetz mit Zustimmung des Bundesrates und durch Verwaltungsvereinbarung geregelt. Die gleichzeitige Gewährung der Konsolidierungshilfen und Sanierungshilfen auf Grund einer extremen Haushaltsnotlage ist ausgeschlossen.

(3) Die sich aus der Gewährung der Konsolidierungshilfen ergebende Finanzierungslast wird hälftig von Bund und Ländern, von letzteren aus ihrem Umsatzsteueranteil, getragen. Das Nähere wird durch Bundesgesetz mit Zustimmung des Bundesrates geregelt.

Artikel 144

(1) Dieses Grundgesetz bedarf der Annahme durch die Volksvertretungen in zwei Dritteln der deutschen Länder, in denen es zunächst gelten soll.

(2) Soweit die Anwendung dieses Grundgesetzes in einem der in Artikel 23 aufgeführten Länder oder in einem Teile eines dieser Länder Beschränkungen unterliegt, hat das Land oder der Teil des Landes das Recht, gemäß Artikel 38 Vertreter in den Bundestag und gemäß Artikel 50 Vertreter in den Bundesrat zu entsenden.

Artikel 145

(1) Der Parlamentarische Rat stellt in öffentlicher Sitzung unter Mitwirkung der Abgeordneten Groß-Berlins die Annahme dieses Grundgesetzes fest, fertigt es aus und verkündet es.

(2) Dieses Grundgesetz tritt mit Ablauf des Tages der Verkündung in Kraft.

(3) Es ist im Bundesgesetzblatte zu veröffentlichen.

Artikel 146

Dieses Grundgesetz, das nach Vollendung der Einheit und Freiheit Deutschlands für das gesamte deutsche Volk gilt, verliert seine Gültigkeit an dem Tage, an dem eine Verfassung in Kraft tritt, die von dem deutschen Volke in freier Entscheidung beschlossen worden ist.